사회적 소통망(SNS)의 언어문화 연구

| 대구대학교 인문과학연구 총서 38

사회적 소통망(SNS)의 언어문화 연구

| 발행일　2017년 2월 20일
지은이　이정복
펴낸이　최도욱
편　집　곽승훈
펴낸곳　소통
주　소　서울시 영등포구 영등포로 28길 5
전　화　070-8843-1172
팩　스　0505-828-1177
이메일　songtongpub@gmail.com
블로그　http//blog.daum.net/dwchoi
가　격　24,000원

잘못된 책은 바꾸어 드립니다.
이 책의 내용은 저작권법에 따라 보호받고 있습니다.

ISBN 979-11-86453-41-4 93700

e-CIP 홈페이지(http://www.nl.go.kr/ecip)에서 이용하실 수 있습니다.
(CIP제어번호: 2017002159)

대구대학교 인문과학연구 총서 38

사회적 소통망(SNS)의 언어문화 연구

이정복 지음

소통

머리말

21세기의 언어와 관련된 핵심어(keyword)가 무엇인지 묻는다면 '인터넷, 컴퓨터, 스마트폰, 사회적 소통망(SNS), 인터넷 통신 언어'라고 말하고 싶다. 대표적 SNS의 하나인 '페이스북'의 전 세계 가입자 수가 2016년에 17억 명을 넘었고, 한국인 이용자가 1,000만 명을 넘었다. 또 다른 대표적 SNS인 '트위터'는 이용자 수가 3억 명을 넘어섰으며, 국내 이용자가 700만 명에 이른다. 특히 한국 누리꾼들은 '카톡'과 '밴드'로 세계 어느 나라 사람들보다 더 촘촘하게 연결되어 바쁘게 대화하고 있다. 한마디로 온 지구의 수많은 사람들이 인터넷과 SNS로 연결되어 물리적 거리의 한계를 넘으면서 실시간으로 소통하는 '인터넷 언어 혁명'의 시대가 펼쳐진 것이다.

1세대 대중 매체인 신문이나 2세대의 라디오 및 텔레비전이 수동적인 읽기 및 듣기 매체인 것과 달리 인터넷 또는 모바일 인터넷을 이용한 SNS에서는 웹 2.0 기술의 덕분으로 읽기와 함께 능동적이고 상호작용적인 쓰기 활동이 가능해졌다. 스마트폰과 SNS의 일상적 활용으로 언어적 상호작용의 질적, 양적 변화가 나타났다. 맞춤법 의식 및 어문 규범에 대한 태도 변화, 새말의 대량 발생과 확산, 기존 단어와 문법의 변형과 재창조, 말놀이의 생활화와 재미 위주의 언어 사용 일상화 등 언어 사용과 구조에서 여러 가지 큰 변화가 진행되고 있다. 특히 모바일 인터넷의 대중화는 제2 인터넷 혁명이라고 부를 정도로 사람들의 삶과 언어생활에 획기적 영향을 끼쳤다.

영국 언어학자 데이비드 크리스털(David Crystal)은 ≪언어 혁명≫에서 '영어의 세계어화', '사라지는 언어들'과 함께 '인터넷을 통한 언어 사용'이 21세기의 세 가지 언어 혁명의 하나라고 지적했다. SNS는 인터넷 언어 사용의 중심 요소로 등장하였으며, 인터넷 언어공동체로서의 역할을 맡고 있다. SNS라는 인터넷 언어공동체에서 사람들은 말없이 지낼 수 없으며, 서로 말하고 말을 들음으로써 '접속'해 있는 자신의 존재를 확인한다. 그런 점에서 SNS 공간은 블로그, 인터넷 카페와 함께 '말 놀이터'이며, '말 공동체'이다. 이제는 인터넷, 컴퓨터, 스마트폰, SNS, 그리고 통신 언어가 없는 생활은 상상도 할 수 없다.

인터넷과 SNS는 한국어 화자들의 언어 사용 패턴을 완전히 바꾸어 놓았다. 일상 공간에서의 언어 사용 기회는 점점 줄어드는 대신 인터넷, 특히 SNS에 접속하여 읽고 쓰는 시간이 더 길고 중요해졌다. 이런 상황에서 갈수록 사람들의 삶과 언어생활에서 중요한 부분을 차지하는 SNS 언어문화에 대한 본격적 연구가 진행될 필요가 있다. 그러나 사회적 소통망의 중요성이 높아지고 그 안에서 쓰이는 언어가 주목받는 것에 비해 SNS 언어 연구는 아직도 활발하지 않은 편이다. 그 이유는 여러 가지가 있겠지만 가장 큰 것은, 학계를 주도하고 있는 기성세대 언어학자들이 새로운 인터넷 매체에 익숙하지 못하고, 그 안의 언어에 대해 낯설어 하며, 따라서 그것에 대한 본격적 연구 필요성에 부정적 태도를 보이는 것이라고 판단된다.

이 연구는 사회적 소통망이 등장함으로써 한국어 화자들의 언어생활에 어떠한 큰 변화가 일어나고 있는지를 새로운 언어문화의 등장이라는 관점에서 체계적으로 기술하는 것을 목적으로 한다. 정보통신 문화가 특히 발달한 한국에서 일상생활과 언어생활에서 중요성이 크게 높아지고 있는 SNS가 한국어 화자들의 언어 사용 방식, 대인 관계, 삶의 유지에 어떤 중요한 영향을 끼치고 있는지를 살펴보려는 것이다.

이 연구는 모두 3부로 구성된다. 제1부는 네 개의 장으로 이루어졌으며, 'SNS의 소통 구조와 언어'라는 주제 아래에서 SNS의 구조와 소통 방식, SNS 언어의 특성과 사용 실태, 대중 매체에 대한 연구 현황과 방향을 살펴본다. 제2부는 'SNS 언어문화의 전개 양상'을 주제로 6개의 장을 통해 SNS에서 이루어지는 언어문화의 다양한 유형과 기능, 의미를 구체적으로 기술한다. 제3부의 세 장에서는 '한국과 중국의 SNS 언어문화 비교' 관점에서 언어 접촉이 빈번한 시대에 한국과 중국 누리꾼들의 언어 사용에서 보이는 공통점과 차이점이 무엇인지 기술한다. 인터넷과 스마트폰이 만들어 낸 혁명적인 언어 사용 환경의 변화에 맞추어 시도하는 SNS 언어에 대한 종합적인 이 연구를 통하여, 21세기 한국어와 그 사용을 충실하게 파악하고, 인터넷 정보통신 기술의 발전이 화자들의 삶에 어떻게 작용하고 있는지를 여러 각도에서 살펴보고자 했다. 이 연구를 계기로 인터넷 통신 언어에 대한 젊은 언어학자들의 관심이 높아지고 다양한 연구가 더욱 활성화되기를 바란다.

이 책의 발간비를 지원해 준 대구대학교 인문과학연구소에 고마운 뜻을 전한다. 정성을 다해 책을 만들어 주신 소통 출판사의 최도욱 사장님과 편집 담당 곽승훈 선생님의 노고에도 감사드린다.

2017년 1월 17일

이 정 복

차 례

머리말 / 5

1부_ SNS의 소통 구조와 언어

1장_ SNS의 소통 구조 / 15

1. SNS란 무엇인가? ·· 15
2. 누가, 왜 SNS에 열광하는가? ·· 25
3. SNS의 소통 구조 ·· 33

2장_ 통신 언어 사용 동기와 SNS 공간의 통신 언어 / 49

1. 경제적 동기 ··· 50
2. 표현적 동기 ··· 53
3. 오락적 동기 ··· 62
4. 유대 강화 동기 ··· 65
5. 심리적 해방 동기 ··· 70

3장_ SNS 통신 언어의 특성과 변화 / 75

1. SNS 이용 목적에 따른 통신 언어의 변이 ······················· 76
2. SNS 통신 언어의 최근 변모 양상 ····································· 89
   2.1 통신 언어는 종결어미 바꾸기에서 ···························· 90
   2.2 인터넷 새말의 꾸준한 등장과 유행 ···························· 94
   2.3 통신 언어가 일상어로 확산, 표준말로 등재 ············ 99
   2.4 컴퓨터에서 스마트폰으로 무게 중심 이동 ·············· 108
   2.5 그림 글자와 시각 요소의 비중 증가 ························ 112
3. SNS 통신 언어의 변화 방향 ·· 117

4장_ 대중 매체 언어 연구의 목적과 방향 / 121

1. 매체의 발달과 언어 사용의 관계 ·················· 123
2. 대중 매체 언어 연구의 최근 경향 ·················· 132
   2.1 인쇄 매체 ·················· 133
   2.2 방송 매체 ·················· 136
   2.3 인터넷 매체 ·················· 141
3. 대중 매체 언어 연구의 목적 ·················· 149
4. 대중 매체 언어 연구의 방향 ·················· 153

2부_ SNS 언어문화의 전개 양상

5장_ 인터넷 말놀이의 유형과 기능 / 161

1. 인터넷 말놀이 관련 선행 연구 ·················· 163
2. 사회적 소통망 말놀이의 유형 ·················· 167
3. 사회적 소통망 말놀이의 기능 ·················· 185
   3.1 재미 나누기 ·················· 186
   3.2 심리적 긴장 풀기 ·················· 188
   3.3 정보 전하기 ·················· 190
   3.4 사회 비판하기 ·················· 192

6장_ '한다요체'의 확산과 분포 / 201

1. '한다요체'의 등장과 확산 ·················· 202
2. '한다요체'의 기능 ·················· 215
3. '한다요체'의 사회언어학적 분포 ·················· 223

7장_ 호칭어를 통한 태도와 정체성 드러내기 / 231

1. 통신 언어 호칭어 연구 검토 ·················· 232
2. 트위터 호칭어의 쓰임과 기능 ·················· 235
3. 트위터 호칭어의 쓰임에 대한 통계적 분석 ·················· 251

8장_ 지역 방언의 쓰임과 사회언어학적 문제 / 261

1. 인터넷 공간의 방언에 대한 연구 검토 ···································· 263
2. 인터넷 공간의 지역 방언 사용 실태 ······································ 269
   2.1 방언 사용의 의식성 ·· 269
   2.2 방언 사용의 동기와 기능 ·· 273
3. 지역 방언 사용의 사회언어학적 문제 ···································· 281

9장_ 지역 방언에 대한 누리꾼들의 언어 태도 / 295

1. 개별 방언에 대한 태도 ·· 296
   1.1 경상 방언 ·· 297
   1.2 전라 방언 ·· 301
   1.3 제주 방언 ·· 303
   1.4 중부 방언 ·· 306
2. 방언에 대한 전반적 태도 ·· 310
   2.1 긍정적 태도 ·· 311
   2.2 부정적 태도 ·· 312
   2.3 방언 불평등 및 방언 활용에 대한 태도 ························ 317
   2.4 인터넷 공간의 방언 사용에 대한 태도 ·························· 324

10장_ 세대 간 인터넷 소통과 불통 / 329

1. 통신 언어의 세대별 쓰임 ·· 332
2. 통신 언어와 관련된 세대별 태도 ·· 339
3. 세대 간 의사소통 문제의 원인 ·· 346

3부_ 한국과 중국의 SNS 언어문화 비교

11장_ 인터넷 통신 별명 / 363

1. 통신 별명의 개념과 특성 ·· 365
2. 구조와 의미 유형에 따른 통신 별명의 분류 ························ 369
   2.1 구조에 따른 통신 별명 ·· 369
   2.2 의미 유형에 따른 통신 별명 ······································ 374

3. 통신 언어 발생 동기와 통신 별명의 쓰임 ·················· 387
      3.1 경제적 동기 ·················· 388
      3.2 표현적 동기 ·················· 390
      3.3 오락적 동기 ·················· 393
      3.4 유대 강화 동기 ·················· 396
      3.5 심리적 해방 동기 ·················· 398
   4. 한중 통신 별명의 특징 비교 ·················· 400

12장_ 의성어와 의태어 / 405

   1. 의성의태어에 대한 선행 연구 검토 ·················· 407
   2. 일상어와 인터넷에서 두루 쓰이는 의성의태어 ·················· 409
      2.1 의성어 ·················· 410
      2.2 의태어 ·················· 420
   3. 통신 언어로 활발히 쓰이는 의성의태어 ·················· 427
      3.1 의성어 ·················· 428
      3.2 의태어 ·················· 433
   4. 한중 인터넷 의성의태어의 특징 비교 ·················· 437

13장_ 호칭어 '님'과 '亲(친)' / 443

   1. '님'과 '친'의 쓰임과 기능 ·················· 446
      1.1 접미사로서의 쓰임 ·················· 446
      1.2 의존명사로서의 쓰임 ·················· 451
      1.3 대명사로서의 쓰임 ·················· 455
   2. '님'과 '친'의 세대별 쓰임 ·················· 457
   3. '님'과 '친' 사용의 공통점과 차이점 ·················· 464

참고문헌 ·················· 470

찾아보기 ·················· 495

1부

SNS의 소통 구조와 언어

1장 SNS의 소통 구조
2장 통신 언어 사용 동기와 SNS 공간의 통신 언어
3장 SNS 통신 언어의 특성과 변화
4장 대중 매체 언어 연구의 목적과 방향

1장_ SNS의 소통 구조

1. SNS란 무엇인가?

21세기는 언어적인 면에서 '스마트폰'과 '사회적 소통망(疏通網)'의 시대라고 부를 수 있다. 손에 들고 다니는 컴퓨터이자 전화기인 스마트폰을 통해 인터넷에 접속하여 사회적 소통망에 친구와 연결되어 '인터넷 통신 언어'로 수다를 떨고, 주변의 일상 소식을 주고받으며, 셀카와 풍경 사진을 공유한다.[1] '타임라인'에 빠르게 올라오는 국내외 뉴스를 보면서 댓글을 달고 중요한 내용은 가족이나 친구들에게 이메일로 전달하기도 한다. 스마트폰을 통해 좋아하는 가수의 음악을 듣고 텔레비전 방송을 보는 사람도 많다. 대학생들은 조별 과제 준비를 위

---

1) 한국의 인터넷 이용자는 2015년 7월 기준 4,194만 명으로, 만 3세 이상 전체 국민의 85.1%에 해당하며, 2016년 현재 스마트폰 등의 이동통신 가입자 수는 6,082만 명으로 전체 국민의 수보다 많은 것으로 확인된다(인터넷통계정보검색시스템, http://isis.kisa.or.kr/).

해 '카카오톡'과 같은 실시간(實時間, real-time) 대화망에 접속하여 의견을 나누고, 직장인들은 사무실 밖에서도 업무상의 문서를 이메일로 주고받는다. 고성능 컴퓨터가 내장된 똑똑한 손전화인 스마트폰 하나만 있으면 더 이상 못할 일이 없고, 스마트폰만 쓸 수 있으면 갑자기 외딴섬에 홀로 남겨져도 심심하거나 겁날 것이 없는 세상이다.[2]

그림 1 페이스북 페이지 모습 (PC 버전)

 2007년 미국 애플사의 '아이폰'을 시작으로 전 세계에 빠르게 확산된 다기능 휴대 인터넷 매체인 스마트폰을 이용하여 할 수 있는 일이 무한하지만 그 가운데서 '페이스북'(www.facebook.com), '트위터'(www.twitter.com) 등의 사회적 소통망에 접속하는 것이 제일 중요하고도 흔한 활동이다. '사회적 소통망'은 'SNS', 곧 'Social Network Service' 또는 'Social Network Site'의 번역어로서 '사회관계망',

---

[2] 한국인들의 하루 평균 스마트폰 사용 시간은 3시간 44분이며, 이는 TV 이용 시간보다 긴 것으로 나타났다(한국인 스마트폰 사용, 하루 평균 3시간44분, 뉴시스, 2016-12-06).

'사회연결망'이라고도 하고,3) 영어 그대로 '소셜 네트워크 서비스'나 '소셜 네트워크 사이트'로 부르는 사람도 있다.

그림 2 트위터 페이지 모습 (PC 버전)

사회적 소통망은 대표적인 '소셜 미디어(social media)'의 하나이다. 소셜 미디어의 정의를 몇 가지 보면 "측정 가능한 퍼블리싱 기술(scalable publishing techniques)을 이용해 창출된 사회적 상호작용을 통해 주장이나 의견을 쉽게 전파하도록 고안된 미디어"(설진아 2009:36), "사람들이 정보와 경험, 생각을 공유하기 위해 사용하는 플랫폼으로서 주로 온라인 도구와 모바일 도구를 활용하는 미디어"(설진아 2011:14), "개개인의 주관적인 생각 또는 경험을 바탕으로 한 정보를 공유하고 재가공하는 등 '참여, 소통, 공유'를 기반으로 하는 뉴미디어"(김대호 2012:1)로 풀이된다.

---

3) 사회연결망 또는 사회관계망은 SNS가 나오기 이전부터 쓰이던 학문 용어로 '서로 유사한 사람들의 집합'을 나타내는 개념이다. 사회연결망 연구에 대한 간략한 정리는 이재신(2012:66-75)를 참조할 수 있다.

한국인터넷진흥원(2010가)는 소셜 미디어의 유형을 〈표 1〉과 같이 '블로그, 소셜 네트워크, 콘텐츠 커뮤니티, 위키피디아, 팟캐스트'의 5가지로 나누었다. 그 가운데 '소셜 네트워크'가 SNS, 곧 사회적 소통망을 가리킨다. 이러한 소셜 미디어는 '개방, 참여, 공유'의 정신을 강조하는 '웹 2.0' 기술을 바탕으로 한 것이다.

표 1 소셜 미디어의 유형 (한국인터넷진흥원 2010가, 김대호 2012:3에서 재인용)

구분	내용
블로그	Web(웹)+Log(일기)의 합성어로 네티즌이 웹에 기록하는 일기나 일지를 의미하며, 매일 1만 5,000개 이상이 생성되고 있고 전 세계적으로 그 수가 1,700만 개에 달함
소셜 네트워크	자신만의 온라인 사이트를 구축하여 콘텐츠를 만들고 친구들과의 연결을 통해 콘텐츠와 커뮤니케이션을 공유하는 것으로, 가장 잘 알려진 소셜 네트워크의 예로는 6억 명 이상의 회원을 보유한 페이스북과 트위터 등이 있음
콘텐츠 커뮤니티	특정한 종류의 콘텐츠를 만들고 공유하는 커뮤니티로, 가장 인기 있는 콘텐츠 커뮤니티로는 Flicker(사진), YouTube(동영상) 등이 있음
위키피디아	웹사이트에서 콘텐츠를 추가하고 정보를 편집하여 공동의 문서나 데이터베이스처럼 운영되고 있으며, 대표적인 서비스로 약 350만 개 이상의 영어 문서를 가지고 있는 온라인 백과사전 위키피디아를 들 수 있음
팟캐스트	방송(Broadcasting)과 아이팟(iPod)의 합성어로, 인터넷에서 사용자들이 새로운 오디오 파일(주로 MP3)을 통해 인터넷 라디오방송을 하는 것

국립국어원은 2010년에 'SNS'를 '누리소통망'으로 다듬은 바 있다. 2016년 12월 현재 한국의 대표적인 대문형 사이트 '네이버' (www.naver.com)의 뉴스 기사를 검색하면, '누리소통망'이 들어간 한국어 기사가 약 1,000건이 나오고, '사회연결망'과 '사회관계망'이

들어간 기사는 각각 약 3,500건, 65,000건이 나오며, 'SNS'가 들어간 기사는 약 293만 건이나 된다. 기사에서의 쓰임만 고려할 때 국립국어원에서 다듬은 '누리소통망'이 아직 제대로 알려지지 못했음을 보여 준다. 많이 쓰는 '사회관계망'이라는 번역 용어도 영어 'SNS'에 비해서는 역시 사용이 미미한 것으로 나타났다.

이 책에서 쓰는 '사회적 소통망'이란 용어가 들어간 기사는 100여 건도 되지 않는다. 그럼에도 '사회적 소통망', '사회연결망', '사회관계망', '누리소통망', 'SNS' 가운데서 사회적으로 덜 알려지고 쓰임이 낮은 '사회적 소통망'을 쓰는 것은 'SNS'에서 누리꾼들이 벌이는 활동과 그 목적을 가장 잘 표현하는 말이기 때문이다. 누리꾼들이 'SNS'에서 활발한 교류를 통해 다른 사람들과의 관계를 돈독히 하고 관계의 범위를 넓히려 하는 점에서 '사회관계망', '사회연결망'을 쓰는 것도 나쁘지 않고, 그것이 'SNS'라는 말을 가장 잘 직역한 것이기도 하지만 '관계망' 또는 '연결망'이라는 말 때문에 '소통'은 사라지고 '관계'라는 목적만 남는 문제가 있다. 국립국어원에서 다듬은 말 '누리소통망'도 쓰다 보면 익숙해질 수 있지만 '인터넷'을 대신해서 쓰는 '누리'라는 말이 여전히 잘 와 닿지가 않는다. 이와 달리 '사회적 소통망'은 '사회적 관계'를 중심으로 사람들이 '소통'하고 있음을 가장 쉽게, 잘 보여 주는 표현이다. 따라서 'SNS'에 대응되는 한국어 용어로 '사회적 소통망'을 쓰기로 한다.

사회적 소통망에 대한 정의가 많은데, ≪위키백과≫의 '소셜 네트워크 서비스' 항에서 "사용자 간의 자유로운 의사소통과 정보 공유, 그리고 인맥 확대 등을 통해 사회적 관계를 생성하고 강화시켜주는 온라인 플랫폼을 의미한다"고 기술했다. 인터넷 공간의 정보 공유와 소통이 사회적 관계를 배경으로 하는 것이 특징임을 강조한 것이다. 사회적 소통망에서의 여러 가지 언어적 활동을 통해 누리꾼들은 사회적 관계를 확대하고 강화하는 효과를 얻을 수 있다고 하겠다. 김유정(2013:11)에서는 사회적 소통망에 대해 "인터넷을 통한 사회적 관계를 형성하는 커뮤니티이며 개인의 정체성을 바탕으로 한 이용자 중심으로 수평적으로 뻗어나가는 네트워크"라고 풀이했다. 정리해서 이해하면, '개인적 정체성을 바탕으로 사회적 관계를 형성하는 수평적 커뮤니티'라는 뜻으로 사회적 소통망을 보고 있다고 하겠다.

현재 한국 누리꾼들이 이용하는 대표적 사회적 소통망에는 '페이스북, 트위터, 네이버 밴드(band.us), 카카오스토리(story.kakao.com), 카카오그룹(group.kakao.com), 인스타그램(www.instagram.com)' 등이 있다. 페이스북은 2004년 2월에, 트위터는 2006년 7월에 미국에서 시작된 SNS이다. 두 서비스의 한국인 이용자가 본격적으로 늘어난 것은 한국에서 스마트폰이 대중화되던 2009년 하반기다. 인스타그램은 2010년에 역시 미국에서 서비스가 시작되었고, 2012년 4월 페이스북에 인수되었다. 한국에서 가장 먼저 나온 사회적 소통망은 1999년에 나온 '아이러브스쿨'과 '싸이월드'가 있는데 원조 SNS의 지위를 누렸으나 현재는 이용자 감소, 관심 부족 상태로서 페이스북 등에 주도권을 잃었다. 네이버 밴드와 카카오스토리는 한국에서 2012년에 출시된 사회적 소통망이다.

이러한 SNS 가운데 네이버 밴드, 카카오스토리가 일상에서 이미 알고 있는 관계의 누리꾼들이 인터넷에서 소통하는 폐쇄성이 강한 매체라고 한다면 페이스북, 트위터, 인스타그램은 잘 모르는 사람들과 새롭게 인터넷에서 만나기가 쉬운 개방성이 강한 매체다.[4] 카카오스토리

---

[4] 사회적 소통망의 폐쇄성과 개방성 차이는 '친구 관계' 면에서 뚜렷한 차이를 보여 준다. 홍삼열·오재철(2012:75)에서 한국인 332명을 대상으로 한 조사에 따르면 폐쇄형인 카카오스토리는 '친구'가 100명 이하인 이용자가 74.1%를 차지했고 개방형인 트위터와 페이스북의 경우 1,000명 이상인 이용자가 각각 36.1%, 33.7%로 나타났다. 카카오스토리는 '친구'가 1,000명 이상인 경우는

등에서는 연결된 '친구'들끼리 일상 소식을 글이나 사진을 통해 주고받으며, 관심이 있는 뉴스나 도움이 될 만한 각종 정보를 서로 전달하기도 한다. 이와 달리 트위터 이용자들의 다수는 사회적 관심이 높은 뉴스나 정보를 공유하고, 사회 및 정치 문제와 관련된 생각이나 주장을 글로 적어 널리 알리고자 애쓴다. 인스타그램의 경우 트위터와 달리 사진, 동영상을 중심으로 소통하기 때문에 언어를 통한 교류는 약한 편이다.

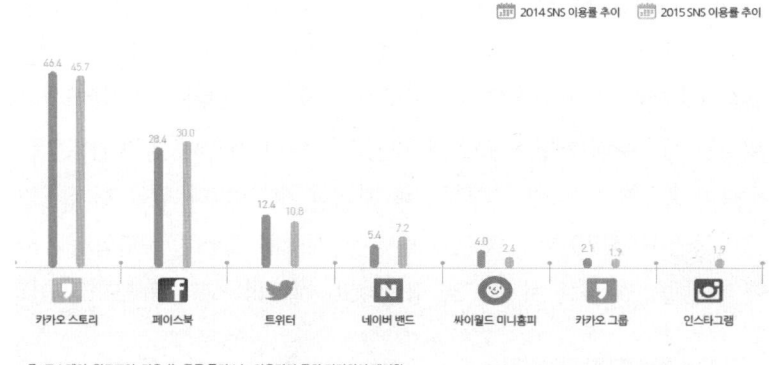

그림 3 SNS 서비스별 이용률 추이 (정보통신정책연구원 2016:4)

사회적 소통망 서비스별 2015년 이용률을 〈그림 3〉에서 알 수 있는데, '카카오스토리'가 45.7%로 가장 높고,5) '페이스북'이 30%, 트위터가 10.8%로 높은 편이다. '네이버 밴드', '인스타그램' 등은 10% 미만

전혀 없었다.
5) 카카오스토리의 이용률이 가장 높은 것은 쪽지(메신저) 프로그램인 카카오톡 이용과 관련이 있다. 한국에서 누리꾼 가운데 카카오톡을 이용하지 않는 사람이 없을 정도로 인기를 끌다 보니 그것과 연동되는 카카오스토리를 이용하는 사람도 많은 것이다.

으로 나타났다.6) 2011년 12월 기준 트위터와 페이스북 한국인 계정이 각각 544만 명, 536만 명을 기록하여 차이가 없었는데(국내 트위터·페북 이용자 1천만 돌파, 머니투데이, 2012-01-18), 2015년 기준 페이스북 한국인 이용자는 1,600만 명으로 크게 증가했으나 트위터 이용자는 오히려 줄어든 상황이다.7) 카카오스토리가 주로 전화번호를 공유하고 있는 사람들 관계에서 쓰이는 폐쇄성이 강한 사회적 소통망으로 관계의 범위가 제한적인 점을 고려하면, 다양한 사람들과의 개방적이고 자유로운 상호작용과 소통이 가능한 대표적인 SNS는 페이스북과 트위터라고 할 수 있다. 다만 페이스북과 트위터가 카카오스토리 등에 비해서는 개방성이 강하지만 둘 사이에서도 차이가 있다. 페이스북은 폐쇄형으로 서비스가 시작되었다가 점차 개방형으로 바뀌었고 트위터는 처음부터 개방형으로 시작되었다. 이런 점 때문에 지금도 페이스북이 트위터에 비해 상대적으로 폐쇄적 성격이 더 강한 편이다.8)

이정권·최영(2015:119-120)에서는 '개방형 SNS'를 "불특정 다수에 자신을 드러내는 서비스"로 정의하고, '폐쇄형 SNS'를 "오프라인의

---

6) 이런 결과와 달리, 미디어 및 광고 기업 'DMC미디어'가 발표한 '2015 디지털 소비자 및 한국인의 디지털 라이프 스타일 분석 보고서'에 따르면, SNS 이용 경험이 있는 인터넷 이용자가 주로 이용하는 SNS는 페이스북(59.8%)으로 나타났다(국내 SNS 이용자 '페이스북 가장 선호', 헤럴드경제, 2015-12-22).
7) 〈한 페이스북 월 이용자 1600만…"향후 5년간 증가할 것"〉, ≪아시아경제≫, 2015-12-14 기사 및 〈'140자의 혁신' 트위터는 왜 몰락의 길로 접어들었나〉 ≪디지털타임스≫, 2016-03-22 기사 참조.
8) 이재신(2012:77)은 페이스북은 '결속 연결망', 트위터는 '교량 연결망'과 유사하다고 보았다. 두 개념은 미국의 사회자본 연구자 퍼트남(Putnam)이 제안한 것으로, 결속(bonding) 연결망은 "인종, 사회경제적 계층, 또는 정치적 입장을 포함하는 하나 혹은 그 이상의 주요 특성이 유사한 사람들 간의 사회적 연결"로, 교량(bridging) 연결망은 "인종, 사회경제적 계층, 나이, 종교, 정치적 입장을 포함한 주요 특성에서 차이가 있는 사람들 간의 사회적 연결"로 정의된다(이재신 2012:76).

인맥을 동원해 온라인상에서 보다 깊이 있는 커뮤니케이션을 하는 서비스"라고 정의했다. 최근 카카오스토리, 네이버 밴드 등 '메신저 기반의 폐쇄형 SNS'가 새로운 서비스로 많은 관심을 받는다고 하면서 '개방형 SNS의 이용이 급격히 줄고 네이버 밴드나 카카오그룹 같은 폐쇄형 SNS가 늘어나고 있는 이유는 개방형 SNS 이용에서 느끼는 피로감의 누적 때문'이라고 분석했다.

실제로 개방형 SNS는 개인 정보 및 사생활 노출, 원하지 않는 사람과의 연결, 불필요한 정보 과잉, 정치적 견해나 가치관의 충돌 등 여러 가지 문제가 폐쇄형에 비해 심한 편이다. 김대호(2012:18)에서는 페이스북, 트위터 등 사회적 소통망에서는 "공개된 개인 정보, 즉 프로파일은 위조와 오남용이 쉽고 상업적 이용을 위한 정보 수집 등에 노출될 수 있기 때문에 개인 명예훼손, 프라이버시 침해 등의 문제가 발생할 가능성이 매우 높다"고 지적했다. 대표적인 개방형의 사회적 소통망인 트위터에서는 한국 누리꾼들의 이용이 급증했던 2010년 무렵에는 대다수 이용자들이 통신 별명에 실명을 쓰고, 직장이나 심지어 전화번호 정보까지 밝히면서 다른 사람들과 적극적으로 소통에 나섰다. 그러나 정보 노출, 감정 대립과 충돌 등의 문제가 커지면서 지금은 유명 정치인을 제외하고는 대다수 이용자들이 실명 대신 익명의 통신 별명을 쓰고 있다. 일부 이용자들은 실명을 감추는 데서 만족하지 못하고 친구가 아닌 사람은 글을 전혀 읽지 못하도록 '비밀 계정' 상태로 트위터를 이용한다. 개인적 선택에 따라 개방형의 사회적 소통망이 폐쇄형으로 운영되기도 하는 것이다.

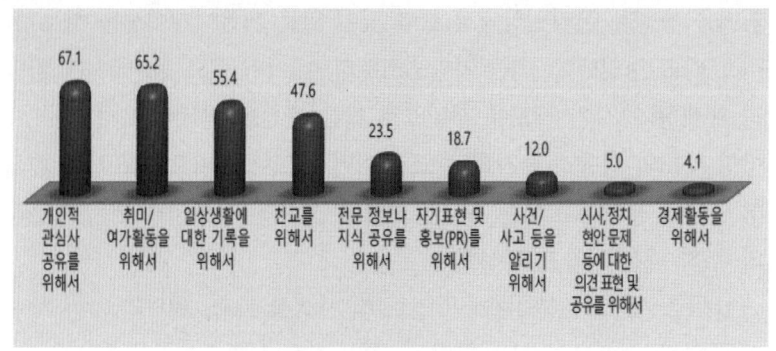

그림 4 **모바일 SNS 이용 이유 (한국인터넷진흥원 2015나:47)**

* 복수응답, 단위: %

〈그림 4〉는 누리꾼들이 사회적 소통망을 어떤 이유나 목적에서 이용하는지를 보여 준다. 사회적 소통망을 이용하는 가장 큰 이유는 '개인적 관심사 공유를 위해서'라고 응답했으며, '취미/여가활동을 위해서'라는 응답도 많았다. '일상생활에 대한 기록을 위해서', '친교를 위해서'라는 응답도 높은 편이다. 기타 사회적 소통망 이용 이유로는 '정보 공유, 홍보, 소식 알리기, 시사·정치·현안 문제 등에 대한 의견 표현 및 공유' 등이 있는 것으로 나타났다.

김유정(2013:15-18)은 사회적 소통망의 이용 목적을 '관계맺기, 자기표현, 정보교류'의 세 가지로 들었다. 〈그림 4〉에서 제시한 사회적 소통망 이용의 세부적인 이유를 크게 묶으면 이러한 세 가지로 압축할 수 있을 것이다. '관계맺기'란 "개인과 개인 간의 상호교류나 연결이며 사회적 상호작용의 의미를 갖는다"고 설명했고, '자기표현'에 대해서는 "자신의 존재와 정체성을 알리는 것이며 자신이 누구인지 어떤 사람인지에 대해 표현하는 것을 뜻한다"고 풀이했다. '정보교류'는 "사적인 메시지나 정보를 전달하거나 주고받는 것을 의미한다"고 했다. 누리꾼들이 사회적 소통망을 통해서 자신의 정체성이나 활동에 대해 적극 알리고, 각종 정보를 주고받으며, 다른 사람과의 상호 교류를 통하여 관계의 끈을 단단하게 결속하려는 것이라고 이해할 수 있다. 여기서 한 가지 지적해야 할 것은 '정보교류'가 '사적인 메시지나 정보'에 한정되지 않고 생활이나 직업에 관련된 실용 정보와 정치, 사회적인 주요 문제에 대한 뉴스 등 공유되는 정보의 범위가 훨씬 넓다는 점이다.

이정권·최영(2015:121)에서는 사회적 소통망의 이용 동기로 '정체성 표현, 사회적 상호작용, 재미, 오락, 정보 추구, 이데올로기 추구'를 들었다. 김유정(2013)에서 제시한 이용 목적과 비교할 때 '정체성 표현'은 '자기표현', '사회적 상호작용'은 '관계맺기', '정보 추구'는 '정보교류'에 해당한다. 여기에 '재미, 오락, 이데올로기 추구'를 추가한 것인데, 〈그림 4〉에서 두 번째로 높게 나타난 '취미/여가활동'이 바로 '재미' 또는 '오락'과 관련된다고 하겠다.9) '이데올로기 추구'는 〈그림 4〉의 '시사·정치·현안 문제 등에 대한 의견 표현 및 공유'와 연결되는 것으로 보인다. 이러한 SNS 이용 동기 또는 목적 가운데 일반 누리꾼들은 '재미'나 '오락'을 갈수록 중요시하는 경향이 나타나고 있다.

2. 누가, 왜 SNS에 열광하는가?

사회적 소통망은 신문, 잡지, 방송 등 기존의 대중 매체와는 여러 가지 차이가 있다. 가장 주목할 점은 기존 매체가 소수 전문가들이 생산한 지식과 정보를 대중들에게 일방적으로 전달하는 반면 인터넷, 특히 사회적 소통망에서는 대중이 곧 생산자 겸 소비자 역할을 하며 양방향

---

9) '재미'와 '오락'이 겹치는 면이 있는데 이정권·최영(2015:125)에서는 '재미'를 '적극적 참여와 상호작용을 통해 얻는 즐거움과 어울림을 통해 발산되는 능동적 개념'으로, '오락'은 '스트레스 풀기, 시간 때우기 등의 소극적 동기와 게임, 동영상 등 습관적이고 중독성이 강한 동기를 가진 것'으로 구별해서 보았다.

의 수평적 소통을 빠르게 해 나가는 매체라는 사실이다. 사회적 소통망에서는 전문가의 권위가 약화되는 대신 권력이 분산되어 있으며, 대중이 '집단 지성'으로서 매체를 가꾸고 이끌어 간다. 일반 대중 매체와 사회적 소통망의 이러한 차이를 한국정보산업연합회(FKII, 2006)에서는 〈표 2〉와 같이 정리했다.

표 2 SNS의 커뮤니케이션 패러다임 (김성식·배진아 2014:101에서 재인용)

구분	일반 미디어	SNS
콘텐츠 특성	미디어의 콘텐츠	콘텐츠의 플랫폼으로서의 미디어
수용자 특성	대중 또는 정보 소비자	정보의 생산 소비자(프로슈머)
지식생산 방식	소수 전문가	사용자의 집단 지성
권력 관계	중앙 집권형	분산형(네크워크형)
커뮤니케이션 형태	일방적, 수직적	쌍방향, 수평적
관계 확립 방식	필요시 관계 확립	유비쿼터스적 관계 확립
대표 사례	신문, 라디오, TV 등	유튜브, 트위터, 페이스북

사회적 소통망의 이러한 긍정적 특성 때문에 수많은 누리꾼들이 SNS를 활발히 이용하고 있으며, 일부는 SNS에 빠졌다고 할 정도로 열광적 상태를 보인다. 멋진 사진이나 좋은 글을 자주 올려서 다른 누리꾼들의 큰 관심을 받게 되면, 수십 만 명의 '구독자' 또는 '친구'가 따르기도 한다. 사회적 소통망에서는 연예인이나 정치인만 '스타'가 되는 것이 아니라 일반 누리꾼들도 노력에 따라 대중의 관심과 사랑을 받을 수 있다. '주목받기를 원하는 사람들'(설진아 2009:36)이 많아질수록 사회적 소통망은 뜨겁고 풍성해진다.

그림 5 **페이스북 페이지 모습**
(모바일 버전)

그림 6 **트위터 페이지 모습**
(모바일 버전)

    사회적 소통망은 기존 매체와 비교하여 이용 환경 면에서도 차이가 두드러진다. 신문 등의 매체는 정보 생산에서 전달 및 수용 과정에 비교적 시간이 많이 걸리지만 사회적 소통망은 언제 어디서든 '실시간 소통'이 가능하다. 그것은 일차적으로 시공간의 제약이 없고 빠르게 정보를 전할 수 있는 인터넷의 특성 때문이기도 하지만 스마트폰 등의 휴대 인터넷 기기 발달 덕분이기도 하다. 한국인터넷진흥원(2015나)인 ≪2015년 모바일인터넷이용실태조사≫에 따르면, 스마트폰 등 모바일을 통한 SNS 이용 비중이 88.4%, 유선(PC)을 통한 SNS 이용 비중은 11.6%로 나타났다.[10] 이처럼 누리꾼들은 스마트폰, 태블릿 등의 기기

---

10) http://isis.kisa.or.kr/board/?pageId=060100&bbsId=7&itemId=815&pageIndex=1

를 이용하여 이동하면서도 인터넷에 접속하고 사회적 소통망에 손쉽게 연결됨으로써 다른 누리꾼들과 대화를 나누고 정보를 공유한다.

1990년대 중후반 인터넷이 대중화될 때는 비싼 컴퓨터를 구입해야 하고 인터넷 비용이 비싸서 대학생이나 젊은 직장인 중심으로 인터넷 소통이 이루어진 반면 현재는 정보통신 기술의 급속한 발전으로 싸고 다양화된 휴대 인터넷 매체를 누구든 구입할 수 있기에 사회적 소통망 이용에서 세대나 계층 차이가 없다. 온 국민이 정보 격차 없이 자신의 취향과 관심에 따라 SNS에 가입하고, 적극적으로 활동할 수 있게 되었다.

2016년 4월에 정보통신정책연구원에서 인터넷으로 발행한 보고서인 〈SNS(소셜네트워크서비스) 이용추이 및 이용행태 분석〉에 따르면 2015년 현재 한국의 사회적 소통망 이용자 비율은 43.1%로 나타났다.[11] 조사 대상 표본인 4,305가구의 9,873명 중에서 4,250명이 SNS를 이용하고 있다고 응답했는데 이는 전년도의 39.9% 대비 3.2% 포인트 증가한 수치다. 이들 누리꾼들은 하루 평균 1시간 5분 동안 사회적 소통망에 접속하는 것으로 조사되었다. 한국언론진흥재단이 2015년 6~8월에 전국 19세 이상 5,062명을 대상으로 실시한 '언론수용자 의식조사'에서는 전체 응답자의 '지난 1주일간 미디어 이용률'에서 SNS 이용률이 53.5%로 나왔다. 이와 함께 앞서 인용한 한국인터넷진흥원(2015나:30)의 조사 결과를 보면, 2015년 '모바일 인터넷' 이용자 2,500명의 '모바일 SNS' 이용률이 80.9%로 아주 높게 나타났다. 한국에서 사회적 소통망 이용이 그렇게 오래 되지 않았음에도 절반에 가까운 많은 국민들, 특히 이동 인터넷 이용자들 가운데서는 80%가 넘는 누리꾼들이 SNS를 이용하는 사실을 알 수 있다.

사회적 소통망 이용률을 집단별로 살펴보면, 먼저 남성과 여성의

---

11) http://stat.kisdi.re.kr/Library/Library_detail1.aspx?Division=1&seq=1041

SNS 이용률의 차이가 2.5% 포인트로 성별 차이가 거의 없는 것으로 나타났다. 나이별 이용률에서는 20대가 75.6%로 가장 높았다. 20대의 4명 중 3명이 SNS를 이용하고 있는 것이다. 그 다음으로 30대 (65.1%), 10대(51.3%), 40대(50.2%), 50대(30.4%)의 순으로 나타났다. 한국인터넷진흥원(2015나:44)에 따르면, 이동 인터넷 이용자들의 '모바일SNS' 이용률은 20대(94.8%), 30대(88.6%), 10대(86.5%), 40대(74.7%), 50대(60.5%) 순으로 조사되었다. 청소년 세대뿐만 아니라 중장년층의 사회적 소통망 이용이 활발함을 알려 준다.

그렇다면 페이스북이나 트위터를 이용하는 누리꾼들은 이런 SNS를 이용하면서 어떤 장점이 있다고 느끼는지와 관련해 (1)과 같은 누리꾼들의 생각을 찾아보았다.

(1) 누리꾼들이 생각하는 페이스북과 트위터의 장점
   가. (@tmd***)[12]
      페이스북의 좋은점이라면 잊고 지냈던 소중한 사람들을 다시 만날수 있다는거?
   가-1. (@har***)
      페이스북 지인들의 좋은 점. 파도타기를 하면 다른 사람들이 공유하는 좋은 글들을 올리는 사람이나 그런 글들을 좋아요를 눌러 정기구독 할 수 있다.

---

[12] 트위터 게시글의 출처를 밝히되 누리꾼들의 개인정보 보호 차원에서 게시글 작성자의 통신 이름은 '@tmd***', '@304***'처럼 앞쪽 세 글자만 적고 나머지 부분은 글자 수와 관계없이 별표(*) 세 개로 표시한다.

가-2. (이○○)13)

　　페이스북의 좋은 점은 우물안 개구리 같은 자기 생각을 비판과 반박과 논쟁을 통해 고칠 기회를 가질수 있고, 기존의 자신의 관점을 다른 분들의 또 다른 새롭고 날카로운 생각으로 수정,보완,파기, 노선 변경할 기회로 삼을수 있다는 것이다.100% 자기만 옳을수는 없으며,이데올로기나 사상은 언제나 짬뽕이다.ㅎㅎ.

가-3. (김○○)

　　페이스북의 즐거움 중 하나는 재능있는 분들의 글과 그림등을 실시간으로 접할 수 있다는 점이다. 내게는 거만하거나 잘난척 하지 않으면서 조용히 좋은 이야기들을 전하는 내공있는 페친들이 많은데 그런 분들의 책을 접하면 더 없이 반갑다.

나. (@Mik***)

　　트위터의 장점 중 하나는 이것 같아. 자유로운 형식으로 글 쓸 수 있으니 자신과 대화하는 느낌으로 글을 써볼 수도 있고 그에 생각 정리가 되기도 쉽겠지. 종이에 쓸 때랑은 다른 느낌이니깐.

나-1. (@Sio***)

　　나는 트위터가 정말 좋은 게 요새 우울한 일이 정말 많은데 그걸 남의 눈치 안 보고 마음껏 혼잣말을 할 수 있다는 점이... 물론 너무 지나치게 올리면 맞팔이신 분들에게 실례일 수도 있겠지만 읔 아무튼 요새 너무 우울해

나-2. (@Jua***)

　　sns의 좋은 점이 삶이 힘들 때 트위터 들어와보면 여러 삶의 양상을 볼 수 있다는 것. 고양이가 귀여운 사람 시험 끝난 사람 최애가 너무 예쁜 사람 일이 빡치는 사람 변비인 사람 이런저런 사람들을 보다보면 열심히 살자 싶어진다

나-3. (@pul***)

　　한해를 돌아보니 트위터 땜에 열 일 할 시간에 트위터 독서로

---

13) 페이스북 게시글의 경우도 출처를 밝히되 누리꾼들의 개인정보 보호 차원에서 게시글 작성자의 통신 이름의 일부를 여성은 ○○, 남성은 △△ 등으로 표시한다.

하나하기도 허둥댔다. 하지만 이곳은 나의 진정한 평생 교육원이었다. 여러 주장과 기억해둘만한 소심쟁이들의 중얼거림들도 하나하나 새겨졌고 무딘 사고에 기름칠을 했다.내년도 부탁해, 트친들!

    페이스북의 좋은 점에 대해 누리꾼들은 (1가~가-3)과 같이 밝혔다. 페이스북을 통해 '잊고 지냈던 소중한 사람들을 다시 만날 수 있다', '친구의 친구가 쓰는 좋은 글들을 정기 구독할 수 있다', '다른 사람들과의 대화를 통해 자신의 생각과 관점을 수정할 수 있다', '재능 있는 사람들의 글과 그림 등을 실시간으로 접할 수 있다'고 했다. 트위터의 장점에 대해 적은 (1나~나-3)을 보면 '자유로운 형식으로 글을 쓸 수 있다', '남의 눈치 안 보고 마음껏 혼잣말을 할 수 있다', '삶이 힘들 때 여러 삶의 양상을 보면서 힘을 얻는다'를 트위터 이용의 좋은 점으로 들었다. 특히 (1나-3) 누리꾼은 트위터가 "나의 진정한 평생 교육원이었다"고 찬탄하고 있어 눈에 띈다. 페이스북은 주로 친구 관계의 확장을 통해 소통의 범위를 넓히고, 트위터는 하고 싶은 말을 마음껏 하면서 다양한 이용자들로부터 자극을 받는 것으로 나타났다. 이런 차이는 있지만 공통적으로 누리꾼들은 SNS를 통해 자신을 표현하고 다른 사람의 생각과 지식을 수용하면서 일상의 공간과는 다른 새로운 소통 채널로 활용하는 사실을 알 수 있다.

    이와 같이 많은 누리꾼들이 사회적 소통망에 높은 관심을 갖고 그 사용에 많은 시간과 노력을 투자하고 있지만 사회적 소통망 이용을 아예 끊거나 그것에서 점차 멀어지는 누리꾼도 늘어나고 있다. SNS 친구들이 올리는 멋진 여행 사진, 즐겁고 행복해 보이는 이야기를 자신의 단조로운 일상 삶과 비교하게 되면서 불만과 부정적 감정을 느끼게 되는 'SNS 우울증'을 호소하는 누리꾼들도 적지 않다. 사회적 소통망을 통해 얻는 것도 많지만 부작용도 적지 않은 것이다.

한 보안 회사가 최근 미국, 캐나다, 러시아, 브라질, 일본 등 12개국의 적극적인 SNS 이용자 4,831명을 조사한 결과 응답자의 78%가 SNS에 지쳐 그만두는 것을 고려하고 있다고 답했다.[14] 그 이유로 '시간 낭비에 지쳤다', '거대 IT기업에 감시당하고 싶지 않다'는 점을 들었다. 이 기사에 대한 한국 누리꾼들의 의견을 보면, "페북 잠시 해봤는데 '좋아요' 눌러 주는 것도 일이더만. 관두니 맘이 편해", "난 5년전에 이미 지쳐서 그당시 MSN, 싸이, 페이스북, 트위터 죄다 끊었다. 끊고 나니 처음에는 좀 답답하긴 했는데 그 다음에는 아주 마음이 편하더만", "허세쩌는 관종 SNS 페북 인스타 정신병자들!! 쳐먹는거 여행가는거! 더욱 가관인건 밑에 좋아요 어디예요 댓글다는 이류년놈들!!" 등 동의하는 누리꾼이 많았다. 반면 "난 자주 안해서 그런지 그렇게나 재미있는줄도 모르지만 그만두고 싶은적도 없었다네 뭐가됐건 부담스럽다면 그만둬야지", "이런 부작용은 시작할 때 부터 예견되었고 비트코인이 성공할까와 비슷한 맥락으로 의심을 가졌던 부분인데 뭐 너무 많이 와 버려서 생활이 되어 있는 데 지금에 와서 지친다 뭐 이런 투정이나 부리면 되나요?"와 같이 반대 의견도 보였다.

한편, 장병희(2012:193-194)에서 대학생을 대상으로 조사한 바에 따르면 SNS 이용 중단자들은 '귀찮아짐, 피상적인 인간관계에 대한 거부감, 사생활 침해' 등의 이유를 제시한 것으로 나타났다. 지속 이용자들의 경우도 '사생활과 관련된 불만, 피상적 관계에 대한 불만, 정보의 진실성에 대한 불만, 시간과 돈 낭비라는 불만, 중독에 대한 불안' 등을 나타낸 점에서 SNS 이용 중단자들이 늘어날 수 있다고 추측했다.

이처럼 사회적 소통망 이용과 관련하여 누리꾼들이 여러 가지 불만과 문제점을 제기하고, 또 일부는 SNS 이용을 중단하는 사람들도 늘고

---

[14] 〈세계 네티즌 78% "SNS 지친다, 그만두고 싶어"〉, ≪뉴시스≫, 2016-12-11 기사 참조.

있지만 여전히 많은 누리꾼들은 하나 이상의 사회적 소통망을 통하여 다른 사람과 활발히 소통하면서 재미를 누리고 정보를 공유하고 있다. 특정 SNS에서 흥미를 잃고 탈퇴하거나 이용을 중단하더라도 모든 사회적 소통망 이용을 완전히 끊기보다는 다른 SNS나 소셜 미디어에 가입해 적극적으로 활동하는 누리꾼들이 많다. 그렇다면 이런 누리꾼들은 다른 사람들과 어떤 방식으로 소통하고 있는지와 관련하여 SNS의 소통 구조에 대해 다음 3절에서 자세히 살펴보고자 한다.

3. SNS의 소통 구조

한국 누리꾼들이 많이 이용하는 사회적 소통망 가운데서 성격이 유사하면서도 차이가 있는 페이스북과 트위터를 대상으로 기능과 소통 구조를 파악해 보겠다. 먼저 〈표 3〉은 두 사회적 소통망의 언어 기능을 대비한 것이다. 누리꾼들이 사회적 소통망에서 읽기와 쓰기 등의 언어 기능을 어떻게 하고 있는지를 보여 준다.

표 3 페이스북과 트위터의 언어 사용 기능

언어 기능	페이스북	트위터
읽기	뉴스피드	타임라인
	검색하기	검색하기
쓰기	담벼락/타임라인	트윗하기
	댓글 달기	답글 쓰기
대화	메시지	쪽지
	채팅하기	

두 가지 사회적 소통망의 언어 사용 기능은 '읽기' 면에서 '뉴스피드/타임라인'과 '검색하기'가 있다. '뉴스피드'란 〈그림 7〉과 같이 페이

스북 이용자가 구독하는 계정에서 올리는 게시글을 실시간으로 보여주는 기능을 한다. 트위터에서는 이러한 공간을 '타임라인'이라고 부른다. 이 공간을 통하여 누리꾼들은 다른 이용자들이 올리는 다양한 소식과 정보를 접하고, 필요한 경우 그것을 다른 누리꾼들에게 전달함으로써 공유하게 된다. 페이스북 이용자들은 '좋아요' 또는 '공유하기' 기능으로, 트위터 이용자들은 '리트윗' 기능으로 게시글을 자신의 친구들에게 널리 알릴 수 있다. 자신의 멋진 생활과 기발한 생각을 남들에게 알리거나 자랑하고 싶어 하는 누리꾼들의 마음이 게시글 쓰기로 표현되고, 자신의 친구들이 어떻게 지내며 무슨 생각을 하고 있는지가 궁금한 누리꾼들이 다른 사람들의 글을 읽고 댓글을 붙인다. 에릭 퀄먼 지음/INMD 옮김(2009:62)에서 "소셜미디어는 자신의 삶을 타인과 나눌 때 사용하는 도구"라고 한 것처럼 누리꾼들은 페이스북이나 트위터와 같은 사회적 소통망을 이용하여 서로 살아가는 모습을 널리 알리고 격려하고 공유하면서 일상 공간과 구별되는 또 다른 세상인 SNS의 타임라인을 함께 만들어 가는 것이다.

그림 7 **페이스북 '뉴스피드'**

'검색하기'는 다른 사람이 올린 게시글을 찾아보기 위한 기능이다. 페이스북과 트위터 모두 검색하기 기능이 있지만 트위터의 경우 전체 트윗에 대한 내용 검색이 되기 때문에 특정 단어나 언어 요소가 들어간 트윗을 자유롭게 찾아보는 것이 가능한 반면 페이스북의 경우 내용 검색은 되지 않고 친구 및 장소 찾기를 통해 다른 사람의 게시물에 제한적으로 접근이 가능한 차이점이 있다. 이런 차이는 두 서비스가 가진 특성 때문인데 페이스북은 동창, 같은 직장 동료 등 일상에서 서로 잘 아는 사람들과 소통하는 경우가 대부분이고 트위터에 비해 폐쇄성이 강해서 이용자들의 사생활 보호 차원에서 게시글 내용 검색 기능을 제공하지 않는 것으로 판단된다.

트위터는 게시글 작성 때 공개 범위 설정이 되지 않지만 페이스북은 '전체 공개, 친구만 공개, 나만 보기, 사용자 지정' 등 다양한 공개 범위를 게시자가 게시글마다 직접 설정할 수 있다. 트위터 이용자가 게시글을 친구에게만 공개하기 위해서는 '계정 잠금'을 따로 설정해야 한다. 이 경우 친구 관계가 아닌 사람은 계정 자체에 전혀 접근할 수 없다. 페이스북이 게시글마다 공개 범위를 설정할 수 있는 것과 다르다. 또한 친구 관계인 경우에도 잠근 계정의 누리꾼이 올린 게시글은 다른 사람이 리트윗을 할 수 없도록 설계되었다. 사생활이나 개인정보 누출 등의 문제가 심각해지면서 트위터를 잠근 계정으로 운영하는 이용자들이 늘어나고 있지만 그럼에도 다른 사람과의 적극적 소통을 위해 다수는 열린 계정으로 이용하고 있는 모습이다.

검색 기능과 게시글 공개 범위 지정 방식을 보면 두 가지 대표적인 사회적 소통망의 성격 차이가 잘 드러난다. 일상 친구 관계 등 좁은 범위를 중심으로 대부분의 소통이 이루어지고 게시글의 공유 범위가 제한적인 것이 페이스북이라면 '리트윗'과 내용 검색 기능을 이용해서 훨씬 넓은 범위의 이용자들 사이에서 소통이 이루어지고 게시글의 정보 공유 및 확산이 쉽게 가능한 것이 트위터다.

그림 8 **트위터 '타임라인'**

　뉴스피드와 검색하기라는 두 가지 대표적인 읽기 기능과 함께 서비스 안에서 인기를 얻고 있는 게시글을 모아서 보여 주는 트위터의 '실시간 트렌드'라는 기능도 일종의 읽기 기능으로 볼 수 있다. 〈그림 9〉는 2016년 12월 13일 저녁의 트위터 실시간 트렌드가 무엇인지 보여 준다. '여캐편파', '#당신의_크리마스_스케줄', '성형시술'과 같은 표현이나 '해시태그'15)가 들어간 게시글들을 쉽게 찾아 볼 수 있도록 묶어

---

15) '해시태그(hashtag)'는 트위터 등의 사회적 소통망에서 비슷한 내용의 게시글들을 찾아보기 쉽도록 '#3행시', '#소셜_미디어', '#자캐는_엄마를_닮았나_아빠를_닮았나'와 같이 특정 표현의 앞에 '해시(#)' 기호를 꼬리표처럼 붙이는

서 이용자들에게 제시하는 기능이다.

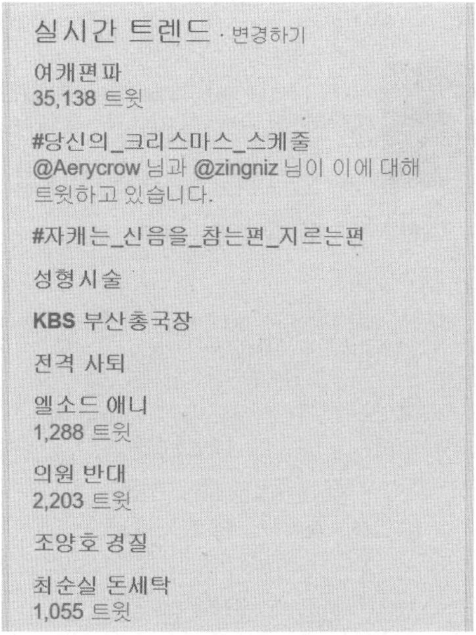

그림 9 **트위터의 '실시간 트렌드'**

사회적 소통망의 '쓰기' 기능은 페이스북의 경우 '담벼락', 트위터는 '트윗하기'에서 이루어진다. '담벼락'은 페이스북 이용자가 글을 쓰는 공간이며, 쓴 글을 이어서 보여 주는 공간은 '타임라인'이다. 트위터의 '트윗하기' 또한 마찬가지 기능의 글쓰기 공간이다. 다른 이용자들이 올린 게시글을 확인하기 위해서는 계정의 두 공간을 이용하면 된다. 그런데 페이스북 글쓰기 공간에는 "무슨 생각을 하고 계신가요?"라는 질문이 나와 있고, 트위터 글쓰기 공간에는 "무슨 일이 일어나고 있나

것을 뜻한다. 더 자세한 내용은 네이버 지식백과 ≪네이버캐스트≫의 '해시태그(hashtag)' 항목을 참조하면 된다. http://navercast.naver.com/ntents.hn?rid=122&contents_id=88485

요?"라는 운영자의 말이 나온다. 페이스북에서 이용자들의 '생각'을 글로 표현하도록 요구한다면 트위터는 이용자들이 보고 들은 '사실'을 보고할 것을 요구한다고 해석할 수 있다. 이용자들이 모두, 언제나 이런 방향에서 글을 쓰는 것은 아니지만 페이스북 이용자들이 차분하게 자신의 생각을 글로 적는 것이 자연스럽게 보인다면 트위터 이용자들은 주변의 소식이나 국내외 뉴스 등을 빠르게 전달하는 것이 전형적 활동으로 인식되기 쉽다.

다른 사람의 게시글에 답을 하기 위해서 페이스북 이용자들은 〈그림 10〉과 같이 '댓글 달기' 기능을 이용하면 된다. 페이스북의 댓글은 게시글 아래에 고정되어 보이기 때문에 게시글과 댓글을 함께 보기가 편리하다. 댓글에 대해서는 다시 '답글 달기'가 가능해서 하나의 댓글에서도 새로운 대화를 이어갈 수 있다. 트위터 이용자들은 '답글 쓰기'(reply) 기능을 통해 다른 사람의 게시글인 '트윗'에 대한 의견을 표현할 수 있다. 하나의 게시글에 대해 다른 이용자들이 보일 수 있는 반응은 '리트윗'(retweet)도 있다. '리트윗'은 다른 사람의 게시글을 자신의 '구독자' 또는 '팔로워'(follower)들에게 전달하는 것을 말한다.

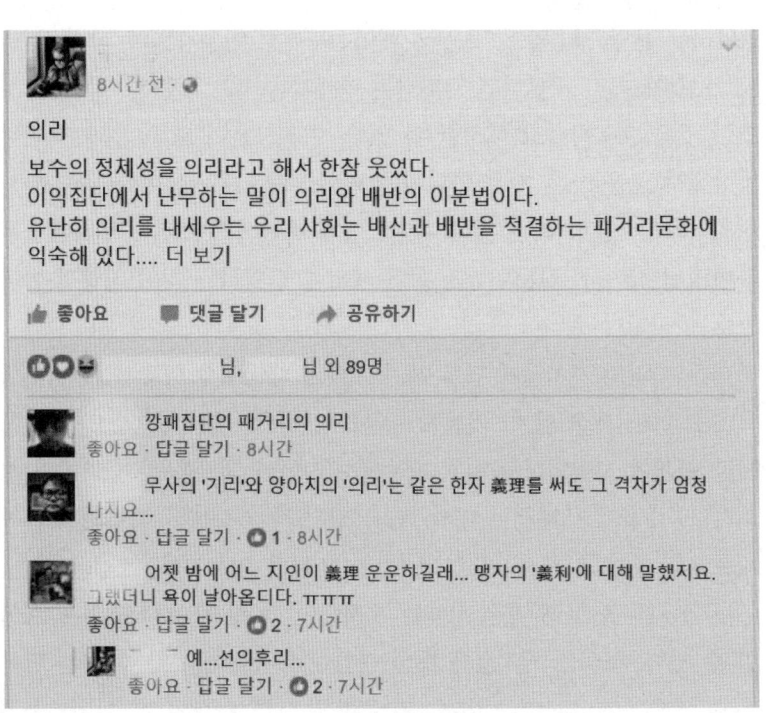

그림 10 **페이스북 게시글과 댓글**

　이처럼 누리꾼들은 사회적 소통망에서 게시글과 댓글 또는 답글 쓰기를 통해 실시간 대화와 같은 방식의 의사소통이 가능하다. 허상희(2011)에서는 트위터 이용자들이 어떻게 소통하고 있는지를 〈그림 11〉과 같이 제시한 바 있다. 하나의 '트윗하기'를 통해 하나의 게시글이 팔로워들에게 전달되면 그것에 대해 다른 사람이 '답글 쓰기'를 함으로써 두 이용자가 대화를 주고받는 상태가 된다. 타임라인을 통해 이를 지켜보던 제3자가 끼어들기를 하면서 여러 사람 간의 대화가 진행될 수도 있다. 다른 사람의 게시글이 마음에 들거나 그 반대로 마음에 들지 않을 때 자신의 팔로워들에게 그것을 전달함으로써 게시글에 대한 긍정 또는 부정 반응을 유도하기도 한다.

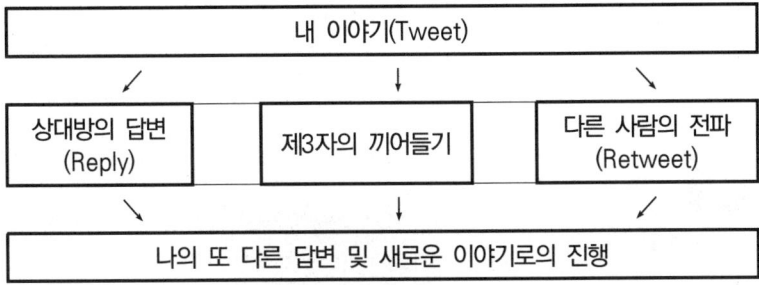

그림 11 **트위터의 소통 구조 (허상희 2011:275)**

 누리꾼들은 사회적 소통망에서 게시글을 작성할 때 〈그림 12〉와 같이 글자로만 구성한 글 중심의 트윗글을 작성하기도 하지만 갈수록 그림, 사진, 동영상 등 이미지 요소를 활용한 게시글을 많이 쓰는 편이다. 〈그림 12〉의 세 트위터 누리꾼은 모두 글자로만 트윗을 작성한 공통점이 보인다.

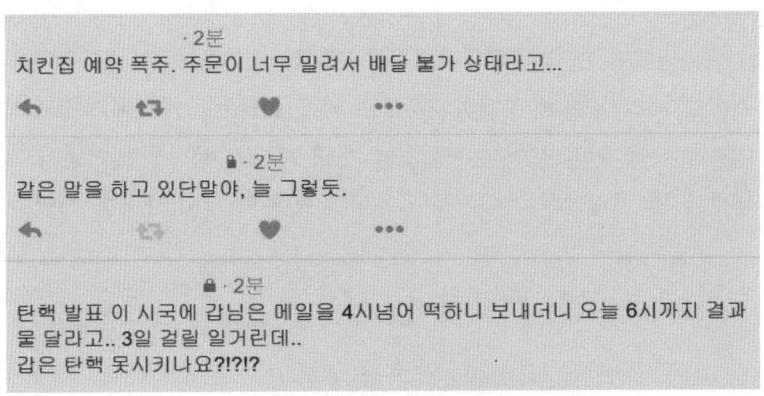

그림 12 **글 중심의 트윗글**

 〈그림 13〉은 '움직이는 그림'인 GIF 파일을 통해 일종의 동영상을 구현한 것인데 하나의 트윗에서 글자는 2음절 감탄사 '유후'밖에 없다.

게시글 작성에서 글과 이미지를 활용하되 이미지에 무게 중심을 둔 게시글이다.

그림 13 **이미지 중심의 트윗글**

다음 〈그림 14〉는 글과 이미지가 적절히 조화를 이룬 게시글이다. 케이크 사진과 함께 상당히 긴 글을 통해 2016년 12월에 국회에서 대통령 탄핵 의결이 이루어진 것에 대해 자신의 생각을 밝히면서 기념으로 몇 사람에게 케이크를 주겠다는 일종의 광고 내용을 적었다.

그림 14 **글과 이미지 요소를 결합한 트윗글**

페이스북이나 트위터 모두 서비스 초기에는 글자 중심의 게시글이 대부분을 차지하였으나 갈수록 이미지의 비중이 늘고 있다. 이미지를 쉽게 올릴 수 있도록 하고 동영상의 크기나 길이 제한을 풀어 주고 있기 때문이다. 글자를 통한 의사소통이 그림이나 동영상을 이용한 것에 비해 사실감, 현장감이 약하고 재미 면에서도 불리한 점을 고려하면 앞으로 이미지의 비중은 갈수록 높아질 것으로 예측된다.16)

2016년 12월 현재 누리꾼들이 대표적인 두 가지 사회적 소통망에

---

16) 페이스북 부사장인 니컬라 멘덜슨(Nicola Mendelsohn) 씨가 2016년 6월 영국에서 열린 세계 여성 지도자 회의 발언을 통해 앞으로 페이스북에서 동영상 기반 텍스트의 비중이 급속하게 늘어날 것이며, '담벼락'이라는 페이스북 글쓰기 공간에는 향후 5년 내에 동영상만 남을 것이라고 언급했다고 한다(옥현진 2016:70).

서 작성하는 게시글이 '글'과 '이미지' 면에서 어떻게 구성되는지 비중을 분석해 보니 그 결과는 〈표 4〉와 같았다.

표 4 게시글의 구성 유형별 비중

구분	페이스북	트위터	합계(비율)
글 단독형	12	65	77(38.5)
글-이미지 혼합형	88	35	123(61.5)
합계	100	100	200(100%)

위 표는 지은이의 계정을 이용하여 2016년 12월 13일 오후 10시에 무작위로 게시글 각 100개를 수집하여 '글 단독형' 게시글과 '글-이미지 혼합형' 게시글의 상대적 비중을 파악한 것이다. 동일 누리꾼의 게시글은 5개 이하로 제한하고, 외국인 계정의 게시글을 제외하여 분석했다. 그 결과 페이스북은 글 단독형이 12개, 글-이미지 혼합형이 88개로 이미지가 들어간 게시글이 절대적으로 많았다.[17] 반면 트위터는 글 단독형이 65개, 글-이미지 혼합형이 35개로 글 중심의 게시글이 2배 정도 많았다. 전체 200개 게시글 가운데 글 단독형은 38.5%, 글-이미지 혼합형은 61.5%를 차지하는 것으로 나타났다. 페이스북과 트위터 모두 글자를 이용한 소통 매체로 출발했지만 현재는 이미지의 비중이 크게 높아졌음을 알 수 있다. 특히 트위터에 비해 페이스북 게시글에서 이미지 비중이 훨씬 높은 점은 한국 누리꾼들이 페이스북을 더 선호하는 한 이유가 되는 것으로 생각된다. 사진, 동영상 등을 이용한 게시글이 이해가 쉽고 빨라서 수용 과정의 부담이 적으며, 더 재미와 흥미를 주기 때문에 글자 중심의 트위터보다 이미지 중심의 페이스북

---

[17] 페이스북의 글-이미지 혼합형 가운데 4개는 사진이나 동영상 등 이미지로만 작성된 것으로 정확하게 분류하면 '이미지 단독형' 게시글에 해당한다.

을 더 많이 이용하는 것이다.18)

한편, 두 가지 사회적 소통망 글쓰기에서 가장 눈에 띄는 차이점은 게시글 크기 제한에 있다. 페이스북은 게시글 크기에 제한이 없는 반면 트위터의 경우 140자로 제한이 있는 것이다. 게시글 크기의 차이 때문에 두 서비스 이용자들의 글쓰기 방식이나 언어 사용 면에서 차이를 보인다. 페이스북 이용자들 가운데는 정치적 견해나 개인 경험, 생각 등을 비교적 자세히, 길게 작성하는 사람들이 종종 있다. 광고성 게시글을 자세히 쓰기에도 페이스북 이용이 효과적이다. 이와 달리 트위터에서는 게시글 크기가 140자로 제한되어 있어 이용자들이 짧은 글을 심리적 부담 없이 쓰기에 적절하다. 트위터 게시글이 140자로 제한된 것은 문자 메시지를 통해 게시글을 쓸 수 있도록 하기 위한 것이며, 게시글 크기가 이처럼 작게 제한되어 있는 점에서 트위터를 '마이크로블로그(microblog)'라고 부른다. 트위터 누리꾼들은 전달하려는 내용을 최대한 압축하여 표현해야 하기 때문에 핵심 내용 중심으로 짧게 쓰게 된다.19) 긴 글을 꼭 써야 할 때는 짧은 글에 번호를 달아 연속으로 게시글을 올리거나 블로그 등에 저장한 내용을 인터넷 주소로 연결시키기도 한다. 일부 트위터 이용자들이 게시글 크기 제한에 불만을 나타내고, 트위터 운영자 쪽에서도 이용자 수의 정체, 수익성 악화 등이 발생하자 2016년에 게시글 크기 제한을 없애려고 시도했으나 이용자들의 반발로 여전히 게시글 크기 제한이 유지되고 있다. 다만 사진,

---

18) 동영상을 올리는 유튜브(www.youtube.com), 사진과 동영상을 올리는 인스타그램 이용자들이 급속하게 늘고 있는 것도 이런 점 때문으로 짐작된다. 〈인스타그램 실사용자 6억명 돌파..2년 만에 2배로〉, ≪연합뉴스≫, 2016-12-16 기사에 따르면 2016년 현재 인스타그램 사용자가 6억 명을 넘어섰다고 할 정도로 인기를 끌고 있다.

19) 칸다 토시아키 지음/김정환 옮김(2010:92)에서는 "간결하게 핵심만 정리된 트윗이 블로그에 쓴 1,000자가 넘는 장문보다 머리에 쏙 들어오는 이유도 전달하고자 하는 핵심이 트윗에 응축되어 담겨 있기 때문일 것"이라고 보았다.

동영상, 인용 트윗의 경우 글자 수 제한에서 제외하고 다양한 미디어 첨부를 허용함으로써 글자 제한의 문제를 피해가고 있다[20].

페이스북과 트위터의 언어 사용 기능 가운데 '대화'는 '메시지 보내기'와 '채팅'을 통해 이루어진다. 메시지 보내기 기능은 두 서비스 모두에 들어 있는 반면 채팅 기능은 페이스북에만 있다. 페이스북 이용자들이 일상에서 잘 아는 관계에 있는 경우가 많기 때문에 일대일 대화 기능을 제공하고 있지만 트위터는 일상에서 잘 모르는 사람들이 친구 관계를 형성하는 경우가 많아서 이러한 대화 기능의 필요성이 약하다.

두 가지 대표적인 사회적 소통망의 언어 사용 기능, 곧 소통 구조의 차이는 이용자들의 언어 사용에 영향을 끼친다. 언어 사용 기능의 차이 가운데 가장 핵심적인 것이 게시글 크기 제한 적용 여부다. 140자로 제한이 있는 트위터 이용자들의 언어가 압축적인 짧은 문장 위주로 사용되고, 사실 정보 중심으로 게시글 내용이 구성되는 것이 전형적이라면 페이스북 이용자들은 여러 개의 긴 문장을 통해 자세한 '이야기'를 적는 차이가 나타난다. 또 다른 중요한 차이는 페이스북은 게시글에 대한 댓글 쓰기가 한 공간에서 이루어지기 때문에 대화가 자연스럽게 일어나지만 트위터는 답글도 독립된 트윗글로 작성되고 게시글과 답글을 하나로 묶어 보여 주는 기능도 약해서 대화가 적은 편이다. 페이스북 이용자들이 일상에서 잘 아는 사람들과 생활 속의 소소한 이야기를 소재로 친교와 공감의 글쓰기를 많이 하는 반면 트위터 이용자들은 잘 모르는 다수의 사람들과 새로운 정보와 지식, 사회 문제에 대한 생각을 퍼트리고 공유하는 글쓰기를 많이 하는 것은, 바로 두 가지 사회적 소통망의 이러한 언어 사용 기능 또는 소통 구조와 밀접한 관련이 있다고 하겠다.

---

[20] 〈페이스북에 밀린 트위터, '140자 제한' 사실상 풀었다〉, ≪노컷뉴스≫, 2016-09-20 기사 참조.

그런데 최근 페이스북과 트위터 등 SNS의 소통 구조는 서로 닮아가고 있다. 서비스 간 경쟁이 과열되면서 이용자들에게 편리한 기능을 추가하면서 상대방 SNS의 장점을 적극 수용한 결과다. 페이스북은 전화번호나 전자편지 주소에 있는 사람뿐만 아니라 '친구의 친구'까지 적극 새 친구로 추천하여 이용자들의 친구 수를 늘리는 한편 '팔로우'라는 트위터의 개념을 도입하여 친구 관계가 아니어도 일방적 읽기가 가능하도록 하여 친구 수 5,000명 제한이라는 규정을 사실상 풀어 버렸다. 트위터의 경우 사진이나 동영상 등 이미지 자료를 쉽게 올릴 수 있도록 했고, 인용 트윗 등은 글자 수 제한에서 제외함으로써 트윗 크기의 한계에서 벗어나려고 했다. 이러한 노력에도 페이스북과 트위터가 가진 소통 구조상의 차이는 아직도 분명하게 존재한다. 어느 정도 익명성을 유지하면서 짧은 글을 수시로 편하게 올릴 수 있는 마이크로블로그인 트위터, 사진이나 동영상과 함께 자신의 일상이나 생각을 차분히 글로 올려서 지인들과 공감해 나가는 페이스북은 독자적인 인터넷 소통 도구로서 가치를 꾸준히 이어갈 것이다.

(2) 페이스북과 트위터의 소통상의 차이점

  가. (@hye***)

    싸이월드나 페이스북은 그런 점에서 좋은 소통 도구와 같다. 오독할 공간을 주지 않아서다. 그런데 트위터에선 오독의 공간이 많다. 마치 길거리에서 누가 누구랑 싸우고 있는데, 몰려든 구경꾼들이 한마디씩 던지는 식이다. 실상 잘 알지 못하는데..

  가-1. (@eda***)

    상대의 얼굴이 안 보이니까 존경심 없이 함부러 말을 하게 되는 게 트위터의 안 좋은 점이지. 페이스북은 이름이 보이니까 나은데.... 스트레스가 많은 SNS이긴 하지.

  나. (@gsa***)

트위터가 그래도 페이스북 보다 좋은 점은 다양한 소리가 어찌되었던 들린다는 것인 것 같다. 트위터 재미나다.

나-1. (@khr***)
요즘 들어서 트위터가 페이스북보다 좋은 점은 언팔로우를 손쉽게 할 수 있다는 점이다. 페이스북에서 하기에는 왠지 좀 미안해지더라고...

나-2. (@kin***)
트위터의 좋으점은 페이스북은 누군가가 볼거라고 생각하고 신경써야하지만 그냥 광장에 외치고싶고 지나가다가 누가 듣고지나가도 상관없는 내용정도를 쓸수있다는게 좋다.

나-3. (@yon***)
페북과 트위터중ㅇ 갠적으로 트위터가훨씬좋은거같다 페이스북은 뭘털어놓기도 조금 ㅇㅐ매한공간처럼느껴지고 트위터는나만의공간이또 따로있는거같다 마음속에잇던 응어리들을막막털어놔도눈치안봐도되고그런점이많은거같다

끝으로 페이스북과 트위터에 대해 누리꾼들이 느끼는 소통상의 차이점을 위의 (2)와 같이 정리하면서 1장을 마무리한다.

2장_ 통신 언어 사용 동기와 SNS 공간의 통신 언어

　통신 언어에 대한 연구가 본격적으로 시작된 1990년대 후반 이후 통신 언어의 전반적 쓰임을 검토한 연구들이 꾸준히 나왔다. 권연진(1998, 2000), 이정복 외(2000), 임규홍(2000), 이정복(2003)에서는 통신 언어의 초기 모습에 대한 전반적 분석이 이루어졌고, 2000년대 중후반의 통신 언어에 대해서는 서은아(2007), 이정복(2009)에서 다루었다. 이정복(2011)은 2011년 무렵 인터넷 공간, 특히 사회적 소통망에서 쓰이고 있는 통신 언어 자료를 중심으로 통신 언어의 쓰임을 다섯 가지의 통신 언어 사용 동기에 따라 분석했다.

　이정복(2003)의 2장에서 제시한 다섯 가지 통신 언어 사용 동기는 '경제성, 표현성, 오락성, 유대성, 심리적 해방성'이다. 이정복(2007나)에서는 인터넷 공간에서의 방언 사용 동기를 통신 언어 사용 동기와 연결 짓고, 표현적 동기에 따른 방언 사용을 '생생한 입말로 표현하기', 오락적 동기에 따른 것은 '재미있게 표현하기', 유대 강화 동기에 따른 것은 '친밀하게 표현하기', 심리적 해방 동기에 따른 것은 '해방감을 느끼면서 표현하기'로 불렸다. 다섯 가지 통신 언어 사용 동기를 이처럼 쉽게 풀이하면, 경제적 동기는 '간편하게 쓰기', 표현적 동기는 '생생하게 쓰기', 오락적 동기는 '재미있게 쓰기', 유대 강화 동기는 '친밀하게 쓰기', 심리적 해방 동기는 '자유롭게 쓰기'라고 부를 수 있다.

이 장에서는 2016년 현재 트위터, 페이스북 등의 사회적 소통망에서 쓰이고 있는 통신 언어의 모습을 이러한 통신 언어 사용 동기에 따라 기술하기로 하겠다. 통신 언어에 대한 전반적인 사용 모습을 시기에 따라 지속적으로 분석한 결과를 종합하면 통신 언어에 대한 이해뿐만 아니라 먼 미래의 어느 시점에서 한국의 통신 언어에 대한 역사를 기술하는 데 직접적인 도움이 될 것이다.

1. 경제적 동기

통신 언어 사용의 '경제적 동기'는 글자 입력의 시간과 노력을 줄여서 빠르고 쉽게 언어를 쓰려는 것을 가리킨다. 한마디로 언어를 '간편하게 쓰기' 위한 의도가 반영된 언어 사용이다. '세상에서 제일 예쁜'을 '세젤예'로 줄여 쓰는 것처럼 긴 표현을 짧게 줄인 줄임말 사용, '이거레알'을 'ㅇㄱㄹㅇ'로 자음 글자로 적기, '축하해요'를 '추카해요'로 맞춤법을 무시하고 소리나는 대로 적기 등이 대표적으로 경제적 동기에 따른 통신 언어 사용의 보기다. 이와 함께 충분히 짐작할 수 있는 문장의 서술어나 다른 문장성분을 생략하는 경우도 경제적 동기가 기본적으로 작용한 결과다. 휴대폰을 이용한 인터넷 접속이 일상화되면서 '행복하지않을수가없음'처럼 띄어쓰기를 하지 않고 붙여 적기를 하는 것도 입력을 빠르고 편하게 하기 위한 경제적 동기에서 나온 것이다. 경제적 동기에 따른 통신 언어 사용의 구체적 보기를 들면 다음과 같다.

(1) 경제적 동기에 따른 통신 언어의 쓰임 ①
    가. 그나저나 청와대에서 김냉 산거 보고 이거 주사제 보관용 아니냐고 했던 트친들 촉 진짜 후덜덜;;
    가-1. ㅋㅋㅋㅋㅋㅋㅋㅋ 혜수킴이 유옵을 에스코트 해주잖ㅇ아??????????ㅋㅋㅋㅋㅋㅋㅋㅋㅋㅋㅋㅋㅋ (유준상)
    가-2. 도종환 의원님 넘나 소중하신 분.. 시인이시라 의정활동에 큰 기대 없었는데 19대 비례때도 잘하시고 충북 소중한 지역구 당선, 교문위 활동도 후덜덜하심..
    나. 아냐 곰곰 님 말씀대로 엄카를 존나게 긁고다닐것이다 내존엄 내가지키기..
    나-1. **존잘 존멋** 자꾸 생각나서 잠 안 오네
    나-2. 초면이지만 너무 **격공**해서..그래요..맞아요.... 항상....(말못잇)
    나-3. 넹 생각이 산만하니 말부터도 꼬이는 모양새ㅋㅋ 기득권 패권타령도 글코 저딴 **정혐질**도 한물 간 찌질이들 스탠스인데 말입니다.
    다. 길라임이 웃으며 보고 있을 걸 생각하니 완전 **피꺼솟**
    다-1. 교수들 시발 왜그렇게 **낄끼빠빠** 못함?

경제적 동기에서 사용하는 줄임말은 (1가~가-2)의 '김치냉장고→김냉', '오빠→옵', '너무나→넘나'와 같이 낱말을 줄인 것도 있고, (1나~나-3)의 '엄마 카드→엄카', '존나 잘생기다→존잘', '존나 멋있다→존멋', '격하게 공감→격공', '정치 혐오질→정혐질'처럼 구를 줄인 것도 있다. (1다)의 '피꺼솟'은 '피가 거꾸로 솟는다'라는 문장을 3음절로 줄인 표현이다. (1다-1)의 '낄끼빠빠'는 '낄 데 끼고 빠질 데 빠지자'라긴 문장을 4음절로 간단히 줄인 것으로 경제성이 특히 뛰어나다.

(2) 경제적 동기에 따른 통신 언어의 쓰임 ②
    가. 아 진짜 잘생겼다....이정도면 국보급 ㅇㅈ ㅆㅇㅈ ㅎㅇㅈ
    가-1. 평창 동계 올림픽 기념주화에 피겨 없음. 김연아 미워 ㅂㄷㅂ
       ㄷ? 졸렬함의 극치.ㅋㅋㅋㅋㅋㅋㅋㅋ
    나. 아침에....꿈을꾸눈줄알아찌....
    나-1. 다가치 친해져서 가치 노라,..
    다. 첫눈~ 우리 애들도 엄청 기다리고 있는데 여긴 아직....ㅎ
    다-1. 하도 찔러대서 얼굴이 빵빵 ㅎㅎㅎ
    라. 창현오빠진짜말도예쁘게하구 억 너무좋아
    라-1. 묵을게없어서편의점서산처넌짜리소세지달걀부쳐먹어따
    라-2. 비비크림바르고나와도 실내난방땜에 그위에 미스트&수분크림
       처덕처덕바르다보니 집에갈땐쌩얼이다__ 건조해 얼굴도손도콧
       속도목도다건조해__
    라-3. 통합진보당해산판결내린 법관들도 사법처리하고징벌적손해배
       상시켜 생거지 만들어야 다시는 같은짓거리 못할것입니다!

  (2가, 가-1)은 자음 글자로 적기의 보기다. 'ㅇㅈ ㅆㅇㅈ ㅎㅇㅈ'은 '인정, 쌈인정, 핵인정'을 가리키며, '인정하다'를 강조하기 위해 비슷한 표현을 반복적으로 썼다. 'ㅂㄷㅂㄷ'은 의태어 '부들부들'을 자음 글자로 적은 것이다. 이러한 자음 글자로 적기는 언어 경제성에 따른 것이면서 동시에 암호처럼 재미있게 표현하고 서로 유대감을 나누기 위한 것이기도 하다.
  (2나, 나-1)의 '알아찌'는 '알았지'를 소리나는 대로 적은 것이고, '가치 노라'는 '같이 놀아'를 소리나는 대로 적은 것이다. 입력 글자 수를 줄이고 정확한 표기법이 무엇인지 생각하는 시간을 아낄 수 있기

때문에 역시 언어 경제성에 도움이 되는 방식이다. (2다, 다-1)은 서술어 줄이기가 적용된 통신 언어 사용이다. (2다)의 '여긴 아직' 다음에 '눈이 오지 않네요' 정도가 생략되었고, (2다-1)에서는 '얼굴이 빵빵' 뒤에 '-하다'가 생략되었다. 상대방이 추측할 수 있는 문장 성분이나 서술어의 일부를 생략함으로써 시간과 노력을 줄이려 한 것이다.

(2라~라-3)은 붙여 적기의 보기다. 스마트폰 등의 휴대 매체로 인터넷에 접속하여 통신 언어를 쓰다 보니 이처럼 띄어쓰기를 하지 않고 붙여 적는 일이 누리꾼들 사이에서 유행하고 있다. 타수를 줄여 빠르게 입력하기 위해 연속되는 몇 어절을 붙여 적기도 하고 심지어 (2라-1)처럼 긴 문장을 한 군데도 띄지 않고 모두 붙여 적는 모습도 흔하다. 보통 정확한 정보 전달이 중요한 정치 관련 게시글에서는 붙여 적기가 적지만 (2라-3)과 같은 게시글도 늘어나고 있다. 모두들 이처럼 붙여 적기를 하다 보니 그것을 탓하는 사람도 더 이상 없을 정도다.

2. 표현적 동기

통신 언어 사용의 '표현적 동기'는 전달하려는 의미를 더 생생하고 신선하게 표현하거나 뜻을 강조하기 위해 언어를 쓰는 것을 가리킨다. '생생하게 쓰기'의 동기에 따른 통신 언어로는 의성의태어, 음절 늘이기, 그림 글자 등이 대표적이다. 기존의 낱말이나 종결어미의 뜻과 모양을 바꾸어 쓰거나 새말 표현을 만들어 유행시키는 것도 표현적 동기의 통신 언어 사용으로 볼 수 있다. (3)은 의성의태어 사용, 음절 늘이기의 쓰임 보기이다.

(3) 표현적 동기에 따른 통신 언어의 쓰임 ①
　가. **헐** 배켠 엘도라도 녹음했을 때 감기에 걸렸었대.. 아 정말..아
　가-1. **헐랭** 이번 영어 존나 어려웠네;
　나. 연성해주세요 **굽신굽신굽신굽신**
　나-1. 안남의 뜻 좀 가르쳐주세요 **굽굽**
　다. 57초 **소오름**... 정말 위대한 레슬러였구나. 보다가 비명과 탄성이 절로 나온다.
　다-1. 언제까지 노력 **노오력 노오오오력** 얘기 할 건데. 제도적 기반이나 좀 만들어줘봐
　다-2. 출근안한게 **조오오오오오온**나 자랑이다. 머저리 색기
　다-3. 가끔 환자가 "안수기도가 필요한" 얼굴로 찾아오기도 한다.... **으으.... 제에바알**....
　다-4. 박살내셔따...에그타르트 빵이 그렇게 맛있을 줄이야 **대애애애애애바아아아악**!!
　다-5. 나와 날것을 먹으러 가**ㅏㅏㅏㅏㅏㅏㅏㅏㅏ**

　　(3가, 가-1)의 '헐, 헐랭'은 놀라거나 감탄할 때 쓰는 의성어 표현이며, (3나)의 '굽신굽신'은 몸을 굽혀 부탁하거나 고마움을 나타내는 의태어 표현이다. 최근 '굽신굽신'을 '굽굽'이라는 형식으로 줄여 쓰는 용법이 유행하고 있다.
　　(3다~다-5)의 '소오름, 조오오오오오온나, 제에바알' 등은 음절 늘이기를 통해 의미를 강조하려는 것이다. 특히 '제에바알'은 두 음절이 모두 길어졌고, (3다-4)의 '대애애애애애바아아아악'은 '빵이 맛있었다'는 뜻을 강조하는 차원에서 2음절이 10음절로 늘어났다. (3다-5)의 경우 '가'를 길게 늘이기 위해 모음 글자를 여러 번 반복해 적었다. 의성의태어 사용이나 음절 늘이기는 생동감 있게 표현하고 뜻을 강조하기 위한 누리꾼들의 노력으로 이해된다.

그림 1 정당 홍보물에 쓰인 표현적 동기의 통신 언어

다음 (4)는 표기법 바꾸기, 반복 표현, 자음 글자로 적기 등을 통해 의미를 강조하는 통신 언어 사용의 보기다.

(4) 표현적 동기에 따른 통신 언어의 쓰임 ②
    가. ㅋㅋㅋㅋㅋㅋ 울 할머니 완전 찐~한 보라보라
    가-1. 기자들이 넘 바보바보스러워요..트렌드를 못 따라가는 듭요
    나. 어익후 손이 미끄러졌네 하면서 녹취파일을 익명으로 JTBC나 한겨레에 풀어버린다든가.....
    나-1. 코트? ㅎ.. (맞춰 입는 살암 ㅎ
    다. 국회에 맡기겠다니 그냥 탄핵 ㄱㄱ
    다-1. 쉽게 가는 길 ㄴㄴ ; 멀리 돌아가 ㅇㅋ
    다-2. 새벽녘에 집에 들어오는데 계단 바로밑에 남자가 서 있었다. 나

는 순간 흠칫해서 움츠러 든채로 들어왔는데 그순간이 무서웠다고 남사친에게 얘기하니, 걔왈..그남자는 무슨 죄냐는데,,순간 빡침이... 당신이 남자로 살아봐서 이런느낌을 몰라 ㄱㅅㄲ야!!!!
　다-3. ㅆㅂㄴ......... 겨우 참고있는 눈물을 쏟게 만드는구나... 천하에 나쁜새끼....

　누리꾼들은 뜻을 강조하기 위해 (4가, 가-1)의 '보라보라', '바보바보스러워요'처럼 단어를 겹쳐 반복 합성어 구조로 만들어 쓰는 일이 많다. '초록초록', '핑크핑크하다'와 같이 주로 색깔을 나타내는 말을 반복하는 편인데 '여자여자', '김치김치한', '가을가을한'과 같이 사람이나 사물을 가리키는 말을 반복하여 '어떤 특성이 아주 강한'의 뜻을 전달하려 한다.
　(4나, 나-1)의 '어익후'는 '어이쿠'를, '살암'은 '사람'의 표기 형식을 바꾸어 쓴 것인데 일상어의 표기와 다르게, 더 복잡하게 적음으로써 시각적으로 눈에 띄게 하여 의미를 강조하려는 것이다. (4다, 다-1)의 자음자로 적기는 경제적 동기에 따른 것이지만 표기의 변화를 통해 의미를 강조하기 위한 동기도 파악된다. 'ㄱㄱ'는 영어 단어를 반복한 'go go'의 발음을 한글 자음자로만 적은 것인데 눈에 띄게 하여 강조하는 효과가 보인다. 마찬가지로 'ㄴㄴ'는 'no no', 'ㅇㅋ'는 'okay'의 발음을 한글 자음자로 적어서 강조한 것이다. 〈그림 1〉의 'ㅎㅇㅎㄹ'도 '하야하라'를 자음자만 적어 눈에 띄게 함으로써 의미를 강조한 것이다.1)

---

1) 〈그림 2〉의 경우 의미를 강조하기 위해 한글을 두 줄에 걸쳐 적은 것이다. 받침 글자가 두드러져 보이고 전체적으로 내용을 또박또박 말하듯이 적은 효과가 느껴진다.

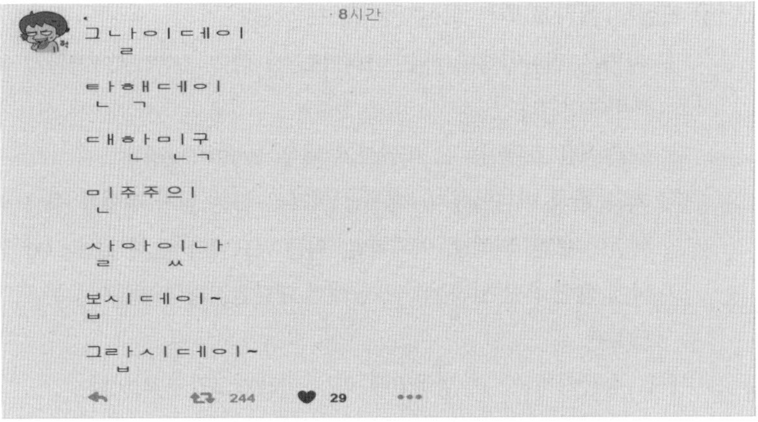

```
           · 8시간
ㄱㅏㅇㅣㄷㅔㅇㅣ
 ㄹ
ㅌㅏㅎㅐㄷㅔㅇㅣ
  ㄴ   ㄱ
ㄷㅐㅎㅏㅁㅣㄱㅜ
  ㄴ   ㄴ ㄱ
ㅁㅣㅈㅜㅈㅜㅇㅣ
 ㄴ
ㅅㅏㅇㅏㅇㅣㄴㅏ
  ㄹ      ㅆ
ㅂㅗㅅㅣㄷㅔㅇㅣ~
  ㅂ
ㄱㅡㄹㅏㅅㅣㄷㅔㅇㅣ~
       ㅂ
                244    29
```

그림 2 **의미 강조를 위한 표현적 동기의 통신 언어 사용**

   (4다-2)의 'ㄱㅅㄲ'의 경우 비속어인 '개새끼'를 그대로 노출하지 않고 각 음절의 첫 자음자로만 적음으로써 표현 강도를 약하게 조절하려는 의도가 파악된다. (4다-3)의 'ㅆㅂㄴ'도 '씨발놈'의 각 음절의 첫 자음으로 적은 것이다. 이러한 통신 언어 사용은 이정복(2008라:288-289)에서 제시한 개념인 '자기 검열 금칙어' 사용으로 볼 수 있다. 운영자가 특정 표현을 금칙어로 지정하여 글자 입력을 제한하지 않았음에도 누리꾼 스스로 표현의 형식을 바꾸어 적는 것을 말한다. 심한 비속어를 명시적으로 사용하면 시비가 붙거나 법적 문제가 될 수 있기 때문에 의미 전달이 가능한 범위에서 표현의 형식을 바꾸어 적고, 결과적으로 도덕적 비난, 사이트 운영자로부터의 경고나 이용 정지, 게시 글 삭제, 모욕죄 처벌 등을 스스로 피하려 한 것이다.

(5) 표현적 동기에 따른 통신 언어의 쓰임 ③
　가. 차벽은 위험이기도 하고 아니기도 하네???? ?????????????? ?? 케바케인거냐....
　나. 크리스틴 스튜어트.....이짤보고 너무 놀랏어 낫닝겐.....〈
　다. 최근 한국 미디어에서 "대세남"이라고 하는 남자 유형을 쭉 보면 패턴이 보임. 뇌섹남, 아재파탈, 최근 너드남까지. 다 결국 그냥 한국에 깔린 흔한 남자들을 포장해서 대단한것처럼 만들어주는 트렌드임ㅋ
　다-1. 싱글이세요? 전 벙글인데 라는 아재개그가 생각났다
　라. 화가난다 양심이 빻았나 너드를 어딜 한남에게....!!
　라-1. 트위터라는 플랫폼은 머리 나쁘고 맥락 빻아도 말투만 재수없으면 비운의 지식인인 척 브나로드 운동 하기 아주 좋은 매체이지..

　(5)는 새말 표현으로 의미를 재미있고 신선하게 전달하는 효과가 있기 때문에 사회적 소통망에서 유행하고 있다. (5가)의 '케바케'는 영어 '경우에 따라', '사례별로'의 뜻인 'case by case'의 단어별 첫 음절을 합쳐 만든 것이다. (5나)의 '낫닝겐'은 영어와 일본어 요소를 합쳐 만든 것인데 'not+にんげん(人間, 닝겐)'으로 분석된다. '사람이 아니다'의 뜻으로 능력, 외모 등이 뛰어난 사람에 대해 놀라움을 드러내는 말이다. (5다, 다-1)의 '대세남, 뇌섹남, 아재파탈' 등은 모두 한국 남성과 관련된 새말 표현들이다.
　(5라, 라-1)의 '빻다'라는 표현은 '얼굴이 빻았다', '눈이 빻았나', '생각이 빻았네'와 같은 구성으로 잘 쓰인다. '얼굴이 빻았다'는 '얼굴이 못생기다', '생각이 빻았네'는 '생각이 잘못되었네'와 같은 뜻으로 쓰이는 것처럼 부정적 뜻을 강하게 전달하는 서술어로 인식된다. 이 말은 경상도 방언에서 얼굴 생김새 묘사에 사용되던 피동사 '빠사지다,

빠아지다' 형식이 능동사 '빻다'로 바뀌어 인터넷을 통해 널리 유행하게 된 것으로 보인다.2) 외모 차별 표현이 사람의 생각, 태도, 행동 등에까지 파급되어 쓰이는 모습이다.

(6) 표현적 동기에 따른 통신 언어의 쓰임 ④
    가. 와우 오리지날 프리셉 생긴다면 한 만렙까지만 찍어보고 싶은 의향은 있음
    가-1. 다음편도 있슴(소곤) 밥먹고 그리겠슴
    가-2. 트리노라인 나오면 할꺼임 내가 조아하는 일러레가 있어서 ㅎㅎ
    가-3. 석촌역 사거리는 왜저럼?
    나. 여러분 오늘 제 생일임메. 오~~~랜만에 생일 한번 챙겨보고 싶다요ㅋ
    나-1. 잭 인더 박스의 주인공 카가하고 히로인 후카호리 유리카, 언제 결혼하냐요? 닉시코 신경쓰인다요…
    나-2. 정국옵하 해바라기하자요

(6가~가-3)은 일상어와 다른 '음슴체'를 써서 신선한 느낌을 전달하려는 보기다. '음슴체'는 종결어미를 '음' 또는 '슴' 형식으로 끝맺는 것인데 간결하게 문장을 마무리함으로써 언어 경제성이 있을 뿐만 아니라 복잡한 청자 경어법 사용 문제를 피해 가는 효과가 있다. 또한 새롭고 신선한 느낌을 주기 때문에 2010년 무렵부터 쓰이기 시작했지만 아직도 활발한 쓰임이 유지된다.

(6나~나-2)는 '한다요체'의 쓰임 보기로, 신선한 느낌과 함께 귀엽고 애교스러운 태도를 함께 전달하는 표현이다. 높임말과 안높임말을 조화시킨 '한다요체'는 처음 일상어에서 아이들의 문법적 오류로부터

---

2) 〈[이재현의 유행어 사전] 빻다〉, 《한국일보》, 2016-07-05 기사 참조.

시작된 말이지만 경어법 및 표현상의 효과 때문에 인터넷 공간에서 젊은 누리꾼을 중심으로 상당한 인기를 끌게 되었다. 지금도 여전히 쓰임을 쉽게 관찰할 수 있다.

그림 3 **그림 글자 등의 이미지 요소 사용**

사회적 소통망에서는 그림 글자나 그림, 동영상 등의 이미지 요소를 이용하여 표현력을 높이려는 누리꾼들이 많다. 그림 글자의 쓰임을 간단히 제시하면 (7)과 같다.

(7) 표현적 동기에 따른 통신 언어의 쓰임 ⑤
　가. 조합형 그림 글자

> 해리포터 계급소설이라는 지적ㅋㅋㅋ 생각해보면 머 ㅋㅋㅋ영국이니깐^^;;; 그런 설정이 작가는 당연할지도 ^^;;

> 리) 고령인 DJ가 보약 좀 먹겠다고 해도 '약 먹으러 청와대 갔냐!!!'며 엄청 까았는 데 지들은...(먼산) ㅜ.ㅜ

　나. 완성형 그림 글자

> 흐흫 눈코입에 힘죠떠 ㅜㅜ 🧡💜💖🖤💚💙 너므 기엽어서 웅남웅냐눈냔ㅁ남남 😈😈😈😈

> 헉💀 왜 그러죠?💀그런 규칙이 있는건가요 아님 관찰을 하신건가요? 👀 그런 관행이 거의 제도화됐다면 지방노동청에 신고하시거나 노조 등을 통해 시정요구를 하시면 어떨까요? 💀노동청 파워가 생각보다 셉니다.💪

(7가)에서는 자판에서 ^^;;, ㅜ.ㅜ와 같이 직접 입력한 그림 글자를 볼 수 있는데 이를 '조합형 그림 글자'라고 부른다. 통신 언어 사용 초기부터 사용되던 방식인데 자판에 있는 글자나 기호를 이용하기 때문에 빠르고 쉽게 입력할 수 있는 반면 사실성이 약한 단점이 있다. 표현의 사실성을 높이기 위해 요즘은 (7나) 및 〈그림 3〉과 같이 '완성형 그림 글자'를 많이 쓴다. 정보 통신 기술의 발전에 힘입어 통신망 운영자가 미리 만들어 둔 다양한 유형의 그림 글자를 이용함으로써 누리꾼들은 서로 감정이나 기분, 상태를 더 효과적이고 정확하게 전달할 수 있게 되었다.

3. 오락적 동기

통신 언어 사용의 '오락적 동기'는 언어 형식 또는 의미를 바꿈으로써 재미를 느끼고 재미를 나누려는 언어 사용을 가리킨다. '재미있게 쓰기'를 위한 통신 언어 사용 가운데 의도적 오타, 영문자나 숫자를 이용한 글자 바꾸기가 언어 형식 면에서의 변동이라면 기존 표현의 의미를 바꾸거나 중의적으로 해석하는 것은 의미 면에서의 변동이다. 통신 언어 발생 초기에는 언어 형식 바꾸기를 통한 재미에 집중했지만 갈수록 언어와 그림, 사진, 동영상 등 이미지 요소의 결합을 통한 '말놀이'가 인기를 끌고 있다. 다음 (8)은 언어 형식 바꾸기를 통한 오락적 동기의 통신 언어 사용이다.

(8) 오락적 동기에 따른 통신 언어의 쓰임 ①
    가. 무서운 고나리 속에서도 이건 찍어야해! 하면서 찍을 수 밖에 없었던 해피바이러스 찬열이^ㅍ^)/ 왕커왕귀♥ 생일 축하해
    가-1. 큰 웃음 준 우리 국민 촥오!!!계속 문자보냅시다.
    나. 이번 리포트 교수님이 흥미롭다고 했ㄷㅏ ㅎㅔㅎㅔ,,, 소재선정 성공
    나-1. 이제 헤어져야 할 시간 내일 아침 또 만나요. ㄲㅓㄷㅕ주ㅅㅔ요!!
    나-2. ㅁㅓ하는ㄱㅓㅇㅑ
    다. 담화 요약: 나는 18년동안 사익추구 1도 없었고 주변에서 그런거야 빼애애액
    다-1. 공효진씨 중국어 엄청 자연스러웠다. 난 중국어 1도 모르지만.... 연습 열심히 하셨나봐...
    라. 조용히 하th세여!!!!

라-1. A ㅏ·· 미안해요.. 이건
그냥 타고난 것 같아요...

(8가, 가-1)의 '고나리', '쵝오'는 오타에서 시작된 말이지만 널리 쓰이면서 재미를 주는 통신 언어가 되었다. '고나리'는 '관리'를 잘못 적은 것인데 '고나리질' 형식으로 더 잘 쓰인다. '쵝오'는 '최고'를 잘못 적은 것이다.

(8나~나-2)는 재미를 주기 위해 한글 자음과 모음을 분리해서 입력하여 눈에 띄게 한 것이다. (8나-2)의 경우 짧기는 하지만 게시글 전체를 'ㅁㅓㅎㅏ는ㄱㅓㅇㅑ'로 자모음을 분리하여 적었다.

(8다, 다-1)의 '1도'는 '하나도'를 아라비아 숫자를 섞어 적은 것으로 시각적으로 눈에 띄게 하여 재미를 준다. (8라)의 'ㅎthㅔ여'는 로마자를 이용하여 한글을 적은 것이다. '세'를 강하게 발음하여 '쎄'로 표현하되 'ㅆ'을 비슷한 모양의 로마자 'th'로 적었다. (7라-1)의 'A ㅏ'도 로마자 'ㅇ' 대신 'A'를 이용하여 적었다. 모두 2002년 무렵 유행했던 '외계어'의 단순한 형태라고 할 만하다. 이러한 통신 언어 사용은 재미를 주기 위한 것인 동시에 앞서 설명했던 것처럼 의미를 강조하기 위한 표현적 동기에 따른 것이기도 하다.

(9) 오락적 동기에 따른 통신 언어의 쓰임 ②
  가. 언어 단독형 말놀이
    (@DJa***)
    Q. 체대는 졸업하면 뭐 함?
    A. 건강함
    이거 보고 ㅈㅣ나칠 정도로 웃고 있음
  가-1. 언어 단독형 말놀이
    (@Mad***)

집안에 갑상선이 안 좋은 사람이 제법 있는데 어느날 작은 고모가 자신에게도 갑상선 기능 저하가 온 것 같아 병원을 찾았단다.
의사: 증상이 어떠신지요?
고모: 몸무게가 자꾸만 늘어서요.
의사: .... 많으 드셔서 그런 것 같습니다.
나. 언어-이미지 복합형 말놀이
(@nut***)

 (9)는 사회적 소통망에서 누리꾼들이 '의미 요소'를 이용하여 즐기는 '말놀이'의 보기다.3) (9가, 가-1)은 '언어 단독형 말놀이'고, (9나)는 '언어-이미지 복합형 말놀이'에 해당한다. (9가)는 수수께끼형이고, (9가-1)은 이야기형 말놀이다. (9나)의 보기에서는 '개포동'이라는 말의

---

3) 사회적 소통망의 말놀이에 대한 자세한 분석은 이정복(2015가, 이 책의 5장)을 참조하면 된다.

중의성을 이용하여 재미를 주고 있다. '개포동'은 해석하기에 따라 '개(가) 포동(하다)'라는 의미와 지명인 '개포동(開浦洞)'의 뜻을 갖는 점에 착안하여 포동포동하게 보이는 개 사진을 함께 제시하여 웃음을 유발하려 했다. 누리꾼들은 사회적 소통망에서 정보를 주고받으면서 수시로 이러한 말놀이를 통해 재미를 함께 나누려는 모습을 보여 준다.

4. 유대 강화 동기

통신 언어 사용의 '유대 강화 동기'는 서로 같거나 비슷한 언어 기호를 사용함으로써 동질감, 소속감, 일체성을 느끼고 드러내려는 언어 사용을 가리킨다. 국경도, 울타리도 없는 넓은 인터넷 공간에서 누리꾼들은 잘 모르는 사람들과 새롭게 만나 소통하는 일이 많지만 언어, 지역, 문화, 취미, 직업, 정체성, 지향 등에서 비슷한 사람들과 동질감을 느끼고 특정 단체나 조직의 소속감을 드러내기 위한 '친밀하게 쓰기'의 언어 사용도 많다. 때로는 'ㅋㅋㅋ', 'ㅎㅎㅎ' 등의 단순한 언어 형식을 통해, 때로는 특정 지역의 방언이나 특정 외국어 표현의 집중적 사용을 통해 동류라는 의식을 갖거나 일체성을 느낀다. 다른 사람들은 잘 모르는 새말이나 은어 사용으로 '우리는 하나'라는 소속감과 동질감을 느끼는 경우도 있다.

(10) 유대 강화 동기에 따른 통신 언어의 쓰임 ①
    가. 10개월 전에 첫 메인 걸린거도 진주 때문아녔냐ㅋㅋㅋㅋㅋㅋㅋㅋㅋㅋ
    가-1. ㅋㅋㅋㅋㅋㅋㅋㅋㅋㅋㅋㅋㅋㅋㅋㅋㅋㅋㅋㅋㅋ헐 맞다 그거 어캐 기억함 나 니가 말해서 깨달았다

나. 여그는 아적 견딜만 하드라고 ㅎㅎ
나-1. ㅎㅎ 아직은 그래유~ 그래두 쪼그라 든다는^^
다. 그림 글자 사용

```
            미소가 끝내주네요
좋아요 · 답글 달기 · 16시간
            아웅~^^ ㅈㅓ 보조개 어쩔건뎅^^♡♡♡♡♡♡
좋아요 · 답글 달기 · 1 · 14시간
            미래의 장군감
좋아요 · 답글 달기 · 1 · 14시간
            아고공~~넘넘 이쁘네용~~♡♡♡
좋아요 · 답글 달기 · 1 · 13시간
            ㅎㅎㅎ 귀엽네요..
좋아요 · 답글 달기 · 1 · 13시간
            아공~♡
        귀여워요
```

 (10가)와 (10가-1)은 이어진 대화인데 'ㅋㅋ'를 반복적으로 사용했다. (10나)와 이어진 (10나-1)에서는 서로 'ㅎㅎ'를 쓰고 있다. 웃음소리를 자음자로 간단히 표시한 이러한 형식은 경제적 동기에 따른 것이면서 동시에 유대감을 드러내는 상징 기호로 쓰인다. 대화 상대방이 먼저 'ㅋㅋ'나 'ㅎㅎ'를 쓰면 따라 쓰지 않을 수 없는 분위기가 형성된다. (10다)의 페이스북 대화에서는 세 사람이 같은 그림 글자(♡)를 쓰고 있다. 같은 통신 언어 요소를 사용함으로써 우리는 하나라는 느낌을 갖게 되는 것이다.

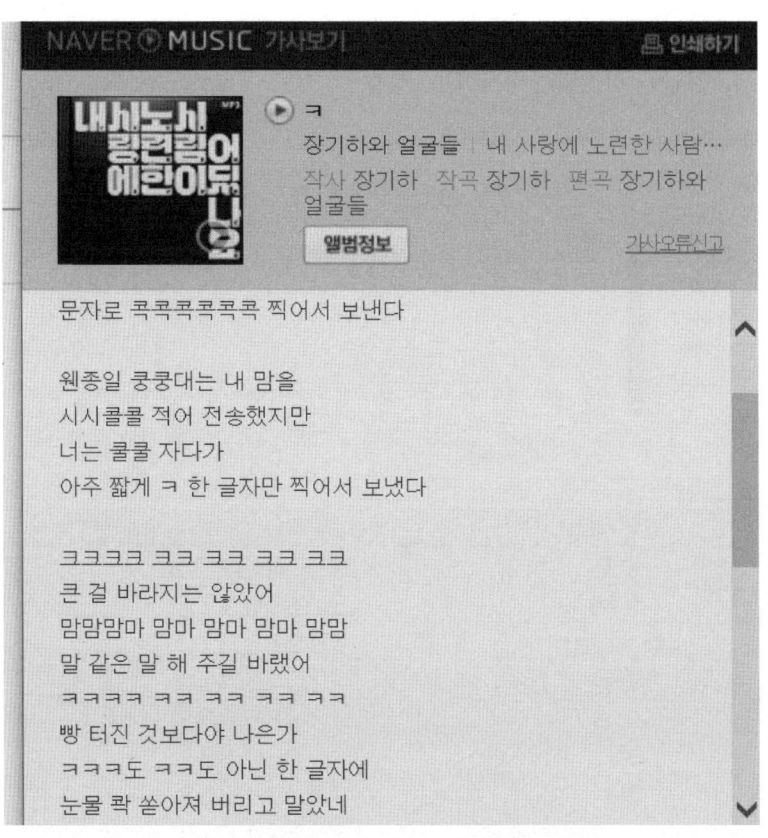

그림 4 제목과 가사에서 'ㅋㅋ'를 이용한 가요

'블로터닷넷'(bloter.net)에서 조사한 〈그림 5〉를 보면, 인터넷에서 이 표현이 얼마나 많이 쓰이는지 잘 알 수 있다. 2009년 4월부터 2011년 7월 31일까지 트위터에서 자주 쓰인 어절을 분석해 보니, 1위를 차지한 트위터 용어 'RT'[4]를 제외하고 2위부터 5위까지가 모두 'ㅋㅋ', 'ㅎㅎ', 'ㅠㅠ' 등 웃음소리나 감정 상태를 나타낸 어절인 것으

---

4) 'Re-tweet'(리트윗)의 줄임말로 다른 사람이 올린 글을 자신의 구독자(팔로워) 들에게 다시 전달하는 것을 말한다.

로 나타났다.5) 위의 〈그림 4〉로 제시한 가수 '장기하와 얼굴들'의 노래 제목은 'ㅋ'이고, 가사에는 'ㅋㅋ', 'ㅋㅋㅋ' 등이 나온다.

그림 5 유대 강화 동기에서 나온 기호들의 활발한 쓰임
출처: 블로터닷넷(bloter.net)

이런 기호들은 겉으로 보기에 아주 단순한 형식이지만 인터넷에 함께 접속해 있더라도 일상에서 벗어나 편안하고 즐겁게 소통하는 '누리

---

5) 〈ㅋㅋ vs. ㅠㅠ…트위터 이색 통계들〉, ≪블로터닷넷≫, 2011-09-06 기사 참조.

꾼'이냐 아니면 또 다른 일상 공간의 확장으로 인터넷을 이용하는 '인터넷 이용자'냐를 가르는 중요한 기준으로 작용한다(이정복 2011마:42).

다음 (11)은 누리꾼들이 같은 지역 방언형 사용을 통해 동질감을 느끼고 유대를 강화하는 노력을 보여 준다.

(11) 유대 강화 동기에 따른 통신 언어의 쓰임 ②
    가. (@KKO*** → @bad***)6) 서울사람들은 일훈오빠 나는 부산사람이라 일훈이오빠
       (@BTO*** → @KKO***, @bad***) 대구식으로 말하면 일훈이 오빠야..☆
       (@KKO*** → @BTO***, @bad***) 오빠야앙~~〉〈
       (@BTO*** → @KKO***, @bad***) 오빠야~~~~~
       (@bad*** → @BTO***, @KKO***) 대구는 애교덩어리같아요 ㅠㅠ 사투리배우고싶드 ㅠㅠ
    나. 윤○○ 우왕 멋져요 울언니^^
       정○○ 모자선물 받고
           우찌할 줄 몰라서
           프샤로 인사중이당^^
       김○○ 이쁘다
           영아
           모자좀빌려주라~^^
       정○○ ㅋㅋ
           언니야
           빌려주께용~^^

---

6) 트위터나 페이스북 자료에서 화살표 왼쪽은 게시글 작성자, 오른쪽은 게시글 수신자를 가리킨다.

(11가)의 트위터 이용자 세 사람은 'OO이 오빠', 'OO이 오빠야'와 같은 경상 방언형에 대해 말하면서 해당 지역 출신이거나 그 지역에 대한 관심을 가진 사람들로서의 동질감과 유대감을 나누고 있다. 한 누리꾼은 대구 방언에 대해 '애교덩어리 같다'고 평가하면서 '사투리 배우고 싶다'라고 말하고 있다.

(11나)의 페이스북 이용자들은 경남 방언권 출신으로 짐작되는데, 이들 누리꾼은 '울언니', '우찌할', '빌려주라', '빌려주께용'과 같은 경남 방언형을 썼다.7) 이러한 방언형은 누리꾼들이 유대 강화 동기에서 함께 쓰기를 선호하는 형식이며, 그밖에도 비속어나 전문어, 은어 등도 유대 강화를 위해 함께 쓰는 일이 많다.

5. 심리적 해방 동기

'심리적 해방 동기'에 따른 통신 언어 사용은 억압적으로 받아들여지는 규범의 틀에서 벗어남으로써 자유로운 마음 상태를 느끼기 위해 의도적이고 적극적으로 규범에 어긋난 언어 형식을 쓰는 것을 말한다. 심리적 해방 동기에 따른 '자유롭게 쓰기'의 대표적 형식은 욕설 등의 비속어 표현이다. 사회적 대립과 갈등이 깊어지면서 차별과 비하의 뜻을 가진 각종 혐오 표현도 이 동기에서 잘 쓰인다. 학교 교육이나 일상어 사용에서 규범에 맞는 언어 사용을 강하게 요구 받는 한국어 공동체에서 누리꾼들은 맞춤법이나 표준어 규정 등의 규범에 어긋난 형식을 씀으로써 심리적 해방감을 느끼는 경우가 많다. 다음 (12)는 욕설 등 비속어 사용의 보기이다.

---

7) '울언니'는 방언형이면서 통신 언어의 음절 줄이기가 적용된 형식으로 볼 수 있다. '빌려주께용'은 '빌려줄게요'에서 자음 'ㄹ'이 탈락한 것은 방언형 사용이고 어미 '-요'가 '-용'으로 바뀐 것은 통신 언어의 자음 더하기가 이루어진 결과다.

(12) 심리적 해방 동기에 따른 통신 언어의 쓰임 ①
　가. ㄱ가진건좆도업는애가멋잇으니까 존나 씨발...씨발 ㅠ
　가-1. 예체능하는애들은 8시부터9시까지 학교에서 자습하랜다 ㅅㅂ 다른애들은 9시등교인데 ㄱ,ㄹ;고 나 학원 9시 수업시작이거든ㄴ요 븅신아
　나. 카톡 씨발 좆나 탈퇴하고ㅛ ㅣㅍ네 ㅇ개새끼들 존나싫어 절교어케 하지 아 씨발 짜증나는새끼들
　나-1. 왜 한상균만 잡아가고 세월호 유가족만 잡아가고, 조끼 입은 사람만 불법이냐 십새끼들아
　나-2. 언론 씹새들 혹시나 했더니 역시나였고 1차 가해자 이익에 대한 얘기는 눈곱만큼도 없다. 사건과 관련 없는 교복 사진을 갖다 걸어놓질 않나 여고생, 여작가 등을 헤드라인에 써서 씹을거리〈로만 제공하고 있질 않나. 다 뒤져라 그냥
　다. 싯팔놈들 주접떨어 진짜 경찰 개새끼들이 시위가 뭔줄 모르는 것도 아니고 억지부리는 거 아니냐 지금
　다-1. *** 개양아치야!!!!부역자들에게 뭐가 무서워 말을 함부로 못해? 탄핵동참이 먼넘의 속죄야 정치은퇴가 속죄지 *** 넌 당대표가 너보다 조~같이보여 개나소나 지랄이야 너 지난 총선에서 닭대가리 사진걸구 선거운동했잖아 너두 부역자야!존나 반성하구 아닥해

　(12가, 가-1)은 10대 후반인 고등학생들이, (12나~나-2)는 20대, (10다, 다-1)은 30대 이상 성인 누리꾼들이 쓴 것이다. 모든 보기에서 세대와 관계없이 '존나, 씨발, 새끼' 등 다수의 비속어를 씀으로써 다른 사람이나 집단을 공격하면서 심리적 스트레스를 풀고 있다.
　특히 (12나)는 트위터 이용자인 대학원 여학생이 쓴 것으로 평소에 트위터 공간에서 "과제 해야하는데 졸려 쒸이펄", "아 시발오늘 자정 전까지소논문 하나 다 써야해.....반쯤 써놓은 거싹 다 갈아엎고 새로

써야 함. 으어 시발"처럼 거칠고 공격적인 말로 학업 스트레스를 푸는 모습을 자주 보여 준다. (12나-1)의 누리꾼도 20대 여성으로 짐작되는데 정치적 문제와 관련하여 비속어 사용을 통해 경찰 등 정부 기관에 대한 불만을 강하게 터트리고 있다. 심리적 해방 동기의 통신 언어 사용에서 성별 차이가 거의 나타나지 않는 모습이다.

(13) 심리적 해방 동기에 따른 통신 언어의 쓰임 ②
    가. 그와중골때리는건 애기들때문에 노키즈존하는건데 그거가지고 빼액거리고 지랄하는 **맘충**들
    가-1. 트럼프가 **낙태충** 쓸어버린다는거 너무 좋다 ^.^
    나. 페북 **한남충** 하고, 트위터식 페미니스트 중에 아직은 후자가 더 역겹다.
    나-1. **아빠충** 맨날 별말 아니어도 기분 조금만 상하면 밥상 뒤엎던거 생각나네
    다. **진지충**들 존나 싫고 넷상에서만 저지랄 하는거 꼴보기싫음 ;;
    다-1. 할줄아는건 욕이랑 손찌검밖에 없는 무논리 **틀딱충**
    다-2. 앞으로 **급식충**들 많이오는 뮤지컬은 걸러야겠다....진짜 관객 수 준떨어져서..

(13)의 보기들은 심리적 해방 동기에서 누리꾼들이 쓰는 차별과 혐오 표현이다. 요즘 특정한 부류의 사람들에게 '-충'(蟲, 벌레)을 붙여 쓰는 일이 많은데, (13가, 가-1)의 '맘충'은 아이 엄마를 벌레에 빗대어 비하하는 표현이고, '낙태충'은 '낙태하는 여성'에 대한 비하 표현이다. 이런 말이 여성에 대한 차별 표현이라면 (13나, 나-1)은 남성에 대한 차별 표현이다. '한남충'은 한국 남자를 벌레에 비유한 표현이고, '아빠충'은 아버지를 부정적으로 가리킨 말이다. '한남충'은 줄여서 '한남'만으로도 비하 의미를 가진 표현으로 쓰이며, '아파트사는 엄마충아

빠충새끼들 존나 두들겨 패고싶음'과 같이 '아빠충'에 대응되는 '엄마충'도 쓰인다.

(13다~다-2)의 표현들은 성별과 관계없이 쓰이는 말들이다. '진지충'은 '너무 진지한 태도를 보이는 사람'을 비하하는 것으로 '설명충'이라는 말과도 통한다. '틀딱충'은 '틀니를 딱딱거리며 말하는 노인'을, '급식충'은 '단체 급식을 먹는 학생'을 부정적으로 가리킨다. 대학생들의 경우 학생 식당에서 밥을 먹는다고 하여 '학식충'이라고 한다. 노인, 청소년, 대학생 등 특정 세대를 낮잡아 부정적으로 가리키면서 거부감을 드러내는 말이다.

'-충'을 붙여 특정 사람들을 비하하고 공격하는 이러한 차별 및 혐오 표현이 만들어진 것은 성, 세대, 이념 세력 간의 대립과 충돌이 심해진 현재의 한국 사회 실상을 반영하는 것이다. 사회적 소통망에서 이러한 말들의 사용을 비판하는 사람들도 있지만 적극 쓰면서 다른 사람들에게 공격적이고 부정적인 태도를 드러내며 스트레스를 푸는 사람도 많이 보인다. 잘 아는 사람들이 소통하는 페이스북 공간보다는 익명으로 이용하는 사람들이 많은 트위터나 인터넷 카페 공간에서 이런 혐오 표현을 쓰는 경우가 더 많다. 여전히 인터넷의 익명성이라는 환경이 심리적 긴장을 풀어 보려는 누리꾼들에게 욕구 분출의 해방구 역할을 하고 있는 것이다.

(14) 심리적 해방 동기에 따른 통신 언어의 쓰임 ③
    가. 개저씨가 버스 탄다고 빨리빨리!! 이러면서 나 밀치고 감 ㅋ 비켜주세요 도 아니고 빨리빨리 라니 ㅋㅋㅋㅋㅋㅋㅋ
    가-1. 버스 개저씨들 앞에 북한여자분 타니까 존나 찝쩍대네ㅋㅋㅋㅋ 아 개저들 다뒤지세요
    나. 자기랑 1도 상관없는 남일에 중년 개저씨마냥 이래라 저래라 꼰대

질하는거 보니.
나-1. 아오 개저씨 매너. 길바닥도 아니고 전철역 내부 바닥에 가래 뱉는 저런 새끼들 전철 못 타게 하는 법 만들었으면.
나-2. 시발 지하철 내옆에 개저씨 쩍벌인데 다리까지 떪
나-3. ㄹㅇ 개저씨 진짜 존나 드럽다 아재 특유의 쌍화탕 담배 술 향수 존나 구리게 섞인 냄새 ㅋㅋㅋㅋ
나-4. 아이고 개저씨 아가씨 맨다리가 머가 좋길래 그렇게 처다봐요ㅋㅋㅋㅋㅋㅋ
나-5. 아무리 자기보다 나이 어리다지만 얼마나봤다고 반말 찍찍하고 진짜^^ 개저씨 극혐

　(14)의 '개저씨'는 '개-+(아)저씨'로 분석되는 말로 중년 남성들에 대한 혐오 표현으로 쓰인다. (14가-1)의 '개저'로 줄여 쓰기도 한다. (14나~나-5)를 보면 '개저씨'는 상관없는 남 일에 잘 끼어들고, 길거리에서 침이나 가래를 함부로 뱉으며, 지하철 등에 공중도덕을 지키지 않고 남에게 피해를 주며, 잘 씻지 않아 냄새를 풍기고, 이성에게 치근덕거리고, 반말을 쉽게 하는 등의 부정적 특성을 갖춘 사람들을 가리킨다. 한마디로 예의 없는 중년 남성들에 대한 비판적, 공격적인 표현이다. 불만스러운 남성들의 행동에 직접적으로 항의하는 대신 누리꾼들은 사회적 소통망을 통해 더 많은 기성세대 남성들을 향해 항의하고 그럼으로써 스트레스를 해소하려 한다.

3장_ SNS 통신 언어의 특성과 변화

　스마트폰을 이용한 사회적 소통망의 실시간 이용으로 한국어 화자들은 과거에 비해 읽기와 쓰기 등 글말 사용이 늘어나고 있다. 종이에 인쇄된 책이나 신문을 읽는 시간은 갈수록 줄어드는 대신 휴대폰 화면에서 SNS의 게시글을 읽거나 게시글을 직접 쓰는 일은 많아진 것이다. 글재주가 있거나 글쓰기를 직업으로 하는 사람들은 긴 글을 자주 쓰고 그렇지 않은 일반 누리꾼들은 부담 없이 짧게 써도 아무도 탓하지 않는다. 10대나 20대 젊은 누리꾼들은 사진을 기본으로 하고 몇 단어를 덧붙인 게시글을 올리는 경우도 자주 보인다. 140자로 게시글 크기가 제한된 트위터에서 게시글을 가득 채운 트윗을 쓰는 사람도 종종 보이지만 대다수는 한두 문장으로 트윗을 간단히 작성하는 편이다. 또 게시글을 직접 쓰지 않더라도 다른 사람의 게시글에 한두 단어나 아니면 'ㅋㅋ', 'ㅎㅎ' 등의 자음 글자만 적기도 한다.
　어떻든 인터넷 통신 시대에 사회적 소통망의 일상적이고 활발한 이용으로 글말을 꾸준히 접하고 스스로 글말 쓰기에 나서는 기회가 획기적으로 늘어난 것은 분명하다. 이러한 사회적 소통망에서의 글쓰기나 언어 사용은 SNS 이용 목적이나 통신 언어 사용 동기에 따라 여러 가지 특징적 모습을 보여 준다. 또 시간의 흐름에 따라 새롭게 나타나는 언어 사용의 모습이 있고, 꾸준하게 지속되어 나타나는 것이 있다. 이 장에서는 SNS 통신 언어가 어떤 특성을 보이며 쓰이는지, 시간의 흐름에 따라 어떻게 바뀌어가는 것인지에 대해 살펴보고자 한다.

1. SNS 이용 목적에 따른 통신 언어의 변이

이정복(2011나:249-254)에서는 트위터의 소통 목적을 '정보 나누기, 주장하기, 관계 넓히기, 말놀이' 네 가지로 나누었다. 정보 나누기와 관련된 게시글의 내용은 '정보', '홍보'로, 주장하기와 관련된 게시글은 '비판', '선동'으로, 관계 넓히기와 관련된 게시글은 '친교', '공감', '기록'으로, 말놀이와 관련된 게시글은 '댓글 놀이, 그림 글자, 수수께끼'로 분류했다. 이와 함께 트위터를 대화방, 게시판, 전자편지 등 다양한 인터넷 통신 기능을 함께 갖고 있는 '다기능 인터넷 소통망'으로 정의하고, 스마트폰과 결합된 트위터가 사람들을 24시간 인터넷 공간에 머물게 하는 마력을 가졌다고 평가했다.

트위터의 소통 목적 네 가지인 '정보 나누기, 주장하기, 관계 넓히기, 말놀이'는 앞의 1장에서 소개했던 김유정(2013)의 사회적 소통망 이용 목적인 '관계맺기, 자기표현, 정보교류'와도 통한다. '정보 나누기'는 '정보교류', '주장하기'는 '자기표현', '관계 넓히기'는 '관계맺기'와 같은 것으로 볼 수 있다. 이정권·최영(2015)에서는 '정체성 표현, 사회적 상호작용, 정보 추구, 이데올로기 추구'에 '재미'와 '오락'을 사회적 소통망 이용 동기로 추가했는데 이정복(2011나)의 '말놀이'가 바로 '재미'와 '오락'에 관련된 것이다.

페이스북 이용 목적도 이러한 트위터의 이용 목적에서 벗어나지 않는 것으로 관찰된다. 트위터나 페이스북 등의 사회적 소통망 이용자들은 '정보 나누기, 주장하기, 관계 넓히기, 말놀이'와 같은 여러 가지 목적에서 다른 사람과 소통해 나가는 것이다. 이러한 다양한 이용 목적에 따라서 누리꾼들은 통신 언어 사용에서 변이를 보여 준다. 이정복(2011나:255)에서는 트위터 누리꾼들이 보여 주는 트위터 언어의 특징을 '입말과 글말의 섞임, 대화와 독백의 섞임, 높임말과 안높임말의 섞임, 규범과 비규범의 섞임, 활발한 새말 만들기와 유행'의 다섯 가지를 들었다. 사회적 소통망의 이용 목적에 따라 언어적 특징이 어떻게 나타나는지를 살펴보기로 하겠다.

(1) SNS 이용 목적에 따른 언어 변이 ①: 입말과 글말

가. (@lov***)
올 크리스마스에는 동네친구이자 초딩동창이랑 화전초밥을 먹었다. 다 먹구 커피 마시며 수다 왕창 떨었다~ㅋ

가-1. (권○○ → 임○○)

> 우리 어니부기 생일 제일 축하한당‼
> 크리스마스가 생일이라니 98이야 뭐야~~~😀😊
> 보곱다 얼른 영주오렴ㅎㅎ 터미널까지 마중나갈게
> 새해에는 힘 좀 약해지길 바랄게....
> 쓰릉한다~~♥
> 해피 벌쓰 크리스마스🎂🎂

나. (@fre***)
나는 세월호 유가족들의 투쟁을 보면서, 먹고 살기 힘들어 정치에는 관심없다는 말이 얼마나 헛소리인지 알았다. 당신의 정치적 무관심에는 어떠한 핑계도 불가하다. 그저 당신의 삶이 비겁하고 무기력한 죽어있는 삶이라는 것을 인정하라.

나-1. (한○○)
　오늘은~~
　핵발전소 반대 서명에 참여해 주십시요!!
　12월 7일 개봉한 국내 최초 원전 재난 블록버스터, '판도라'. 우리나라에서 지진이 발생해 원전이 폭발하면서 벌어지는 참사를 다루고 있습니다.
　과연, 실제로 원전 사고가 벌어진다면 어떤 일들이 발생할까요?
　영화와 현실은 얼마나 닮아있을까요?

다. (정○○)
　아랍 총각이 나보구
　결혼 하잔다.
　개놈아 ㅎㅎㅎㅎ
　나 바쁘다.
　**나라 비누좀 사라~ 써글넘아@@@ ㅎ
　그동네 먹히는 얼굴인가벼??

다-1. (정○○)
　● **나라 천연 비누 선물용 세트 ●
　보습력 좋은 천연비누로 감사한 분들에게 자연의 상쾌함을 선물하세요.
　러블리한 장미 무늬의 필름 박스 그리고 프리미엄급의 고급의 원목 박스도 준비되어 있습니다.
　특히, 원목박스는 비누 사용후 악세사리 보관상자나 시계보관함으로 사용하셔도 고급스러운 선택이 될 것입니다.
　풀꽃나라 이용 고객들에게 이번 선물세트에서는 디자인 숙성비누는 아로마 비누같은 가격으로 할인해드려요. ^^

누리꾼들은 사회적 소통망에서 게시글에 따라 입말과 글말을 구별해서 쓴다. (1가, 가-1)의 게시글은 입말 형식으로 작성된 것이다. (1가)의 트위터 누리꾼은 하루 있었던 일을 일기처럼 '기록'한 게시글에서 '먹구(←먹고)'라는 입말에서 잘 나타나는 음운 변이형을 썼고, '커피 마시며 수다 왕창 떨었다'에서는 목적어 '커피'와 '수다' 뒤에 목적격 조사를 생략했다. '초딩'이라는 통신 언어 새말도 사용했다. (1가-1)은 대학생이 동기생의 페이스북 담벼락에 쓴 '친교' 기능의 게시글로서 마주 보고 말하듯 생일 축하 인사를 적었다. 대학생들이 입말에서 잘 쓰는 통신 언어 '축하한당', '쓰릉한다'와 방언형 '보곱다'를 썼다. 개인적 기록이나 친교 기능의 글에서는 이처럼 일상어의 입말 형식을 이용하여 생생하고 사실감 있게 게시글을 쓰는 것으로 관찰된다.

(1나, 나-1)의 게시글은 글말로 작성되었다. (1나)는 정치에 무관심한 사람들을 '비판'하는 글로서 자신의 생각을 강하게 드러냈다. 길고 논리적인 글말을 통해 자신의 생각과 주장을 분명하게 드러내었다. (1나-1)은 원전의 위험성을 알리며 핵발전소 건설 반대 서명의 동참을 호소하는 정치인이 쓴 '홍보' 겸 '선전/선동'의 페이스북 게시글이다. 다른 누리꾼들을 향해 호소하고 있는 점에서 입말의 성격도 갖지만 문장의 정확성이나 규범성에서 글말의 성격을 더 강하게 보이고 있다. 이와 같이 다른 사람에게 널리 알리거나 동참을 호소하는 글은 입말보다는 길고 정확한 글말로 게시글을 작성하는 것으로 나타났다.

페이스북에서 한 여성 누리꾼은 (1다, 다-1) 게시글을 잇달아 올렸는데 (1다)는 비속어 등을 사용해서 재미있는 입말로 쓴 '친교' 또는 '말놀이' 기능의 글이다. 이와 달리 (1다-1)은 길고 논리적, 규범적인 문장으로 쓴 완벽한 '홍보' 기능의 글말이다. 같은 사람이 썼다고 믿기 어려운 두 게시글을 통해 사회적 소통망에서 누리꾼들은 이용 목적에 따라 언어 사용을 뚜렷하게 구별하고 있음을 잘 보여 준다.

(2) 언어 사용 목적과 방식 등에 따른 차이 ②: 대화와 독백
  가. (신○○)
    비가 오는 날은 뭘 먹을까요??
    부침?
    금△△ 비오나요?
    신○○ 새벽 부터 내립니다..ㅠㅠ
    금△△ 눈이 오년 좋을탠데요
    신○○ 그러네여..근데 광주에서는 날씨 아직도 ~ㅋ
    황○○ 점심묵자~~
    신○○ 배불러요 ㅋㅋ..간식 먹어싶음..
    황○○ 주문하면 배달해줄게~~ㅋ
    신○○ 됐습니다 ㅋㅋㅋ
    황○○ 그럼 물건만 배달 해줄게~~ㅋ
    신○○ 됐다고요..
  가-1. (권○○)
    퀸 프레디 머큐리, 마이클 잭슨, 프린스, 오늘 조지 마이클.
    전에도 말했지만, 이로써 한 세대가 저무는 느낌. 이제 다... 갔다... 그들이 없는 세상이다...
  나. (@ass***)
    남에게 흠집내고 상처주면서 쾌감 느끼고 뿌듯해 하는 거 그거 진짜 문제 있는 것임
  나-1. (@hop***)
    조지마이클
    마이클잭슨과 함께 힘들고 괴로웠던 사춘기를 그의 노래를 들으며 보냈다.
    라스트 크리스마스를 올리고 싶지만, 그것보다 이 음악이 지금은 더 어울릴 것 같다.
    Careless Whisper

다. (@ywn***)
  여러분 제가 머리 노란색으로 염색 하고 싶다는 것 말했나요? 혹시 머리 노란색 하면 눈썹도 노래야 하는지
다-1. (@HeH*** → @ywn***)
  금발에 까만눈썹 하면 눈썹만 동동 떠다니기 때문에 같이 염색 해주는게 좋습니다.. 눈썹은 셀프로 충분하기 때문에 http://m.blog.naver.com/bonobim/220813743027 … 〈-참고
나-2. (@ywn*** → @HeH***)
  헐 완전 최고 도움되네 리트윗 하겠어

사회적 소통망을 이용하는 누리꾼들은 기본적으로 다른 사람과의 대화를 통해 교류하는 데 관심이 있지만 갈수록 일상을 조용히 기록하거나 혼잣말을 하는 사람들이 늘어나고 있다. 페이스북의 경우 아직 독백보다는 대화 비율이 높은 것으로 보이지만 트위터는 오히려 독백 비율이 더 높은 편이다. 페이스북은 친구 수는 적지만 잘 아는 관계인 경우가 다수라서 다른 사람의 어떤 글이든 댓글을 붙이는 경향이 높지만 트위터는 느슨한 관계의 친구가 많아서 중요하거나 큰 관심이 있는 내용이 아니면 답글을 보내는 일이 적다. 페이스북 이용자들은 독백보다는 대화 게시글을 많이 쓰는 편이고, 트위터에서는 본인이 하고 싶은 말을 독백으로 편하게 쓰는 이용자가 많이 보인다.

(2가, 가-1)은 페이스북 게시글인데 (2가)는 '친교' 기능의 대화, (2가-1)은 '기록' 기능의 독백이다. (2가)도 특정인을 수신자로 지정한 것이 아닌 점에서 독백 요소가 있지만 "비가 오는 날은 뭘 먹을까요?? 부침?"이라는 두 문장을 모두 의문문으로 적음으로써 글을 읽는 자신의 페이스북 친구들에게 적극적으로 말을 걸고 있다. 이에 대해 여러 친구들이 답글을 적음으로써 인용 부분과 같이 자연스럽게 대화가 진

행되었다. 반면 독백인 (2가-1)의 게시글은 모두 평서문으로 되어 있고, 게시글을 읽는 사람과 대화를 하고 싶음을 보여 주는 요소가 없다.

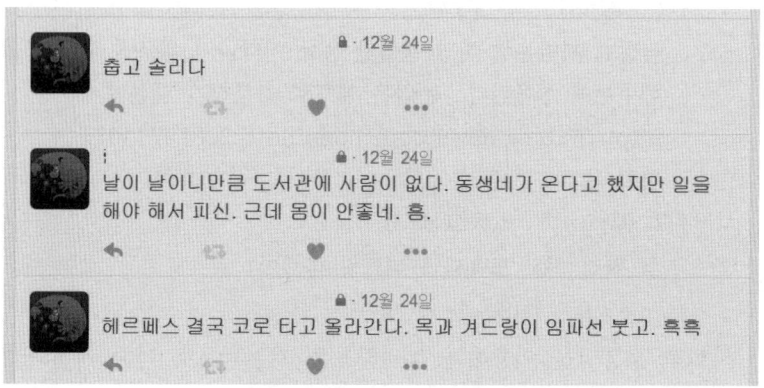

그림 1 '기록' 기능의 '독백' 트윗글

(2나, 나-1)과 〈그림 1〉은 독백 위주의 트위터 게시글이다. (2나) 누리꾼은 '남에게 상처 주면서 쾌감 느끼는 사람'에 대한 '비판'의 내용을 독백으로 표현했고,[1] (2나-1) 누리꾼은 외국 가수의 죽음과 관련해 사색적 분위기의 '기록' 글을 독백조로 올렸다. 〈그림 1〉은 자신의 몸 상태와 관련해서 연속적으로 트윗을 올린 '기록' 기능의 게시글들이다. 이러한 게시글들은 혼잣말처럼 적은 것이기 때문에 높임말이 아니라 안높임의 해라체를 쓰는 경우가 흔하다. 또한 비판이나 기록 기능의 게시글은 독백으로 쓰는 경우가 많지만 SNS 공간이 기본적으로 친구 관계의 누리꾼과 소통을 하는 곳이고, 또 독백체의 게시글도 친구들에게 공개되기 때문에 완전한 독백은 아니다. 따라서 친한 관계의 누리

---

1) 다른 사람에 대한 비판을 게시글에 댓글을 붙여 직접적으로 하는 대신 독백으로 적는 일이 많은데, 그것은 상대방으로부터 들어올 수 있는 공격을 미리 막는 효과가 있기 때문이다(이정복 2012가:194-195).

꾼은 상대방의 독백체 게시글에도 댓글을 붙여 대화를 해 나가는 모습을 보여 준다.

(2다)는 트위터 누리꾼이 전체 친구들에게 적극적으로 말을 거는 게시글이다. "여러분 제가 머리 노란색으로 염색 하고 싶다는 것 말했나요?"라고 하여 부름말 '여러분'을 썼고, 의문문으로 끝냈다. 이어진 문장에서는 "혹시 머리 노란색 하면 눈썹도 노래야 하는지"라고 하여 궁금한 점을 질문한 것도 적극적인 대화 의지를 드러낸 것이다. 이 트윗글에 대해 (2다-1)의 답글이 달리고 (2다-2)와 같은 대화가 이어졌다.

(3) 언어 사용 목적과 방식 등에 따른 차이 ③: 규범과 비규범
  가. (문화체육관광부 @mcstkorea)
    여행주간, 전국 지자체에서 준비한
    특별 여행 프로그램을 소개합니다!
    #가을여행주간 에 가보고 싶은 여행지 찾아보고, 폴라로이드 카메라와 코리아트래블맵을 받아가세요!
    ▶이벤트 참여하러 가기 http://goo.gl/cwOS0B
  가-1. (***부산지사)
    논문을 작성하다가 어려움에 봉착했다면 어떤 방법으로 해결하는게 좋을까요?
    세계 최초로 #논문컨설팅을 시작한 ***에서 #무료논문상담 을 받아보세요
    ***은 리더들의 연구윤리와 지식자원의 사회적 환원을 강조하고 있습니다. […]
  가-2. (김홍걸)
    국민의당이 반기문 총장을 일단 감싸주기로 작정한 듯 한데 나중에 의혹이 사실로 증명되거나 반 총장이 국민의당을 아주 외면해버리면 그때는 어쩌려고 그러는 건지 궁금하네요.
    […]

나. (@GET***)

오늘 낵아 김밥을 했는데 드럽게 맛없어서 분노가ㅠㅠ 화나뜸!ㅜㅜ

나-1. (백○○)

대구 가야굿따ㅋ생생정보통에 나오는 튀김무한리필집ㅎㅠㅠ 으헉 맛나굿따ㅎ

다. (@cat***)

우와... **** 정말 거지같다. 지금까지 써본 티켓팅 싸이트&어플 중에 제~~~~~~~~~~일 거지같다. =.,= 안해!!!!!!!!!!!!! 집어쳐!!!!!!!!!!!!!! 다른데서 할거야!!!!!!!!!!!!!!!!!!!!!

다-1. (@cat***)

뉴스룸 앤딩을 듣고나니 생각하는 또 하나의 노래. 끊임없는 싸움끝에 바닷속 아이들이 편히 쉴 수 있도록... 슬픔이 오히려 지치지 않고 끝까지 싸울 힘이 되게하는 곡입니다... #강허달림_바다영혼

게시글 가운데 언어 규범을 가장 잘 따르는 유형은 '홍보'나 '광고', '비판'과 관련된 것이다. 정부 행사를 홍보하는 (3가)를 보면 전반적으로 규범에 맞는 언어를 썼다. 논문 작성 관련 기업의 광고글인 (3가-1)도 마찬가지다. (3가-2)의 페이스북 게시글은 한국 정치 상황과 관련된 '비판'의 내용을 담은 한 정치인의 글이다. '듯한데'로 적어야 할 것을 '듯 한데'로 과도하게 띄어 쓴 것을 제외하면 역시 규범을 잘 지키면서 쓴 게시글이다. 이런 글에서는 한편으로는 정확한 내용 전달이 중요하면서도 다른 한편으로는 국가기관이나 조직을 대표하는 사람으로서의 책임감과 모범을 보여야 한다는 규범의식이 반영된 결과 언어 규범에 잘 들어맞는 문장을 쓰는 것이다.

'친교' 기능의 일반 누리꾼들의 게시글에서는 비규범적 언어 사용이

많이 보인다. (3나) 누리꾼은 '내가'를 '낵아'로, '김밥'을 '김빱'으로 쓰는 등 의도적으로 일상어 표기와 다르게 적었다. '드럽게'에서는 모음 바꾸기, '화나뜸'에서는 자음 바꾸기가 보이고, 서술어 줄이기도 나타났다. 이 누리꾼은 짧은 문장에서 전형적 통신 언어를 열심히 씀으로써 글을 재미있게 쓰는 동시에 심리적 해방감을 느끼고자 한 것으로 해석된다.

그림 2 '기록' 기능의 '규범성'이 높은 페이스북 게시글

　(3다, 다-1)은 같은 트위터 누리꾼이 쓴 글로서 규범성에서 큰 차이가 보인다. '비판' 기능의 독백체인 (3다)에서는 '거지같다', '집어치우다'와 같은 강한 감정을 드러낸 표현과 느낌표 등의 문장부호를 반복하는 등 비규범적 언어 사용이 두드러진다. 반면 '공감' 또는 '기록' 기능의 (3다-1)에서는 서술어 줄이기, 띄어쓰기를 제외하면 규범에 맞는 문장을 쓰려는 노력이 느껴진다. (3다)가 해라체와 해체로 종결어미가 끝난 것과 달리 (3다-1)은 하십시오체를 씀으로써 다른 누리꾼들을 향

해 공감을 요청하는 차이도 있다.

(4) 언어 사용 목적과 방식 등에 따른 차이 ④: 높임말과 안높임말
　가. (@aig***)
　　소방직 공무원 무료상담 하고 기출문제 받는 꿀팁 알려드려요
　가-1. (@DrP***)
　　청문회를 보시면서, 그리고 후에 무척 많은 분들이 의견과 제보와 질문과 분노와 안타까움을 담은 문자를 주십니다. 너무 많아 답을 못 드림을 부디 양해해 주시기 바랍니다. 여러분의 의견과 마음들은 국정조사 팀에 전달되고 의정활동에 반영됩니다. 고맙습니다
　나. (J○○)
　　크리스마스가 다가온다. 크리스마스의 정신이 무엇인지 찾아 남극과 북극까지 온 세상을 다니며 답을 구하는 애니메이션을 본 적이 있었다. 그 답은 바로 사랑이었다.
　　나는 잘디 잘은 인간이라 그런지 큰 사랑은 잘 모르겠다. 그러나 세상에 온통 선의를 가진 존재가 버젓이 존재하고 그리고 그 존재가 내 속의 선한 것만 셈하며 나를 받아주기에 그걸 믿는한 착한 아이가 되겠노라 다짐하며 선물을 기다리는 아이들이 있다. [...]
　나-1. (J○○)
　　지금 학생들 성적 문의 문자만으로도 너무 정신이 없는고로, 부디 크리스마스 메시지는 마음으로만 받겠습니다. 페메 보내지 말아주세요. -__-ㅋ
　　성적 마감은 했습니다만, 다른 일도 해야 합니다. 학생들 문자만으로 일이 끊겨서 힘들어요. [...]
　다. (@nat***)
　　교수들이 올해의 사자성어 정하는 것 볼 때마다 한심하다. 선정된 사자성어야 좋은말이지만 이 행위는 일본이 올해의 한자를

정하는 것을 보고 따라했고 기껏 정한 게 사자성어라는 고리타 분한 형식. 교수들이 창의력이나 한국문화에 대한 이해가 전혀 없다는 증거

다-1. (@nat***)

재벌가 나쁜 피가 들어와서가 아니라 원래 하는 일 없이 돈이 많이 벌리면 하는 짓이 도박 술 마약 같은 탐닉행위 외엔 없습니다. 쓸데없이 돈 많이 번 연예인들의 경로와 똑같습니다.

사회적 소통망에서 누리꾼들은 이용 목적에 따라 높임말 사용에서도 변이를 보여 준다. (4가)와 같은 '광고'나 '홍보' 목적의 게시글을 쓸 때에는 높임말을 쓰는 경우가 대부분이다. 공손하게 높임말을 쓰는 것이 누리꾼들에게 더 호소력이 있다고 판단했을 것이다. (4가-1)은 정치인의 트윗글로서 최고 높임의 하십시오체를 일관되게 쓰고 있다. 문장의 규범성도 아주 높다.

(4나, 나-1) 누리꾼은 페이스북에서 '기록' 기능의 사색적인 글에서는 안높임말을 사용하는 데 비해 (4나-1)과 같이 친구 관계의 누리꾼들에게 부탁을 하거나 질문을 하는 '친교' 기능의 글에서는 높임말을 사용한다.[2] (4다, 다-1)의 트위터 이용자도 글에 따라 청자 경어법 사용에서 변이를 보여 준다. (4다)의 '비판' 기능의 게시글에서는 해라체를 써서 독백처럼 적은 반면 같은 기능의 (4다-1) 게시글에서는 하십시오체를 써서 친구 관계의 누리꾼들에게 직접 말하는 방식을 취하고 있다.

이처럼 누리꾼들이 SNS 이용 목적 또는 게시글의 기능에 따라 청자 경어법 사용을 달리 하지만 페이스북 등 사회적 소통망이 처음 인기를

---

2) 이 페이스북 이용자는 인기가 아주 많아 2016년 12월 현재 9,900여 명의 팔로우(구독자)가 있다. 페이스북의 경우 친구를 5,000명으로 제한하고 있지만 일방적 읽기가 가능한 팔로우 수는 제한을 푼 상태다.

끝 때와 비교해서 지금은 전반적으로 안높임말 사용이 늘어났다. 특히 트위터 이용자들의 경우 청자를 지정하지 않고 올리는 게시글을 높임말로 쓰는 경우는 정치, 광고, 홍보와 관련된 것이 대부분을 차지한다. 청자를 지정하지 않은 게시글 작성에서 일반 누리꾼은 안높임말을 쓴 독백체의 글을 훨씬 더 많이 올리는 모습이다. 이것은 초기에는 사회적 소통망 누리꾼들이 다른 사람들과 대화를 기본으로 생각하면서 글을 썼지만 지금은 대화보다는 일방적으로 자신의 말을 올리는 독백의 기록 공간으로 생각하는 일이 많기 때문이다. 특히 트위터의 경우 많은 이용자들이 탈퇴하거나 계정은 유지하되 이용을 하지 않는 사람들이 늘면서 높임말로 게시글을 올려도 다른 누리꾼들의 반응이 없어지자 더 이상 대화를 포기하고 편하게 자기 하고 싶은 말만 하는 상황이다.

사회적 소통망에서 안높임말 사용이 늘어나고 대화체보다는 독백체의 글이 늘어난 것은 네이버나 다음(www.daum.net)과 같은 대문형 사이트의 뉴스 댓글에서도 관찰되는 현상이다. 약 10년 전 뉴스 댓글 달기가 활성화될 무렵에는 다수 누리꾼들이 해요체나 하십시오체로 댓글을 달았지만 지금은 안높임말을 쓰는 댓글 비율이 훨씬 높아졌다. 뉴스 댓글 달기에서 누리꾼들은 대화를 통해 의견을 나누기보다는 자신의 말을 일방적으로 편하게 올리게 되면서 청자 경어법도 언어 경제성에 유리한 해라체나 해체를 편하게 쓰게 된 것이다. 이와 마찬가지로 사회적 소통망에서도 굳이 대화를 나누기보다는 안높임 형식을 편하게 쓰면서 독백체로 하고 싶은 말을 편하게 하는 자유로운 분위기로 바뀌었다.

'입말과 글말', '대화와 독백', '규범과 비규범', '높임말과 안높임말' 사이에서 보이는 변이 현상을 보면 사회적 소통망 누리꾼들이 초기에는 뜨겁고 긴밀한 관계에서 대화 중심으로 소통하려고 했지만 그것에서 오는 구속과 피로감 때문에 갈수록 차분하고 편하게 독백 중심으로 소통하려는 경향이 파악된다. 개인에 따른 차이, SNS 이용 목적이나 게시글 기능에 따른 여러 가지 차이는 존재하지만 전반적으로 정보와 의견을 빠르게 주고받으면서 소통을 하되 이용자들끼리 일정한 거리를 유지하며 편하게 사회적 소통망을 이용하려는 태도를 보여 준다고 하겠다.

2. SNS 통신 언어의 최근 변모 양상

입말, 글말에 이어 등장한 '제3의 언어'인 인터넷 통신 언어는 한국에서 1990년대 중반에 대중화되기 시작하여 20년 이상 꾸준하게 쓰이고 있다. 이 시기 통신 언어는 '안정기'에 들어섰다. 누리꾼들은 '경제성, 오락성, 표현성, 유대성, 심리적 해방성'의 동기와 기능에서 꾸준하게 통신 언어를 쓰고 있다(이정복 2003가:31-63). 인터넷 공간에서 통신 언어를 쓰는 것은 이제 누구에게나 익숙하고 자연스러운 모습이며, 통신 언어는 인터넷 안에만 머물지 않고 일상어에까지 쓰임이 확산된 상태다. 문자 메시지나 인터넷 게시글에서 'ㅋㅋ'나 'ㅎㅎ'를 붙이지 않으면 재미없는 글이 되고 친구끼리의 일상 만남에서 '헐'이나 '대박'을 섞어 쓰지 않으면 대화가 무미건조해지는 시대다. 일상어와 형태가 다른 비규범적 통신 언어 사용에 대해 언론에서 더 이상 관심을 갖지 않으며, 그것의 사용으로 누리꾼들끼리 서로 비난하는 일도 거의 사라졌다. 20여 년 만에 통신 언어는 한국어를 구성하는 중요한 요소가 되었고, 통신 언어 없는 한국어의 사용은 상상하기 어려운 상황이 되었다.

이 절에서는 2006년부터 지금까지 약 10년 동안 통신 언어가 어떻게 쓰이고 있는지를 몇 가지 중요한 특징을 중심으로 살펴보고자 한다.

인터넷에서 통신 언어가 20년 이상 꾸준히 쓰였지만 구체적 형식이나 사용 모습 면에서는 변이와 변화를 거듭해 왔다. 누리꾼들이 만든 새말이 인기를 끌다가 사라지고 새로운 말들이 꾸준히 만들어져 쓰인다. 그림 글자의 비중이 늘어나면서 처음에는 자판의 글자를 이용해 간단히 표현하다가 지금은 미리 만들어 놓은 구체성이 높은 그림 글자를 쓴다. 컴퓨터에서 스마트폰으로 통신 언어 사용 환경이 바뀌면서 그것에 맞추어 선호되고 쓰임이 늘어난 통신 언어도 보인다. 최근에 관찰되는 통신 언어의 이러한 특징적 쓰임을 SNS 언어 자료를 통해 몇 가지로 정리하면 '통신 언어는 종결어미 바꾸기에서', '인터넷 새말의 꾸준한 등장과 유행', '통신 언어가 일상어로 확산, 표준말로 등재', '컴퓨터에서 스마트폰으로 무게 중심 이동', '그림 글자와 시각 요소의 비중 증가'를 들 수 있다. 각각에 대해 통신 언어 자료를 통해 설명하기로 하겠다.

2.1 통신 언어는 종결어미 바꾸기에서

한국어 문장에서 차지하는 서술어의 중요성을 고려할 때 '좋아용', '그렇쥐'와 같은 종결어미 바꾸기는 눈에 띄게 표현하는 효과가 특히 크다. 종결어미에는 문장의 종류를 알려주는 기능과 함께 청자 높임 정도를 나타내는 경어법 기능이 함께 있고, 시제나 상 기능의 문법 요소가 함께 결합되기 때문에 화자들이 크게 주목할 수밖에 없다. 통신 언어 발생 초기부터 누리꾼들은 자음 더하기나 모음 바꾸기를 통해 서술어의 형태를 적극 바꾸어 적었다. 연구 대상 시기에도 누리꾼들은 여전히 서술어의 종결어미를 바꾸어 씀으로써 재미를 주는 한편 독특한 표현 의미를 전달하고자 한다.

이 시기에 나타나 널리 쓰이는 종결어미 바꾸기의 대표적 형식은 '음슴체'와 '한다요체' 두 가지가 있다. 1990년대부터 쓰이기 시작한 '좋아용', '아니염'과 같은 자음 더하기 형식, 2000년대 초반에 나온 '오셈/오삼' 등의 '하셈체/하삼체' 형식도 여전히 쓰이면서 새로운 형식의 종결어미 바꾸기가 유행하고 있는 것이다.

(5) '음슴체'의 쓰임
  가. 콘서트가서 박ㄱ혁신이랑 인터뷰했슴. 좋은 삶이었슴. 이만 죽겠다
  나. ㅋㅋㅋㅋㅋㅋㅋㅋ 웬일로 집에 있냐ㅋㅋㅋㅋㅋㅋㅋㅋ 밥은 먹음? 엄마가 불고기 해 놨어 데워먹어 너 살 너무 빠짐ㅋ

'음슴체'란 종결어미를 '음' 또는 '슴' 형식으로 적는 것을 말한다. '네이트판' 게시판에서 유행한 것이며, '명사형 종결'의 한 가지다. (5가)의 '인터뷰했슴', '삶이었슴', (5나)의 '먹음', '빠짐'처럼 명사형으로 끝맺는 것인데, '했슴'에서 '음' 대신 '슴'으로 적는 것은 누리꾼들이 과거시제 '-었-' 뒤에서 명사형 어미를 오해하여 '음'으로 적어야 할 것을 잘못 적은 결과이다. 결국 '슴'은 명사형을 소리나는 대로 적은 것인데 일상어의 표기와 다른 데서 느끼는 재미 때문에 인기를 얻게 되었다. 이러한 통신 언어 사용은 자판 입력을 쉽고 간단히 하려는 경제적 동기, 재미있게 적으려는 오락적 동기, 눈에 띄게 표현하려는 표현적 동기가 두루 작용한 결과다. 또한 불특정 누리꾼들에게 어느 말 단계의 청자 경어법 형식을 써야 할지와 관련된 고민과 갈등에서 벗어나기 위해 높임말도 안높임말도 아닌 반말 기능의 '음슴체'를 즐겨 쓰는 것이다.3)

---

3) 실제로 누리꾼들은 '음슴체'를 '반모'(반말 모드) 상황에서 쓰는 말로 인식하고

(6) '한다체요체'의 쓰임
　　가. 그알은 보면서 분노하고 그 분노에 못보고 틀죠. 피디님 응원한다
　　　　요..
　　가-1. 한류는 인위적으로 측근이 만들어 내는게 아니다요. 한식 세계
　　　　화를 MB와이프가 만들수 없듯이~
　　나. 우앵,, , ,님ㅁ 오늘 모해요 그러니까 거시기 도서관가냐요?
　　나-1. 오늘이 세계 토끼의 날이란 건 알고 트위터 한다요??
　　다. 님들 본체님이나 보고 가라요
　　라. 우리 팬들 넘예뻐 8ㅅ8 앞으로도 쭉쭉 올라가기만 하자요..

　'한다요체'는 '한다', '하냐', '해라', '하자' 등 해라체 형식에 '요'를 덧붙여서 높임말과 안높임말을 조화시켜 표현한 것이다. 본래 아이들의 말에서 나타나는 문법적 오류가 특정한 계기를 통해 확산되어 청소년 및 성인 누리꾼들까지 활발히 쓰게 되었다. (6가, 가-1)의 '응원한다요', '아니다요'는 평서문, (6나, 나-1)의 '가냐요', '한다요'는 의문문, (6다)의 '가라요'는 명령문, (6라)의 '하자요'는 청유문에서 '한다요체'가 쓰인 것과 같이 네 가지 문장 유형에서 모두 나타난다.
　이러한 '한다요체'와 관련하여 변혜원(2011:51)은 "존댓말이기는 하나 완전한 존댓말은 아닌, 즉 자신보다 손윗사람이어서 말을 높여야 하지만 친근하거나 만만해서 손쉽게 말을 주고받을 수 있는 상대방에게만 사용 가능한 것"으로 보았다. 이정복(2011다:28)에서는 '한다요체'의 의미 기능을 경어법 사용 기능과 통신 언어 사용 기능의 두 가지

있다. 해요체나 하십시오체 대신 해체나 해라체를 편하게 쓰기로 암묵적 동의가 된 인터넷 공간에서 '음슴체'를 쓴다. 이와 관련한 누리꾼들의 의견을 보면 "오우 정말로 편함요!", "음슴체는 친한 친구나 반모 하는 사람들 끼리만 편하게 쓰는 건데 거기에 왜 반말이니 뭐니 시비가 붙어... 설마 지나가시는 할아버지한테 음슴체 쓸 줄 알았나... 자기가 음슴체 쓰기 싫거나 듣기 싫음 그냥 하지 말라고 하면 되고 그런건데 왜 시빈지...ㅇㅇ" 등이 보인다.

면에서 파악했다. 경어법 사용 기능을 "해라체를 급하게 높임말로 바꾸려는 과정에서 생겨난 말로서 높임말과 안높임말의 느낌을 조화시켜 표현하고 상대방을 부담 없이 대우하는 기능"으로, 통신 언어 사용 기능은 "딱딱한 분위기에서 벗어나 귀엽고, 부드럽고, 친근하게 표현하며 비일상적 형식을 통하여 재미를 더해 주는 기능"으로 설명했다. 사용자 나이 및 성별 면에서 20대 여성 누리꾼들이 이 형식을 가장 많이 쓰는 것으로 나타났다. 권창섭(2013)은 '한다요체'의 주된 개신층이 10대 청소년인데 20대로의 확산은 성별과 대화 공간이라는 변인의 영향을 받는다고 기술했다.

이러한 두 형식 외에도 몇 가지 종결어미 변이형이 쓰였고, 지금도 여전히 인기를 얻고 있다.

(7) 다른 종류의 종결어미 바꾸기 형식
　가. 나는쇼케못간다ㅠㅠ그대신브이앱에서**생중계한다능**
　가-1. 'M도 좋고 TO BE도 너무 좋아요...이거듣고 **입덕했다능**
　나. 이게 뭐하는 짓인지 모르겠어요.. 그저 천박해 보일**뿐요**... ㅠ
　나-1. 그만하는 게 좋을 **듯요** 국정농단으로만 가야... 개인사로 가면... 국민이 너무 힘들 **듯요**.
　다. 에엥???그게 무슨 소리에욥~~겸둥이 샤크님 풍각도 존잘이시네욥~~샤크님이 그려주신다면 무조건 다 **좋다긔**〉〈
　다-1. 더샘 캔디틴트 좋긴 좋은데.... 착색이 존나......ㄷ...ㄷ.......... 난 입술에 침뮤 많이 바르고 좀 잘 지워져서 만족하는데 너무 심한거 싫오허는사람 사지마셈... 존나 씻어도 3일동안 **간다긔**
　다-2. 님들 시우민 팬싸 **당첨댓글** ㅠㅠㅠㅠㅠ 진짜 넘 **행복하긔**? RT 해주시면 최대한 많은분께 시우민 공식포카 드립니다ㅠㅠㅠ 엉엉 착한일해야지ㅠㅠ
　다-3. 헐 뉴트 안경 꼭 쓰면 좋겠다...... 에디 안경도 잘어울리는 거 **있긔없긔**....ㅠㅠㅠㅠㅠ

(7가, 가-1)의 '생중계한다능', '입덕했다능'은 '한다능체'의 쓰임이다. 본래 '한다는 말이야', '왔다는 뜻이지' 등에서 관형어만 남긴 후 관형사형 어미를 변형한 것인데 새로운 통신 언어 종결어미로 쓰인다. 기본적으로 경제적 동기에 따른 것이면서 여운을 주는 효과가 있는 점에서 표현적 동기에 따른 용법으로 볼 수도 있다.

(7나, 나-1)의 '뿐요', '듯요'는 '뿐이요', '듯해요'를 줄인 종결어미 형식이다. 서술격 조사 '이' 또는 파생 접사 '-하'와 부사형 어미 '-어'를 생략하고 의존명사 뒤에 접사 '요'를 바로 붙여 쓴다. 이 또한 경제적 동기가 기본적으로 작용한 표현이며, 청자 경어법 면에서 해요체를 분명히 써서 다른 누리꾼을 공손하게 대우하려는 의도가 작용한 결과다. 정한데로(2010)에서는 이러한 종결어미 바꾸기를 통신 언어로서의 언어 경제성과 상대방을 높이기 위한 전략 두 가지를 동시에 충족시키려는 용법으로 설명한 바 있다.

(7다~다-3)의 '좋다긔', '온다긔', '행복하긔' 등은 종결어미를 '음슴체'와 마찬가지로 명사형 어미 '-기'의 변형 표기 '-긔'로 바꾸어 쓴 것이다. 종결어미를 간결하게 줄여 쓰면서 귀여운 느낌을 준다. '좋다긔', '온다긔'는 완전한 종결형 뒤에 '-긔'가 붙었고 '행복하긔'는 서술어 어간 '행복하-' 뒤에 '-긔'가 붙었다. '하긔체'라고 부르는 이 형식은 (7다-3)의 '있긔없긔'처럼 반복 구성으로 잘 쓰인다.

2.2 인터넷 새말의 꾸준한 등장과 유행

새로운 유행 표현을 주도적으로 만들어 내는 세대가 청소년을 포함한 젊은 층인데, 빠른 전달성과 개방성을 바탕으로 실시간 소통이 가능한 인터넷 통신 환경에서 새말이 꾸준하게 만들어져 널리 퍼져 나가고 있다. 기존 일상어 표현을 일부 바꾸어 쓰는 데서부터 완전히 새로운 표현까지 누리꾼들은 새말을 창의적으로 만들어 낸다.

〈그림 3〉을 보면, 2006년 이후에도 꾸준하게 통신 언어 새말이 만들어져 널리 쓰이고 있음이 드러난다.4) 2006년에는 '된장녀, 훈남, 완소'가 유행했고, 2007년에는 '쩔다, 우왕ㅋ굳ㅋ', 2008년에는 '꿀벅지, 뭥미', 2009년에는 '올레, 루저', 2010년에는 '레알, 차도남/차도녀', 2011년에는 '갑, 짜응' 등이 유행한 것으로 나온다. 이런 유행어들의 대부분은 인터넷 공간에서 누리꾼들이 만든 것이며, 방송이나 신문 등 대중 매체로 확산되고 또 일상 입말에서도 쓰인다. 2006년 유행어 '된장녀'는 아직도 여성 차별 표현으로 꾸준히 쓰이고 있고, '쩔다'는 '대단하다, 굉장하다' 뜻으로 많이 쓰인다. '쩔다'가 널리 알려지면서 신선함이 줄어들자 최근에는 '오지다', '지리다'라는 말이 비슷한 뜻으로 함께 쓰이고 있다.

---

4) 이 자료는 2012년 초 인터넷 커뮤니티에 '역대 연도별 인터넷 유행어'라는 제목으로 게시되어 확산된 것으로 알려졌다(〈'역대 인터넷 유행어', 1999년~2011년까지 한번 알아볼까요?'〉, ≪매일신문≫, 2012-02-02 기사 참조). 최초 작성자는 알 수 없으며, 2011년 9월에 유머 사이트 '웃긴대학'에 텍스트 형식의 더 자세한 내용이 '퍼온자료'로 게시된 것이 확인된다(http://web.humoruniv.com/board/humor/read.html?table=pdswait &number=2755364).

1999년

1위 ㅋㅋㅋ
(사람의 웃음소리를 타자로 표현. 거의 혁명에 가까운 유행어. 지금은 거의 인터넷 언어의 일부로 자리잡았고 너무 많은 대중들에게 보편화 되다보니 '유행어' 였는지도 모르는 사람이 태반. 앞으로도 그 어떤 말보다도 가장많이 쓰이게 될 인터넷용어)

2위 당근이지
(당연하지의 다른말)

3위 GG
(스타크래프트에서 졌을때 쓰는말. '항복'과같은 의미)

2000년

1위 엽기
(각자가 공인하는 2000년의 최고의 유행어. 상식을 벗어나는 행동이나 모습을 가리킴. 10년이 지난 지금까지도 유용하게 쓰이는 전설적인 유행어)

2위 대박
(예상을 뛰어넘은 엄청난 결과물을 가르킴)

3위 하이
(영어 인삿말 hi를 우리말로 받음. 지금까지도 유용하게 쓰임)

ex) 강퇴, 잘자 내꿈꿔, 하이루

2001년

1위 작업
(이성과 가까워지는 과정을 표현한 말. 시트콤 '세친구'에서 윤다훈이 처음 써서 유행시킴)

2위 ㅇㅇ, ㅊㅋ, ㅇㅇ, ㄱㄱ
(OK, 축하, 응응 (수락의 표현), 고고를 우리식으로 표현. 지금까지도 유용하게 쓰임)

3위 헐
(늘릴때 쓰는말. 근데 감탄, 허탈의 감정도 포함한 과학적인 언어)

ex) 허접, 허걱, 선수, 애자, 오바

2002년

1위 즐
(단기간동안 전국적으로 엄청나게 유행했으나 얼마만가 금방 망해진 유행어. 사람들을 깎거나 무시하거나 어떠함께 유용하게 쓰인 말. 게임 '리니지'에서 말도안되는 거래를 제시하는 사람에게 상대방이 '즐거운 시간 되세요' 라는말로 거절로 대신하곤 했었고 줄어서 '즐'로 변함)

2위 초딩
(초등학생을 저급하게 부를때 쓰는말)

3위 한턱 쏴
(항동근이 유행시킴)

ex) 얼짱

2003년

1위 뷁
(문희준의노래가사를 줄인 말. 문희준을 조롱하거나 할말 없을때 쓰는 감탄사)

2위 몸짱
(몸이 좋은 사람)

3위 한턱 쏴
(스타크래프트에서 저그 유닛들이 땅속에 숨는걸 가르키는 말. 인터넷상에서 맘에 안드는 사람에게 닥치라고 할때 '버로우 해라'라고 주로 쓰이곤 함)

2004년

1위 오타쿠
(이게 일본어자는아니 중요하지만. 홍콩판권 2004년 한해동안 그 어떤 단어보다도 사람들로부터 주목받았던 단어이기 않을까싶다. 뭐랄까. 이단어만 분에 번지는 모습이 불편한것 같다. 이거 뭔가 한자어에서 접근하고 오가는 표현도 느껴진다. 어쨌든, 이 단어는. 마우, 대우, 태덕우, 오가로꾸 등을 의미하는데. 간단히 말하자면 무언가를 광적으로 좋아하는 남자)

2위 빠순이
(동방신기팬들로 인해 처음 생긴 말)

3위 좌절금지, OTL
(말 그대로 좌절하지 말라는 뜻)

ex) ~~사마, 탁탁탁, 빠야!, 쌩동맠죠 .하지만 드라군이 출동하면어떨까?

2005년

1위 간지
(일본어, "멋지다","폼 난다"할때 쓰는말. 일본어를 쓰지 않자는 운동에도 불구하고 고급속도로 퍼짐)

2위 가드올려라, 싱하형, 형왔다
(디씨 싱하형이 유행시킴)

3위 안습
(안구에 습기가 찬다 슬픔에 눈물나옴대 쓰는 말)

ex) ~했삼, 고고씽, 홈훔무, 여병추, 이워병, 열폭, 안드로메다, 관광, 쵝오, 지못미

2006년

1위 된장녀
(2006년 최고의 유행어, 사치를 좋아하는 여자들. 허정이 목전인 여자들. 결혼할때조건만을 따지는 요자들을 가르키는 말)

2위 훈남
(2006년 월드컵 직전 박지성되문에 처음으로 생긴. 보면 마음이 훈훈해지는 남자가보다 뜻이지만 그후 얼굴만 잘생겨다하면 여자들이 무조건 훈남 으로 불러 지금은 '잘생긴남'='훈남'으로 그 의미가 변질)

3위 완소
(완전소중의 준말)

ex) 엄친아, 설레발, 오크, 둘보잡

2007년

1위 쩔어
(어릴 대신할 다른 감이 잘생각안날정도로 보편화된 유행어의 함께지 못 '염청나다' '대단하다는 의미)

2위 욕심쟁이 우후훗
(구물택트시에서 유세흠이 처음으로 씀)

3위 우왕ㅋ굳ㅋ
(디씨 만화에서 유래)

ex) 킹왕짱, ~긐, ~큐, 넘사벽, 리즈시절, 남줌 짱인듯, 여신, 난 걸때 ㅇㅇ랑 결혼 안한다. ~셨세요?

2008년

1위 꿀벅지
(이게 뮐처벅지라는 가리킨 말. 유라 처음 보수했던 '말인느제는 빅게 사람든 관심을 받지 못했다. 허용에 이 여자와꽃집을 나다내면서 이단어 많이 사용은 그 후 내리가 엔이던 닭을 합께 오락에라고 기사체로 쓰면서 사주 주림)

2위 오그
(손발이 오그라든다'어색하거나 어설픔을 봤을 때 쓰는말)

3위 뭥미
(뭐임의 오타)

ex) 품절남, 전설은 아니고 레전드, 디스, 잉여, 동덩어리, 8:45, 하악하악

2009년

1위 올레
(감탄사)

2위 빵꾸똥꾸
(하이킥에서 전지에가 유행시킴)

3위 루저
(지금은 전설이 된 여드름의 명언)

ex) 시망, 좋은 ㅇㅇ이다, 병맛, 엣지

2010년

1위 레알
(2010년 최고의 유행어, 'real'을 뵈이는 대로 발음, '진짜' '정말'의 뜻이로 씀)

2위 차도남, 차도녀, 까도남, 까도녀
(드라마 시크릿가든에서 유행. '차가운 도시남자', '까칠한 도시 여자' 등등)

3위 멘탈
(여인분과 비슷한 뜻. 정신력)

ex) 종결자, 돈네, 찰지구나, 하의실종

2011년

1위 甲
(1고라는 뜻. 개인적으로 올해 최고의 유행어 강함)

2위 쩌용
(쩔어에서 유행됨)

3위 ㅇㅇㅇ 보고있나?
(청문화의 유행어)

ex) 흥해라, 흔한 ㅇㅇㅇ, ASKY(안생겨요), 옥수수 털어도돼?

그림 3 **누리꾼들의 연도별 유행어**

다음 〈그림 4〉는 최근에 사회적 소통망에서 많이 쓰이는 새말을 시험 문제 형식으로 정리해 놓은 것이다. '#G'는 '시아버지'를 빠르게 발음한 '샾지'를 외계어처럼 재미있게 적은 표현이다. '고답이'는 '고구마를 먹은 것처럼 답답한 이', '세젤귀'는 '세상에서 제일 귀엽다'의 줄임말이며, '제곧내'는 '제목이 곧 내용'의 뜻을 나타내는 말이다. 또 한글 자음자로만 적은 'ㅇㄱㄹㅇ'은 '이거 레알'을 가리키며, '이것은 진짜다/사실이다'의 뜻으로 쓰인다. 최근 통신 언어 표현 가운데는 'ㅇㅈ'(인정), 'ㅂㅂㅂㄱ'(반박불가) 등 자음자만으로 간단히 적음으로써 재미를 주고 글자 입력의 노력을 줄이려는 경우가 많다.

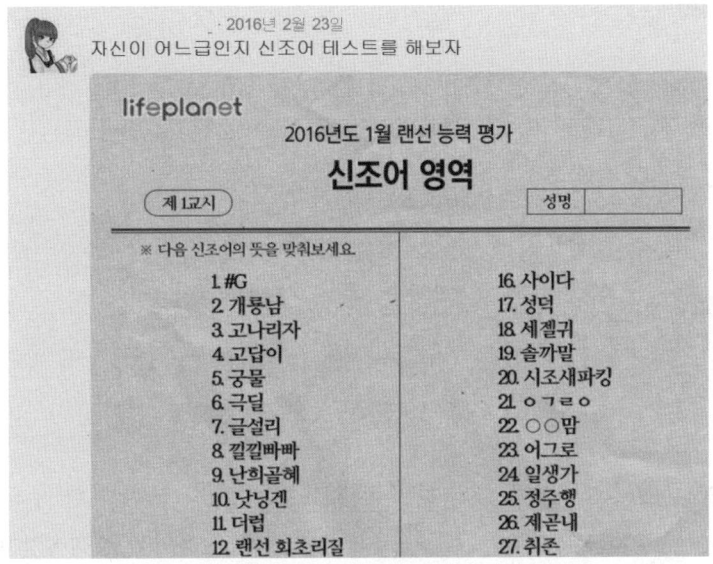

그림 4 2016년에 사회적 소통망에서 많이 쓰이는 새말들

이런 최신 유행어들은 젊은 누리꾼들이 주도적으로 만들고 열심히 사용한다. 〈그림 4〉의 '낄끼빠빠'라는 말은 '낄 때 끼고 빠질 때 빠져

라'라는 뜻을 갖는데 눈치 없이 남의 일에 끼어들어 간섭하는 사람을 비난할 때 주로 쓴다. 나이 든 누리꾼 가운데서도 일부는 이러한 최신 유행 표현을 쓰는 사람도 있지만 대부분 젊은 누리꾼들이 사용을 주도하는 것으로 확인된다. '낄끼빠빠'가 쓰인 최근 트윗글을 검색한 결과 〈그림 5〉와 같이 사용자들은 대부분 20대 전후의 젊은 누리꾼들이었다.

그림 5 **유행어 사용을 주도하는 젊은 누리꾼들**

 물론 널리 알려지지 않은 최신 유행 표현은 〈그림 5〉에서 한 누리꾼(@mea***)이 "낄끼빠빠 첨들었을때 낄낄빠빠로 들어서 낄낄이랑 빠빠미홍홍붙인걸 줄여말한 걸로 알고잇엇다......."로 적은 것처럼 젊은 누리꾼들도 무슨 뜻인지 알기 어렵다. 그럼에도 이들은 나이 많은 누리꾼들에 비해 새로 접하는 통신 언어 새말의 뜻을 적극 파악하려 노력하고 또 직접 쓰는 모습을 보여 준다.

2.3 통신 언어가 일상어로 확산, 표준말로 등재

인터넷 공간에서 만들어지고 널리 유행하는 통신 언어는 통신 공간에만 머물지 않고 일상어로 퍼져 나간다. 청소년들의 경우는 통신 언어를 일상어 입말에서 그대로 쓰는 일이 많고 메모, 편지, 일기 등 일상어 글말에서도 쓴다. 통신 언어가 신문, 방송 등의 대중 매체에서도 활발히 쓰인다. 대중 매체에서 만들어진 말이 통신 공간에서 더 세력을 넓히며 통신 언어의 하나로 쓰이기도 한다. 인터넷, 대중 매체, 일상어 사용 영역이 엄격히 구별되지 않고 새로운 표현들이 여러 영역을 넘나들며 두루 쓰이고 있는 것이다. 또 그 가운데 널리 쓰이는 통신 언어의 일부는 표준말의 하나로 사전에 실리기도 한다. 결과적으로 누리꾼들에 의한 통신 공간에서의 언어 변이가 일상 한국어의 변화를 이끌고 있다.

(8) 일상어로 확산되어 쓰이는 통신 언어
    가. 보통 대화할 때 핵웃기네, 핵극혐 등의 '핵'이라는 접미사를 붙이는 경우를 많이 봤습니다.
    가1. 일상 생활에서 통신언어 사용의 예라..제가 자주 씁니다ㅎㅎ 음슴체나 노노. 이응. 니니. 등을 음성으로 자주 쓰는 편이에요ㅎㅎ 그 외에도 일생가? 등의 줄임말도 많이 사용합니다
    나. 축제기간이라 각 과 주막 홍보물이 많이 보이는데 요즘 홍보물 자보들에 쓰인 것을 많이 볼 수 있습니다. '존예'라고 홍보하는 과가 있었습니다.
    다. 경험이 많지만 특히 기억에 남는 것은 청각장애 동기가 ㅋㅋㅋㅋㅋㅋ같은 통신언어를 수화로 사용한 적이 있습니다. 수화로도 통신언어를 사용하는게 신기하였습니다. 또한 개노답이나 개이득과 같은 말도 자주 사용하는 것 같습니다.

(8)은 20대 대학생들이 통신 언어를 일상생활에서 쓰는 사실을 보고한 것이다. '핵웃기네, 노노, 이응'과 같은 표현들을 입말로 쓰며, '음슴체'도 자주 쓴다고 했다. 또 축제 홍보물에 '존예'와 같은 말을 넣어 표현 효과를 높이려 하는 점도 말하고 있다. 이와 함께 특히 눈에 띄는 것은 (8다)의 내용인데, 청각 장애 학생이 'ㅋㅋㅋ'를 수화로 쓴다고 보고했다. 통신 언어가 단순히 입말로 쓰일 뿐 아니라 특수한 언어인 수화에까지 퍼져 나간 사실을 알려 준다.

통신 언어가 일상어로 퍼져 나가는 모습은 〈그림 6〉과 〈그림 7〉을 통해서도 잘 확인된다.

그림 6 **칠판에 쓰인 통신 언어**

〈그림 6〉은 고등학교 1학년 여학생이 집에서 칠판에 적은 메모 내용으로 "조금 일찍 갑시당♡"이라고 썼다. '갑시다'에 자음 더하기를 했고 하트 표시 그림 글자를 넣었다. 자음 더하기를 통해 부모에게 귀엽게 말하는 동시에 부탁하는 사람으로서의 공손함을 드러내었다. 위쪽에도 파란색, 빨간색 하트를 반복적으로 씀으로써 어머니에 대한 사랑을 표시하고 있다.

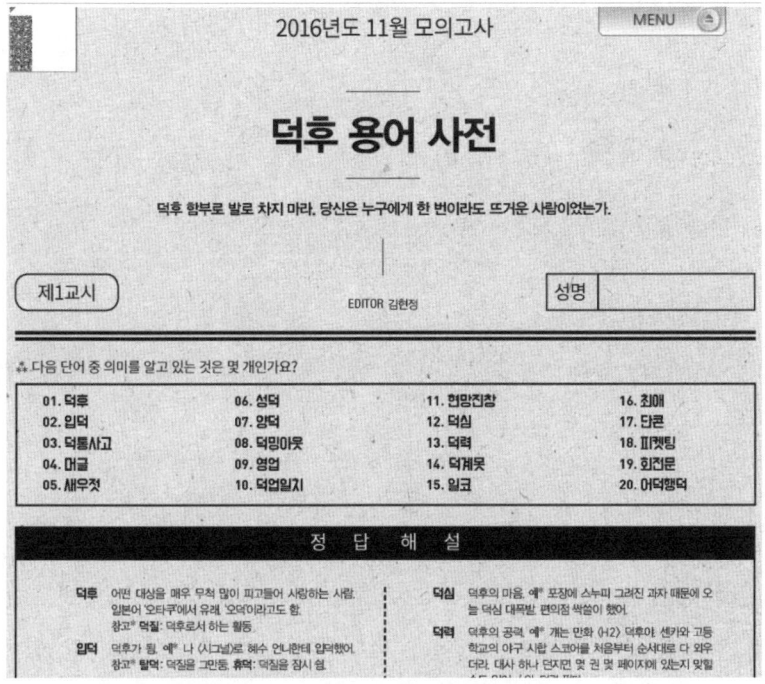

그림 7 잡지에 소개된 통신 언어

〈그림 7〉은 코레일에서 발행하는 2016년 11월호 잡지 ≪KTX 매거진≫의 내용이다. '덕후 용어 사전'이라고 제목을 붙이고 '덕후, 성덕, 최애, 양덕, 덕밍아웃' 등의 통신 언어를 일반 국민들에게 적극 소개하

고 있는데, 통신 언어에 대해 이해가 상대적으로 부족한 세대들을 위한 소통 노력이라고 하겠다.

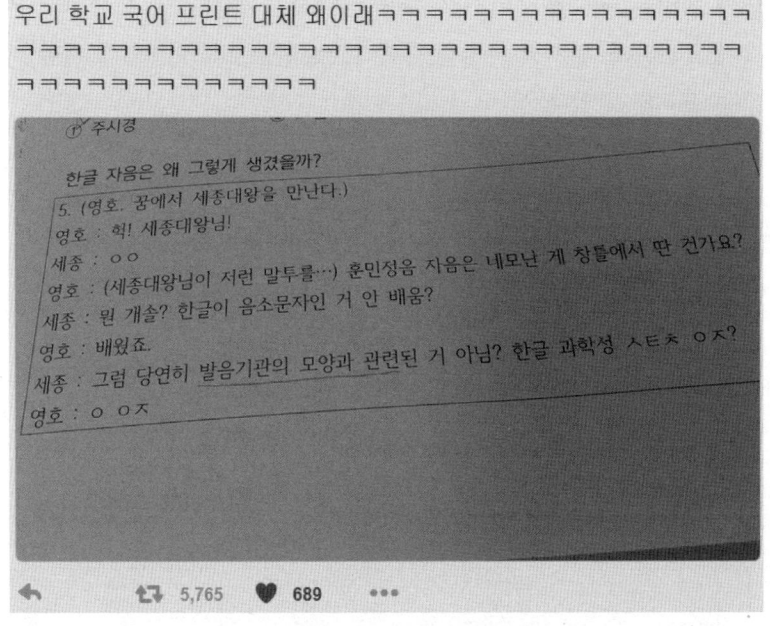

그림 8 학교 국어 수업 자료에 쓰인 통신 언어 (@gra***)

통신 언어를 거부감 없이 쓰는 젊은 교사들이 늘면서 학교 시험이나 수업 자료에도 통신 언어가 쓰이는 일이 있다. 국어 관련 과목에서 통신 언어를 다루는 경우도 늘었다. 트위터에서 수집한 〈그림 8〉은 국어 교사가 작성한 수업 자료인데 'ㅇㅇ', 'ㅇㅈ' 등 자음자로 줄여 쓴 것, '개솔'이라는 새말, '배움', '아님'이라는 '음슴체'가 두루 쓰였다. 현재 통신 언어가 한국어 화자들의 언어생활에 얼마나 큰 영향을 끼치고 있는지를 분명하게 보여 주는 자료다.

다음 자료는 통신 언어가 신문 등의 대중 매체로 쓰임 영역을 확장하고 있음을 말해 준다. 국립국어원에서 조사한 '신어' 자료에 나타난 통신 언어 보기들이다.

(9) 국립국어원 조사 '신어' 중 통신 언어
  가. 2012년: 트통령(트위터 상에서 대통령처럼 인기가 있는 사람), 스마트폰 계급(스마트폰의 기종을 성능에 따라 나눈 계급), 능청남(능력있고 청소도 잘하는 남성), 간장녀(실속형 소비를 하는 여성)
  나. 2014년: 개소름(심한 추위나 공포, 또는 충격 따위로 피부에 돋아나는 소름), 고나리질('관리질'을 변형한 말로, 사람을 통제하고 지휘하며 감독하는 짓), 광삭(빛의 속도처럼 빠르게 삭제함), 금사빠녀(금방 사랑에 빠지는 여자), 남사친('남자 사람 친구'를 줄여 이르는 말), 뇌섹남(뇌가 섹시한 남자), 심쿵(심장이 쿵할 정도로 놀람), 핵꿀잼(매우 재미있음)
  다. 2015년: 진지충(매사 진지한 사람), 설명충(알 만한 얘기를 지루하고 장황하게 하는 사람), 낄끼빠빠(낄 때는 끼고 빠질 때는 빠져야 함), 세젤귀(세상에서 제일 귀여움), 낫닝겐(인간이 아님), 헬조선(살기 어려운 한국사회를 비유적으로 이르는 말), 문송하다(문과라서 죄송하다)

(9)를 보면 2012년에는 '트통령', '간장녀'가 신문 등 대중 매체에서 새로 쓰였고, 2014년에는 '개소름', '고나리질', '광삭', '뇌섹남' 등이 새말로 등장했음을 알 수 있다. 2015년에는 '진지충', '낄끼빠빠', '헬조선' 등의 새말이 보인다. 누리꾼들이 인터넷에서 만들어 쓰던 말이 일상어 영역인 신문, 잡지 등의 대중 매체에 퍼져 나간 일부 보기다. 통신 언어가 신문 등에서 쓰인다는 것은 인터넷 공간을 벗어나 일상어로 확산되고 있음을 뜻한다.

통신 언어는 텔레비전 방송에서 자막이나 출연자의 입말을 통해 자연스럽게 쓰인다. 통신 언어가 안정기에 접어 든 현재 〈그림 9〉의 '심쿵하다'와 같은 자막의 통신 언어는 재미를 주는 한 요소일 뿐 더 이상 새로운 느낌을 주는 장치가 아니다. 시청자들에게 자막의 통신 언어는 자연스러운 한국어의 한 구성 요소로 인식되는 시대다. 특히 실시간으로 누리꾼들과 대화를 하면서 진행하는 〈마이 리틀 텔레비전〉의 경우 대화방의 통신 언어를 그대로 자막으로 표시함으로써 나이 든 세대나 통신 언어를 잘 쓰지 않는 화자들에게 통신 언어를 자연스럽게 노출, 소개하는 효과가 있다.

그림 9 **텔레비전 자막에 쓰인 통신 언어**

2016년 10월 개통한 국립국어원의 개방형 인터넷 국어사전인 ≪우리말샘≫5)에는 다수의 통신 언어가 '일종의 표준말'6)로 실려 있다. 이

---

5) 국립국어원의 보도 자료에 따르면, ≪우리말샘≫은 국민의 참여로 한국어 지식을 집대성함과 동시에 사회·언어 변화를 지속적으로 반영하는 '진화하는 사전'을 내세우고 있다. 개통 시점에는 기존 ≪표준국어대사전≫의 50만 어휘에 새로 구축한 일상어·지역어·전문용어 등 100만 어휘가 수록되며, 뜻풀이·예문 등의 기본 정보 외에도 어휘의 역사 정보, 규범 정보, 다중 매체 자료(삽화, 사진,

러한 조치는 ≪옥스포드 영어 사전≫ 등과 비교해서 크게 늦은 감이 있지만 인터넷 통신 언어 시대의 언어 현실을 규범 사전에 반영하려는 노력의 하나로 의미가 있다. 몇 가지 보기를 들면 (10)과 같다.7)

(10) ≪우리말샘≫에 등재된 통신 언어
   가. 남친: '남자 친구'를 줄여 이르는 말. ▶ 옆에서 든든한 남친이 손을 꼭 잡고 걸어가기 때문에 가능할 것이다.≪세계일보 2011년 3월≫ 떡볶이를 사 주는 남친은 여자를 떡볶이만큼의 사랑을, 스테이크를 사 주는 남친은 보다 더 큰 사랑을 준다고 믿는다.≪주간한국 2003년 7월≫
   가-1. 여친: '여자 친구'를 줄여 이르는 말. ▶ 조사 대상 미혼 남성 3,000명 중 75%는 잘 먹으면서도 자기 몸무게를 잘 관리하는 여성이 최고 여친이라고 생각한다.≪아시아경제 2010년 11월≫ OOO는 이번 작품을 영화의 주인공인 20대 여성들이든, 이 분들의 어머니든, 아니면 20대 사회 초년생 여친을 둔 남자분들이든 보면서 공감하고 이해할 수 있는 영화라고 설명했다.≪세계일보 2011년 3월≫
   나. 심쿵: 무척 멋있는 사람이나 광경을 보고 심장이 쿵하고 뛸 정도로 놀라거나 설렘. ▶ 또한 마주 선 두 사람은 서로의 눈을 지그시 바

동영상 등), 어휘 지도 등 다양한 한국어 정보와 지식, 문화를 담았다고 한다.
6) 관련 보도 자료에서 "규범적 성격을 띠는 ≪표준국어대사전≫에서는 담을 수 없는, 한국어의 변화를 포착할 수 있는 신개념 사전인 ≪우리말샘≫이 하나 더 생겨난 것입니다"라고 한 것을 보면 ≪우리말샘≫에 실린 말을 모두 표준말로 보는 것은 아니다.
7) ≪옥스포드 영어 사전≫은 2000년대 이전부터 인터넷 통신 등에서 만들어진 새말을 영어의 구성 요소로 받아들이고 있으며, 2015년에는 '기쁨의 눈물을 흘리는 얼굴'을 나타내는 그림 글자(😂)를 올해의 새말로 선정하여 세계적인 주목을 받은 바 있다(≪옥스포드사전 올해의 단어는 '기쁨의 눈물 웃는 얼굴'≫, ≪파이낸셜뉴스≫, 2015-11-17 기사 참조).

라보고 있는데, 미묘한 분위기가 고스란히 스틸에 담겨 있어 보는 이들의 심쿵을 유발한다.≪조선일보 2016년 10월≫
다. 헐: 매우 놀라거나 어이가 없을 때에 내는 소리. ▶ 벌써부터 난리, 헐!.≪동아일보 2011년 7월≫ 부러울 따름이다. 헐.≪스포츠조선 2011년 8월≫
라. 도배: 인터넷 등의 가상 공간에서 자신의 의견을 털어놓고 말하거나 불만을 겉으로 나타내기 위해, 혹은 관심을 드러내기 위해 글, 사진 등을 반복적으로 게시하는 일을 비유적으로 이르는 말. ▶ 금 인터넷 게시판은 그의 글로 도배가 되어 있다.
라-1. 잠수: 물속으로 잠겨 들어감. 또는 그런 일. ▶ 그는 수영을 할 때 잠수를 즐긴다.

　대표적인 통신 언어 표현으로 볼 수 있는 '남친'과 '여친'이 ≪우리말샘≫에 실려 있고, '심장이 쿵쿵거리다'를 줄였다고 할 만한 '심쿵'과 대표적인 통신 언어 의성어 표현인 '헐'[8])도 찾을 수 있다. 이러한 표현이 사전에 실린 반면 'ㅋㅋㅋ', 'ㅎㅎㅎ', '추카추카' 등은 아직 실리지 않았다. '헐'과 함께 일상어에서도 많이 쓰이는 통신 언어로서의 '대박'은 나오지 않는다. 통신 언어를 사전에 반영한 뜻은 있지만 구체적 기술에서는 체계성의 문제가 있는 것이다.
　통신 언어의 쓰임 보기가 모두 신문이나 잡지에서 가져 온 것이라는 점도 지적할 필요가 있다. 기본적으로 통신 언어가 인터넷 공간에서 누리꾼들이 만들어 쓰는 표현임에도 신문 등의 매체에 쓰여야 '정상적'인 한국어 요소로 인정하겠다는 모순적 태도가 엿보인다.[9]) 통신 공간

---

8) '헐'의 변이형인 '헐랭'은 나오지 않는다.
9) 이 점은 앞서 본 국립국어원의 신어 자료에서도 마찬가지다. 올해의 신어 조사 대상을 그해 처음으로 일간 신문에 쓰인 것을 기준으로 삼았다가 최근에는 방송, 잡지 등으로 범위를 확대했지만 기존 대중 매체의 범위에서 벗어나지는 못

에서 만들어진 통신 언어는 인터넷 공간에서 누리꾼들이 사용한 것이 가장 전형적이고 적절한 용법을 보여 줄 수 있는 점에서 일반 누리꾼들이 쓴 보기를 용례에서 배제하는 태도는 문제가 있다. 이런 점을 통해 국립국어원의 통신 언어에 대한 전향적이고 개방적인 자세는 아직 갖추어지지 않았다고 하겠다.10)

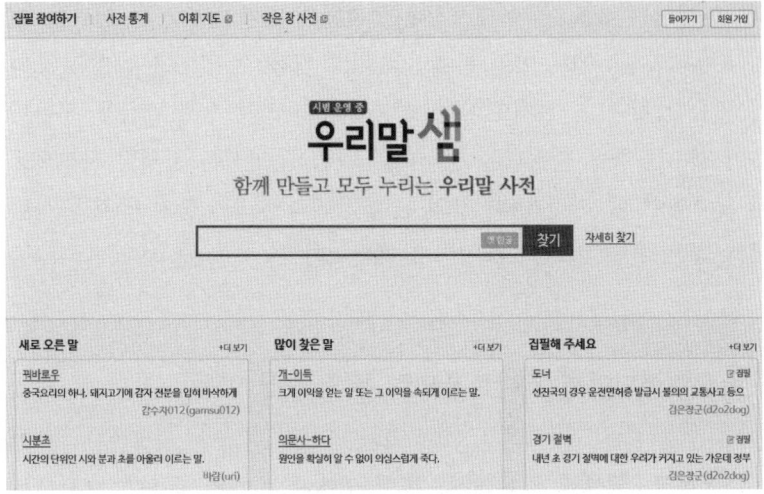

그림 10 **국립국어원의 ≪우리말샘≫ 사이트**

한편, (10라, 라-1)에서 '도배'라고 하는 기존 표현에 통신 언어로서의 의미를 추가로 기술한 점도 눈에 띄는 반면 비슷한 비중으로 쓰이

했다.
10) 고창수(2014:40)은 "과거의 구어 혹은 개인어가 대중에게 노출되지 않았을 뿐이지 개인어는 언제나 언어 변이의 핵심 기제"라고 강조하면서 인터넷에서 쓰이는 '구어적 성격이 짙은 개인어들'과 같은 현재의 일탈적 표현이 미래의 어떤 시점에서 보면 작은 변화의 시작이라고 보았다. 인터넷 공간의 나타나는 언어 변이에 대한 언어 정책 기관의 개방적 자세의 필요성을 지적한 것으로 평가된다.

는 '잠수'는 통신 언어로서의 의미가 아직 추가되지 않았다. 누리꾼들이 많이 쓰는 통신 언어를 표준말의 하나로 받아들여 인터넷 사전에 올리고자 시도하였지만 아직은 그 기준이 분명하지 않고 반영 정도가 충분하지 않음이 드러난다. 물론 ≪우리말샘≫이 아직 운영 초기 단계이고 국민들의 참여를 통해 더 기술, 보완되고 있기 때문에 이러한 관련 어휘 사이의 불균형이 나타나는 것으로 이해할 수도 있겠지만 국립국어원에서는 ≪표준국어대사전≫ 못지않게 화자들에게 큰 영향을 끼칠 ≪우리말샘≫에서 이런 문제점을 바로 잡을 수 있도록 적절한 조치가 필요할 것이다. 현재도 일반 화자들이 기술한 사전 내용을 전문가들이 검수를 통해 확정하는 방식으로 개입, 운영하는 것처럼 사전으로서 갖추어야 할 관련 어휘 간의 균형 유지라는 최소한의 장치를 마련하는 것은 운영 기관의 책임이기 때문이다.

2.4 컴퓨터에서 스마트폰으로 무게 중심 이동

스마트폰, 태블릿 컴퓨터 등 휴대 인터넷 매체의 급속한 보급으로 일반 컴퓨터보다는 이러한 휴대 매체를 이용한 무선 접속으로 통신 언어를 쓰는 일이 더 흔한 시대다. 크기가 작은 휴대폰 자판으로 글자를 입력하다 보니 자연스럽게 새로운 언어 사용 환경에 적응하려는 노력이 나오고, 그런 과정에서 통신 언어 사용에도 변화가 보인다. '붙여 적기'와 '자음 글자로 적기' 방식의 통신 언어 사용이 대표적인 보기인데, 컴퓨터를 주로 이용할 때에 나왔던 용법이지만 스마트폰 등장 이후 중요성이 높여졌다.11)

---

11) 좁은 휴대폰 자판으로 입력하기 때문에 컴퓨터 이용에 비해 오타도 늘어났다. 또 휴대폰 글자 입력 방식에 따른 전형적 오타 유형도 있다. '나 심심해'를 '나 싱싱해'로, '할머니 오래 사세요'를 '할머니 오래 사네요'로 잘못 적는 것이 한

(11) 붙여 적기의 보기
   가. 아방금짱깨시켯는데 좀 빨리볼걸 ㅋㅋㅋㅋㅋ깨비
   가-1. 포카리술더안깨던댕...
   나. 해보지않고 삶에방법을 익힐수는없다. 사기꾼놈은 안해본게 없고 성질드러운건 해본게없다는건데 말을 해야 말하는 법을 배우고 일을해야 일하는 사람을 이해하고 부모가돼야 부모를이해하고 군대를보내봐야 군인을 이해하는데 아무것도모르는걸 공주같다 뽑아 논거 아니냐?
   나-1. 같은 조건에서 살수 해 보니 나무책상이 산산조각 나는데...아무리 이념이 다르고 정견이 다르다 해도 돌아가실만큼 다친 사람에게 '살수차 맞아서 골절 된다니 이해가 안 된다' 니 ㅠㅠ 뭐가 되기 전에 사람이 먼저 되자 좀

20대 남성인 페이스북 이용자의 댓글 (11가, 가-1)을 보면 '아방금 짱깨시켯는데'라고 하여 네 어절로 띄어 써야 할 것을 모두 붙여 적었고, '포카리술더안깨던댕'은 다섯 어절을 모두 붙여 적었다. 글의 내용이나 작성 누리꾼의 세대 등에 따라 차이가 있지만 SNS를 주로 휴대폰을 통해 이용하기 때문에 글자 입력 노력을 줄이기 위해 이처럼 붙여 적기가 일상적으로 이루어지고 있다. 띄어쓰기를 생략함으로써 시간과 노력을 줄이려는 통신 언어 사용의 경제적 동기가 작용한 결과다.
(11나, 나-1)은 정치적 의견을 적은 트위터 게시글이다. 이런 유형의 글에서는 띄어쓰기 등 어문 규범을 잘 지키는 글이 훨씬 많은데 (11나-1)이 비교적 규범을 지키려 한 글이다. 반면 (11나) 게시글은 '해보지않고 삶에방법을 익힐수는없다'와 같이 띄어쓰기를 제대로 하지 않고 의미 및 통사적 관련성이 높은 몇 개의 어절을 붙여 적었다.

보기다. 'ㅁ'과 'ㅇ'이 같은 자리에서 1회, 2회 누르기로 구분되고, 'ㅅ'과 'ㄴ' 위아래에 바로 붙어 있기 때문에 이런 비의도적 오타가 자주 발생한다.

휴대폰의 작은 자판을 이용해서 글을 쓰는 상황에서 높은 규범의식을 발휘하지 않으면 누구나 이러한 붙여 적기 방식의 언어 사용 유혹에서 벗어나기 어려운 것이 사실이다.

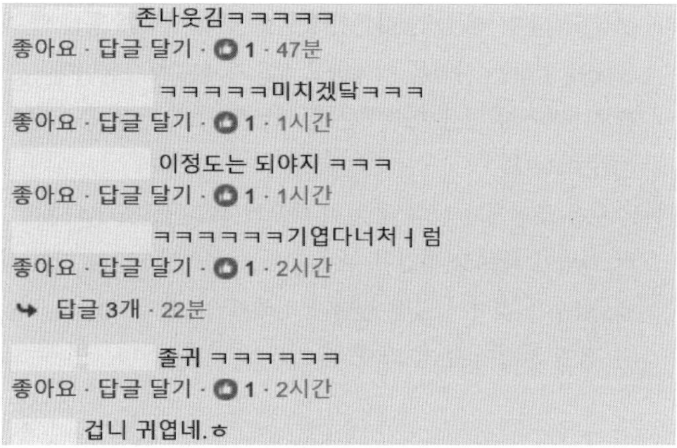

존나웃김ㅋㅋㅋㅋㅋ
좋아요 · 답글 달기 · 1 · 47분
　　　　ㅋㅋㅋㅋㅋ미치겠닼ㅋㅋㅋ
좋아요 · 답글 달기 · 1 · 1시간
　　　　이정도는 되야지 ㅋㅋㅋ
좋아요 · 답글 달기 · 1 · 1시간
　　　　ㅋㅋㅋㅋㅋㅋ기엽다너쳐ㅓ럼
좋아요 · 답글 달기 · 1 · 2시간
　↳ 답글 3개 · 22분
　　　　졸귀 ㅋㅋㅋㅋㅋㅋ
좋아요 · 답글 달기 · 1 · 2시간
　　　　겁니 귀엽네.ㅎ

그림 11 'ㅋㅋㅋ'가 집중적으로 쓰인 페이스북 댓글

(12) 자음만으로 줄여 적기

　가. 으악ㅋㅋㅋ안되여ㅎㅎㅎ 내 아파트ㅋㅋㅋㅋㅋㅋㅋㅋㅋ

　나. 솔직히 교양 D맞아서 피해보는거 있음?? ㅇㅇ ???없지 ㅇ ㅇ ㅈ????? ㅇㅈㅇㅈ ㅂㅂㅂㄱ ~~~~~

　나-1. 뭐야 ㅋㅋ 힐러햇는데 추천주길래 ㄳ 이랫더니 ㄴㄴ 힐러니까당 연한거지; 이럼

　다. ㄱㄹㄲㄹ ㅇㅈ ㅅㅂㄷㅅㅇ ㅇㅇㅇ ㄷㅇㅇㄲ ㅇ ㅌㅂㅈㄴ ㄷㄱㅇ ㅂㄹㅂㄷㄱ?

(12)는 트위터 누리꾼들이 자음만으로 줄여 적기를 많이 한 보기들이다. 자음 글자만 이용해서 간단히 줄여 적는 방식은 통신 언어 사용의 경제성, 오락성, 표현성 동기가 두루 작용한 결과다. '크크크/키키키', '<u>흐흐흐/히히히</u>'를 'ㅋ

ㅋㅋ', 'ㅎㅎㅎ'로 적으면 입력 시간을 줄이는 경제적 기능, 재미를 느끼게 하는 오락적 기능, 시각적으로 강조하여 전달하는 표현적 기능이 뚜렷하게 나타난다. 트위터 누리꾼들은 (12가)와 같이 단순히 웃음소리를 자음 글자로 적는 데서 나아가 (12나, 나-1)처럼 'ㅇㅇ'(응), 'ㅇㅈ'(인정), 'ㄴㄴ'(노노) 등 다른 많은 표현들을 자음만으로 줄여 적는다.

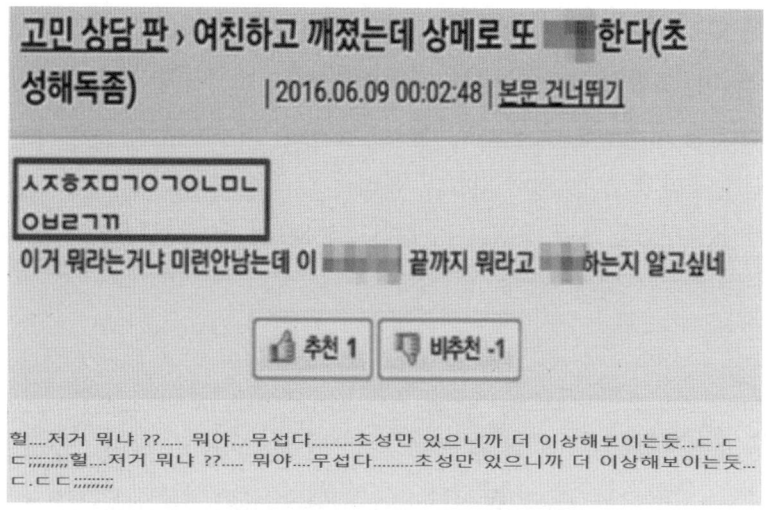

그림 12 '자음만으로 줄여 적기'를 이용한 암호 놀이

(12다) 누리꾼은 전체 문장을 자음만으로 줄여 적었다. 암호를 풀듯이 음절의 나머지 부분을 복구해서 해석하도록 하는 게시글인데 오락적 기능이 두드러진다. 위 〈그림 12〉의 게시글에서도 긴 문장이 모두 자음자만으로 적혔다.

2.5 그림 글자와 시각 요소의 비중 증가

'이모티콘' 또는 '스마일리'라 불리는 '그림말' 또는 '그림 글자'는 2000년대 이전 통신 언어에서도 상당히 중요한 역할을 했지만 기술 발전으로 사실성이 높은 다양한 표현들을 미리 만들어 쉽게 쓸 수 있게 되면서 현재는 통신 언어 사용에서 그 비중이 더 높아졌다. 예전에는 *^^*,).〈 등과 같이 자판에서 몇 개의 글자나 기호를 누리꾼이 직접 입력하여 '조합형 그림 글자'를 만들어 표현했지만 지금은 🤐 📖 🎶 🖤 처럼 미리 만들어진 아주 다양한 종류의 '완성형 그림 글자'12)를 쉽게 골라서 쓸 수 있게 되었다. 특히 〈그림 13〉과 같은 완성형 그림 글자는 다양한 얼굴 표정을 자세히 그려 놓은 것으로 사람의 기분과 감정을 보다 쉽게 전달할 수 있다.

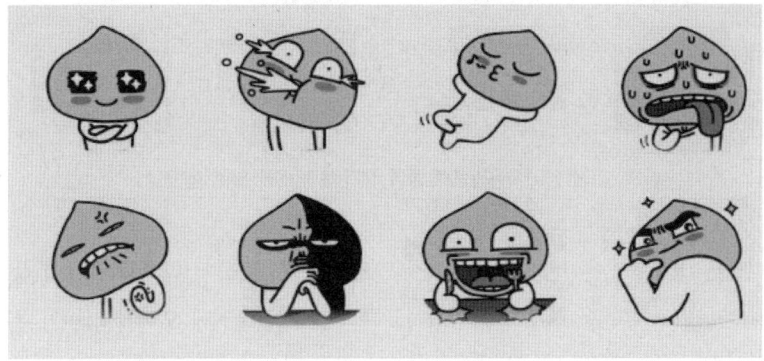

그림 13 **표정이 풍부한 완성형 그림 글자 (허상희 2016:127)**

---

12) 이를 '이모지(emoji, 絵文字)'라고도 한다. 유니코드 체계를 이용해 만든 그림 글자를 가리키는 이 말은 일본어에서 그림을 뜻하는 한자 '絵'(회)와 글자를 뜻하는 한자 '文字'(문자)를 합쳐 만든 것으로 본래 발음은 '에모지'다(네이버의 ≪시사상식사전≫ '이모지 [Emoji, 絵文字]' 항목 참조).

글말보다는 시각적으로 빠르게 의미를 전달할 수 있는 이러한 그림 글자가 소통에 더 효과적이고 재미까지 주기 때문에 그림 글자의 사용이 크게 늘어날 수밖에 없다. 다음 〈그림 14〉와 〈그림 15〉는 문자 메시지에서 그림 글자가 어떻게 쓰이고 있는지를 잘 보여 준다.

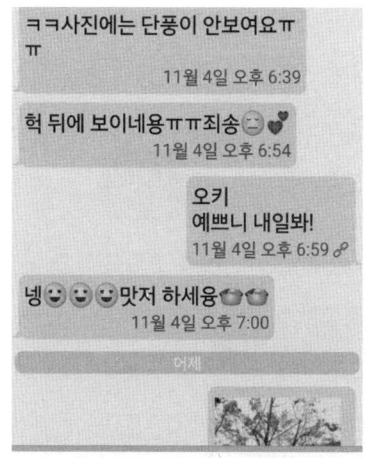

그림 14 '문자 메시지'의 그림 글자 ①

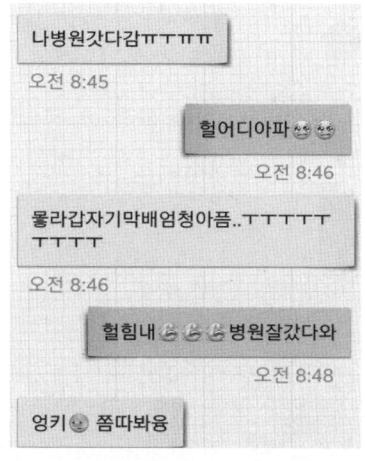

그림 15 '문자 메시지'의 그림 글자 ②

〈그림 14〉는 고등학생 딸과 아버지의 대화인데 'ㅠㅜㅠ'와 같은 자판으로 입력한 조합형 그림 글자와 함께 죄송함을 나타내는 시무룩한 표정, '예쁘니'라고 부른 데 대해 감사함을 나타내는 웃는 표정, 아버지에 대한 사랑의 마음을 담은 하트 표시의 완성형 그림 글자가 두루 쓰였다. '맛저 하세융' 뒤에는 밥그릇에 밥이 담긴 그림 글자도 보인다. 10대 여학생들끼리의 대화인 〈그림 15〉에서도 여러 가지 얼굴 표정의 그림 글자가 쓰였다.

이처럼 문자 메시지와 같은 일대일 소통 매체에서는 그림 글자 사용이 필수적 요소가 되었다. 단순하게 글자로만 문자 메시지 내용을 적어서는 삭막하고 부자연스럽게 느껴지며, 화가 난 것이 아닌지 의심을 받을 수도 있는 시대가 되었다. 얼마나 다양한 그림 글자를 적절히 섞어 쓰느냐가 그 사람의 나이와 감각, 통신 언어 실력을 가늠하게 하는 지표로 작용한다.

그림 16 '카카오톡' 단체 대화방의 그림 글자

위 〈그림 16〉은 카카오톡의 단체 대화방에서 20대 대학생들이 그림 글자를 활발히 쓰는 모습을 보여 준다. 문자 메시지에 비해 그림 글자의 크기가 다양하고 표현력도 더 자세한 편이다. '선배님들 잘 부탁드려용'이라는 말과 함께 젊은 여성이 얼굴에 손을 모으고 공손하고 다소곳하게 웃는 그림 글자를 썼다. 글말의 표현력을 크게 강화하는 효과를 거두고 있다. 또 자신이 기억을 제대로 하지 못하고 한 말에 대해서는 어두운 표정의 얼굴 그림 글자로 당황하며 사과하는 모습을 빠르게 전달했다.

그림 17 **초등학교 동기회 '밴드'의 그림 글자**   그림 18 **예비역 장교 모임 '밴드'의 그림 글자**

〈그림 17〉은 50살 안팎의 동창회 '밴드'에서 가져 온 것으로 중년의 누리꾼들 또한 그림 글자를 즐겨 쓰는 것이 확인된다. 사회적 소통망인 '네이버 밴드'의 경우도 자세하고 사실적으로 묘사된 그림 글자를 제공하고 있으며, 누리꾼들은 글말을 통한 소통과 함께 이러한 그림 글자를 적극 활용한다. 〈그림 18〉은 예비역 장교 모임의 '밴드' 자료인데, 생일 축하 게시글에 대한 댓글들에서 그림 글자와 함께 사진이 의미 표현 수단으로 함께 쓰였다.

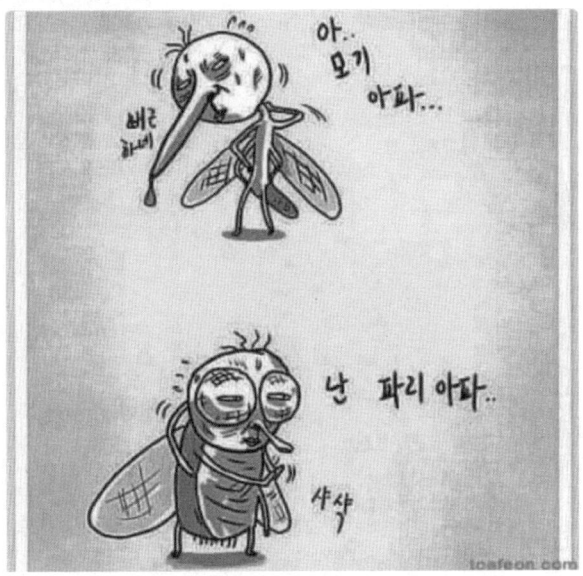

그림 19 **그림을 이용한 인터넷 말놀이 (@gim***)**

 인터넷에서는 그림 글자뿐만 아니라 그림, 사진, 동영상 등을 결합한 인터넷 말놀이가 유행하고 있음을 이정복(2015가)에서 여러 가지 사례 분석을 통해 보고한 바 있다. 〈그림 19〉를 보면 '아..모기 아파'라는 말과 함께 제시한 그림에 '모기'가 '목'이 아파하는 모습을 그려 놓음으로써 재미와 웃음을 주고 있다. '모기가 아프다'와 '목이 아프다'의 중의성을 그림으로 표현하고 있는 것이다. 그림 안에 있는 '난 파리 아파'의 경우 '파리가 아프다'와 '팔이 아프다'의 중의성이 나타난다.

 누리꾼들은 이처럼 그림 글자나 사진, 그림, 동영상 등의 시각 이미지 사용을 통해 표현력을 높이고 재미도 주려고 한다. 글말로 이루어지는 인터넷 공간의 의사소통이 가진 한계를 보완하기 위한 이러한 노력은 앞으로 더 늘어날 것이다. 특히 기술 발전으로 소통 매체마다 수

많은 종류의 완성형 그림 글자를 준비하여 누리꾼들이 쉽게 이용할 수 있게 되었다. 완성형 그림 글자는 조합형 그림 글자에 비해 더 다양하고 사실적이며 휴대폰에서도 간편하게 입력할 수 있기 때문에 인기가 높다. 앞으로의 통신 언어 사용에서도 이러한 그림 글자 등의 시각 요소가 차지하는 비중은 더 높아질 것으로 예상된다.

3. SNS 통신 언어의 변화 방향

인터넷 통신 언어는 인류가 인터넷을 버리지 않는 한 계속 만들어지고 발달하며 꾸준히 사용될 것이다. 기술 발달로 인터넷 공간에서 음성 발화의 사용이 더 편리해져도 글자, 그림 글자 등의 시각 요소를 이용한 의사소통이 크게 줄어들지는 않을 것이다. 휴대전화에서 음성 통화가 무제한 무료이고 화상 통화를 쉽게 이용할 수 있는 환경이지만 여전히 문자 메시지, 카카오톡 등의 글자를 이용한 비음성, 비대면 소통이 선호되고 그대로 유지되고 있는 것과 마찬가지 이유다. 통신 언어는 단순히 입말을 대신하거나 글말을 보완한 것이 아니고 그 자체가 새로운 제3의 언어 양식으로서 독자성과 필요성이 높다. 인터넷 공간에서는 입말과 글말, 그림이나 동영상과 같은 '이미지 언어', 소리나 음악 등의 청각 요소가 함께 어우러져 의미를 더 풍부하게 생성하고 효과적으로 전달, 표현한다.13) 따라서 인류의 의사소통과 사회적 교류, 접촉을 위한 제3의 언어인 통신 언어는 입말, 글말과 함께 인류의

---

13) 신호철(2014:376-377)은 "그림, 소리, 영상 등의 시각 이미지와 같은 기호들도 의사소통을 위한 표현 요소로 기능을 하고 있다고 간주"하면서도 '언어적 표현'과는 구별하여 '시청각적 기호 표현'이라고 부르고 있다. 우리가 쓰는 '이미지 언어'는 '시각 이미지 언어'를 줄인 것으로 인터넷 통신 언어에서 차지하는 시각 요소의 높은 비중을 고려한 용어다.

미래를 함께 할 것이다.

21세기의 화자들은 입말이나 일상어 글말 사용보다 인터넷을 통한 언어 사용 시간이 더 길다. 특히 젊은 세대의 경우 언어생활에서 통신 언어가 차지하는 비중이 절대적으로 높은 편이다. 인터넷과 통신 언어가 화자들의 언어생활을 지배하는 상황에서 언어 연구 또한 일상어 입말 및 글말을 넘어 통신 언어에 대한 적극적 관심과 본격적 연구 활동으로 확대되어야 함은 말할 필요가 없다. 1990년대 후반이나 2000년대 초반에 비해 최근 10년 동안 통신 언어에 대한 연구가 질적, 양적으로 성장한 것이 분명하지만 아직도 연구자 수나 성과 면에서는 제한적이다. 연구 주제 면에서 확장되어야 할 부분도 많다. 글말과 입말이 결합되고 그림 글자, 그림, 사진, 동영상 등이 결합되어 쓰이는 통신 언어의 본질적 특성과 쓰임에 대한 연구, 통신 언어를 통해 사람들이 어떻게 효과적으로 소통하고 사회적 상호작용을 해 나가고 있는지에 대한 연구가 지속적으로 나와야 한다. 통신 언어가 일상어의 입말과 글말 체계와 어떻게 달라지며 서로 영향을 주고받고 있는지, 구조 및 문체 면에서 어떤 차이를 보이면서 발달하고 있는지에 대한 비교 연구도 필요하다. 시대 변화에 따라 통신 언어의 구조와 쓰임이 어떤 변화를 보이는지에 대하여 대량의 자료 또는 '빅데이터(Big Data)'의 수집, 축적을 통한 통시적 관점의 전산언어학적 연구도 나와야 한다.[14]

다양한 변이와 빠른 변화 속의 인터넷 통신 언어가 일상어 체계와 화자들의 규범의식에 부정적 영향을 끼치고 있다는 우려도 분명 있지만 전체적으로 그것은 사람들의 언어생활과 삶 자체를 풍요롭고 재미나게 만들어 주며, 언어 규범 자체를 바꾸고 있다. 인터넷과 통신 언어

---

[14] 이기황(2016:19)에 따르면 트위터에서 만들어지는 한국어 트윗은 하루에 최소 500만 건에 이를 정도로 규모가 방대하다고 한다. 이러한 대규모 언어 자료를 지속적으로 수집하여 체계적으로 분석하면 한국어의 쓰임에 대한 다양하고 풍부한 분석과 해석이 가능할 것이다.

가 없는 시대로 인류가 자발적으로 되돌아 갈 가능성은 영에 가깝다. 그런 점에서 통신 언어는 인류 언어사에서 불가역적 발전 단계의 하나로 이해할 수 있다. 더 이상 21세기 화자들의 삶과 분리할 수 없는 통신 언어라면 언어, 인간, 사회 연구자들이 인터넷을 통한 언어 사용, 통신 언어에 더 높은 관심을 가져야 할 것이다. 이를 위해서는 언어의 범위를 기존의 입말과 글말의 좁은 테두리에 한정하는 생각의 한계부터 무너뜨리려는 인식 변혁이 앞서야 한다.

4장_ 대중 매체 언어 연구의 목적과 방향

현대 사회는 '매스 미디어'(mass media), 곧 '대중 매체'(大衆媒體)의 홍수 시대라고 할 만하다. 신문, 잡지, 라디오, 텔레비전 등의 전통적 대중 매체에 이어 20세기 후반에 대중화된 인터넷은 사람들의 삶과 언어에 결정적인 영향을 끼치고 있다. 인터넷은 그 자체로 중요한 대중 매체의 기능을 맡고 있지만 기존의 매체들을 모두 그 안에 흡수·통합하여 '다중 매체' 시대를 연 점에서 과히 혁명적이다. 인터넷은 신문이나 잡지와 같은 인쇄 매체, 라디오, 텔레비전 등의 방송 매체를 그 안에 흡수하고 재구조화함으로써 사람들의 매체 의존도를 극도로 높여 주었다.[1] 또 2000년대에 실용화된 이동 인터넷 기술과 스마트폰의 결합은 전자 매체 안에서 일상적 삶과 언어 사용을 해 나가도록 유도한다.

---

* 이 장의 내용은 이정복(2014나)를 부분적으로 고친 것이다.
1) 제닝스 브라이언트(J. Bryant, 1993:149)는 우리가 익숙해진 모든 매체 서비스를 인터넷이란 하나의 정보 매체로 받을 수 있게 되었다고 하면서 인터넷을 '통합적·지능적 커뮤니케이션 네트워크'라고 했다(장익진 2000:65 참조).

영국의 언어학자 크리스털(D. Crystal)은 ≪언어 혁명≫에서 '영어의 세계어화', '사라지는 언어들'과 함께 '인터넷을 통한 언어 사용'이 21세기의 세 가지 언어 혁명의 하나라고 지적했다. 인터넷과 스마트폰을 기반으로 만들어진 SNS, 곧 '사회적 소통망'은 인터넷 언어 사용의 중심 마당이 되었고, 오랫동안 인쇄 매체를 통한 글말 중심의 문화에서 수동적 읽기에 몰두하던 사람들을 수다쟁이 누리꾼으로 바꾸어 버렸다. 사회적 소통망에서 사람들은 말없이 지낼 수 없으며, '통신 언어'라는 새로운 말을 읽고 씀으로써 하나로 접속되고 연결된 자신의 존재를 확인하게 된다. 트위터 등의 SNS 공간은 블로그, 인터넷 카페와 함께 현대의 '말 놀이터'이자 '말 공동체'로서 중요한 위치를 차지하고 있다(이정복 2013가:35).

대중 매체는 사람들의 삶에서 더 이상 분리할 수 없는 필수적, 핵심적 동반자가 되었고, 그 안에서 이루어지는 언어 사용은 사람들의 삶을 재미있고 활기차게 이끌며, 언어 변화를 주도하는 힘을 갖고 있다. 신문, 방송, 인터넷이 없는 현대인의 삶은 더 이상 상상하기도 어려운, 대중 매체 지배의 시대이다. 이런 배경에서 한국에서도 각종 매체에서 쓰이는 언어를 대상으로 한 연구가 늘어나고 있는데, 이 장에서는 대중 매체에 초점을 맞추어 최근 진행되고 있는 '대중 매체 언어' 관련 연구의 현황을 점검하고, 대중 매체 언어 연구의 목적과 방향을 생각해 보고자 한다. 사람들의 삶과 분리되지 않는 언어 연구의 중요성에 대한 인식이 강화되고, 대중 매체가 지배하는 시대에 관련 분야 연구가 더욱 활성화될 필요가 있다.

1. 매체의 발달과 언어 사용의 관계

언어의 가장 원초적이고 근원적인 형식이 사람의 입을 통해서 귀로 전달되는 '입말'이라고 한다면 '매체 언어'는 '입→귀'와는 다른 경로(channel)나 매개 방식을 통해 의미가 생성, 전달, 표현되는 언어 사용 및 그 결과를 가리키는 것으로 이해할 수 있다. 그러한 의미 전달의 경로나 매개 수단이 '언어 매체'인데, 그것은 인간 언어의 사용 범위와 의사소통 방식을 확대하고 다양화해 주는 점에서 의의가 있다. 여기서 그치지 않고 언어 매체는 말과 그것의 사용 자체에 영향을 끼친다. 월터 옹 지음/이기우·임명진 옮김(1995:126-127)은 "쓰기도, 인쇄도, 컴퓨터도 모두 말을 기술화(technologizing)하기 위한 방식", 곧 '말을 기술적으로 변형시킨 것'으로 이해했다. 이런 관점에서 생각하면, 매체 언어란 '여러 가지 매개 방식을 통해 입말을 기술적으로 변형한 말'로 정의하는 것이 가능하다.

최초의 본격적 '언어 매체'는 글자이다. 동서양에서 비슷한 시기에 글자가 출현함으로써 언어, 곧 입말은 '글자 언어'로 1차적 확대 또는 변형이 가능했다. 글자는 순간적으로 사라지는 입말을 비교적 긴 시간 동안 실체로서 고정시킬 수 있는 효과적 방법이었다. 청각과 상황에 절대적으로 의존하던 말이 시각의 도움을 받아 시간과 공간의 제약을 어느 정도 넘어서 사람들이 소통할 수 있도록 해 주었다. 나무판, 가죽, 종이 위에 '손으로 쓰고 눈으로 읽는' 글자는 의미 전달 통로를 '입→귀'에서 '손→눈'으로 바꾸어 준 최초의 언어 매체이며, 글말은 최초의 '매체 언어'인 것으로 이해된다. 또한 글말은 원격의 비대면 의사소통의 출발점이다.

글자 언어는 대화 상황에서 분리되어 언어적 구조에만 의지하는 정도가 크기 때문에 정교하면서도 고정된 문법을 발달시킨다(월터 옹 지음/이기우·임명진 옮김 1995:62). 글자 언어에서 만들어진 문법은 그 자체는 물론이고 다시 그 출발점인 입말의 구조와 형식, 용법까지도 규율하는 강력하면서도 중요한 지위를 아직도 유지하고 있다. 표준이자 규범으로서 문법의 존재와 기능은, 언어 매체가 다시 말을 변형하고, 말 자체에 거꾸로 영향을 끼치게 되는 구체적 한 모습인 것이다.

종이 위에 글자를 대량으로 적어서 '책'의 형태로 보급할 수 있었던 인쇄술 시기에는 글자 언어가 전성기를 맞았다. '글자 쓰기의 자동화 기술'이라고 부를 수 있는 인쇄술의 발명은 입말이 가진 시공간적 제약을 단시간에 뛰어넘을 수 있도록 해 준 점에서 인간 언어 사용의 역사에서 혁명적 사건으로 평가된다. '책'은 글자 언어의 구체적 한 표현 양식이며, '언어 매체'의 하나임이 분명하다. 다수의 독자가 존재하는 점에서 '대중' 매체의 하나로 볼 수도 있다. 그러나 다른 '대중 매체'가 가진 일반적 특성으로 여겨지는 '빠른 전달성'과 '대중성', '공적 메시지'(public message) 면에서 약점이 있기 때문에 전형적인 대중 매체로 다루기는 어렵다.2)

인쇄 매체 가운데서 본격적인 대중 매체로 등장한 것은 신문이다. 정기적으로 발행되는 잡지는 책과 신문의 중간적 특징을 갖지만 대중적 인쇄 매체, 곧 대중 매체의 한 가지로 볼 수 있다. 신문이 등장함으로써 다수의 사람들에게 대량의 정보를 빠르게 전달할 수 있었고, 그 과정에서 매체의 환경적 특성을 반영하여 언어 사용에서 기존의 책에서는 찾기 어려웠던 새로운 변화가 나타나게 되었다. 제한된 지면으로 띄어쓰기가 쉽게 무시되고, 기사 제목에서 압축된 표현의 쓰임이 늘어났으며, 신문들 사이의 과열 경쟁으로 자극적이고 과장된 언어 사용이

---

2) 이선웅(2009:118)에서는 "서적을 포함한 일반적인 종이에 쓰인 문자언어는 신문이나 잡지 등을 매체로 한 문자언어와 대비하여 일반적이고 무표적인 언어로 분석하여 온 것이 관례이기 때문"에 대중 매체 언어에서 제외한다고 했다.

쉽게 이루어졌다. 독자들의 눈을 사로잡기 위해 낯선 새말을 만들어 내는 일도 많다. 기자, 편집자, 사주는 물론이고 취재원의 정치적 입지와 의도에 따라 언어 사용에서 왜곡이 일어나기도 한다. 신문 매체 언어의 사용 역시 매체가 언어 및 그 사용에 적극적으로 영향을 끼치는 점을 잘 보여 준다. '신문'이라고 하는 대중 매체의 사용 환경, 매체 언어의 생산자와 소비자의 존재 및 의도가 언어의 형식이나 용법에 영향을 주기 시작한 것이다. 여기서 본격적인 매체 언어에 대한 관심이 나타나기 시작했다고 하겠다.

라디오와 텔레비전 방송 기술의 발명은 언어 사용의 새로운 질적 변화를 일으켰다. 책 또는 신문과 같은 인쇄 매체에서는 상상할 수 없을 정도로 언어 전달의 공간적 범위를 크게 확대했고, 메시지 전달 속도를 높여서 거의 실시간 전달이 가능하게 되었다. 방송 매체를 이용한 언어 사용은 기술적으로 변형이 거의 없는 화자의 목소리를 먼 거리의 다수 청자, 대중들에게 생생하게 전달할 수 있는 점에서 특히 '구술성의 회복'이라는 새로움이 있다. 텔레비전 방송은 일종의 대면적 말하기 효과를 거두기도 한다. 결과적으로 방송 매체 언어는 많은 사람들을 단기간에 하나로 묶어 주고, 생각과 감정을 공유하도록 만든다. 방송 언어는 대면적 언어 사용의 장점과 비대면적 언어 사용의 장점을 함께 갖는 것이다. 그러나 이러한 전파 매체를 이용한 언어 사용은 여전히 발화자와 수신자가 일방적 관계에 있었던 점에서 소통의 한계가 있었다. 대중은 고도로 훈련된 언어 전문가들의 말을 일방적으로 수용해야 하는 수동적 존재에 머물렀다.

그림 1 **인쇄 매체와 방송 매체를 모두 품은 인터넷**

언어 사용에 획기적 선을 그은 매체는 인터넷 통신이다. 2000년대를 전후하여 대중화된 인터넷은 대중 매체의 공통적 특성이라 할 수 있는 시공간적 제약 극복, 대량 전달과 함께 양방향의 실시간 소통을 가능하게 해 주었다.3) 인터넷 매체는 인쇄 매체, 방송 매체에 비해 여러 가지 면에서 차별성을 갖는데, 그것의 환경적 특성에 대해 이정복(2003가)에서는 다음과 같이 몇 가지로 정리한 바 있다.

(1) 인터넷 매체의 환경적 특성 (이정복 2003가:65-79)
    가. 익명성과 비대면성
    나. 양방향성
    다. 빠른 전달성과 즉시성

---

3) 전화는 인터넷 훨씬 이전에 나온 양방향, 실시간 소통 매체지만 대중 매체가 아닌 개인 간 소통 매체인 점에서 소통량 면에서 역시 한계를 가진다.

라. 대중성과 개방성

　이러한 특성과 함께 인터넷은 인간이 만들어 낸 기존의 대중 매체인 신문과 방송을 그 안에 융합하고 통합함으로써 '자족적 다기능 매체', '다중 매체'로서의 기능을 분명하게 발휘한다. 인터넷은 종이 신문보다 더 빠르게, 더 자세하고 풍부하게, 더 널리 신문 기사를 전달한다. 누리꾼들은 기사에 댓글을 붙임으로써 생각과 정보를 공유하고 양방향으로 소통하게 된다. 인터넷을 통해 방송을 보거나 들으며 게시판에 글을 올려 익명의 수많은 사람들이 실시간 대화를 나누는 것도 가능해졌다. 심지어 편지, 전화, 전보 등 개인 간 소통 매체들까지도 인터넷 안에서 새롭게 태어났다. 인터넷은 단순히 인쇄 매체, 방송 매체에 이어서 등장한 제3의 새로운 후속 매체가 아니라 사람들이 기존에 만들어 낸 모든 매체를 흡수, 융합하여 하나로 묶어냄으로써 한 곳에서 더 빠르고 다양하며, 편리하게 소통할 수 있도록 해 주는 '만능 소통 매체'인 것이다.[4]

　자족적 다기능 매체, 다중 매체, 만능 소통 매체인 인터넷에서는 기존 매체와 달리 언어 사용 방식 면에서 혁명적 변화가 나타났다. 신문과 방송에서의 언어 사용은 대부분 기자나 아나운서 등 고도로 훈련된 극소수 언어 전문가들에 의해서 이루어진 반면, 일반 화자들은 수동적인 청자의 지위에 머물면서 매체에서 일방적으로 전달하는 언어를 표준과 강제 규범으로 받아들여야 하는 비주체적 존재였다. 그러나 인터넷 매체의 양방향성과 개방성 덕분에 누리꾼들은 누구나 언어의 주체적 생산자이면서 소비자, 화자면서 청자의 지위를 동시에 갖게 되었다.

---

[4] 인터넷이 의사소통에 여러 가지 이점을 가져다 준 것이 사실이지만 부정적 사실들도 적지 않다. 임영호(2013:8-15)는 사회적 소통망에서 일어나는 소통 방식의 문제점으로 '사실과 근거가 실종된 소통', '소통의 감성화', '공동체의 파편화' 등을 들었다.

이 때문에 인쇄 매체나 방송 매체의 언어와 다른 인터넷 매체의 언어가 갖는 특수성과 차별성이 나타났다.

인터넷 매체 가운데서도 SNS와 같은 '소셜 미디어'는 기존의 대중 매체에 비해 '도달률, 접근성, 유용성, 신속성, 영속성' 면에서 큰 차이를 보인다. ≪위키피디아≫에서 기술한 이러한 다섯 가지 특성은 다음과 같다(설진아 2011:34-35에서 재인용).

(2) 소셜 미디어와 대중 매체의 차이점
   가. 도달률(reach): 대중 매체와 소셜 미디어는 모두 기술적으로 스케일을 제공하고 글로벌 수용자에게 도달될 수 있다. 하지만 대중 매체는 중앙집중적인 프레임워크를 사용하는 반면, 소셜 미디어는 고유한 특성으로 분권화되어 있고 덜 위계적이며 생산과 유용성 측면에서 다면적이다.
   나. 접근성(accessibility): 대중 매체는 개인 또는 정부가 소유하는 형태를 취하지만 소셜 미디어는 일반적으로 적은 비용 또는 무료로 누구나 이용할 수 있다.
   다. 유용성(usability): 대중 매체는 생산에 전문적인 기술과 훈련이 요구된다. 하지만 대부분의 소셜 미디어는 그렇지 않다. 소셜 미디어는 기존의 기술들을 재해석할 수 있는 정도의 보통 기술을 필요로 한다. 이론상으로는 소셜 미디어에 접근할 수 있는 사람이라면 누구나 제작 도구를 운용할 수 있다.
   라. 신속성(immediacy): 대중 매체는 콘텐츠에 대한 반응이 며칠, 몇 주 또는 몇 달이 걸린다. 하지만 소셜 미디어는 반응이 거의 즉각적이다. 반응의 지체 여부를 참여자들만이 결정한다. 하지만 대중 매체가 소셜 미디어의 생산 요소들을 채택함에 따라 더 이상 신속성으로 둘을 구별하지 못할 수 있다.
   마. 영속성(permanence): 대중 매체는 한 번 제작하면 바꿀 수 없다.

가령 잡지는 발간되면 기사를 수정할 수 없다. 하지만 소셜 미디어는 코멘트나 편집을 통해 거의 즉각적으로 내용을 변경할 수 있다.

신문, 라디오, 텔레비전이 수용자인 대중들이 수동적으로 읽기 및 듣기를 하는 매체인 것과 달리 인터넷은 읽기, 듣기와 함께 능동적인 쓰기 활동이 가능한 대중 매체이다. 유튜브, 아프리카TV(www.afreecatv.com), 페이스북 등에서 동영상이나 실시간 개인 방송을 통해 일반 누리꾼들의 말하기 활동도 늘어나고 있다. 현재 세계적으로 인기를 누리고 있는 소셜 미디어는 누구나 쉽게 이용할 수 있는 점에서 '접근성'과 '유용성'이 강하고, 수정이 편리한 '비영속성'의 특성을 갖기 때문에 비전문가인 일반 화자들의 자유롭고 창의적인 쓰기와 말하기 언어활동에 적합하다.

특히 SNS라는 실시간 인터넷 소통망의 증가와 일상적 활용으로 화자들이 읽기와 쓰기 활동을 활발히 해 나가고 있는데, 이 과정에서 언어적 상호작용의 질적, 양적 변화가 나타났다. 맞춤법 의식 및 어문 규범에 대한 태도 변화, 새말의 대량 발생과 확산, 기존 어휘와 문법의 변형과 재창조, 말놀이의 생활화와 재미 위주의 언어 사용 일상화 등 언어 사용과 구조에서 여러 가지 큰 변화가 전면적으로 진행되고 있다. 특히 모바일 인터넷의 본격적 사용은 '제2 인터넷 혁명'이라고 할 정도로 사람들의 삶과 언어생활에 획기적 영향을 끼친다(이정복 2013가:35). 기존의 입말과 글말에 그림과 동영상 등의 '이미지 언어', 소리와 음악 등의 '청각 요소'가 더해짐으로써 의미 표현이 풍부해지고 효과적인 전달이 가능해졌다.

언어 사용에서 나타나는 이런 여러 가지 변화 과정에서 새로운 창조와 변화를 이끌어 가는 중심 세력은 더 이상 언어 전문가가 아니라 평범한 대중인 일반 화자들이다. 이들 누리꾼들은 언어 및 언어학에 대한 전문 지식이 부족하기 때문에 규범이나 규칙에서 벗어난 언어 사용이 크게, 쉽게 늘어나게 된다. 기존의 규범이나 규칙에 매이지 않는 언어 사용 결과로 창의적 표현이 폭발적으로 늘어났다. 표현적 동기, 유대 강화 동기, 심리적 해방 동기에 따른 자유로운 언어 사용이 가능해진 반면 다른 사람에 대한 모욕적, 공격적, 차별적 언어 사용 등 문제적 상황을 발생시키는 일도 많아졌다.5) 정치적 목적을 가진 특정 세력 또는 이념적 편향성을 가진 사람들이 차별적이고 공격적인 표현을 만들어 널리 퍼트리려는 시도를 공개적으로, 때로는 은밀하고 지속적으로 벌일 수 있고, 대중성과 개방성이 어떤 매체보다도 강한 인터넷에서 많은 누리꾼들은 무비판적으로 그런 표현을 받아들이게 되는 부작용이 보인다.

최근 문제가 된 '일베'(일간베스트저장소, www.ilbe.com) 사이트에서 그런 현상이 나타나고 있다. 여기서 활동하는 누리꾼들은 강한 보수적, 극우 이념 아래에서 '홍어', '좌좀/좌빨/종북좌빨', '노운지' 등의 표현을 통해 전라 지역인, 진보 및 민주화 세력, 야당을 싸잡아 공격하는 일이 많다.6) '김치년', '보슬아치', '보빨러' 등의 표현으로 한국 여성들을 비하하고 여성들에 대한 집단 적대감을 드러내기도 한다. '민주화 세력'을 '빨갱이', '종북', '좌파'로 왜곡하고, 한국 여성들을 남성의존적인 '김치년'으로 몰아가는 것이다. 심지어 이 사이트에서는 '반대', '비공감', '비추천'의 뜻으로 '민주화'라는 낱말을 '운영자 언어'로 사용함으로써 한국 사회에서 내려오는 오랜 민주화의 전통을 무시하고 모욕한다.7) 인터넷 공간의 언어 사용이 단순히 재미에 머물지 않

---

5) 인터넷 공간에서 일어나는 성차별, 인종 차별, 장애 차별, 종교 차별 등의 각종 차별 언어 사용에 대한 비판적 분석이 이정복(2014가)에서 종합적으로 이루어졌다.
6) 이 사이트 누리꾼들은 스스로 '애국 보수'라고 가리키면서 그 뜻을 "목숨을 걸고 종북좌빨을 이겨낼 수 있는 강인한 정신력의 소유자"라고 정의하기도 한다.

고 정치적 왜곡과 다른 사람 또는 다른 집단에 대한 공격 수단으로 활용되고 있음을 보여 준다. 인터넷이 언어 사용에서 질적, 양적 변화를 일으킨 반면 언어 사용 환경을 더 복잡하고 문제적으로 만들어 버린 부작용을 함께 가져 온 것이다.

그림 2 '일베' 누리꾼들의 언어 사용

모든 미디어, 곧 매체는 인간의 확장물(마셜 매클루언 지음/김성기 · 이한우 옮김 2002:34)이고, 새로운 매체는 어떤 면에서든 사람들의 소통성 강화에 도움이 된다. 새로운 언어 매체가 발달함에 따라 사람들의 소통 방식과 빈도는 늘어나고, 언어와 언어 사용은 여러 가지 면에서 직접적인 변화와 영향을 받아 왔다. 언어 매체는 각기 "고유한 특성이 있어 쓰기에 영향을 미치게 되고 결과적으로 언어 사용에 영향을" 끼치며, 화자들은 "쓰기 매체가 갖는 한계를 극복하기 위해 또는

---

7) 이러한 언어적 왜곡은 '프레임 재구성' 차원에서 이해할 수 있다. 미국 보수주의자들은 어떤 낱말이 자신들의 보수적 세계관에 맞도록 낱말과 연관되는 프레임을 바꾸기 위해 노력했고, '자유주의적', '애국심', '국가 안보' 등의 중요한 개념들의 의미를 바꾸었다고 하는데(조지 레이코프 · 로크리지연구소 지음/나익주 옮김 2007:73-79), 한국 사회에서도 진보와 보수 진영의 격렬한 대립이 지속되면서 이런 현상이 심해지고 있다.

매체의 속성에 적합하게 하기 위해 다양한 쓰기 방식을 모색하게 된다"(박동근 2013:19). 따라서 대중 매체 언어에 대한 연구에서는 구체적 주제, 접근 태도, 연구 방법, 연구 목적이 무엇이든지 이러한 매체와 소통성, 매체와 언어 사용의 긴밀한 관련성을 구체적으로 고려하여 자료를 분석하고 해석하는 것이 무엇보다 필요할 것이다.

2. 대중 매체 언어 연구의 최근 경향

이 절에서는 최근 나온 대중 매체 언어 연구들을 매체 유형에 따라 나누어 연구 경향을 살펴본다. 2009년 이후 국어학 및 언어학 관련 학술지에 실린 매체 언어 관련 연구들을 검토 대상으로 하고,[8] 매체 유형을 크게 '인쇄 매체', '방송 매체', '인터넷 매체'로 나눈다. 인쇄 매체에는 신문, 잡지 등 인쇄물이 포함되고, 방송 매체에는 라디오와 텔레비전이 포함된다. 인터넷 매체에는 인터넷이 연결된 컴퓨터뿐만 아니라 인터넷 사용이 가능한 휴대폰, 태블릿 컴퓨터 등이 모두 포함된다. 이 연구들은 대중 매체 언어에 대한 접근 태도에 따라 다시 '규범적 접근', '기술적/기능적 접근', '비판적 접근'의 세 가지로 나누어 볼 수 있다. 각 유형에 전형적인 연구도 있고 둘 이상의 접근 태도가 겹치는 경우, 접근 태도가 뚜렷하지 않은 경우도 있는데, 연구자들의 접근 태도에 관심을 두되 대중 매체와 관련된 최근 연구들을 전반적으로 검토하겠다.

---

[8] 해당 기간에 나온 매체 언어 관련 모든 논문들을 검토하기는 현실적으로 어려웠다. 따라서 중요한 성과임에도 검토에서 빠진 경우가 있을 것이며, 이에 대해 관련 연구자들의 양해와 제보를 구한다.

2.1 인쇄 매체

신문 언어에 대한 규범적 관심을 보인 연구로는 양영하(2011), 황경수(2011), 박창원(2015), 변영수(2015) 등이 있다. 양영하(2011)은 신문 언어의 '공공성 척도' 관점에서 기사 제목과 본문의 오류를 검토했다. 이 연구는 신문 언어의 공공성 척도로 '정확성, 소통성, 공정성'을 제시하고 있다. 황경수(2011)은 신문에 쓰인 언어가 불특정 다수의 수많은 독자에게 국어 습득과 학습, 가치 체계 형성에 큰 영향을 끼친다는 전제에서 신문 언어의 '오류 양상'을 맞춤법, 띄어쓰기, 문장 부호의 면에서 살펴보았다. 박창원(2015)는 서울에서 발행되는 7개 신문 사설의 '공공성' 문제를 순기능과 역기능 면에서 분석했다. 변영수(2015)는 2008년 미국산 쇠고기 수입 반대 촛불집회를 다룬 ≪조선일보≫와 ≪한겨레≫의 기사 표제를 언론 매체의 '공정성' 면에서 비교했다.

신문 언어에서 쓰이는 어휘, 문법 요소 등 구체적 표현의 쓰임을 집중적으로 분석·기술한 연구들이 늘어났다. 이영제·강범모(2012)는 신문 기사에 쓰인 '정치' 관련 표현의 쓰임 변화 추이를 파악하기 위해 말뭉치 자료(물결 21)를 통계적 방법으로 분석했다. 정유진·강범모(2012) 또한 신문 기사에 쓰인 '직업명사'의 관련어를 분석한 것으로, '정치인'과 공기하는 고유명사로 '민주당, 한나라당, 노무현, 김대중, 자민당, 청와대' 등이 높은 '공기점수(t-점수)'를 보인다는 식으로 기술했다. 김혜영·강범모(2013)도 같은 자료를 이용하여 신문 사설의 어휘 사용 추이를 '증감도'(增減度) 면에서 분석했고, 김혜영·강범모(2015)는 신문 사설에서 다섯 개의 형태소 연속체를 뽑아 의미 및 기능 면에서 표현상의 특징을 찾고자 했다. 신서인(2015)는 신문 기사 말뭉치에서 '성장'을 포함한 경제 성장 담화가 약 20년 간 어떻게 변모했는지를 11개 전국 종합 일간지 기사를 대상으로 하여 살펴보았다.

최신인·최은정(2015)는 2004년부터 2014년까지의 '신조어' 관련 기사 101건을 대상으로 신조어 재현 형식과 양상을 '프레임'과 '언어네트워크' 관점에서 분석했다. 그 결과 부정적 의미 가치를 갖는 프레임의 비중이 다소 높게 나타나 편향된 시각에서 신조어를 바라보는 경향이 있다고 보고했다. 이재승·김태호(2016)에서는 2001년부터 2013년에 발행된 11개 종합 일간지의 기사 말뭉치를 대상으로 '웰빙'과 '힐링'의 사용 양상을 살펴보았다. 최유숙(2016)은 신문 기사에서 '북한이탈주민'에 대한 지칭어와 관련어의 '공기어'가 어떻게 나타나는지를 분석했다. 그 결과 '탈북자'의 공기어가 '새터민'의 공기어보다 부정적 의미운율의 비율이 높고, '탈북'과 '이탈'의 공기어가 '이주'의 공기어보다 부정적 의미운율 비율이 높임을 확인하였다.

제민경(2013)은 시간 표현 '-었었-'과 '-ㄴ 바 있-'이 신문 텍스트에서 어떻게 선택되어 쓰이는지를 텍스트 장르성 및 시간 표현 교육의 면에서 분석했다. '-ㄴ 바 있-'은 신문 텍스트에서 '-었었-'의 자리에 대신 쓰이면서 과거시 자체에 관여하지 않으면서도 화자가 '중립적 관점'과 같은 모종의 시각을 내재화하여 전달하는 효과적 수단이라고 해석했다. 한송화(2013)은 신문 텍스트를 대상으로 '-다는' 인용과 '인용명사'의 쓰임 양상을 다루었다. 신문 기사에서 '-다는' 인용은 '생각' 또는 '발화'를 인용하는 명사와의 쓰임이 높은 것으로 나타났다. 조용준·박찬규(2014)는 신문 기사 인용 구문의 통사의미적 특성을 살펴보았다. 직접 인용문처럼 큰따옴표로 표시되었으나 내용상으로 간접 인용문인 구문을 신문 텍스트의 특수한 인용문 형태로 보아 특징을 찾아내고자 했고, 이어서 보문 명사를 선택하는 '이다' 구문의 특성을 분석했다.

김해연(2011가, 2013), 구나경(2012), 조국현(2012), 김병건(2016), 장경현(2016) 등은 비판적 담화 분석 이론의 관점에서 신문 언어에 접근한 것이다. 김해연(2011가)는 신문 기사 자료를 대상으로

'준동하다'의 쓰임을 다루었다. "불순한 세력이 어떤 일을 몰래/비밀스럽게 꾸미다"의 확장된 의미를 갖는 이 표현이 주로 의미상 주어로 '좌파 세력', '종북 세력', '투기 세력', '알카에다 세력', '이슬람 세력' 등과 공기 관계를 형성하며 쓰이는 것으로 나타났다. 김해연(2013)은 신문 기사에 나타난 '사회 지도층 인사'라는 표현의 쓰임을 같은 관점에서 살펴보았다. 신문 기사는 '사회 지도층 인사'와 관련하여 '사회적 의무와 책임', '높은 도덕성 준수 의무', '솔선수범 정신', '사회봉사와 나눔의 정신'을 요구하는 것으로 분석했다. 김병건(2016)에서는 2015년 ≪조선일보≫와 ≪한겨레≫의 사설과 칼럼을 대상으로 '진보'라는 말과 관련된 '평가어'의 쓰임을 분석했다. 장경현(2016)은 2015년 신문 연예 기사에 나타난 외모 이데올로기를 비판적 담화 분석 관점에서 다루었다. 외모 이데올로기는 추상화되고 단순화된 외모 기준을 형성하고, 성 고정관념과 성차별을 강화하는 기제가 된다고 보았다.

구나경(2012)는 개화기 해외 발행 민족지인 ≪신한민보≫와 ≪대동공보≫의 안중근 의거 보도에 사용된 지칭어와 평가어, 보도 분량 등의 특징을 국내 발행 신문 보도와 비교함으로써 같은 사건에 대한 보도 태도 차이를 밝히고자 했다. 구나경(2013)에서는 1932년에 있었던 '이봉창 의거'를 보도한 신문 기사를 대상으로 '의거' 및 '의사'에 대한 명명 과정에서 동원된 정당화와 왜곡, 언어적 전략을 살펴보았다. 분석 결과를 보면, 국내 신문인 ≪매일신보≫와 ≪동아일보≫는 부정적 축소보도를 한 반면 미국에서 발행된 ≪신한민보≫는 긍정적 확대보도를 한 것으로 나타났다. 조국현(2012)는 신문 사설을 대상으로 텍스트언어학과 비판적 담화 분석 이론 관점에서 이른바 '안철수 현상' 관련 담화를 분석했다. '안철수 담화'의 주제, 중심 내용, 평가 태도, 가치 실현 의도 등을 파악함으로써 신문 사설에 담겨 있는 정치적 태도 또는 정파적 편향성을 비판적으로 드러냈다.

김은성(2014)는 신문 기사에서 청소년 언어문화가 어떻게 '재현'되고 있는지를 1980년대부터 2012년까지 5개 신문사의 기사 102건을 대상으로 분석했다. 그 결과 신문 기사에서 재현하고 있는 청소년 언어문화는 부정적인 방향으로 편향된 부분이 부각된 상태임을 확인했다.

인쇄 매체를 이용한 광고 언어에 대한 기술적 연구로는 이지영(2010), 전정미(2012) 등이 있다. 이지영(2010)은 학원 광고 자료를 중심으로 형태 및 의미 구조와 단어, 구절, 문장 형식의 특징을 살펴보았다. 전정미(2012)는 328편의 인쇄 광고 텍스트를 대상으로 공손 전략의 실현 양상을 분석했다.

한국어와 다른 언어의 인쇄 매체 언어에 대한 대조 연구들이 몇 편 있다. 윤호숙(2009)에서는 한일 양국의 신문 기사를 대상으로 문장 부호의 쓰임을 대조 분석했는데, 일본 신문 기사에서 한국의 경우보다 훨씬 다양한 문장 부호가 나타나는 것으로 보고했다. 권익호·송민수(2011)은 한국과 일본의 1990년대와 2000년대 신문 광고를 대상으로 '헤드라인'에 쓰인 어휘의 어종별(고유어, 한자어, 외래어, 혼종어) 분포를 대조 분석했다. 이영희(2013)은 '한미 FTA' 관련 뉴스 인용 보도에서 한국과 미국 신문의 보도자 개입 양상을 비교한 것이다. 분석 결과, 미국 신문은 주로 부분 인용문을 사용하여 보도자의 주관을 표현한 데 비해, 한국 신문은 평가의 의미를 지닌 전달 동사를 통해서 명시적 방식으로 보도자가 개입하는 경향을 보인 것으로 나타났다.

2.2 방송 매체

방송 언어의 공공성에 주목한 일련의 규범적 연구가 나왔는데 국립국어원에서 주도한 공공 언어 연구와 관련이 있다. 김한샘(2011)은 방송 언어가 '정확성, 품격성, 공정성, 용이성'의 네 가지 면에서 공공성을 지녀야 한다고 보면서, 그것을 진단하는 세부적 평가 요소를 제시했다. 박재현·김한샘(2015)는 방송사나 방송 갈래에 관계없이 적용할 수 있는 방송 언어의 평가 기준을 제시하고 방송 갈래별 실제 평가에 적용할 방법론을 기술하고자 했다. 김형주·서은아·김미형(2016)에서는 시사 토크 프로그램의 방송 언어를 대상으로 '청정성'을 평가하고자 하였다. 그 기준으로는 '공공성, 공정성, 건전성, 정확성'의 네 가지 범주에서 12가지 항목을 제시했다.

서은아(2011)도 방송 언어의 공공성을 다루었고, 방송 언어가 갖춰야 하는 공공성 기준으로 '규범성, 적절성, 용이성'을 제안했다. 오새내(2011)은 방송 언어를 '규범성'과 '공공성'을 지닌 것으로 보고, '방송 내 화자의 청자 대우 전략에 관여하는 사회언어학적 요인'을 분석했다.

한편, 방송 언어의 공공성에 주목한 조민하(2013)은 "방송에서는 품격 있고 모범적인 언어를 사용해야" 한다는 전제에서 방송 언어에 나타난 비표준말 실태를 분석했다. 방송 드라마 대본에서 관찰된 발음 변화에 따른 오류 423개, 어휘 선택에 따른 오류 264개를 제시하고, 오류 원인 분석을 통해 표준어 정책 및 방송 언어 정책 관련 제안을 한 점에서 눈에 띈다. 표준말과의 어감 차이가 없지만 매우 고빈도로 사용되는 표현 '꼬시다-꼬이다', '삐지다-삐치다', '사둔-사돈' 등은 복수 표준말로 인정하고, 표준말과 사용 빈도 차이가 크지 않고 어감 차이를 보이는 비표준 어형과 시대적 상황을 반영하는 신조어는 언중의 인식을 반영하는 지표가 되므로 드라마 방송에서의 사용이 허용될 수 있어야 한다고 제안했다. 박덕유 외 5인(2014)는 방송 언어를 대상으로 '저품격 언어' 사용 실태를 분석하여 "우리말 훼손의 심각성을 보여줌으로써 올바른 방송언어 개선을 촉구함"을 연구 목적으로 삼은 것이다. 조사 항목을 보면, '저속한 표현'으로 '인격 모독 표현, 차별적 표현, 폭력적 표현, 은어 및 통신어,9) 비속어, 선정적 표현, 불필요한 외국어·외래어'를 다루었고, '어문 규범의 위배 표현'으로 '비표준말, 비문법적 표현, 자막 표기 오류'를 다루었다. 조민하·홍종선(2015)는 주말 드라마에서 쓰이는 외래어와 외국어 사용 실태를 분석하고 개선 방안을 논의했다.

김병홍(2012)는 대중 매체 담화 분석 이론을 소개한 후 텔레비전 보도 자료를 대상으로 어휘 구조와 문법 구조를 분석했다. 매체 담화 분석 이론으로는 '이데올로기 이론', '프레임 이론(frame theory)', '미디어 기호학(media semiotics)', '비판적 담화 분석(critical discourse analysis)' 네 가지를 소개했다. 이성만(2013)은 텔레비전 뉴스 방송의 텍스트 유형을 다룬 것으로, 텍스트 종류를 '단신, 보고, 르포, 피처, 다큐, 해설, 논평, 서평, 상담, 날씨' 등으로 나누어 주요 자질들을 기술했다.

장민정(2011)은 텔레비전 토크쇼 대화 자료에서 보이는 질문과 응대 전략을 분석한 기술적, 기능적 접근의 연구이다. 질문의 유형을 '정보 확인 질문, 사실 확인 질문, 정서 표현 질문'으로 나누어 각각에 어떤 전략이 동원되는지, 응대 전략은 어떻게 나타나는지를 다루었다. 윤진서(2013)은 텔레비전 방송의 코미디와 토크쇼 프로그램을 대상으로 유머 실현 방식을 '역설, 과장, 언어유희' 세 가지 면에서 분석했다.

방송 언어의 광고를 다룬 연구는 채완(2011나), 이진성(2011), 이성범(2012), 이철우(2012), 박은하(2013, 2016), 윤재연(2013) 등으로 상당히 많은 편이다. 채완(2011나)에서는 텔레비전 광고 언어의 특성을 통합적으로 해석하고자 했다. 어휘, 통사, 화용, 공감각 면에서 광

---

9) '통신어'를 저속한 표현이자 저품격 언어로 다루고 있는데, 통신 언어가 방송 언어에 들어가 쓰이는 현상을 하나로 묶어 모두 문제가 있는 것으로 보는 시각은 매체 언어의 특성을 전혀 고려하지 않았다는 점에서 옳지 않다.

고 언어를 해석하고, 일상 대화와 구별되는 '광고의 대화 격률'을 제시했다. 이철우(2012)는 텔레비전 방송의 자동차 광고 언어의 표현 전략을 '화자중심 정보', '청자중심 정보' 면에서 분석했다. 이진성(2011)은 텔레비전 광고 언어 자료를 대상으로 여성 화장품과 남성 화장품의 광고 문안을 '종결형 어미, 설득 전략, 빈도가 높은 어휘, red flag 표현' 등의 면에서 살펴보았다. 박은하(2013)은 텔레비전 광고를 대상으로 여성 화장품 이름의 언어적 특성과 그것에 반영된 사회상을 분석했고, 박은하(2016)은 텔레비전 화장품 광고에 표현된 언어 사용 양상을 1960년대부터 1980년대까지와 2013년부터 2015년 8월까지의 두 시기로 나누어 비교했다. 이성범(2012)는 '비진실적 광고'를 '허구적 광고, 허세적 광고, 허위적 광고'로 나누어 특성을 살펴보았다.

그림 3 재미를 더해 주는 〈무한도전〉 방송 자막

김정우(2011)은 다른 두 시기의 라디오 광고 언어를 대상으로 어휘, 문장, 텍스트 구성 전략 사용 양상 등을 살펴보았다. 김정우(2012) 또한 라디오 광고를 다룬 것인데, '이성적 소비'와 '감성적 소비', '고관여'와 '저관여'의 축을 기준으로 나눈 제품군에 따라 광고 언어에서 발화 속도, 형용사 사용 양상, 텍스트 구조 등이 어떻게 나타나는지를 분석했다. 이종철(2012)는 라디오 광고 언어의 문체적 요소와 텍스트 구조의 특징을 다루었다.

　방송 자막에 대한 연구도 다수 나왔다. 이성범(2011)은 바흐친(M. Bakhtin)의 '사회적 대화 이론'을 바탕으로 텔레비전 자막을 의사소통 행위의 결과로 파악했다. 교양 프로그램과 오락(예능) 프로그램의 자막을 '언어적 동기, 사회적 동기, 방송적 동기' 면에서 분석하고, 교양 프로그램인 〈인간극장〉의 자막은 '구심적 언어(centripetal language)', 오락 프로그램인 〈1박2일〉은 '원심적 언어(centrifugal language)'를 지향하는 차이점이 있다고 밝혔다.10) 조수선(2013)은 오락 프로그램의 자막을 서술 주체와 상황을 중심으로 분류하고, 언어적 문제점을 분석함으로써 자막의 부정적 영향 문제를 푸는 데 도움을 주고자 하였다.

　국어교육 또는 매체 언어 교육과 관련된 연구들이 다수 보인다. 이선웅(2011)은 방송 언어의 특성을 '접근이 용이하다', '광범위한 파급 효과를 갖는다', '다양한 전형을 보여 준다', '새로운 언어적 특성의 근원지적 성격을 갖는다'로 보면서 국어교육에서 방송 언어를 어떻게 적절히 활용할 수 있는지를 논의했다.

---

10) 바흐친의 사회적 대화 이론에서 '구심적 언어'는 "지배계층이 자신의 기득권과 현상유지를 위해 획일화하고 중앙집권화하는 언어"로, '원심적 언어'는 "피지배계층이 언어를 단일화하려는 모든 시도를 패러디하거나 비판하여 나아가 파괴하여 언어를 분권화하려고 할 때 사용하는 언어"로 풀이된다(이성범 2011:55).

2.3 인터넷 매체

적어도 양적인 면에서 인터넷 매체 언어 연구는 이미 인쇄 매체나 방송 매체 언어 연구를 넘어선 것으로 보인다. 먼저, 한성일(2009), 안태형(2013)은 인터넷 댓글을 언어 규범적 관점에서 다룬 것이다. 한성일(2009)는 댓글의 '비방성'을 파악하고자 했고, 안태형(2013)에서는 이른바 '악성 댓글'의 범위와 유형을 살펴보았다. 이런 연구들은 인터넷 통신 언어에 대한 새로운 관점의 규범적 접근이라고 할 만하다.

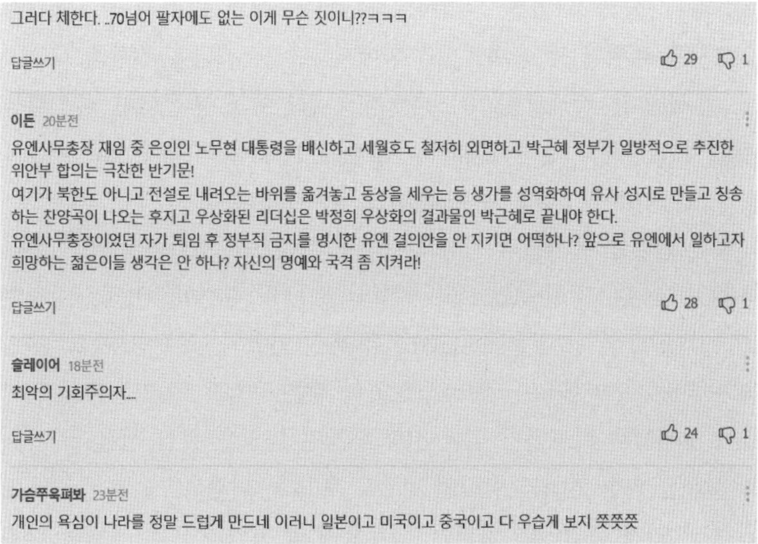

그림 4 **뉴스 기사에 붙인 누리꾼들의 댓글들**

최근 인터넷 매체 언어에 대한 연구는 어휘, 문법, 화용 면에서 구체적 언어 현상에 초점을 맞춘 기술적 접근이 많다. 김순자(2011)은 통신 언어에 나타난 '말줄임표'의 의미와 기능을 집중적으로 살펴보았다.

말줄임표가 기본 의미 기능으로 쓰일 뿐만 아니라 발화 경계 표시, 생략된 요소 대용, 주제 표시, 정보 탐색 과정의 구현 등 다양한 담화 기능으로 확대되어 쓰이는 사실을 보고했다. 지윤주·김일규(2015)는 통신 언어의 모음 바꾸기(모음변이)에 대해 음성학적 제약을 찾으려고 했다. 그 결과 통신 언어의 모음 바꾸기가 아무렇게나 이루어지는 것이 아니라 음성학적 유사성이 높은 방식으로 이루어진다는 사실을 통계적 분석으로 확인했다.

통신 언어 새말에 형태론적 연구가 다수 이루어졌다. 박동근(2012)는 '개똥남', '개똥녀'와 같은 통신 공간에서 만들어진 새말의 어휘적 특성과 사회적 의미를 파악하고자 했다. 이정복(2013가), 윤경선(2013)은 트위터 등 사회적 소통망에서 쓰이는 새말을 집중적으로 소개, 분석했다. 손세모돌(2015)는 통신 공간에서 만들어진 줄임말을 '두음절어 방식', '절단어 방식', '혼성어 방식'의 세 유형으로 나누고 형성 및 형태에 영향을 주는 요인을 찾아보았다.

통신 언어를 통사론적 관점에서 연구한 것으로 정한데로(2010), 이정복(2011나), 강희숙(2012), 권창섭(2013), 김선화(2013), 장경현(2013) 등이 있다. 정한데로(2010)은 통신 언어의 '의존명사+요' 구성을 다루었다. '따름요', '뿐요', '채요'와 같은 구성은 인터넷 통신 언어로서 경제성을 확보하기 위한 전략과 청자 높임을 위한 전략 두 가지의 실현을 위한 말하기 방식인 것으로 보았다. 이정복(2011나)는 새로운 통신 언어 종결어미 형식인 '한다요체'의 쓰임과 의미 기능을 다루었고, 권창섭(2013)은 '한다요체'의 사용 조건과 확산 요인을 분석했다. 강희숙(2012)는 통신 언어에서 보이는 '문법화'와 '역문법화' 현상을 살펴본 후 접두사 '개-'가 역문법화 현상을 겪고 있음을 기술했고, 홍달오(2014)는 접두사 '개-'가 역문법화를 겪고 있는 것이 아니라 청소년층 누리꾼들이 정보나 감정을 강조하여 전달하기 위해 사용하는 형식으로 '준부사화' 과정을 겪고 있다고 해석했다. 김선화(2013)은 트위터 자료를 대상으로 문장 종결법의 특성을 '종결어미의 비완결성', '종결어미 형태의 변이', '새로운 단어를 도입한 종결방식'으로 나누어 분석했다. 장경현(2013)은 인터넷 공간에서 '-더이다', '-한다는', '-기', '-음' 등의 형태가 쓰이는 것을 '종결어미 회피 현상'으로 명명하고, 그 유형과 쓰임을 문체 차원에서 살펴보았다. 그러한 특수 종결 형식들이 '지향성(directness) 완화', '탈개인화 및 집단 소속감 표시', '공손성 약화'의 기능을 갖는 것으로 해석했다.

김인택(2011)은 '통신 별명'의 구성상 특성, 유형, 사회문화론적 특성을 다루었다. 누리꾼들은 통신 별명을 통해 자기 정체성을 표현하고 언어유희와 풍자 문화를 즐기며 개성과 차별성을 드러낸다고 해석했다. 허상희(2013나)는 대학생들이 교수에게 보낸 전자편지 자료를 대상으로 편지의 목적과 그것을 달성하기 위해 동원하는 공손 전략이 무엇인지를 화용론적으로 분석했다.

박건숙(2010가, 나)는 통신 공간에서 쓰이는 '정보 지시 표현'의 형태와 의미를 다루었다. 여기서 '정보 지시 표현'이란 '뉴스', '영화', '날씨'와 같이 인터넷 공간에서 제공하는 정보 서비스를 가리키는 말로 정의했다. 조국현(2011)은 '정치인 팬 커뮤니티'의 하나인 '박사모'를 대상으로 팬 커뮤니티의 정체성을 드러내는 어떤 텍스트들이 생산되고 수용되는지를 살펴봄으로써 정치인 팬 커뮤니티의 커뮤니케이션 양상과 특성을 다루었다. 조원형(2011)은 인터넷 백과사전인 《위키백과》의 '박정희' 문서 자료를 중심으로 '서로 다른 사용자의 상호 협력', '중립성 시비와 관련된 텍스트 상황성', '하이퍼텍스트 관계', '응집성 산출 전략' 면에서 텍스트성을 비판적으로 검토했다. 조경하(2012)는 '온라인 게임 금칙어'의 조어 방식을 다룬 것이다. 대화방 언어의 일종인 게임 대화에 나타나는 '금칙어'를 '폭력적 표현, 선정적 표현, 차별적 표현, 사행성 유발 표현'으로 나누어 형태론적으로 분석했다. 박동근(2013)은 인터넷 매체에 초점을 모아 매체 변화에 따른 언어 사용 방식의 변화를 개괄적으로 기술했다.

고주환·이충우·김지은(2014)는 인터넷 신문 기사의 표제어 유형을 분류하고 분포를 통계적으로 확인했다. 인쇄 매체와 인터넷 매체가 융합된 것이 인터넷 신문 기사인 점에서 이 연구는 새로운 유형의 텍스트에 대한 접근으로 볼 수 있다. 구체적으로 인쇄 신문에 비해 '관심유도형' 표제가 많아졌고, 특히 연성기사에서 조회 수를 늘리기 위해 '어휘강조형'과 '생략형' 표제가 큰 비중을 차지하는 것으로 나타났다.

인터넷 토론 게시판의 댓글에 구체적 관심을 보인 연구들이 몇 편 보인다. 안태형(2010)은 인터넷 토론 게시판 언어를 연구 대상으로 하여 댓글의 유형을 나누었고, 안태형(2011)에서는 토론 댓글의 방어 전략과 그러한 전략의 선택 요인을 분석했다. 박지윤(2011)은 인터넷 뉴스 텍스트를 대상으로 하버마스의 의사소통 행위 이론 관점에서 비판적 이해 과정을 제시했다. 뉴스는 '체계'로, '댓글'은 시민들이 체계의 식민지화를 막기 위한 노력이자 '공론장'으로 활용한다는 전제에서 뉴스와 댓글의 상호 작용성을 분석했다. 양명희(2011)은 '아고라' 토론 댓글을 텍스트언어학적 관점에서 살펴본 것인데, '상대경어법, 의문문, 청유형과 명령형 어미 사용' 등 언어적 특징과 토론 참여자의 상호 작용성을 다루었다.

인터넷 매체 언어에 대한 연구는 최근 '사회적 소통망', 곧 SNS로 영역이 확대되고 있다. 2010년 이후 스마트폰이라는 새로운 기능의 휴대폰이 널리 보급되면서 누리꾼들은 이동하면서 실시간으로 사회적 소통망을 이용할 수 있게 되었다. 이 시기에 트위터, 페이스북, 카카오톡, 네이버 밴드 등 대표적인 사회적 소통망에서의 언어 사용에 대한 연구가 시작되었다. '사회적 소통망' 언어는 이용하는 매체의 소통 구조에 따른 언어적 특성 차이가 있지만 주로 휴대폰을 통한 실시간 소통이라는 사용 환경의 특성에서 나오는 언어적 공통점도 있다.

SNS 언어 가운데서 트위터를 대상으로 한 것이 가장 많은 편이다. 트위터의 소통 구조나 언어의 특성을 다룬 연구로는 이정복(2011가, 나, 다), 허상희(2011), 이주희(2012), 허상희·최규수(2012), 최화니(2012) 등이 있다. 이정복(2011가)에서는 트위터의 소통 구조와 언어 특성을 전반적으로 검토했다. 이정복(2011나)는 '한다요체'의 쓰임을, 이정복(2011다)는 트위터 이용자들의 호칭어 사용을 사회언어학적 관점에서 분석했다. 허상희(2011)은 트위터의 개념과 특징, 소통 구조를 살펴보았는데, 트위터의 특징을 '관계맺기의 일방향성, 간편성, 확장성'으로 설명했다. 허상희·최규수(2012)는 트위터 게시글의 유형과 소통 구조를 다루었다. 이주희(2012)는 트위터가 '넓은 세상을 소통이 가능한 언어적 네트워크를 통해 작은 지구를 만들었다'고 긍정적으로 평가하였다. 최화니(2012)는 '막이래'라는 표현의 담화 기능을 트위터 언어 자료를 통해 파악했는데, '상황 회피 기능, 자조적 태도 표현 기능, 긍정 및 부정 약화 기능, 요구 약화 기능' 등이 있다고 해석했다.

페이스북 언어 자료를 연구 대상으로 삼은 것으로는 박선우·박진아·홍정의(2014)와 송경숙(2014), 남신혜(2015) 등이 있다. 송경숙(2014)는 페이스북 게시글을 대상으로 한국어와 영어 사이의 '코드 스위칭'(부호 바꾸기)를 분석했고, 남신혜(2015)도 9명의 페이스북 이용자가 2012년에 쓴 게시글을 대상으로 '코드 스위칭' 쓰임을 분석했다. 앞서 언급한 손예희·김지연(2010)은 트위터와 지금은 서비스가 중지된 미투데이의 소통 구조를 분석했다. 정현선(2013)에서는 트위터나 페이스북 등 사회적 소통망의 글쓰기 특성에 대한 전반적인 검토가 이루어졌다. 허상희(2013가)는 트위터와 페이스북의 의사소통 방식과 구조를 비교한 것이다.

최명원·김선영·김지혜·이애경(2012)는 대학생들의 '카카오톡' 대화 자료를 대상으로 입말과 글말의 특성, 텍스트 구성 특성, 비언어적 표현의 쓰임을 파악하고자 했다. 결과적으로 '카카오톡 언어'가 '준구어'의 특성을 갖는 것으로 이해하고 있다. 조성은(2016)은 중학교 3학년 학생들의 카카오톡 단체 대화방 자료를 수집하여 대화를 '시작부-중심부-종결부'의 구조로 나눈 후, 각 단계에서 반복적으로 나타나는 특징적인 양상들을 기술했다.

박선우·박진아·홍정의(2014)는 사회적 소통망 언어의 표기 면에서의 특징을 성별과 연령 면에서 분석했다. 박선우·한재영·이지현(2015)는 사회적 소통망의 언어를 '모바일 텍스트'라고 부르며 언론과 누리꾼들의 인식 태도를 '규범주의'와 '기술주의' 면에서 분석했다. 이정복(2015나), 박선우·유현지·이수미(2016) 등은 사회적 소통망에서 지역 방언이 어떤 기능으로 쓰이고 있는지를 분석했다. 석사학위논문 가운데서 사회적 소통망을 다룬 연구들이 나오고 있는데, 예를 들면 정민철(2012), 김선화(2013), 조성은(2016) 등이다.

인터넷 공간에서 이루어지는 언어 사용에 대한 비판적 관점을 보인 연구로 이정복(2010다, 2013나, 2016) 등이 있다. 이정복(2010다)는 인터넷 공간에서 쓰이는 '김여사, 오크녀, 된장녀' 등 여성 비하적 지시 표현의 쓰임을 '남성과 대중 매체의 암묵적 공모'라는 시각에서 분석했다. 이러한 여성 비하 표현들이 불평등한 양성 관계를 반영하면서도 자극적이고 상업적인 신문, 방송 등 대중 매체의 영향을 받은 것으로 보았다. 이정복(2013나)에서는 인터넷에서 누리꾼들이 쓰는 '홍어, 과메기, 전라디언, 개쌍도'와 같은 지역 차별 표현의 유형과 쓰임 분포를 비판적으로 분석했다. 이런 지역 차별 표현들이 해당 지역민에 대한 편견과 선입견에서 나오기도 하지만 정치인들이 의도적으로 지역 간 대립과 지역감정을 조성하고 조장하는 과정에서 나오는 것이라는 결론을 맺었다.11) 이정복(2016)은 '차별 표현을 본래의 지시 대상이 아닌 사람에게 비유적으로 쓰거나 재미 등을 위해 차별이나 공격 의도를 갖지 않고 무의식적으로 쓰는 것'을 차별 언어 사용의 비의도적 용법으로 정의한 후, 사회적 소통망 누리꾼들이 비의도적으로 사용하는 차별 언어의 쓰임과 그 문제점을 비판적 관점에서 분석하고, 대책을 생각해 보았다.

윤여탁·손예희·송여주·정지민(2009)와 윤여탁·송여주·정지민·김진진(2010)은 학교 교육에서 인터넷 언어를 어떻게 다룰 것인지를 국어교육 관점에서 점검한 것인데, 윤여탁 외(2009)는 '인터넷 언어'를 '복합 양식의 언어' 또는 '문자 언어를 사용하여 인터넷에서 소통되는 언어적 구성물'로 정의하고, 관련 언어의 관계를 '통신 언어〈인터넷 언어〈매체 언어'로 보았다. 손예희·김지연(2010)은 트위터와 미투데이를 중심으로 소통 목적과 방식을 개괄하고, 사회적 상호작용 매체가 국어교육적으로 어떤 의의가 있는지를 기술했다. '소셜 미디어'가 비판적 이해 능력 함양 및 상호작용적 표현 능력 함양과 관련하여 국어교육에서 중요하게 다루어질 수 있음을 지적했다. 정현선(2013)은 SNS에 대한 기존 연구를 검토하면서 의사소통과 문식 활동이 이루어지는 SNS를 이야기 공간이자 글쓰기 공간으로 보면서 국어 교육적 수용 방향을 찾아보고자 했다.

국어 교육과 관련된 통신 언어 연구 가운데 대학원 학위논문으로 나온 것이 이 시기에도 많이 보인다. 대표적으로 이형일(2006), 김현아(2007), 정택윤(2009), 허윤아(2010), 최지영(2011), 정민철(2012), 김상협(2013), 이정은(2015) 등이 있다.

---

11) 18대 대선 때 국가정보원, 국군사이버사령부 등 국가기관에서 사회적 소통망인 트위터 등에서 게시글 및 댓글을 통해 선거에 관여하여 현재 재판이 진행 중인데, 국가기관이 인터넷 매체를 통해 어떤 방식으로 언어를 사용했는지에 대한 비판적 분석을 진행할 필요가 있다.

한국어 교육 분야의 통신 언어 연구로는 박은정(2006), 박은선(2012), 김재욱·정회란(2012) 등이 있다. 홍정효(2008), 민경훈·이대균(2016) 등 유아교육 분야에서 유아들의 통신 언어 사용을 다룬 연구도 보인다. 청소년학 분야에서 통신 언어를 다룬 연구로는 박용성(2008), 박용성·박진규(2009) 등이 있다. 권연희(2007), 조남현·정진자(2015) 등 특수교육 분야에서도 장애인들의 통신 언어 사용과 관련된 연구가 나왔다. 박장혁(2016)은 컴퓨터 공학 분야의 박사학위논문으로, 통신 언어의 '국어 파괴 현상'을 고찰하여 '국어 파괴도' 지수를 정의하고 표준말 자동 번역 기술의 효율성을 높이는 방안을 제안하고 있다.

사회학 분야에서 통신 언어에 관심을 둔 연구도 보이는데 천선영(2013)이다. 이 연구에서는 '쓰여진 말'로서의 문자 메시지가 여러 차원에서 언어적, 사회적 상황에 새로움을 주며 소통의 성격과 구조를 재구성하고 있음을 주장했다. 김재준·김바우·김재범(2008)은 경제학, 경영학 분야의 연구로서 흥미롭다. 통신 언어의 '일탈도'라는 개념을 도입하여 댓글에 나타난 비규범적 통신 언어 사용 정도를 통계적으로 파악하고자 했다.

한국어와 다른 언어 통신 언어를 비교 분석한 연구도 늘어났다. Jiyoung Danial(2010), 이진성(2013가, 나)는 한국어와 영어의 통신 언어를 비교했고, 최재수(2007)은 한국과 중국의 통신 언어 유형과 특징을 비교했다. 이정복·판영(2013)은 한국과 중국의 통신 공간에서 쓰이는 두루 높임 호칭어 '님'과 '米'(친)의 쓰임과 기능을 비교했다. 서형요·이정복(2015)는 한국과 중국 누리꾼들이 사회적 소통망에서 쓰는 '통신 별명'을 대상으로 구조와 의미 유형을 비교한 것이다. 김대희(2006)은 한국과 일본의 통신 언어 새말을 비교했고, 김순임(2009)는 한국어와 일본어 통신 언어의 교육 필요성을 제기했다. 박영미·김종수(2006)은 한국어와 독일어의 문장 구조를 비교 분석했다. 김한철(2008)은 한국어와 포르투갈어의 통신 언어 특징을 비교했다.

이러한 통신 언어의 언어 간 비교 작업 가운데서 한국어와 중국어를 대상으로 한 것이 특히 많고, 대학원 학위논문으로 나온 것이 큰 비중을 차지한다. 통신 언어 새말을 분석한 구당평(2012), 음운론적 특징을 다룬 양호연(2012), 문법화와 역문법화를 비교한 장부리(2013), 의성의태어를 다룬 예설교(2014), 금칙어를 비교한 손흔위(2016) 등이 나왔다.

3. 대중 매체 언어 연구의 목적

앞의 2절에서 대중 매체 언어에 대한 최근 연구들을 연구자들의 접근 태도에 따라 크게 '규범적 접근', '기술적/기능적 접근', '비판적 접근'의 세 가지로 나누었다. 규범적 접근의 연구는 전체적으로 양적 비중이 낮은 것으로 나타났다. 신문 언어를 대상으로 한 양영하(2011), 황경수(2011), 방송 언어를 대상으로 한 김한샘(2011), 조민하(2013), 박덕유 외 5인(2014) 등 규범적 접근에서는 대중 매체 언어가 '공공성'과 '규범성'을 갖추어야 한다는 관점을 분명하게 드러냈다. 인터넷 언어 연구에서 규범적 접근 또한 많지 않았는데, 한성일(2009)와 안태형(2013)이 '문제 있는' 인터넷 댓글을 다루었다. 조민하(2013)을 제외하면, 대체로 이런 규범적 연구에서는 언어 변이 자체를 부정적 존재로 보는 시각이 강하기 때문에 매체의 고유한 특성이 반영된 언어 변이나 특수한 쓰임에 대해서는 무관심한 편이다. 신문이든 방송이든 언어 사용에서 일상 언어 규범이 강하게 적용되어야 함을 강조한다. 따라서 매체 언어에 대한 규범적 접근에서 지금까지 연구자들은 명시적이든 그렇지 않든 매체에서 언어가 어떻게 '변질'되거나 '일탈'되고 있는지를 파악함으로써 기존의 일상 언어 규범을 최대한 그대로 지키고, 유지하는 데 기여하려는 목적을 갖고 있는 것으로 판단된다.
그런데 모든 매체에서 쓰이는 언어가 언제나 완벽히 규범에 맞아야 하고, 품격을 갖추어야 하며, 교육적이어야 한다고 생각하는 연구자라면 다음과 같은 말을 참고해 볼 필요가 있다.

> 만약 (미디어에서 쓰이는) 영어가 한결같이 우아하고 경구를 즐겨 쓰는 도학자 수준의 말이 된다면, 그것이 영어와 영어 사용자들에게 더 도움이 되는 일인가? (마셜 매클루언 지음/김성기·이한우 옮김 2002: 295)

대중 매체 언어는 강한 전파성 때문에 규범적 의식을 강조하지 않을 수 없는 측면이 있다(이선웅 2009:137). 또 정확하고 빠른 정보 전달을 위해서는 언어 규범에 맞는 언어 사용이 필요하다. 이 때문에 매체 언어에 대한 규범적 접근은 연구 초기 때는 물론이고 이후에도 지속적으로 이어질 수 있을 것이다. 그러나 언어의 규범성이라는 기준이 매체 환경에 따라 얼마든지 확장·변형될 수 있다는 생각(김은성 2010:14)을 한다면 매체 특성과 매체 안에서의 다양한 언어 사용 환경과 맥락을 고려하여 매체 언어의 규범성을 새롭게 설정할 수 있어야 한다. 또한 매체 언어의 쓰임이 일상어의 규범과 체계에 끼칠 부정적 양향에만 관심을 한정하지 않고 긍정적 변화를 이끌 수 있는 점까지 찾아보려는 개방적, 적극적 태도가 부족한 점이 아쉽다.
기술적/기능적 접근의 매체 언어 연구가 양적인 면에서는 대종을 이룬다. 신문 언어의 어휘, 문법 요소 등의 구체적 쓰임을 기술한 이영제·강범모(2012), 제민경(2013), 한송화(2013) 등과 방송 언어를 다룬 이성만(2013), 장민정(2011), 윤진서(2013) 등이 기술적/기능적 접근의 연구이다. 방송 언어 광고를 분석한 채완(2011나), 이철우(2012),

김정우(2011) 등도 같은 접근의 연구로 볼 수 있다. 인터넷 통신 언어의 어휘, 문법, 화용 면의 연구인 정한데로(2010), 김순자(2011), 장경현(2013), 조국현(2011), 조경하(2012), 양명희(2011), 허상희(2011), 이정복(2011다, 라)도 기술적/기능적 접근의 결과이다. 통신 언어에 대한 텍스트언어학적 연구나 사회언어학적 연구의 다수도 이 범주에 해당하는 연구로 본다.

매체 언어에 대한 기술적/기능적 연구는 매체를 통해 어떻게 언어를 효과적으로 사용하고 있으며, 결과적으로 언어가 어떤 변이 및 변화 현상을 겪고 있는지를 파악하는 것을 주요 연구 목적으로 삼고 있다. 언어 사용을 매체의 특성과 관련지어 다루되 사람보다는 언어 형식과 기능에 좀 더 많은 관심을 두는 연구들이다. 이러한 접근의 연구들은 결과적으로 매체 언어에 대한 지식과 이해를 심화하고 화자들의 매체 언어 사용 능력을 강화하는 데 기여할 수 있을 것이다.

매체 언어에 대한 비판적 접근은 아직 수가 많지 않지만 새로운 연구 경향으로 떠오르고 있는 상황이다. 또 앞으로 한국 사회의 매체 언어 연구에서 더 많은 관심과 노력을 기울여야 할 연구 분야이기도 하다. 신문 언어를 비판적 담화 분석 이론에서 분석한 김해연(2011가, 2013), 조국현(2012), 방송 자막을 바흐친의 사회적 대화 이론으로 분석한 이성범(2011)이 매체 언어에 대한 비판적 접근의 대표적 연구이다. 인터넷 통신 공간의 여성 비하적 지시 표현을 다룬 이정복(2010다), 지역 차별 언어의 쓰임을 다룬 이정복(2013나)는 사회언어학적 방법의 연구지만 분석 대상과 태도 면에서 매체 언어에 대한 비판적 접근으로 볼 수 있다.

이러한 비판적 접근의 연구에서는 매체를 통해 누가 언어를 힘과 이념 표현의 정치적 도구로서 어떻게 사용하는지를 비판적으로 파악하는 데 목적을 둔다. 그 결과 매체 언어에서 나타나는 지배 관계와 불평등의 문제를 드러내고, 사회의 합리성과 공정성을 높이는 데 기여할 수 있을 것이다.12) 그동안 한국에서 이루어진 대부분의 언어 연구가 규범적, 기술적, 기능적 관점에서 진행되어 왔음을 고려할 때 앞으로의 언어 연구, 특히 대중 매체 언어 연구에서는 이러한 비판적 관점의 연구가 활발하게 이루어질 필요가 있다.

지금까지 간략히 검토한 바와 같이, 대중 매체 언어에 대한 접근 태도에 따라 연구 목적도 다르게 나타나는 사실을 확인하게 된다. 앞으로 세 가지 접근 태도에 따른 매체 언어 연구에서 연구 목적을 뚜렷하게 가질 수 있도록 각각을 보완하여 제시하면 다음과 같다.

(3) 접근 태도에 따른 대중 매체 언어 연구의 목적
가. 대중 매체 언어에 대한 규범적 연구: 매체에서 언어가 어떻게 '변질'되거나 '일탈'되고 있는지의 관점을 넘어 매체 언어가 일상어를 어떻게 바꾸고 있는지를 파악함으로써 언어를 풍요롭게 하고, 언어 규범을 유지·발전시키며, 정확한 소통에 기여한다.
나. 대중 매체 언어에 대한 기술적/기능적 연구: 매체를 통해 어떻게 효과적으로 언어를 사용하고 있으며, 결과적으로 언어가 어떤 변이 현상을 겪고 있는지의 사실을 파악함으로써 화자들의 매체 언어 사용 능력을 강화하고, 매체 언어에 대한 지식과 이해를 심화하며, 효과적인 소통에 기여한다.
다. 대중 매체 언어에 대한 비판적 연구: 매체를 통해 누가 언어를 힘과 이념 표현의 정치적 도구로 사용하는지를 비판적 관점에서 파악함으로써 지배 관계와 불평등의 문제를 드러내고, 사회의 합리

---

12) 노먼 페어클러프 지음/김지홍 옮김(2011)의 9장에서는 사회에서 지배당하고 억눌린 사람들의 해방에 어떻게 기여할 수 있는지를 '교육적 맥락, 사회적 맥락, 개인적 맥락'의 세 가지로 나눈 후 학교 언어 교육에서 학생들에게 비판적 언어 자각 능력을 기르기 위한 방법을 구체적으로 기술했다.

성과 공정성을 높이며, 투명한 소통 및 행복하고 정의로운 언어공동체 발전에 기여한다.

매체 언어에 대한 개별 연구자들이 연구 과정에서 이러한 연구 목적을 얼마나 뚜렷하게 의식하고 그것을 달성하기 위해 노력했는지는 일괄해서 말하기 어렵다. 하나의 태도와 목적을 분명히 한 연구도 있지만 두 가지 이상 섞여 있는 경우도 있다. 그러나 제대로 수행된 대중 매체 언어 연구라면 위의 세 가지 목적의 하나 또는 그 이상과 자연스럽게 연결될 수 있을 것으로 본다. 또 앞으로 진행될 대중 매체 언어 연구에서 언어 현상과 자료에 접근하는 태도와 연구 목적을 분명히 함으로써 사람과 언어에 대한 이해를 심화하고, 나아가 한국어 공동체의 진정한 발전에 기여할 수 있어야 한다는 생각이다.

4. 대중 매체 언어 연구의 방향

앞서 지적한 바와 같이 대중 매체 언어에 대한 규범적 연구는 연구 초기에만 나와야 하는 것이 아니라 꾸준하게 필요하다. 매체 언어 연구가 지속될수록 규범적 접근은 다소 약해지는 것이 사실이지만 다른 접근으로 완전히 대체되지 않는다. 화자들 사이의 원활한 의사소통을 위해서는 언어공동체에 언어 규범이 어느 시기에도 필수적으로 필요하고, 그것을 유지하고 발전시키기 위해서는 규범적 관점의 언어 연구가 있어야 한다. 그러나 매체 언어에 대한 규범적 연구가 일상어의 규범을 매체 언어에서도 그대로 적용하려는 목적을 갖고 진행되어서는 곤란하다. 매체 언어는 그 자체의 환경적 특수성과 그것을 이용하는 사람들의 의도와 목적에 따라 일상어 규범 체계로부터 큰 변이를 겪을 수밖에 없다. 그것은 규범으로부터의 일탈 또는 문제적 상황이라고 일괄적으로 평가해서는 안 된다. 일상어와 구별되는 독특한 매체 언어를 나오게 만든 여러 가지 배경 요인들을 무시하고 그것을 무조건 일상어와 동일하게 되돌리려는 노력은 불필요하며, 결코 실현되기도 어렵다. 그런 태도는 매체 언어의 특성을 전혀 이해하지 못한 데서 나온 일종의 지적 폭력이다.

앞으로 진행해야 할 대중 매체 언어에 대한 규범적 연구는 매체 언어가 일상어 규범에서 얼마나 벗어나 있는지에 관심을 집중하여 때로는 흥분하고, 사태를 과장하며, 화자들을 불안하고 불편하게 만들 것이 아니라 매체 언어가 일상어에 끼치는 영향력을 파악하는 데 더욱 힘을 모아야 한다. 매체 언어가 일상어에 파급되어 쓰인다면 그것이 적극적으로 수용할 수 있는 것인지 아니면 적절한 대응이 필요한 것인지를 살피는 연구가 많이 나오는 것이 중요하다. 만약 대응이 필요한 수준이라면 교육, 홍보, 규범 바꾸기 등 어떤 방식을 통해 구체적으로 대응할 것인지를 제시하는 것이 더 생산적인 연구일 것이다.

또한 대중 매체 언어가 일상어에 파급되었다고 해서 그것이 모두 축출 대상이 되는 것도 아니다. 언어란 통일된 형식을 통해 정보 전달을 정확하고 빠르게 하는 것만이 사용 목적은 아니기 때문이다. 사람들은 언어를 통해 재미를 누리고, 생동감 있는 감정을 교류하며, 유대감과 심리적 해방감을 느낀다. 인터넷 통신 공간에서 만들어지고 쓰이는 새 말들은 정확한 정보 전달 면에서는 대체로 불리하지만 재미 나눔, 감정 표현, 유대감 형성, 심리적 해방 면에서 도움이 되는 것이 많다. 예를 들어, '꾸벅, 뿌잉뿌잉, 쓰담쓰담, 헐, 후덜덜' 같은 의성의태어들은 일상어에 없던 새로운 표현인 점에서 재미와 신선함을 주고, 감정 표현을 효과적으로 하게 도와준다. '깜놀, 금사빠, 불금, 볼매, 생축' 등의 줄임말은 언어 경제성 면에서 유리하고 재미를 주며, 은어로서의 매력도 있다. 인터넷 매체에서 쓰이는 이러한 새말 표현들을 일상어의 규범 체계 안에 어떻게 수용함으로써 일상어를 더 풍부하게 가꾸어 나갈 것인지를 진지하게 고민하는 것도 규범적 연구가 가져야 할 새로운 관점임을 지적한다. 매체의 특성을 전적으로 무시하고 일상어 규범을 강제하려고 할 것이 아니라 매체 언어로부터 어떻게 일상어 체계와 사람들의 삶을 더 풍요롭게 발전시킬 수 있을지에 초점을 맞춘 새로운 규범적 접근이 나와야 할 것이다.

　대중 매체 언어에 대한 규범적 접근과 기술적 접근이 연결되어 연구가 이루어져야 할 필요도 있다. 매체 언어 사용을 분석할 때 한 매체 안에서도 상황, 영역, 맥락에 따른 차이점이 있을 수 있다는 점을 기본 전제로 인정해야 한다. 같은 매체 언어 안에서도 규범성과 탈규범성이 동시에 존재하는 사실을 기억하는 것이 중요하다. 예를 들어, 텔레비전 자막을 분석할 때 보도, 교양, 오락 방송에서 자막 언어 사용을 하나의 같은 기준으로 평가하고, 모든 자막 언어에서 규범성을 강조하는 것은 텔레비전 방송의 다양한 언어 사용 영역과 맥락, 나아가 시청자들의 요구를 무시하는 것이 된다. 인터넷 매체의 언어는 더욱 더 다양하게 나타난다. 정부 기관의 홈페이지 운영자 언어와 개인 블로그 운영자 언어는 언어 사용 목적, 규범성 면에서 같을 수 없다. 대화방과 전자 편지의 언어도 어휘 선택과 언어 형식에서 차이를 보인다. 게시판 언어라고 해도 수많은 사람들이 참여하는 토론 게시판의 언어와 작은 동호회 카페에서 잘 아는 소수 회원이 이용하는 게시판 언어는 큰 차이를 보이게 된다. 매체 언어에 대한 규범적 연구라고 해도 이와 같은 매체 안의 다양한 언어 사용 맥락과 환경을 고려하여 언어를 분석해야 하는 것이 필수적이다. 여기서 각 매체 안의 다양한 맥락과 환경에서의 언어 사용에 대한 정보는 기술적/기능적 연구를 통해 제공받는 것이 가능하다.

대중 매체 언어 연구뿐만 아니라 전반적 언어 연구가 언어의 형식 속에 갇혀 있어서는 안 된다. 특히 사회언어학은 단순히 언어적 쓰임의 분포를 보여 주는 데 머물러서는 안 되고 언어가 사람들 사이에서, 사회 속에서 정치적 동기나 힘 관계 등에 의해 어떻게 굴절되고, 개인적 말하기 목적에 따라 어떻게 전략적으로 쓰이고 있는지에 대한 생생하면서도 비판적인 접근을 펼쳐야 한다. "사회언어학의 과제는 자신이 살고 있는 사회의 제반 문제들과 얼마나 성실하게 씨름하면서 고뇌하느냐에 따라 그 질과 양이 결정된다고 할 수밖에 없다"(김하수 2008:13)는 점을 고려하면, 매체 언어에 대한 사회언어학적 연구자들은 한국 사회에서 일어나고 있는 여러 가지 문제들에 대해 꾸준한 관심과 깊은 성찰을 통해 연구 과제들을 확장해 나가는 노력이 필요하다. 그럼에도 지금까지 이루어진 대중 매체 언어 연구, 한국 사회언어학 연구에서 우리 사회의 어떤 문제를 심각하게 고뇌했는지, 또 그것을 어떻게 연구에 반영했는지가 잘 드러나지 않는 것이 사실이다. 사회언어학도 결국 언어 형식과 쓰임 분포 확인이라는 이른바 '순수 언어학'의 울타리 안에서 크게 벗어나지 못한 것이 아니었는지 반성하게 된다. 말은 '사회'언어학이었지만 실질적인 연구 성과는 사회에 가까이 다가서지를 못했다. 모든 언어 텍스트와 관련되는 세 가지 요소인 '표현(representation)', '정체성(identities)', '관계(relations)' 가운데서 표현에만 지나친 관심을 둠으로써 비좁은 '언어의 감옥' 속에서 맴돌고 있음이다.[13]

사람들의 삶에서 차지하는 대중 매체 언어의 높은 비중을 고려할 때 언어의 사회적 기능에 대한 비판적 관점의 연구가 확대되어야 한다. '언어학은 과학'이라는 과도한 믿음에서 언어 형식의 체계화와 규칙성

---

13) 언어 텍스트와 관련된 세 가지 요소인 '표현, 정체성, 관계'에 대한 자세한 설명은 노먼 페어클러프 지음/이원표 옮김(2004)의 1장 참조.

발견을 최고의 목표로 여겨서는 언어 연구의 가치를 스스로 낮추게 되고, 언어 연구의 범위를 극도로 좁히며, 언어학을 사회와 대중들로부터 고립시키는 문제가 생긴다. 앞으로 한국에서의 언어 연구가, 생각하고 행위하며 사회를 움직이는 소중한 도구이자 매개물인 언어의 다양한 기능, 그 가운데서도 사회적 기능의 구체적 모습을 비판적으로 분석하는 방향에서 진행되었으면 한다. 결과적으로, 세상과 유리된 자기만족의 지적 유희가 아니라 삶과 사회에 밀착된 생산적이고 발전적인 언어 연구, 사회언어학이 될 수 있을 것이다.

마찬가지로 대중 매체 언어에 대한 연구 또한 매체와 그것을 쓰는 사람들을 긴밀히 관련지으면서 언어의 정치적 쓰임, 사회적 기능을 날카롭게 살필 때 왜곡되기 쉬운 대중 매체 언어의 기능과 정치사회적 역할까지도 올곧게 세울 수 있다. 언어 사용에서 정치적 왜곡이 심한 지상파 및 종합편성채널의 방송 보도, 정치적 편향성이 큰 것으로 알려진 인터넷 신문의 언어(프레시안, 오마이뉴스, 뉴데일리, 미디어워치, 조갑제닷컴 등), 좌우 이념의 편향성과 차별·공격적 언어 사용 문제를 안고 있는 동호회 사이트(일간베스트저장소, 디시인사이드, 개소문닷컴, 오늘의유머 등),[14] 그밖에 인터넷 방송(아프리카TV, 뉴스타파, 팟캐스트인 '김어준의 KFC', '정봉주의 전국구' 등)에서 관찰되는 매체 언어에 대한 비판적 분석이 본격적으로 나와야 한다.

정치적 목적의 문제적 언어 사용뿐만 아니라 대중 매체에서 벌어지는 성·인종·종교 차별 표현과 같은 공격적, 차별적인 언어에 대한 전면적인 연구가 필요하다. 다른 사람에게 혐오감과 증오심을 드러내는 반사회적 언어 사용 문제를 그대로 두고서는 화합과 공존의 정의롭고

---

14) 극우 이념과 반한·혐한 정서로 무장한 일본의 '2ch' 사이트의 언어에 대한 비교 연구도 필요하다. 일본 누리꾼들의 혐한 활동에 대한 최근 보고는 야스다 고이치 지음/김현욱 옮김(2013)을 참조하면 된다.

행복한 언어공동체 발전은 이루어지기 어렵다. 남북한이 분단된 상황에서 상호 비방과 감정 대립이 격화되고 있는데, 대중 매체를 이용한 공격 수단으로 쓰이는 거친 언어들과 통일 담론에 대한 비판적 연구도 활성화될 필요가 있다. 매체 언어에 대한 다양한 주제의 비판적 연구가 확대되면 사회언어학, 나아가 언어학 연구는 단순한 이론적 이해와 비판에 멈추지 않고 '공존과 행복 사회를 위한 언어적 실천'으로 넘어갈 수 있으리라 믿는다.

2부

SNS 언어문화의 전개 양상

5장 인터넷 말놀이의 유형과 기능
6장 '한다요체'의 확산과 분포
7장 호칭어를 통한 태도와 정체성 드러내기
8장 지역 방언의 쓰임과 사회언어학적 문제
9장 지역 방언에 대한 누리꾼들의 언어 태도
10장 세대 간 인터넷 소통과 불통

5장_ 인터넷 말놀이의 유형과 기능

　이 장은 사회적 소통망에서 나타나는 말놀이의 유형과 쓰임을 소개 및 분석하는 데 목적이 있다. 정보통신 기술과 문화가 크게 발달한 한국의 일상생활과 언어생활에서 중요성이 크게 높아지고 있는, 실시간 소통 통로인 SNS가 한국어 화자들의 언어 사용 방식, 대인 관계, 삶의 유지에 중요한 영향을 끼치고 있음을 고려하여 '말놀이'(언어유희, word paly)라는 언어문화적 관점에서 사회적 소통망의 언어문화 실태를 분석하고자 한다.1)

　구체적으로 사회적 소통망 가운데 '트위터'에서 말놀이 자료를 수집, 분석할 것이다. 강미은(2013:77)은 "인터넷에서 주목받는 글에는 반드시 촌철살인하는 부분이 있다. 복잡한 상황을 짧은 문장으로 정리해서 핵심을 전달한다"고 하면서 "거기에 반드시 촌철살인의 재치가 들어가 있다"고 했다. 사회적 소통망 가운데 한 게시글에서 140자로 글쓰기가 제한되는 트위터의 경우 누리꾼들은 내용을 짧게 요약해서 재치 있게 글을 쓰면서도 재미까지 주려고 특히 애를 많이 쓴다. 짧은 게시글에

---

* 이 장의 내용은 이정복(2015가)를 부분적으로 고친 것이다.

재미와 재치라는 말놀이 요소가 거의 필수적으로 들어가게 되는 점에 주목하여 트위터 언어 자료를 집중적 분석 대상으로 삼는다.

요한 호이징가(J. Huizinga)는 1938년에 발표한 ≪호모 루덴스≫라는 책에서 '놀이하는 인간'의 뜻으로 '호모 루덴스(homo ludens)'라는 용어를 사용하였다. 모든 형태의 문화는 그 기원에 놀이의 요소가 숨겨져 있으며, 일상적 생활과 구별되는 일정한 성질을 가진 행위로서 놀이는 거의 모든 곳에 존재한다고 보았다. 인간 사회의 중요한 원형적 행위에는 처음부터 놀이가 스며들어 있다고도 했다. 인간의 다양한 공동체 생활, 심지어는 전쟁마저도 놀이 형식을 취하며, 놀이 정신이 없을 때 문명은 존재할 수 없다는 것이다(요한 호이징가 지음/김윤수 옮김 1993 참조). 또 로제 카이와(R. Caillois)는 1958년에 출판한 ≪놀이와 인간≫에서 놀이를 "자유롭고 자발적인 활동이며 즐거움과 재미의 원천"으로 정의되어야 한다고 했다(로제 카이와 지음/이상률 옮김 1994:29 참조).

21세기는 고도의 디지털 정보화 사회이며, '디지털 펀(digital fun)'의 시대다. 사람들은 언제 어디서나 가장 쉽게 사용할 수 있는 디지털 기기를 통해 '재미'라는 삶의 에너지를 얻고 있다(김학진·김성문·김진우·박선주 2007). 인터넷과 컴퓨터는 21세기의 핵심 가치인 '재미'를 얻기 위한 가장 중요한 수단이며, 스마트폰과 함께 시작된 SNS가 말놀이를 통해 재미를 지속적으로 느끼게 하는 효과적 매체로 쓰인다. 더욱이 한국인들의 경우를 생각해 보면, 오랫동안 "엄격한 유교 사회에서 경박한 것으로 치부되던 웃음이 이제는 인간의 행복을 증진시켜주는 최고의 무기로 평가받고 있"(이석규·한성일 2008:25)는 상황에서 인터넷 매체를 통한 말놀이 활동이 크게 중요해졌고, 인터넷 언어 사용에서 그 비중이 아주 높은 편이다.

인터넷 언어공동체에서 말을 통해 시간을 보내고 재미를 나누는 '인터넷 말놀이'는 21세기 인터넷 통신 시대에 등장한 새로운 소통 방식이자 핵심적인 언어문화의 하나이다. 청소년들은 말할 것도 없고 중장년층과 노년층까지 카카오톡/스토리, 밴드, 페이스북, 트위터 등의 SNS에 접속하여 말놀이를 일상적으로 즐기고 있다. 21세기 한국어 화자들에게 그것은 휴식과 재미를 위한 중요한 삶의 한 과정이 되었다. 누리꾼들은 인터넷을 통해 정보를 주고받으면서도 그것에 머물지 않고 감동과 재미를 함께 나누고 느끼고자 한다. 이제는 인터넷, 컴퓨터, 스마트폰, SNS가 없는 언어생활은 상상할 수 없을 정도이다. 이런 맥락에서 사람들의 삶과 언어생활에서 큰 부분을 차지하는 인터넷 언어문화, 구체적으로 SNS의 말놀이에 대한 본격적인 연구를 진행함으로써 사회적 소통망과 그 안에서 이루어지는 인터넷 언어문화에 대한 이해의 폭을 넓힐 수 있다.

1. 인터넷 말놀이 관련 선행 연구

'인터넷 말놀이' 또는 인터넷 공간에서 활발히 전개되는 '유머' 등의 '이야기 문화'에 주목한 연구는 문학계에서 시작되었다. 대표적 연구로는 심우장(2000, 2002), 강은해(2002) 등이 있다. 심우장(2002:317)은 컴퓨터 통신에서 등장한 '유머'가 인터넷의 다매체성을 반영하여 다양하게 분화되었는데, 그것은 '시리즈유머, 비교유머, 삼행시유머, 패러디유머, 일화유머, 수수께끼유머, 우화유머, 말장난유머, 이모티콘유머, 그림유머, 플래시유머' 등이 있다고 정리하였다. 강은해(2002:337)은 "컴퓨터 통신의 우스개 이야기 공간이 등장하면서 재담은 전자언어를 소통체계로 하는 화자와 청자 사이에서 구비문학의 구술성인 적층성과 공동작의 원리마저 계승하며 제 2의 부흥기를 맞이하고 있다"고 이해하였다. 이러한 연구들은 문학의 관점에서 유머의 내용과 유형에 주목한 것으로 언어 자체나 인터넷 말놀이 전반에 대한 관심은 없었다.

인터넷 말놀이에 대한 언어 연구자들의 관심은 아직도 높지 않지만 몇몇 관련 연구들이 나온 바 있다. 권순희(2002)는 일상어 유머의 개념과 유형을 다룬 후 '인터넷 유머'를 간략히 기술했다. 표현의 현란함에 비해 내용은 가볍고, 사진이나 그림과 같은 시각적 이미지를 활용한 '하이퍼텍스트'로 구성된 것이 인터넷 유머의 특징이라고 보았다. 이정복(2004나)는 인터넷 언어공동체의 '이야기 문화'에 주목하여 누리꾼들이 인터넷에서 말을 통해 시간을 보내고 재미를 나누는 '말놀이'를 21세기의 새로운 구비 문학으로 평가했다. 정현선(2004)는 '다중문식성'이라는 개념을 통해 인터넷 유머를 국어 교육적 관점에서 다루었다. 시각 이미지 위주로 표현된 인터넷 유머를 이해하기 위해서는 문화적 코드에 대한 이해와 더불어 다중문식성에 대한 이해가 필요하며, 그것이 '하이퍼링크'를 통해 급속히 퍼져 나갈 수 있는 기술적 특성에 대한 이해가 동반되어야 함을 강조했다.

한성일(2005)는 인터넷의 보급과 매체의 발달로 언어유희가 점점 다양한 형태로 발전하고 폭넓게 사용되고 있다고 했다. 특히 인터넷 통신 언어와 패러디 등에서 언어유희가 중요한 언어 사용의 특징으로 자리 잡았고, 시각유희라는 새로운 형태의 언어유희가 만들어지고 있음을 개략적으로 기술했다. 전병용(2006)은 '파자 놀이', '공당문답' 등의 조선 시대 언어유희와 '외계어', '자음 더하기' 등 통신 언어를 비교했으나 통신 언어 말놀이에 대한 체계적 파악과 기술은 이루어지지 못했다.

한편, 김인택(2011)은 '통신 별명'을 다루는 자리에서 '언어유희'에 의해 만들어진 통신 별명이 있음을 보고하였다. 누리꾼들이 영화나 드라마, 가요 제목, 방송 프로그램 제목, 광고 문안, 동경의 대상에 관련된 표현을 '패러디'하여 통신 별명을 만들어 쓰는데, 여기서 언어유희 문화가 관찰된다는 것이다. 예를 들어 '결론은 미친 짓이다(결혼은 미친 짓이다)', '말죽거리 잠옷사(말죽거리 잔혹사)', '아기공룡 둘째(아기공룡 둘리)', '화장빨 인생(화려한 인생)', '오드리 될뻔(오드리 햅번)' 등이 이러한 언어유희에 해당하는 것으로 보았다. 인터넷 언어 사용을 언어유희의 관점에서 해석한 점이 의미 있으나 이 또한 연구 범위가 통신 별명에 한정된 점에서 아쉽다.

이석규·한성일(2008)은 유머와 위트에 대해 종합적으로 정리한 것으로 '인터넷 속의 유머 문화'라는 장(227-245쪽)을 통해 인터넷이 유머 전파의 새로운 주역으로 작용하고 있으며, 패러디와 풍자가 크게 유행하고 있음을 지적했다. '인터넷 유머'의 특성으로 '자신의 이야기를 바탕으로 하는 생활 속 유머 창작물 유행', '전후 맥락을 알 수 없는 유머 유포', '시리즈 유머의 양산', '이야기 텍스트에서 시각적 텍스트로의 발전', '사이버 폐인의 양산'을 들었다. 이러한 인터넷 유머를 "일상적 삶이 주는 부담과 권태로움에서 탈피해 보려는 적극적 몸부림"으로 보면서 그것이 "갈등의 골이 깊은 사회 현상에 대해 희극적 상황을 설정해 희화화하는 판소리나 탈춤 등의 한국 고전문학의 해학적 전통과도 이어진다고 볼 수 있다"(234쪽)고 해석했다.

인터넷 말놀이를 다룬 것은 아니지만 유머, 언어유희 등과 관련되는 언어학적 연구에는 성호주(1992), 손세모돌(1999, 2006), 이도영(1999), 한성일(2002), 육영주(2003), 이선웅(2005), 주경희(2007) 등이 있다. 이 가운데 성호주(1992)는 "말이나 글자를 소재로 한 놀이를 총칭하는 것"(59쪽)을 '언어유희' 또는 '말놀이'라고 정의하면서 한국어 말놀이의 유형과 발생 요인을 소개하였다. 손세모돌(1999), 이도영(1999)는 유머에 대한 본격적인 언어학적 연구의 출발로 평가된다. 이선웅(2005)에서는 그동안 이루어진 유머 관련 연구를 대상으로 유머의 개념과 유형 등을 구체적으로 검토했다. 손세모돌(2006)은 언어 유희를 "일상적인 언어 쓰임에 변화를 주어 의미나 언어 사용을 새롭고 특수하게 만드는 것"(126-127쪽)으로 정의하면서 그것은 웃음을 유발하는 기능을 갖고 있으므로 잘못이나 모순을 비웃고 공격하는 풍자, 사건이나 대상을 희화화하는 기제로 활용될 가능성이 크다고 보았다. 주경희(2007:132)는 '언어의 유희적 기능'을 "언어의 다의성이나 동음이의어성을 이용하는 방법이다. 즉 동일한 기표라도 서로 다른 의미나 표현가치를 부여하는 것이다"라고 규정했다.

말놀이 개념에 대한 기존 연구들의 정의를 참조하여 '인터넷 말놀이'의 개념을 넓게 정의해 보면 "인터넷 공간에서 누리꾼들이 언어 등의 요소를 이용하여 재미와 웃음을 나누는 활동 또는 그 결과로 만들어진 텍스트"라고 말할 수 있다. 여기서 다루는 사회적 소통망의 말놀이는 SNS 공간에서 나타나는 것으로, 인터넷 말놀이의 한 가지다. 다만, 통신 언어 사용 영역인 '게시판, 대화방, 전자편지' 또는 구체적 소통 통로가 되는 '인터넷 카페, 블로그, 사회적 소통망' 등에 따라 인터넷 말놀이의 특성이 세부적으로 어떻게 달라지는지에 대해서는 다음 기회에 자세한 비교 분석이 있어야 함을 지적한다.

스마트폰 등의 모바일 인터넷 기기를 이용한 SNS 접속과 언어 사용, 말놀이가 일상화되었지만 새로운 언어문화로서의 인터넷 말놀이에 주목한, 종합적이고 본격적인 연구는 아직 시작되지 못했다. 그동안 이루어진 인터넷 통신 언어 연구가 일상어와의 차이, 언어 형식의 변형, 새말의 생성에 주로 관심을 집중했기 때문이다. 인터넷 유머나 말놀이를 다룬 연구의 경우에도 단편적, 개략적 논의에 머물러 있다. 따라서 이동 인터넷의 대중적 보급과 이용으로 SNS를 통한 실시간 의사소통이 대면 의사소통보다 더 비중이 높아지고 중요해진 상황에서 한국어 화자들이 SNS를 통해 어떻게 소통하고 있으며, 어떠한 말놀이를 통하여 재미를 누리고 있는지를 언어문화적 관점에서 분석·기술하는 연구의 필요성이 특히 높다고 하겠다. 이 장을 통하여 인터넷 매체가 사람들의 삶과 언어생활에 어떤 긍정적 작용을 하는지, 기술 발전과 더불어 언어문화가 얼마나 풍요로워질 수 있는지에 대하여 새롭게 인식할 수 있다.

2. 사회적 소통망 말놀이의 유형

사회적 소통망의 말놀이는 기존의 일상어 말놀이와 마찬가지로 언어 단위나 말놀이 형식을 중심으로 분류할 수도 있고, 소통망의 특성을 고려하여 구성 요소 면에서 새롭게 분류할 수도 있다. 일상어 말놀이의 유형을 나누는 것은 연구자에 따라 다양하게 이루어졌는데, 초점을 둔 언어 단위가 무엇인지에 따라 나누는 경우가 많았고 말놀이 형식에 따라 나누기도 했다. 여기서는 사회적 소통망의 말놀이 유형을 '구성 요소', '초점을 둔 언어 단위', '구성 형식'의 세 가지 면에서 나누어 보고자 한다. 각각은 말놀이 텍스트를 구성하는 요소, 곧 재료가 무엇인지, 언어 요소 가운데서 초점이 놓인 단위가 무엇인지, 말놀이의 구성 형식 또는 말놀이 구조가 어떠한지를 파악하는 방법이다. 이런 유형 분석을 통해 사회적 소통망 말놀이에 대한 이해의 폭을 넓힐 수 있을 것이다.

사회적 소통망의 말놀이는 소통망의 특성을 고려하여 구성 요소가 무엇인지의 관점에서 일차적으로 유형을 분류하는 것이 필요하다. 인터넷 공간, 특히 사회적 소통망이라는 언어 사용 환경이 일상어의 그 것과는 근본적으로 차이가 있기 때문이다. 일상어 말놀이가 입말 위주의 단일 언어 사용 환경을 바탕으로 하는 것인 데 비해 사회적 소통망 말놀이는 글말과 그림, 사진, 영상 등이 하나로 결합된 복합 환경에서 다양한 구성 요소로 이루어지는 것이다. 이런 점을 고려하여 여기에서는 사회적 소통망의 말놀이 유형을 구성 요소 면에서 (1)과 같이 두 가지로 크게 나누기로 하겠다.

(1) 구성 요소별 말놀이 유형
　가. 언어 단독형 말놀이 ①
　　(@304***)
　　부부가 외출을했는데 앞서가던 남편이 무단횡단을 하자/깜짝 놀란 트럭운전사가 남편에게..야이 바보 멍청이,얼간이,머저리,쪼다야 길좀 비켜 그러자 아내가남편에게..당신 아는 사람이요?남편:아니, 그러자 아내왈:그런데 당신에대해 어쩜그리 잘알아요
　가-1. 언어 단독형 말놀이 ②
　　(@sai***)
　　울아빠 ㅋㅋㅋㅋㅋ 컴퓨터로 문서작업 하고나서 '저장하시겠습니까' 뜨니깐ㅋㅋㅋ '밤 새서 작업한건데 그럼 저장해야지 묻긴 왜 물어 멍청하게. 하여간 똑똑한 척은 더럽게 하면서 아는 건 하나도 없어' 이러신답ㅋㅋㅋ 그런걸로 컴퓨터랑 싸우지마 아빠 ㅋㅋㅋㅋ

나. 언어-이미지 복합형 말놀이 ①
  (@foa***)
  아냐 넌 곰이야...

나-1. 언어-이미지 복합형 말놀이 ②
  (@hah***)
  ㅋㅋㅋㅋㅋㅋㅋㅋㅋㅋㅋㅋㅋㅋㅋ

나-2. 언어-이미지 복합형 말놀이 ③
(@Cha***)
개끄럼

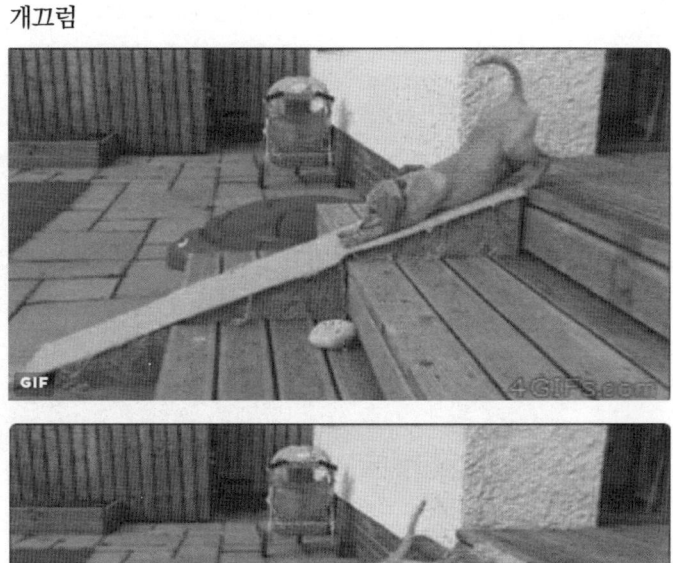

(1가, 가-1)의 '언어 단독형 말놀이'는 일상어 말놀이와 마찬가지로 언어 요소만 이용한 말놀이를 가리킨다. (1가)는 재미를 주기 위해 일부러 지어낸 이야기로 판단되고 (1가-1)은 일상에서 경험할 수 있는 자연스러운 상황을 전한 것으로 보인다.

(1나~나-2)의 '언어-이미지 복합형 말놀이'는 언어와 함께 그림이나 사진, 동영상과 같은 시각 요소를 필수적이고 중요한 요소로 활용하는 말놀이를 가리킨다.[1] 여기서 (1나)는 언어 요소와 그림이 결합된 말놀이고, (1나-1)은 언어 요소와 사진, (1나-2)는 동영상이 결합된 것이다.[2]

물론 언어-이미지 복합형 말놀이에서도 언어 요소는 여전히 중요하다. (1나)의 책 표지 그림만 단순히 제시해서는 재미를 줄 수 없고, 빠른 이해에도 어려움이 있다. 그림을 올린 누리꾼이 '아냐 넌 곰이야...'라는 말을 했기 때문에 책 제목 '난 말이야...'의 '말'이 '말(言)'과 '말(馬)'의 중의성을 갖게 되고, 그 결과 그림의 '곰'과 동물 '말'의 대비가 웃음을 이끌어 낸다. (1나-2)의 경우, 개가 미끄럼을 타는 동영상을 보면 그 자체로도 재미가 있지만 '개+미끄럼'을 줄여 '개끄럼'이라는 새 말을 만들어 쓴 것이 재미와 웃음을 증폭시킨다. 이런 점에서 누리꾼들이 사회적 소통망에서 그림이나 영상만을 제시해도 다른 사람에게 어느 정도 재미를 줄 수는 있겠지만 효과에 한계가 있으며, 언어 요소가 없다면 그것을 '말놀이'라고 할 수는 없다.

---

1) 로스(A. Ross)는 '언어유희(verbal pun)'에 대응하는 개념으로 '시각유희(visual pun)'의 개념을 도입했다(Ross 1998:48, 정현선 2004:309에서 재인용). 우리의 '언어 단독형 말놀이'는 언어유희에 해당하는 것이지만 '언어-이미지 복합형 말놀이'는 단순히 시각유희가 아니라 언어유희와 시각유희가 결합된 것으로 이해해야 한다.

2) (1나-2)의 경우 트위터에서는 동영상으로 나타나지만 여기서는 편의상 세 장의 사진으로 바꾸어 제시한 것이다.

인터넷 기술의 발달로 누리꾼들이 사진이나 동영상을 쉽게 올리게 된 이후 사회적 소통망의 말놀이에서 차지하는 사진과 동영상 등의 시각 요소 비중이 높아졌다. 언어 단독형 말놀이보다는 언어와 이미지를 함께 이용한 복합형 말놀이가 훨씬 간결하면서도 웃음과 재미 유발에 효과적이다. 긴 글을 읽고 내용을 이해해서 반응을 보이는 데에는 시간과 노력이 많이 필요하지만 사진, 동영상 이미지와 함께 간결한 언어 형식이 추가된 말놀이 사례를 수용할 때에는 쉽고 즉각적인 반응이 나올 수 있는 것이다. 빠르고 간편함을 추구하는 현대인들의 일상적 삶의 방향을 고려할 때, 앞으로 사회적 소통망에서 전달 효과가 아주 강한 언어-이미지 복합형 말놀이가 더 선호될 것이며, 비중 면에서도 중심적인 말놀이가 될 것으로 예상된다.

말놀이 유형은 전체 텍스트에서 초점을 둔 언어 요소가 무엇인지에 따라 음운, 통사, 어휘, 의미와 같은 언어 단위별로 하위 유형을 나눌 수 있다.3) 인터넷 말놀이는 각각이 기본적으로 웃음이나 재미를 주기 위한 목적을 가진 하나의 독립적 텍스트기 때문에 담화 전체를 해석하며 이해하는 것이 필요하다. 그런데 말놀이를 만들거나 그것을 보는 누리꾼들은 말놀이 텍스트를 구성하는 언어 요소 가운데 음운, 통사, 어휘와 같은 특정 언어 요소에 초점을 두는 경우가 많다. 특정 언어 요

---

3) 인터넷 공간에서 이루어지는 말놀이는 넓게 보면 소리나는 대로 적기, 음소 바꾸기, 음소 더하기, 음절 늘이기, 여러 가지 문자나 부호를 이용하여 적기 등이 적용된 '가치 놀장', '머 해염', '아니야아아아', 'ㅋㅋㅋ', '칭구OF'와 같은 언어 사용도 포함된다. 이정복(2003:가)는 이러한 표기 변형 중심의 통신 언어 말놀이가 오락적 동기에서 나온 것임을 기술했고, 강옥미(2004)는 그런 사례를 자세하게 다루었다. 여기서는 텍스트 자체가 기본적으로 재미와 웃음을 목적으로 하지 않는, 단순한 표기 변형 차원의 통신 언어 말놀이는 논의 대상에서 제외하기로 하겠다. 그렇지만 사회적 소통망 말놀이 가운데는 음소 더하기, 음소 바꾸기 등이 적용된 통신 언어 형식이 쓰임으로써 말놀이 형성에 도움이 되거나 재미가 더 강해지는 경우도 있음을 지적한다.

소에 초점이 주어지고 그것이 웃음을 유발하는 촉매가 된다는 점을 주목하여 먼저 언어 단위별 말놀이 유형을 나누어 구체적 사례를 통해 설명하기로 하겠다.

다음 (2)는 언어 단위별 말놀이 가운데 음운 단위에 초점이 놓인 말놀이의 보기다. 미리 지적할 것은 음운 단위에 초점이 놓인 말놀이라고 하더라도 그것은 동시에 어휘나 통사 면에서도 초점이 놓일 수 있는 점이다.

(2) 언어 단위별 말놀이 유형 ①: 음운 초점 말놀이
  가. (@Bre***)
    -병원가서 물리치료 받고왔어.
    -왜?
    -병을 물리치료고ㅋㅋㅋㅋㅋㅋㅋㅋㅋ
    -............
    시집간 여동생이 이상하다.
  나. (@Kom***)
    ㅋㅋㅋㄱㄲㄱㄲ오리둥절이랙ㅋㅋㅋㅋㄱㅋ으윽 귀여워ㅋㅋㅋㄱㅋ우잉 왜 다 다리 한쪽을 들고있징..? (오리둥절)

다. (@304***)

경상도사남자가 국밥을 먹다가 "아지매, 대파 주이소" 그러자 아주머니는 못마땅한 표정으로 대파를 한움큼썰어 국밥그릇위에 얹어주었다. 그러자 남자가 "아지매, 대파 주라니까예" "대파 드렸잖아요"......"아! 데~워 주이소"

(2가)는 음운 단위에 초점을 맞춘 말놀이로서 '물리치료'와 '물리치려'라는 유사한 소리를 이용하여 웃음을 유도하고 있다. 보기에서 앞의 '물리치료'와 달리 뒤의 것은 '물리치려(고)'로 적어야 맞지만 통신 언어 사용의 '음소 바꾸기' 규칙을 적용하여 발음이 같아졌다.4) 결국 의미는 다르지만 발음이 비슷한 단어를 이용하여 말함으로써 다른 누리꾼들에게 재미를 주는 보기다.

(2나)는 '어리둥절'이란 어근의 발음을 '오리'와 연결 지어 비슷한 소리의 '오리둥절'로 모음을 바꾸어 씀으로써 재미를 주는 말놀이다. 사진을 보면 한쪽 다리를 들고 서 있는 학 무리들 사이에 함께 있던 오리가 영문도 모른 채 한쪽 다리를 들고 있다. 어리둥절하게 동작을 따라하는 오리의 행동을 표현하기 위해 '어리둥절'에서 음소 바꾸기를 통해 '오리둥절'을 이끌어 내었다.

(2다)는 표준말과 방언 어휘의 유사한 발음을 이용한 말놀이의 보기다.5) 경상 방언에서는 '데우다'를 '데푸다'라고 하는데 식당 손님이 '따뜻하게 데워 달라'는 뜻으로 "대파(데파) 주이소"라고 말한 것을 경상 방언을 모르는 주인이 '대(大)+파 주이소'로 잘못 해석해서 오해가

---

4) 의도적, 일시적으로 어미의 형태를 변형하여 이형태를 만들어 냄으로써 두 표현의 발음이 비슷해진 점을 생각하면 이런 말놀이는 음운 초점 말놀이면서 동시에 '형태 초점 말놀이'라고 부를 수도 있겠다.
5) 방언 또는 사투리가 웃음 유발의 소재로 많이 활용되는 점에 대해서는 한성일 (2002:355-359)에서 자세히 기술되었다.

생긴 것을 재미있는 이야기로 만든 것이다. 이 말놀이는 '데우다'의 경상 방언 발음이 '데푸다'임을 이용한 것인 점에서 기본적으로 방언들의 발음 차이를 주목한 음운 초점 말놀이지만 '데푸다'와 '대파'가 연결되고 '대파'의 뜻에 따라 통사 구조가 다른 점을 주목하면 어휘 및 통사적인 면에서도 해석할 수 있다.

(3) 언어 단위별 말놀이 유형 ②: 통사 초점 말놀이

가. (@PLO***)
말 꺼내기 어려운 상황

나. (@Mel***)
반말 패러디 시리즈 다 그냥 그랬는데 이건 좀 터졌다. 아 존심 상해

다. (@smi***)
오빠 지금 시간 돼?

　(3가)에서는 '말(言)을 꺼내다'와 '말(馬)을 끌어내다'라는 유사한 통사 구조를 웃음의 소재로 삼고 있다. 제시된 문장만 보아서는 '말(言)을 꺼내다'의 뜻으로 이해하기 쉽지만 사진을 보면 '말(馬)을 끌어내다'의 뜻으로 쓴 것임을 알 수 있다. 명사 '말(言)'과 '말(馬)'이라는 동음이의어를 활용한 것이면서 동시에 동사 '꺼내다'와 '끌어내다'와도 관련된 말놀이기 때문에 통사 단위에 초점이 놓인 말놀이로 해석하는 것이 가능하다.
　(3나)는 여성 배우와 관련해서 이미 유행하는 말놀이를 소개한 것으로 첫 문장 "너 어디서 반마리니?"에서 '반마리니?'의 통사적 중의성을 이용하여 재미를 유도하는 것이다. 이 표현이 텔레비전에 출연한 여성 연예인들의 말싸움에서 나온 것임을 아는 누리꾼들은 '반말+이니'를

발음대로 이어적은 것으로 자연스럽게 해석할 것이지만 그 다음 문장 "적어도 한마리는 시켜야지"를 보게 되면 '반마리니'가 '반 마리+이니'로 해석해야 됨을 알고 웃음을 터트리게 된다.

(3다)는 "오빠 지금 시간 돼?"라는 의문문을 이용한 말놀이다. 이 질문과 함께 올린 사진을 보면 '너비아니 밥바'라는 식품 이름이 나오는데, 촬영 각도를 조절한 결과 실제로는 '아니 밥바' 부분만 보인다. 누리꾼들은 이를 의문문에 대한 답변과 관련하여 '아니 바빠'로 받아들이게 된다. 구 차원의 상표명 일부를 조작하여 문장 단위로 인식되게 함으로써 재미를 주는 통사 초점 말놀이다.6)

(4) 언어 단위별 말놀이 유형 ③: 어휘·의미 초점 말놀이
   가. (@_Le***)
   핑계

---

6) '밥+바(bar)'와 '바쁘-+-아'의 발음이 같은 점에 착안해서 말놀이로 만든 것임을 고려하면 음운 초점 말놀이의 사례로 볼 수도 있다.

나. (@mel***)

아까 아부지 차타고 나가는데 바로 앞에 차에 아기도 초보운전자도 아닌게 타고있어서 아부지랑 나랑 동시에 아니 미친 타기 전에 뒤집어야지 이러고 있었다

다. (@gwe***)

열린전당포가 닫힘 ..

(4가)는 동음이의어 관계에 있는 기존 낱말 '핑계'와 통신 언어 새말 '핑계(핑크+계: 핑크 닭)'를 이용한 말놀이다. '핑계'라는 낱말을 보면 누리꾼들은 모두 "어떤 일을 정당화하기 위하여 공연히 내세우는 구

실" 뜻의 일상어를 생각하겠지만 사진에서는 예상 밖의 '핑크색 닭'을 뜻하는 말임을 알고 조금은 허탈하게 웃게 된다. 일반적으로 예상했던 것과 다른 뜻을 가진 말의 쓰임, 곧 의미의 '의외성'7)을 통해 재미와 웃음을 유발한다. 특히 누리꾼들이 기존의 낱말 형식에 새로운 의미를 부가함으로써 '핑계'가 동음이의어로 쓰이게 된 점이 눈에 띈다.

(4나)는 동음이의어인 동사 '타다'(탈것이나 짐승의 등 따위에 몸을 얹다)와 '타다'(뜨거운 열을 받아 검은색으로 변할 정도로 지나치게 익다)를 이용하여 재미를 주고자 한 말놀이의 보기다. 자동차에 흔히 붙이는 문구인 '아기가 타고 있어요'에서 '타다'는 앞의 뜻인데, 이를 모방하여 고기 배달 차에 '고기가 타고 있어요'라고 적어 둔 것을 보고 "타기전에 뒤집어야지"라고 아버지가 재치 있게 말했다는 것을 소개했다. '차에 타다'의 뜻을 일부러 '불에 타다'로 바꾸어 이해하고 농담을 한 데서 재미를 느끼게 된다.8)

(4다)는 반의어를 이용한 말놀이로서, 언어와 그림의 대조적 이미지를 웃음의 소재로 삼았다. '열린전당포가 닫힘'이라는 설명처럼 '열림'이라는 말과 '닫힘'이라는 이미지의 상반된 의미를 한 사진에서 동시에 느낄 수 있는 것이다. 트위터에서 누리꾼들이 '열린교회가 닫힘', '하양 검정고시학원', '아니 24시 약국인데 왜 닫아', '후진하는 전진'처럼 상반된 의미의 충돌 장면을 여러 가지 찾아 올림으로써 재미와 웃음을 얻는 말놀이가 최근 유행하고 있다.

---

7) 손세모돌(1999:7)은 유머 형성의 기본 원리를 '의외성'이라고 보면서 "듣는이의 예측이 빗나갔거나, 혹은 예측이 없는 상태에서 어떤 의외의 내용이 제시되는 것"을 '유머에서의 의외성'이라고 풀이했다.
8) 물론 '고기가 타고 있어요' 자체도 처음부터 '차에 타다'와 '불에 타다'의 중의성을 이용하여 재미를 주고 눈에 띄어 보려는 동기에서 그렇게 적은 것일 가능성이 있다.

(5) 언어 단위별 말놀이 유형 ④: 담화 단위 말놀이
　가. (@ref***)
　　우리집 노인네 강아지랑 산책을 쭐래쭐래 하고 있는데 한 꼬마 아이가 와서는 "와~! 너 귀엽다! 몇살이야?"라길래 내가 대신 "열 두살이야" 라고 했더니 갑자기 아이 얼굴이 어두워지면서 "형 미안해요" 라고 했다."
　나. (@502***)
　　아 님들 내가 오늘 면접때 무슨 병신짓을 했냐면ㅋㅋㅋ전공관련 말고 잘하는거 뭐냐길래 생각안나서 갑자기 입새끼가 묵찌빠라고 대답을 해버렸는데 교수님이 묵찌빠하재서 했는데 교수님 다섯분 다 이기고 나도모르게 환호성지름 존나 다같이 쳐웃다 면접 끝났다...ㅋ

(5가)는 개와 아이의 나이를 비교하는 데서 웃음을 이끌어 내는 이야기, 곧 담화 단위 말놀이다. 이것은 웃음과 재미를 주는 요소가 특정 언어 단위에 놓여 있는 것이 아니라 전체 텍스트에 걸쳐 있는 것을 가리킨다. 보기에서 어떤 꼬마가 자기보다 작은 강아지에게 반말로 나이를 물었는데, 주인이 '열두 살'이라고 대답하자 사람과 동물을 같은 선상에 두고 비교하여 강아지에게 "형 미안해요"라고 사과하는 장면에서 웃음이 나오지 않을 수 없다. 특정 언어 요소가 아니라 전체 이야기에서 웃음과 재미가 나온다.
(5나)는 대학 입시 면접장에서 수험생이 직접 겪은 일을 재미있게 소개한 것으로, 면접위원 교수들과 '묵찌빠' 놀이를 해서 모두를 이기고 환호성을 지르면서 함께 웃다가 면접이 끝났다는 다소 허탈한 내용이다. 딱딱하고 무겁고 긴장되는 면접장 분위기와 묵찌빠 놀이, 환호성, 웃음이라는 흔하지 않은 뜻밖의 상황이 대조를 이루면서 웃음을 준다. 처음부터 의도한 것이 아닌 상황의 '돌발성' 또는 '의외성'이 다른 누리꾼들에게 큰 재미를 주는 이야기다.9)

여기서 특히 주목되는 것은 일상어 말놀이와 달리 사회적 소통망 말놀이에서는 의미적 요소와 함께 비규범적 표기와 같은 인터넷 언어문화를 활용한 것이 많은 점이다. '물리치려'의 모음을 바꾸어 '물리치료'로 적는 것이 그 한 보기다. 그림이나 사진을 활용한 (1나, 나-1)의 경우는 일상어와 구별되는 통신 언어를 활용한 것은 아니지만 시각 요소라는 인터넷의 중요 소통 방식을 활용한 것이다. 말놀이로서 갖추어야 할 기본적 요건에 통신 공간의 특성이 반영된 표기 및 시각 요소가 추가 결합됨으로써 웃음과 재미가 배가됨을 알 수 있다.

사회적 소통망의 말놀이를 그것의 구성 형식이 무엇인지에 따라 수수께끼, 끝말잇기, 삼행시, 이야기 형식 등으로 나눌 수 있다. 다음 (6)은 사회적 소통망 말놀이의 구성 형식, 곧 말놀이의 구조 면에서 나누어 본 유형과 그 보기로서 누리꾼들이 사회적 소통망에서 많이 이용하는 것들이다.10) 이 가운데 '오타 이야기' 형식과 같이 인터넷 공간의 언어 사용 환경과 연결되는 일부를 제외하면 대부분은 일상어 말놀이에 있던 것들이다. 또한 여기서 언급하지 않은 다른 말놀이 유형이 사회적 소통망에서 더 나타날 수 있음을 밝힌다.11)

(6) 구성 형식별 말놀이 유형
　가. 수수께끼 형식
　　(@304***)
　　치과의사가 싫어하는 사람 : 이 없으면 잇몸으로 산다는 사람……한의사가 싫어하는 사람 : 밥이 보약이라고 하는 사

---

9) 이 이야기에 대한 누리꾼들의 반응이 폭발적이어서 1만 번 이상 전달(리트윗)된 것으로 나타났다.
10) 각 유형의 다양한 쓰임 사례나 용법, 기능 등에 대한 자세한 논의는 다음 기회에 진행해 보기로 하겠다.
11) 지금은 찾기 힘들지만 한때 트위터에서 'ㅇㅇㅇ', 'ㅇㅇㅇㅇㅇ'처럼 표시하여 몇 개의 글자로 빈칸을 채우라는 식의 말놀이도 유행했다.

람........ 학원 강사가 싫어 하는 사람 : 하나를 가르치면 열을 아는 사람
나. 끝말잇기 형식
(@Ghk***)
- 끝말잇기해요
- 배고파
- 파닭이먹고싶어
- 어디에요?
- 요 근처에 파닭잘하는데 있는데 사와줘요 ㅎ..♥
@CYo***
나-1. 어플과의 끝말잇기 형식
(@smi***)
Siri랑 끝말잇기..,

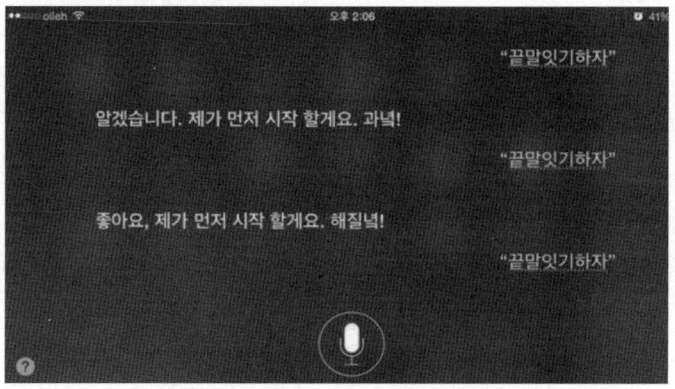

다. 속담/한자성어 형식
(@wis***)
알람은 맞춘 사람이 꺼야 한다: 결자해지(結者解之) 아닐까요? 자신이 벌인 일은 자기가 수습해야죠. 벌이는 사람 따로 치우는 사람 따로... 죽어도 못 일어나는 사람이 군대 가면 톡 쳐도 제 깍 일어납니다. 결국 믿는 누군가가 없어야 해요. #현대속담

다-1. 속담/한자성어 재해석 형식

(@HAN***)

역지사지 : 역으로 지랄해줘야, 사람들이 지 일인줄 안다.

라. 삼행시 형식

(@BEA***)

이:이기광은

기:기럭지는 짧지만

광:광이 엄청 빛나서 눈이 부시다

말도 안되는 삼행시 ^—^

@B2s***

마. 이야기 형식

(@pro***)

썸 타는 중으로 추정되는 남녀가 아침부터

알바하는 식당에서 소주 한 병 까고

실컷 대화하던 중 남자가 춥지 않냐며

여자에게 스킨쉽을 시도하길래

남녀 근처의 에어컨을 꺼주었다

고맙다는 말은 됐어요 손님!

마-1. 오타 이야기 형식

(@gim***)

집청소하고 엄마한테 문자 보냈는데

> 난 엄마가 시켜서 집청소했음ㅋ 다 하고 너무 뿌듯해서 엄마한테 문자를 보냈음ㅋ 근데 엄마가 전화로 너 뭐하는 애냐고 화내길래 내가 문자 보낸 내용을 봤더니 '임마 내가 청소 다했다'ㅋㅋㅋㅋㅋㅋㅋㅋㅋㅋㅋㅋㅋㅋㅋㅋㅋㅋㅋㅋㅋㅋㅋㅋㅋㅋㅋㅋㅋㅋㅋㅋㅋㅋㅋㅋ개깜놀ㅋㅋㅋㅋㅋㅋㅋㅋㅋㅋㅋㅋㅋㅋㅋㅋㅋㅋㅋㅋㅋㅋㅋㅋ

사회적 소통망의 말놀이를 구조 면에서 분류할 때는 '수수께끼, 끝말잇기, 속담/한자성어, 삼행시, 이야기 형식' 등으로 나눌 수 있다. (6

가)의 수수께끼 형식은 '퀴즈' 형식으로 부를 수도 있는데 한 게시글당 140자의 짧은 글로 소통이 이루어지는 트위터에서 특히 많이 나타난다. (6나)의 끝말잇기는 재미있는 내용으로 이미 완성된 것을 게시하는 경우도 있지만 다른 누리꾼과 실시간으로 놀이처럼 진행하는 일도 있다. 또한 최근 휴대전화 기술이 발달해서 (6나-1)처럼 음성대화로 스마트폰 '어플'12)과의 끝말잇기 놀이를 즐기기도 한다.

(6다)의 말놀이는 '알람은 맞춘 사람이 꺼야 한다'라는 이른바 '현대 속담'을 만들고 그 뜻을 설명한 것으로 눈에 띈다.13) (6다-1)은 기존 한자성어의 뜻을 본뜻과 관계없이 누리꾼이 새롭게 매기면서 재미를 주고자 한 것이다. 사회적 소통망에는 이처럼 새로운 속담을 만들기도 하고 기존의 속담이나 한자성어를 재미있게 변형, 재해석하여 공유하는 일이 많다. (6라)는 유명 '아이돌' 연예인 이름인 '이기광'을 대상으로 삼행시를 지은 것인데, 때에 따라 2행시나 4행시를 짓기도 한다.

사회적 소통망의 말놀이 가운데 가장 흔하고 수가 많은 것은 (6마)의 이야기 형식이다. 일상에서 듣거나 경험한 것을 자유로운 형식으로 재미있게 표현하여 다른 누리꾼들에게 전달함으로써 재미와 웃음을 주고자 하는 것이다. 한편, 인터넷 언어 사용에서는 컴퓨터나 휴대전화 자판을 통해 글자를 입력하기 때문에 의도와 달리 오타를 내는 일이 흔하다. 이 때문에 사회적 소통망의 말놀이 가운데 재미있는 오타를 찾아 소개하는 '오타를 활용한 이야기', 곧 '오타 이야기' 형식의 말놀

---

12) '어플'이란 휴대전화의 '응용 프로그램'을 뜻한다. '어플리케이션'(application)의 줄임말로 '앱'이라고도 부른다.
13) 이 속담을 올린 (6다)의 누리꾼은 트위터에서 '현대 속담'을 지속적으로 소개하면서 해설을 붙이고 있는데, 그 가운데 눈에 띄는 속담 몇 개를 보면 다음과 같다.
"길 모른다더니 도를 아시냐 한다", "야구는 9회말 투아웃부터다", "월급 빼고 다 오른다", "유부남의 적은 아내 친구 남편", "이기는 편 우리 편"

이가 상당히 크게 유행하고 있다. (6마-1)을 보면 문자 메시지에서 '엄마'라고 적어야 할 것을 '임마'로 잘못 적어 오해를 받고 깜짝 놀랐다는 이야기를 소개하고 있다. 이런 이야기 형식은 '자판으로 입력한 글말'로 소통하는 사회적 소통망의 언어 사용 환경 특성이 반영된 새로운 유형의 말놀이다.

3. 사회적 소통망 말놀이의 기능

모든 말놀이는 기본적으로 재미와 웃음과 연결되는 면에서 '재미 나누기'의 기능을 갖는다. 그러나 누리꾼들은 언제나 말놀이를 단순히 웃음이나 재미만을 위해서 즐기는 것은 아니다. 말놀이를 통하여 다른 누리꾼들과 재미를 나누는 동시에 일상에서 쌓인 스트레스를 푸는 일이 많다. 또 크고 작은 새로운 정보를 널리 전하기도 하며, 다른 사람이나 사회의 문제 행위를 은근하게 비판하기도 한다. 누리꾼들의 말놀이에서 보이는 여러 가지 소통 기능에는 '재미 나누기, 심리적 긴장 풀기, 정보 나누기, 사회 비판하기'가 있다. 이 가운데 '재미 나누기'는 통신 언어의 사용 기능을 다룬 이정복(2003가:49-63)의 '오락적 기능'에 대응되고, '심리적 긴장 풀기'는 '심리적 해방 기능'에 대응된다. 이런 말놀이는 한 가지 기능만 갖는 경우는 드물고 둘 이상의 소통 기능이 겹쳐서 파악된다. 각각의 기능에 대해 전형적이고 구체적인 보기를 통해 살펴보기로 하겠다.14)

---

14) 남혜현(2014:5)는 언어유희의 가장 근원적인 기능을 '오락 기능'과 '심리 치료 기능'으로 보았다. 각각 우리의 '재미 나누기'와 '긴장 풀기' 기능에 대응된다.

3.1 재미 나누기

'재미 나누기' 기능은 인터넷 말놀이의 가장 기본적 기능이다. 모든 인터넷 말놀이는 다른 사람들에게 재미나 웃음을 주려는 동기를 바탕에 깔고 있으며, 결과적으로 재미를 느끼게 하는 기능을 발휘한다. 이 기능이 없는 인터넷 말놀이는 말놀이가 아닌 것이다. 다른 기능인 '정보 전하기'나 '사회 비판하기'가 분명하게 드러나는 말놀이 사례의 경우도 정도 차이는 있지만 재미 나누기 기능을 기본적으로 갖는다. 사회적 소통망에서 직접 만들거나 보고 들은 말놀이를 퍼트리는 누리꾼들은 다른 누리꾼들에게 재미를 주면서 소통하는 행위 자체에서 재미와 즐거움을 누린다.15)

(7) '재미 나누기' 기능이 강한 말놀이
    가. (@jja***)
        택배아저씨의 딜

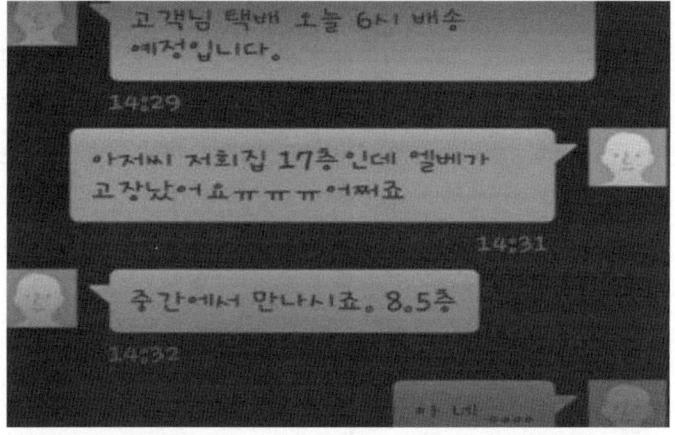

---

15) 윌리엄 스티븐슨(William Stephenson)은 대중 매체를 통해서 얻어지는 즐거움을 '소통의 즐거움'이라고 했다(박근서 2006:155에서 재인용).

나. (@soo***)

파랑 새...

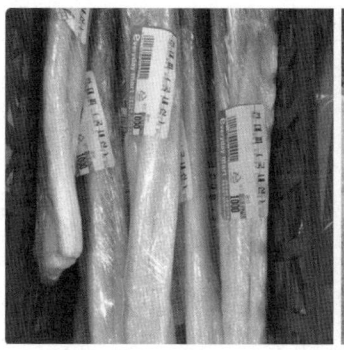 

　(7가)는 누리꾼 자신이 직접 겪었던 재미있는 이야기를 전달하는 말놀이로서 보는 사람들에게서 '재미있다'는 반응을 이끌어 내는 것이 기본적 기능이다. 택배 기사와의 대화를 소개하고 있는데, 아파트 엘리베이터가 고장 났다고 하자 기사가 순발력을 발휘해 중간에서 만나자고 한 것을 '택배아저씨의 딜'이라고 이름을 붙였다. 흔하지 않은 상황의 대화이자 해결 방향이라서 보는 사람들에게 뜻밖의 은근한 재미를 준다. 이런 상황에서 다른 택배 기사들은 아파트 관리실에 맡기겠다고 하는 것이 보통이겠지만 해당 기사의 경우 계단을 걸어서라도 직접 배달하겠다, 다만 17층은 너무 높으니 고객도 중간으로 내려 와서 받아 가라고 말하는 부분이 평균적 예상을 깨는 것이라 웃지 않을 수 없다.
　(7나)의 누리꾼은 '파랑새'라는 단어를 제시하면서 사진에는 누리꾼들이 기대하는 '파란 색의 새'가 아니라 야채 '파'와 갈색의 '새' 사진을 함께 올렸다. 이 게시글을 올린 누리꾼은 '파랑새'라고 적지 않고 '파랑 새'라고 띄어쓰기를 하여 사진의 단서를 글로 미리 제시했지만 그것을 깨닫지 못한 누리꾼들은 '파랑새'를 기대하면서 사진을 보게 된다. 그러나 엉뚱하게도 '파랑새' 대신에 보이는 '파'와 '새' 모습에 '낡

였다'는 생각을 하면서 웃음을 짓지 않을 수 없다. 이 보기 또한 누리꾼들에게 웃음과 재미를 주는 자체가 목적인 말놀이에 해당한다.

3.2 심리적 긴장 풀기

호이징가는 놀이란 긴장을 해소시키려는 노력이라고 했고(요한 호이징가 지음/김윤수 옮김 1993:23), 박근서(2006:7)은 웃음과 코미디를 해방의 언어이며 몸짓이라고 보았다. 인터넷 말놀이의 중요한 기능의 하나가 바로 누리꾼들이 일상에서 쌓인 심리적 스트레스를 풀어 버림으로써 해방감을 느낄 수 있도록 도와주는 '긴장 풀기'에 있다. 누리꾼들이 말놀이를 통해서 재미를 느끼고 웃음을 짓게 되는 과정 자체가 재미 나누기인 동시에 심리적 긴장 풀기의 과정이기도 하다.16)

(8) '심리적 긴장 풀기' 기능이 강한 말놀이
 가. (@jin***)
  내가 고갱님께 메일 보내면서 "그럼 이만 총총합니다."라고 보냈는데 보내자마자 그년이 전화해서 총맞아 뒤지라는거냐면서 개지랄함 ㅋㅋㅋㅋㅋㅋㅋㅋㅋㅋㅋㅋㅋㅋㅋㅋ
 나. (@IO_***)
  뉴저지주에 사는 해외교포의 분노...

---

16) 웃음을 심리적 긴장의 해소와 연관 짓는 이론을 '해소론(relief theory)'이라고 한다. 프로이트(S. Freud)는 사회를 다양한 유형의 억압을 행사하는 주체로 보았는데 그러한 억압은 정신적 에너지를 소비하는 일이며, 정신적 에너지 낭비를 막아 주는 '심리적 경제'를 실현하는 수단이 바로 웃음이라고 주장했다 (박근서 2006:66-67에서 재인용).

(8가)는 실제 일어난 일인지 여부는 알 수 없지만 고객과의 소통 과정에서 심한 스트레스를 받은 이야기를 소개하면서 '그년', '개지랄'과 같은 비속어를 써서 심리적 해방감을 누리는 모습이다. 고객이 왕인 극도의 21세기 서비스 경쟁 시대에 일상화된, 어이없는 고객의 '갑질' 행동을 사회적 소통망을 통해서 누리꾼들에게 널리 알림으로써 일종의 고발 행위와 자기 정화 과정을 수행한 것으로 볼 수 있다. 무례한 행동을 한 고객에 대한 불만을 누리꾼들에게 알리고 고발함으로써 함께 웃고 심리적 긴장을 풀게 된다.17)

(8나)는 전직 대통령에 대한 비속어 사용을 소개한 것으로, 정치인으로부터 받은 스트레스를 풀고자 하는 심리적 해방, 곧 심리적 긴장 풀기의 기능이 뚜렷하게 파악된다. 미국 자동차 번호판이 'MB18NOM'인데, 'MB'는 이명박 전 대통령을 가리키는 영문 약자로, '18NOM'은 '십팔+놈→씨팔놈'이라는 욕설로 해석된다. 결과적으로 전직 대통령에 대한 정치적 불만을 표출하고 심리적 스트레스를 풀고자 하는 의도가 담긴 번호판이라고 본 것이다.18)

---

17) 경험한 일을 널리 알려 고발함으로써 심리적 긴장을 푸는 이런 말놀이는 '재미 나누기', '심리적 긴장 풀기' 기능을 기본으로 갖는 동시에 아래에서 다룰 '사회 비판하기' 기능을 중요하게 갖고 있기도 하다.

3.3 정보 전하기

말놀이를 통해서 누리꾼들은 의도적이든 그렇지 않든 다른 누리꾼들에게 새로운 정보를 전하는 일이 종종 있다. 특히 사진이나 동영상의 이미지 정보를 통해서 누리꾼들이 잘 모르는 새로운 사실을 전달하기가 쉽다. 새로운 정보 자체가 재미를 주는 요소이면서 그것을 활용하여 말놀이가 이루어질 때는 재미의 강도가 크게 증가한다.

(9) '정보 전하기' 기능이 강한 말놀이
　가. (@gim***)
　　녹차 유명한데가 어디양?

　나. (@pho***)
　　님아 그강을 건너지 마오

---

18) 미국에 사는 한국 동포가 의도적으로 이런 번호판을 만든 것인지 아니면 거리에서 우연히 발견하고 사진을 찍은 것인지에 대해서는 확인하기 어렵다.

    (9가)의 누리꾼은 '보성'과 '이양'이라는 지명이 함께 나온 길 안내판 사진을 제시하면서 '녹차 유명한데가 어디양?'이라고 묻고 있다. 보성 지역이 녹차로 유명하다는 점을 아는 누리꾼은 사진의 정보를 보면서 '보성이양'이라고 답하게 될 것이다.19) '보성'과 '이양'이라는 지명을 연결하면 대답 문장이 되는 데서 재미를 느끼는 동시에 누리꾼들은 보성 지역이 녹차로 유명하며, '보성' 가까이 '이양'이라는 지역이 있다는 정보를 추가적으로 알 수 있다.20)

    (9나)를 올린 누리꾼은 '재수강'이라는 특이한 강 이름 사진을 제시하면서 '님아 그강을 건너지 마오'라고 적었다. 실제 존재하는 '재수+강(江)'이라는 이름을 대학생들이 흔히 접하는 '재(再)+수강(受講)'으로 해석하도록 유도한다. 이 게시글을 보는 대학생 누리꾼들은, 공부를 열심히 해서 재수강을 하지 말라는 뜻으로 '님아 그강을 건너지 마오'라

---

19) '보성이양'은 '보성이야'에 '자음 더하기'가 이루어진 형식인데, 이렇게 대답할 수 있도록 게시글 작성자가 '어디야'라고 묻지 않고 '어디양'이라고 적었다. 대답하는 누리꾼들이 '보성'과 '이양'이라는 지명을 연결해서 말하도록 한 것이다. 이러한 말놀이가 가능한 것은 통신 언어의 자음 더하기가 인터넷 공간에서 널리 쓰이고 있기 때문이다.

20) '보성'은 전라남도에 있는 군 이름이며, '이양'은 전라남도 화순군에 있는 면 이름이다.

는 말을 적었다고 해석할 것이다. 이 표현은 2014년에 개봉된 진모영 감독의 다큐멘터리 영화 〈님아, 그 강을 건너지 마오〉의 제목을 차용한 것이며, 영화 제목은 고대 가요 〈공무도하가〉의 '님아 물을 건너지 마오'에서 가져 온 것이다. 역시 재미와 함께 특이한 이름의 '재수강'이란 존재에 대한 정보를 동시에 주는 말놀이 보기다.

3.4 사회 비판하기

인터넷 말놀이 가운데 어떤 것은 사회 구성원 또는 조직의 잘못과 모순 등을 공격하거나 풍자하는 '사회 비판하기' 기능도 갖고 있다. 누리꾼들은 비유적이고 간접적인 방식의 비판을 위해 말놀이를 적극 활용한다. 직설적으로 비판할 때보다는 비유, 풍자 등의 방식을 이용해서 재미있게 비판할 때 누리꾼 스스로는 심리적 긴장을 풀면서 상대방에 대한 비판 효과는 더 크게 나올 수 있기 때문이다. 인터넷에서 유행하는 각종 패러디 또는 풍자 기능의 말놀이는 모두 비판하기 기능을 바탕에 깔고 있는 것이다. 이러한 사회 비판하기 기능의 인터넷 말놀이는 일반인을 대상으로 하는 경우도 있지만 정치인, 재벌, 유명 연예인 등 현대 사회의 우월 집단에 속하는 사람들을 대상으로 하는 비판이 많은 편이다.[21]

김영희(2015:142)는 "말놀이의 재미는 단순한 장난을 넘어 때로 사회적 의식이나 계층 감각 등을 보여 주기도 한다"고 하면서 그 보기로 〈봉산탈춤〉에서 말뚝이가 양반을 조롱하고 질타하는 말놀이 장면을 들

---

21) 유머 텍스트에서 표적으로 삼는 부류가 열등 집단과 우월 집단인데, 특히 우월 집단의 "부정적인 면을 폭로하고 풍자함으로써 상대적 열등감에 빠져 있는 대부분의 수용자들에게 쾌감을 줄 수 있다"(한성일 2002:347)는 점 때문에 연예인이나 정치인 등 '잘나가는 사람들'이 유머의 소재로 많이 쓰이는 것이다.

었다. 그러면서 "말의 경계를 넘어선 말들이 만들어 낸 창조는 언어의 창조를 넘어 새로운 세계의 창조를 향해 나아간다"(148쪽)고 보았다. 말놀이가 가진 사회 비판적 기능이 오래 전부터 우리 언어문화에서 작동해 온 점과 함께 말놀이가 단순한 유희에 그치지 않고 긍정적 사회 변화에 직접 영향을 줄 수 있음을 지적한 점이 눈에 띈다.

(10) '사회 비판하기' 기능이 강한 말놀이 ①: 일반인 비판
  가. (@1nn***)
    나랑 아빠가 장애인 주차공간에 주차하는 일반인을 보고
    나 : 아빠 저사람들 장애인도 아닌데 저기 주차해
    아빠 : 저사람들 장애인들 맞아
    나 : 어?
    아빠 : 염치불구
    나 :
    아빠 : 맞잖아
    굉장하다고 생각했다
  나. (@991***)
    카페 옆자리에서 한 아주머니가 오늘 상가 세입자가 "대들었다"며 귀가 따갑게 열 내고 계신다. 그 년이 대드는거야. 자존심 상한다고 지랄하는거야 싸가지없게. 재계약 안해줄거야. 내보낼거야. 나가라고 했어.
    저 분을 카페에서 내보내고 싶다

(10가)는 장애인 주차 구역에 주차한 비장애인 개인의 규칙 위반 행위를 비판하는 말놀이 보기다. 그런 사람들을 '염치불구'라고 부르면서 양심과 도덕성 면에서 장애인이라고 본다는 내용이다. '염치(廉恥)불고(不顧)'라는 표현을 '염치+불구(不具)+자'의 뜻으로 의미를 재해석한 데서 재미를 주는 한편 염치없는 사람들의 행위를 비판하는 말놀이

라고 하겠다.

(10나)의 보기는 카페에서 다른 사람들을 배려하지 않고 시끄럽게 말하는 무례한 여성을 비판하는 말놀이다. 문제의 여성이 자신의 건물 세입자와 관련해서 말한 '내보낼 거야'를 패러디해서 이 누리꾼도 '저 분을 카페에서 내보고 싶다'고 말하고 있는 데서 웃음을 준다. 은근한 재미를 주면서도 공중도덕을 지킬 줄 모르는 사람들에 대해 비판하려는 의도가 잘 드러난다.

(11) '사회 비판하기 기능'이 강한 말놀이 ②: 유명인 비판
　가. (@mf_***)
　　"유승준씨? 여기도 나름 한반도인데 여기라도 입대할래요?"

　나. (@cha***)
　　무능, 무책임 박정부
　　☆ 메르스 사태에 컨트롤 타워 없었다.
　　일단 내가 먼저 살아남아야 한다.

　(11가)는 유명 연예인의 병역 기피라는 문제적 행위에 대한 비판적 시각을 완곡하게 드러낸 것이다. 병역을 회피하고 한국을 떠난 가수 유승준 씨가 최근 한국 재입국을 위해 기자회견을 한 상황에서 김정은 북한 조선노동당 위원장의 사진과 가상 발화를 이용하여 한국인이면서 군대도 안 간 유 씨를 간접적으로 조롱하며 비판하고 있다. 이는 연예인에 대한 비판인 동시에 김정은 사진에 대한 재미있는 패러디 놀이기도 하다.

　(11나)는 현직 대통령에 대한 비판적 시각을 강하게 드러낸 말놀이의 보기다. 지난 봄 메르스(MERS) 사태 당시 박근혜 대통령이 병원을 방문한 장면을 보도한 사진에 나왔던 '살려야 한다'라는 문장을 비판과 웃음의 소재로 삼았다. 그것을 패러디해서 '살아 남아야 한다'라고 바꿔 씀으로써 국민들이 취업난, 생활고, 메르스 공포 등으로 심한 고통을 받고 있음을 알리는 한 신문의 만평을 전달한 말놀이다.22) 이 게시 글을 올린 누리꾼은 그림 안의 패러디 표현과 비슷하게 '일단 내가 먼저 살아남아야 한다'고 적었다. 대통령의 정치 행위가 국민들의 실생활

---

22) 이 그림은 2015년 6월 22일자 ≪금강일보≫의 '금강만평'에 실린 것이다.

을 제대로 살피지 못하는 보여주기 쇼 같다는 생각을 하면서 대통령을 비판하는 한편 국민 스스로가 자신의 생존을 챙기고 책임져야 한다는 뜻을 표현한 것으로 해석된다.

(12) '사회 비판하기' 기능이 강한 말놀이 ③: 특정 조직 비판
  가. (@slo***)
    〈서울 슬로건〉
    I.SEOUL.YOU란 어설픈 슬로건에 대한 댓글중 재미있는 것 몇 개
    1.공무원이 이 정도 했으면 괜찮은거지
    2.결정권자가 아이유팬 클럽 회원이야
    3. 우리동네에 붙어 있는"파주는 파죽지세"가 이제 덜 부끄러워
  가-1. (@xlq***)
    아이 서울 유

  나. (@rid***)
    부산에서 '모텔'이 음란함을 내포하고 있다고 다른 명칭 공모를 하더군요.
    제가 가보니까 거의 호텔 수준의 편의시설을 갖춘 곳도 있고 시

트도 깔끔하고 좋더이다.
그러니까 호텔 수준의 모텔이란 뜻에서 '호모텔' 추천합니다.

(12)는 특정 조직의 정책이나 활동을 비판하는 기능의 말놀이 보기다. (12가, 가-1)에서는 최근 서울시가 새로운 브랜드로 'I.SEOUL.YOU'를 선정한 것과 관련하여 누리꾼들의 비판적 태도가 들어간 재미있는 반응을 볼 수 있다. 'I'와 'YOU'가 가수 '아이유'와 연결되어 연예인 팬클럽을 떠오르게 한다거나 '파주는 파죽지세'라는 다른 도시의 브랜드보다 더 부끄럽게 느껴진다는 비판적 시각이 드러나는 한편 은근하게 웃음을 짓게 한다. (12가-1)은 '아이유'의 얼굴 사이에 서울 사진을 넣음으로써 '아이 서울 유(I.SEOUL.YOU)'를 시각적 방법으로 풍자하여 표현했다. 이 게시글에 대해 한 누리꾼은 "아이서울유 제작비 9억은 몰래 아이유 인지도를 올리려는 서울시의 음모였다"라는 댓글을 달기도 했다.

(12나)는 부산 해운대구에서 모텔과 여관의 부정적 이미지를 씻을 수 있는 새로운 이름을 공모하는 것과 관련해서 부정적 태도를 드러내며 동시에 재미를 주는 보기다. '모텔'의 새로운 이름으로 '호텔 수준의 모텔'이란 뜻을 담은 '호모텔'을 추천한다고 했는데, 이 말이 '호텔+모텔'과 '호모(동성애자)+호텔'의 중의성을 갖는 데서 웃음을 준다. '모텔'의 부정적 의미를 없애려는 행정기관의 과잉 시도에 대해 오히려 사회적으로 부정적인 의미가 더 강한 '호모텔'을 제시함으로써 그것을 간접적으로 비판한 것으로 해석된다.

맺음말

이 장에서는 사회적 소통망(SNS)의 말놀이를 대상으로 그 유형과 기능을 분석해 보았다. 대표적인 사회적 소통망의 하나인 트위터에서 인터넷 말놀이 자료를 수집했다. 1절에서는 관련 선행 연구를 검토하고, 이어서 2절에서 사회적 소통망 말놀이의 유형을 나누고 사례를 살펴보았다. 구성 요소 면에서 '언어 단독형 말놀이'와 '언어-이미지 복합형 말놀이'로, 언어 단위별로는 '음운 초점 말놀이', '통사 초점 말놀이', '어휘·의미 초점 말놀이', '담화 단위 말놀이'로, 구성 형식 또는 말놀이 구조별로는 '수수께끼', '끝말잇기', '속담/한자성어', '삼행시', '이야기' 형식으로 나누었다. 3절에서는 사회적 소통망 말놀이의 기능을 분석했다. '재미 나누기', '심리적 긴장 풀기', '정보 전하기', '사회 비판하기'의 네 가지 면에서 말놀이의 기능을 파악했다.

인터넷, 컴퓨터, 스마트폰, SNS가 언어생활에서 차지하는 비중이 높은 21세기 인터넷 통신 언어 시대에 '인터넷 말놀이'는 새로운 소통 방식이자 중요한 언어문화의 하나이다. 인터넷 언어문화, 구체적으로 사회적 소통망의 말놀이를 본격적으로 살펴본 이 장의 분석은 사회적 소통망의 언어문화에 대한 이해의 폭을 넓히고, 말놀이가 인터넷에서 어떻게 이어지며 확장되는지를 밝힌 점에서 의의가 있다. 자료 분석을 통하여, 언어와 함께 그림이나 사진, 동영상이 중요한 소통 수단인 인터넷에서 말놀이 또한 언어와 이미지 요소를 함께 이용한 경우가 많고 그 효과도 강함을 알 수 있었다. 말놀이 구조 면에서 볼 때, 일상어 말놀이에 있는 것이 인터넷에서 그대로 나타나기도 하지만 '오타 이야기' 등은 인터넷 언어문화의 특성이 반영된 말놀이임이 확인되었다. 또한 사회적 소통망의 말놀이는 단순히 재미 나누기나 스트레스 해소 기능에 머물지 않고 새로운 정보를 전하거나 사회를 비판하는 기능을 함께 갖는 경우가 많았다. 재미와 웃음을 주는 것이 인터넷 말놀이의 기본 기능이면서도 그것은 다른 한편으로 누리꾼들 사이의 상호 소통과 인터넷 언어공동체 발전에 기여할 수 있는 것이다.

이 장의 연구는 다음과 같은 몇 가지 점에서 의의가 있다. 첫째, '사회적 소통망 말놀이'라는 새로운 언어문화 현상을 본격적으로 다룬 연구인 점에서 한국어 연구의 범위를 확장하고, 관련 분야의 다양한 후속 연구들을 이끌어 낼 수 있다. 둘째, 언어 사용 환경과 밀착된 '인터넷 말놀이'라는 언어문화 현상을 연구 대상으로 삼음으로써 그동안 한국의 언어 연구가 사회 및 기술 발전 등의 언어 사용 환경 변화와 분리된 채 이론적·형식적 탐구 경향을 보였던 점을 반성하는 계기가 될 수 있는 점에서 중요한 의의가 있다. 셋째, SNS 말놀이가 갖는 다양한 소통 기능을 확인함으로써 정보통신 기술의 발달에 대해 갖는 부정적인 사회적 인식을 개선할 수 있을 뿐만 아니라 문학, 인류학, 사회학, 커뮤니케이션학 등과의 학제적 연구를 위한 계기를 마련할 수 있다.

끝으로 한 가지 지적할 점은, 어떻게든 웃음과 재미를 주면 된다는 누리꾼들의 생각이 인터넷 공간을 강하게 지배하다 보면 개인의 인격을 비하하고 명예를 훼손하거나 장애인, 여성, 성소수자 등 사회적 약자를 차별하는 말놀이가 무비판적으로 퍼질 수 있다는 사실이다. 한 예를 들어 앞서 분석했던 'MB18NOM'은 특정인을 비하하고 모욕하는 문제가 있다. 또 "탐라를 보면 시인같은 사람들이 참 많은것같다 병시인~", "내 동기 가공육 발암물질 지정됐다고 부대찌개 안먹고 다른거 먹더라. 근데 다 먹고 담배 피우러 나감. 병신....."은 웃음과 재미를 주기는 하지만 장애인을 차별하는 것이다. ""나 오늘부터는 술도 끊고, 담배도 끊고, 그리고 말야, 바람도 안 피우기로 했어", "그럼, 자네는 오늘부터 무슨 재미로 사나?", "그거야, 거짓말 하는 재미로 살지."", "한 총각이 고상한 아가씨와 맞선을 봤다. 돈가스를 같이 먹는데 총각은 음악에 귀를 기울이며 물었다. "이 곡이 무슨 곡인지 아십니까?" 그러자 우아하게 돈가스를 썰던 아가씨가 말하길, "돼지 고기요" ?!!"에는 남성 차별과 여성 차별 문제가 들어 있다. 누리꾼들이 웃음과 재미에 지나치게 몰입하면서 자신도 모른 채 차별과 비하라는 사회적 문제 행위에 관련될 수 있음을 지적한다. 사회적 소통망에서 나타나는 '무의식적 차별 언어 사용'이라고 말할 수 있는 이런 문제에 대해서는 이정복(2016)에서 자세히 논의했다.

6장_ '한다요체'의 확산과 분포

　이 장에서는 인터넷 공간에서 크게 쓰임이 확장된 종결어미 변이형 '한다요체'의 쓰임과 기능을 살펴보는 것이 목적이다. 특히 인터넷 통신 언어를 사회언어학의 관점과 방법으로 연구해야 할 필요성과 효과를 '한다요체'의 확산과 분포에 대한 해석을 통해서 보여 주고자 한다.

　'한다요체'는 본래 아이들이 일상어에서 많이 쓰는 것으로, '점심 너무 맛있었다요'와 같이 해라체에 높임 보조사 '요'를 덧붙인 형식을 가리킨다. 그것은 오래 전부터 한국어 언어공동체에서 아이들이 말을 배우는 과정에서 자연발생적으로 써 온 것이지만 최근 트위터 등 인터넷 통신 공간에서 10대 청소년이나 20대 대학생, 그 이상의 성인들도 즐겨 쓰는 유행 표현이 되었다. 규범 문법의 시각에서 보면 아이들의 미숙하고 잘못된 말로 간단히 넘겨 버릴 수 있겠지만 사회언어학적 관점에서 볼 때 그것은 화자들의 의도와 목적이 담긴 적절하고 당당한 언어 표현인 사실을 보고하고자 한다. 다음 1절에서 '한다요체'의 등장과 확산에 대해 알아보고, 2절에서 '한다요체'의 기능을 살펴본다. 이어서

---

* 이 장의 내용은 이정복(2011다)를 부분적으로 고친 것이다.

3절에서 통계 분석 방법을 통하여 '한다요체'의 분포를 구체적으로 파악하기로 하겠다.

1. '한다요체'의 등장과 확산

요즘 인터넷 공간을 중심으로 '한다요체'가 유행하고 있다. '한다요체'는 해라체 형식에 높임 보조사 '요'를 덧붙인 것으로 젊은 누리꾼들을 중심으로 서서히 용법이 확산되고 있다. 트위터, 인터넷 게시판, 카페 등 인터넷 공간에서 쓰인 보기를 들면 다음과 같다.

(1) '한다요체'의 쓰임 보기
    가. (@min***)
        대호찡ㅜㅜㅜㅜㅜ 진짜 밥값한다요ㅠ 부갈 신이나네ㅋㅋㅋ
    가-1. 민구형...은영이 쑥이가.....3시간 동안 뼈빠지게 청소 했다요...
        생색은 아니구....요...그냥 수고했다구 칭찬해주세요....
        완전 엉망이었거든요... [...] (삥구..은영..쑥이가....이쁜짓했다요..,
        다음 카페, 2010-02-24)
    나. (@Rei*** → @jeo***)
        왜 트위터 계정을 만들려면 하니요?
    나-1. 제가 지금 고민중에 있습니다.
        win7 x86 하고 x64 중 어떤것을 선택해야하냐요
        물론 win7 x86에 익숙하지만 win7 x64는 사용을 안해서 두가지
        에 차이점이 있냐요. [...] (win7 x86 하고 x64 중 어떤것을 선택
        해야하냐요, www.lanfile.com, 2011-03-26.)
    다. 님아 하던 공부나 열심히 해라요
        대학가면 다 알게된다요 (다음/지식, 2006-06-12)

다-1. (2He*** → @yon***)
그렇다요..절대날불쌍하게생각하지말라요..좋아서먹었다요..하
라. "아빠 레고 하자요." (www.popco.net/동호회, 2010-06-27)

'한다요체'는 (1가~라)의 '한다요, 하니요/하냐요, 해라요, 하자요'
와 같이 네 가지 문장 종결법 형식이 모두 쓰인다. 마치 해체의 '-어'
나 '-지'에 '요'가 붙어 모든 문장 종결법에서 쓰이는 것과 마찬가지로
해라체 종결어미에 '요'가 모두 붙는다. (1가-1, 2나-1)을 보면 해요체
나 하십시오체 형식과 어울려 쓰이는 점에서 '한다요체'는 상대방을 높
여 대우하는 기능을 기본적으로 갖는다고 하겠다. 이러한 '한다요체'의
쓰임이 오타나 한국어 지식의 부족에 따른 일회적인 용법이 아니라 의
도적이고 지속적인 것임을 〈그림 1〉에서 확인할 수 있다.

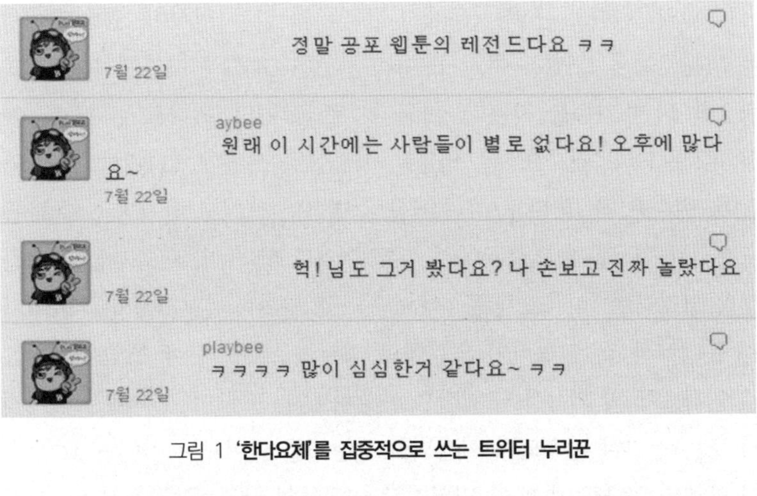

그림 1 '한다요체'를 집중적으로 쓰는 트위터 누리꾼

그런데 평서법의 경우 (1가-1)의 '했다요'와 같은 과거형 쓰임이 특
히 많이 나타나며, 이 형식은 그대로 의문형으로도 쓰인다.

(2) 평서문과 의문문에서의 '한다요체' 통용
  가. (@doo*** → @No1***)
    악악!!!!!!!!!!!!!!!!!!!!!!!!!!!! !!!!!!! 신의퀴즈!!!!!!!!!!!!! 오늘 한다요ㅠㅠㅠㅠㅠ
  가-1. (@min*** → @soo***)
    그럼 저도 오빠 따라쟁이한다요? 오빠라도 남아서 저희랑 놀아주셔야죠^-^
  나. (@liz*** → @CuZ***)
    아뇨...11일동안 여행갔다 왔다요 ^^
  나-1. (@Her*** → @yon***)
    아용정이동생이다요?ㅋㅋ밥머꼬왔다요?ㅋㅋ
  다. (@jul***)
    밥 먹었다요? 난 안먹었다요~!! @hwa***

 (2가)의 '한다요'는 평서문에서 쓰였는데 같은 형식이 (2가-1)에서는 의문문에서 쓰였다. 여기서 "따라쟁이한다요?"는 '따라쟁이해요?'와 비슷한 의미 기능을 갖는다. 마찬가지로 (2나)의 '왔다요'는 평서문에서, (2가-1)의 '왔다요?'는 의문문 서술어로 쓰였다. (1)에서 본 바와 같이 '한다요'와 '하니요/하냐요'를 구별하여 쓰기도 하지만 '-다요'를 고정시켜 평서문과 의문문에서 두루 쓰기도 한다. 일부 화자들은 이런 점을 고려하여 '한다요체'를 '다요체'라고 부른다. (2다)에서는 이어지는 문장에서 같은 형식이 의문형과 평서형으로 잇달아 쓰였다.

 '한다요체'의 기능을 구체적으로 살펴보기 전에 이 표현이 누구에게서 또는 어디서 시작되어 확산되고 있는지를 알아보는 것이 필요하다. 이 표현의 출발점에 대한 인터넷 누리꾼들의 생각을 (3)에서 몇 가지 제시한다.

(3) '한다요체'의 출발과 관련한 누리꾼들의 보고

가. 꼬마 아이들 - 특히, 유치원 ~ 초등학생 여자 아이들 - 하고 이야기하거나 놀아주다 보면 많이 듣게 되는 종결형 어미가 있다.(여기에다가 자신을 3인칭화하는 센스;;) 민지는 오늘 영어시간에 엄청 혼났다요~ ㅜㅜ 요원이는... [...] (~했다요, ~한다요, toheart. pe.kr/tt/280, 2006-12-31)

가-1. (http://oravy.tistory.com/244)

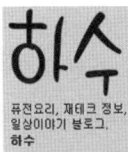 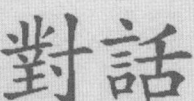

나. (@heg*** → @Soc***)

그건 일본풍화에 익숙한 칸국인들이 씁니다. 왜냐면, 일본 애니나 게임에서 번역투로 "나는 ~ 했다요!"라는 귀여운 말투.. 를 쓰는 사람들이 쓰기 시작한거라 단독적 사용이 많죠...

나-1. (@les*** → @Soc***)

그렇군요. 저 개인적으론 일본어에 '-だよ(dayo)'라는 종조사가 있는데 (상대방이 모르는 뭔가를 알려주거나 설명하는 느낌) 일

부 일빠들이 들여온 이상한 말 같은 느낌이 들어서 좀 거부감이 드네요 ㅋㅋ

'한다요체'의 기원은 유치원생 정도의 어린 아이들이다. (3가, 가-1)에서 적은 것처럼 아이들이 한국어 경어법을 배우는 과정에서 '잘못' 쓰게 되는 말이다. 아이들은 부모 등 어른들의 해라체에 먼저 익숙하게 되고, 그것에 '요'를 덧붙이면 높임말이 된다는 일종의 '오분석'(誤分析) 과정을 통하여 '한다요체'를 말하는 것으로 해석할 수 있다. 인터넷을 검색하면 아이가 '한다요체'를 쓴다는 사실을 보고한 글들이 수없이 많이 나오는데, 다수의 한국어 화자들이 말을 배우는 과정에서 겪게 되는 자연스러운 언어 현상이다. 그러므로 '아이말'로서의 '한다요체' 사용은 최근에 갑자기 생긴 것이 아니라 한국어 언어공동체에서 오래 전부터 있었던 것으로 보아야 할 것이다.

(3나, 나-1)의 자료에서는 '한다요체'의 발생을 일본말과 연결시켰다. 일본말에서 "상대방이 모르는 뭔가를 알려주거나 설명하는" 맥락에서 쓰는 "귀여운 말투"인 '-だよ(dayo)'라는 어미 요소가 만화, 만화영화, 게임 번역을 통해 퍼져 나갔다는 주장이다.1) 일본 만화 등의 번역에서 "나는 ~ 했다요!" 등이 실제로 나타나고 있다는 것이다. 만화, 게임 등에서 일본 문화의 영향이 아주 큰 점을 고려하면 청소년이나 성인들이 쓰는 '한다요체'에 일본말 및 그 번역이 일정한 영향을 주었을 가능성이 있다. 그러나 (3가, 가-1) 등의 보기를 고려하면 일본말에서 '한다요체'가 들어왔다는 것은 사실과 다르다. '한다요체'는 일본말과의 활발한 접촉 이전에 이미 자생적으로 나타나는 언어 현상이기 때문이다. 또 지은이가 일본 만화 영화를 즐겨보는 대학생을 통해 조사

---

1) 일본말 '-다요'에 대해 페이스북에서 지은이와 교류하는 노리오 미와(Norio Miwa)라는 일본 여성은 "존댓말은 아니지만 귀엽고 친근하고 부드러운 느낌"이 든다고 밝혔다.

해 본 결과 다수의 만화 영화를 찾았음에도 번역에서 '한다요체' 쓰임이 없다는 보고를 받았다.

다만 1999년부터 나오기 시작한 일본 만화 영화 ≪디지캐럿≫ 연작의 일부를 번안하여 텔레비전에서 방영한 ≪은하공주 디지캐럿≫의 인쇄본(계림닷컴, 2006)을 보면 외계인 주인공들이 "반갑다, 뇨", "아무도 없어, 뉴", "안녕하세요, 뉴?", "잔돈 안 내주실 겁니까, 뇨?"라고 쓰는 말들이 나온다. 해라체, 해체, 해요체, 하십시오체를 가리지 않고 문장 종결형 뒤에 '뇨'와 '뉴'가 덧붙는 점에서 '한다요체'와 차이가 있지만 둘의 관련성은 충분해 보인다. 외계인이 쓴다는 이러한 '재미있는' 말투가 기존의 한국 아이들 입말인 '한다요체'와 비슷하게 인식되고 연결됨으로써 청소년들의 입말에서 유행 표현이 되었고, 나아가 최근 통신 공간에서도 퍼져나갔다고 하겠다.

한편, 전라 방언에서는 "워메 워메, 이 드건디(뜨거운데) 어디를 그라고 간다요?"[2]와 같은 '허씨요체'의 '한다요' 형식이 쓰이는데 이는 아이들의 말이나 인터넷 통신 공간에서 쓰이는 '한다요체'와는 구별되는 표현이다. 이것은 '-다고 허요'라는 인용 형식이 줄어든 것이며, 명령문과 청유문에서 '해라요'나 '하자요'는 쓰이지 않는다. 또 이러한 전라 방언의 영향으로 인터넷에서 '한다요체'가 유행하게 되었다는 생각도 하기 어렵다. 그런 말을 오래 전부터 전라 방언에서 써 왔지만 다른 방언으로 파급된 적이 없고, 인터넷 공간에서 전라 방언이 갑자기 다른 방언에 비해 훨씬 강하게 노출된 일도 없는 점에서 그러하다.[3]

---

[2] 〈[허영만의 '자전거 식객'] 육회와 낙지를 도마에 놓고 탕 탕 탕!⋯더위 먹어 헐떡이던 라이더가 벌떡!〉, 스포츠동아, 2011-07-26.

[3] 물론 트위터 등의 인터넷 공간에서 이러한 호남 방언의 쓰임이 전혀 없는 것은 아니다. "갱기장 갔었능가??오늘은 뒷풀이 안한다요??"(@Ehy*** → @roy***)와 같은 예가 있는데 호남 방언 화자들이 쓴 것이며, 인터넷에서 유행하는 '한다요체'와는 다르다.

경상 방언에서도 '한다요'가 쓰이는데, "병원에서도 무슨 병인지 모른다요. 석 달이 되었어도 안 낫는 걸…… 돈도 없고, 죽어도 집에 가서 죽는다요!"4)처럼 인용문에 나온다. '-다고 하요'가 줄어든 구성이다. "우리 신랑은 저렇게 잔차 정비도 잘한다요~~참 착하지요~ [...] 그만 이봐구 하고 출발준비 하입시더~~"5)에서는 감탄형으로 쓰였다. 경상 방언 형식 또한 '한다요체'와 직접 관련이 없으며, 전라 방언과 마찬가지로 '하소체'가 인터넷에 강하게 노출됨으로써 젊은 누리꾼들에게 퍼져나갔다고 볼 만한 특별한 언어 사건이 없는 점에서 두 형식의 관련성은 생각하기 어렵다.

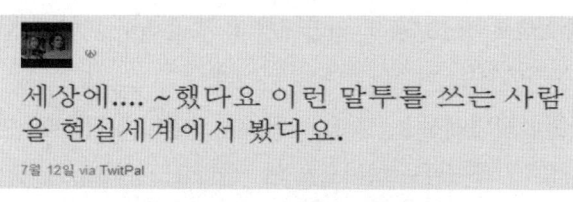

그림 2 '한다요체'가 일상에서도 쓰인다는 보고

아이말에서 출발한 '한다요체'는 현재 인터넷 공간을 중심으로 10대에서 30대의 젊은 누리꾼들 사이에서 잘 쓰이는데, 사용자 가운데는 40대 누리꾼도 있다. 물론 어린 아이들이나 중학생 등의 청소년들은 일상어 입말로 쓰고 있으며,6) 〈그림 2〉와 같이 나이든 화자들이 입말로 쓰는 경우도 보고되었다. 여기서는 아이들이 쓰는 일상어로서의 '한다요체' 사용을 제외하고 청소년 및 성인들이 인터넷 공간에서 쓴 보기를 각 세대별로 제시하겠다.

---

4) http://cafe.daum.net/kangwonsupil
5) http://cafe.daum.net/bike2453
6) 변혜원(2011:51)에서는 중학생들이 일상어에서 '한다요체' 형식을 쓰고 있음을 보고하였다.

(4) '한다요체'의 사용 세대

　가. 10대 및 20대

> 접영때문에 썽질났는데 오늘 제대로 습득했다요!!!!!♥

> 대부분의 20대가 쓰는 표현 같지는 않고 일부분이 써서 그렇게 표현해봤답니다^^;;ㅎㅎ 저는 10대후반의 학생들이 쓰는 것도 자주 봤어요! 물론 입말은 아니고 웹상에서였어요~

> 어떤 남자애가, 저 15일만에 5키로 빼오면 지가 5키로를 더 빼주겠대요. 솔깃해서 콜 **했다요** ㅋㅋ 대신 5키로 먼저 안빼오면 몸무게 공개하기가 벌칙

　나. 30대

> 조인중(공은 저멀리 물속으로 퐁당!! @q9_9p 오홍!! 조금 비싸서 그렇지 저도 일주일에 한 세마리는 잡아 **먹는다요**

> ⓞ......,- 좋다요~~ 난 왜 괜시리 눈물이 고이지...;;; ㅜㅠ #aUrdang
> 7월 22일

> 애들이 오늘부터 방학이다요..
> 내일은 8시까지 잘 거야~ 마음 먹었건만..
> 때댕~ 6시니 눈 떠진다요..
> 아침부터 배고프다는 울자가...
> 아메리칸 스타일로 계란프라이와 커피를 준비한다요.

다. 40대

> Photo: 간만에 자전거 끌고 중량천 나왔더니 비온다. 글치만 정말 시원해서 좋다요 http://tumblr.com/xs83o6bw5z

(4가)는 10대 및 20대가 사용한 '한다요체' 보기와 관련 증언이다. 10대와 20대 초반의 화자들이 쓴 보기는 인터넷에서 아주 쉽게 찾을 수 있을 정도로 많다. (4나)의 보기들은 30대이거나 30대로 추정되는 누리꾼들이 쓴 것이고, (4다)는 40대 남성이 쓴 것이다. 전체적으로 여성들의 사용이 많은 것으로 생각되는데, 성별에 따른 사용 정도와 세대별 분포 등에 대해서는 다음 절에서 통계적 방법을 통해 구체적으로 살펴볼 것이다.

어린 아이들이 한국어를 제대로 배우지 못한 단계에서 쓰기 시작하는 '한다요체'가 한국어를 충분히 잘 배운 20대, 30대 화자들까지 쓰게 된 계기는 무엇일까? 여기에는 역시 대중 매체의 역할이 중요하게 작용했을 것으로 판단된다.

(5) '한다요체' 유행과 확산의 계기
    가. 라이프스타일채널 올리브의 '악녀일기 시즌2'의 두 주인공 김서진과 정지우에 대해 관심이 집중되고 있다. […]
    첫 방송을 본 시청자들이 가장 흥미롭게 지켜 본 것은 바로 악바리 악녀, 서진의 말투. '~했다요', '~한다요' 등 일반적으로 구사하지 않는 소위 '다요체' 말투 때문에 서진은 수많은 논란과 함께 폭발적인 관심을 한 몸에 받았다.
    일각에서는 이 말투를 두고 '제작진들이 만든 것이다', '서진이 방송을 위해 만들어낸 콘셉트다' 등 말들이 많다. 하지만 서진은 '억울하다'는 입장. 서진의 지인들에 따르면 이 말투는 서진이 학창시절부터 애용해오던 말투로, 이때문에 지인들마저 이젠 따라하게 되는 중독성을 지녔다. [...] ('악녀일기' 지선-지우, 관심 집중에 홈페이지 다운, 아이뉴스24, 2008-01-19)

가-1. (@tee***)
제가 좋아하는 연예인이 '~다요'라는 말을 쓴적이 있어서 따라하게 됐습니다^^ 이런말을 쓰면 딱딱하게 인사하고 모르는사람과 대화할때 조금은 웃고 즐길수 있다는 생각이듭니다 어법상으론 전혀맞는말이 아니지만요^^ / 틴탑의 천지 라는멤버가 팬들을 위해 찍은 on air영상에 '춥다고말했다요'가 가장먼저 시작되것 같습니다^^

나. (@veg*** → @Soc***)
반말에 '-요'를 붙여서 반말도 존댓말도 아닌 묘한 늬앙스가 된 말투네요@.@ 음... 반말에서 온 것일 수도 있지만 일본 동사의 반말 과거형이 -た(ta)로 끝나는데, 거기에 뭘갈 알려주는 늬앙스의 종조사 よ(yo)가 붙은 것일 수도 있단 생각을 해요. 실제로 ~たよ라는 말투는 일본 드라마나 애니메이션에서 빈번하게 사용되거든요. '~했다요', '~왔다요' 같은 말투도 상대가 모르는 것을 알려주는 느낌인지라 어쩌면 일본 드라마나 애니를 좋아하는 사람들이 장난삼아 한국어에 적용한 것이 인터넷 상에서 유행하게 된 것이 아닐까 생각합니다^.^

나-1. (@sun*** → @Soc***)
교수님, 일본어의 영향 또한 가능성을 배제할 수 없을 것 같습니다. "~다요"라는 일본어 어미를 흉내내면서 그렇게 우리말을 하는 사람도 본 것 같아요.

(5가)의 기사에 따르면 2008년 한 케이블 텔레비전 프로그램에 출연한 여성이 '한다요체'를 씀으로써 시청자들의 관심을 받게 되었다고 한다. 학창 시절부터 쓰던 표현을 그대로 사용한 것이라고 말한 점에

서 당시 청소년들이 이미 '한다요체'를 어느 정도 유행으로 쓰고 있었음을 알 수 있다. 또한 방송에서 출연자가 그런 표현을 직접 씀으로써 시청자들에게 퍼져 나가는 데 기여했을 것이다. (5가-1)의 누리꾼은 자신이 좋아하는 연예인의 '한다요체' 사용을 보고 따라하게 되었다고 지은이자에게 알려주었다. 이와 같이 텔레비전 등의 대중매체에서 연예인이나 출연자들이 '한다요체'를 씀으로써 일반 화자들에게 퍼져 나간 것으로 보인다.

(5나)는 한 트위터 누리꾼(@veg***)이 지은이에게 보내준 의견으로, 일본말의 '반말 과거형'에 '종조사'가 붙은 '-다요(-たよ)'가 드라마나 만화 번역을 통해 한국 인터넷 공간에 퍼졌을 것으로 설명하고 있다. 일본말에서 쓰이는 '-다요'라는 표현은 한국어 '한다요체'와 비슷하게 '상대방이 모르는 사실을 알려주는 말투'인 점에서 공통점 있다고 하였다. (5나-1)도 같은 맥락의 주장이며, 앞의 (3나, 나-1)의 생각들과 통한다.

앞서 지적한 것처럼 '한다요체'가 한국어에서 이미 오래 전부터 쓰였던 표현이기 때문에 일본말에서 들어왔다고 말하기는 어렵지만 최근 인터넷 공간에서 유행하게 된 데는 일본 드라마, 만화 등을 통해 일본말과의 접촉이 많았던 누리꾼들이 일정한 역할을 한 것으로 판단된다. 만화 등의 번역문에는 직접 나타나지 않더라도 일본 문화에 심취한 젊은 누리꾼들이 일본말 '-다요'를 흉내 내어 인터넷에서 '한다요체'를 주도적으로 씀으로써 그것의 유행에 기여했을 가능성이 있다. 실제로 '한다요체'를 집중적으로 쓰는 누리꾼들 가운데는 〈그림 3〉과 같이 일본 만화나 게임의 주인공 이름과 사진으로 자신의 정체성을 드러내고, 만화 내용과 관련되는 트윗글을 집중적으로 올리는 경우가 많이 보였다.

그림 3 **일본 만화 주인공을 통신 이름으로 내세운 누리꾼**

인터넷 공간을 중심으로 성인들 사이에서 상당히 넓게 퍼져나가고 있으며, 청소년들은 입말로도 쓰고 있는 '한다요체'에 대한 규범 문법이나 형식 문법의 관점은 일단 잘못된 용법이라는 것이다. 이 형식을 언급한 김명광(2011:4-5)에서 제시한 보기를 가져오면 다음과 같다.

(6) '한다요체'에 대한 형식 문법의 관점
    가. 철수가 가요.
    나. *철수가 간다요.
    다. (2가)[7]가 문법적이라는 사실은 형태적 자질로 [의존성]을 갖고 있는 두루높임 형태소 '-요'의 보어 자질과 보어의 핵 자질 [철수가 개의 의존성이 상호 일치 관계를 갖는 반면, (2나)는 보어의 핵 자

---

7) (2가)와 (2나)는 원문에서의 예문 번호임

질 [철수가 간대]가 독립성을 가지고 있기 때문에 그렇지 못하다.

김명광(2011)은 '-요'를 '통사적 접사'라고 부르면서 해체에 붙은 (6가)는 문법적인 반면 해라체에 붙은 (6나)는 비문법적이라고 하였다. 그 이유로 (6가)의 경우 '요'와 선행 요소인 보어가 모두 의존성을 갖기 때문에 결합할 수 있지만 (6나)의 경우 보어가 독립성을 갖기 때문에 의존성을 가진 요소가 붙기 어렵다는 점을 들었다. 문장의 성립을 규칙으로 파악하려는 이러한 설명은 두 문장만 보면 그럴 듯하지만 현재 인터넷 공간에서 쓰이고 있는 수많은 관련 보기나 그것이 청소년의 입말 영역에까지 파급되고 있는 상황에 대해서는 옳지 않다. 앞서 살펴본 다양한 '한다요체'의 쓰임을 어떻게 설명할 것인지 궁금한데 아마도 '어린 아이들의 잘못된 말'이거나 '누리꾼들이 일시적으로 쓰는 언어유희' 정도로 넘기리라 생각된다.

그것을 '언어유희'로 보더라도 '한다요체'가 어떤 기능에서 쓰이고 있는지에 대한 구체적 관심과 추가적 설명은 필요하다. 사회언어학은, 언어 현상을 보기 좋게 가공하여 단순화 시키고 규칙을 통하여 문법성을 판단하려는 형식 중심의 기술 문법 차원으로는 화자들의 의도가 들어간 다양하고 복잡한 언어의 쓰임을 제대로 이해할 수 없다는 관점을 갖고 있다. 당장 규칙으로 설명하기 어려운 언어 현상일지라도 화자들의 언어 사용에서는 그 자체가 의미가 있으며, 나름의 중요한 기능을 갖기 때문이다. 따지고 보면, 한국어에서 역사적으로 반말의 등장이나 반말에 '요'가 결합되는 현상도 처음부터 문법적이거나 규칙으로 설명할 수 있는 것이 아니었음은 분명하다.

2. '한다요체'의 기능

이러한 '한다요체'는 화자들, 특히 누리꾼들 사이에서 어떤 기능으로 쓰이고 있는가? 지은이가 트위터를 통하여 '한다요체'의 발생 동기 및 기능에 대한 다수 누리꾼들의 태도를 직접 물어 본 결과 (7)의 여러 가지 의견들을 모을 수 있었다.

(7) '한다요체'의 기능에 대한 누리꾼들의 생각
   가. 안높임말에서 높임말로 바꾸기
     (@JI_*** → @Soc***)
     저의 경우 십칠년전부터 했다요~ 를 썼엇는데요 주로 편한상대에게 (주로 아버지) 말을 일단 했다가 존댓말을 쓰려고 요를 붙였던 것 같아요.. 어렸을 때 했다요 쓴다고 많이 혼났었어요 ㅎㅎ
   가-1. 안높임말에서 높임말로 바꾸기
     (@iah*** → @Soc***)
     가르치는 학생들 중이 초등생이 많은데 반말습관으로 말하다가.. '나 이거 했다' 이렇게하다..슬쩍 눈치보며 안되겠다싶은지 '요'이러더라구요 전 그래서 초등용어인줄알었어요. 언어가변한다지만 아직까진 참.. 거슬리는 표현이다.요;
   나. 높임말과 안높임말의 조화
     (@sun*** → @Soc***)
     "~다요"가 반말도 아닌 것이 그렇다고 존댓말도 아니어서 어떤 미묘한 긴장감을 주는 농담조의 뉘앙스를 갖고 있는 건 아닐지 싶습니다
   나-1. 높임말과 안높임말의 조화
     (@joy*** → @Soc***)
     네 맞아요~ 서로 나이를 조금씩 파악하다보면 낮추기도 높이기

도 어려운 상황에서 한다요체가 가끔 나와요 ㅋ 대구는 비 안온다니 부럽네요^^

다. 재미있게 말하기

(@veg*** → @Soc***)

저도 자주 쓰는 편인데 의도나 목적은 '재미'가 가장 크고, 처음 그 표현을 봤을 때도 재밌다고 느껴서 따라 쓰게 됐었어요ㅎㅎ 몇몇 친구들에게 알아본 다음 멘션 드리겠습니다

다-1. 재미있게 말하기

(@mut***)

ㅎㅎ 네, 우선은 조금 놀랐네요 이런질문을 받을줄은 몰랐는데 ㅎㅎ '한다요 나 구나요' 등을 자주 쓰는데 특별한 이유가 있다기보단 단순히 재밌는 표현으로 느껴지지 때문인것 같구요. 다른사람들의 사용에 느끼는 것 역시 같은 느낌입니다,도움이되셨기를 ^^

라. 가볍고, 귀엽고, 부드럽게 말하기

(@ooo***)

한다요 했다요 등은 해요 했어요 보다 가볍고 귀여운 느낌이 들어서 트위터같은 sns친구들에게 말하거나 듣기에 더 수월한것 같은 느낌이 드네요

라-1. 가볍고, 귀엽고, 부드럽게 말하기

(@pat***)

음.. 상대방에대한 존칭이 중요하기도 하지만 자칫 문자로만 접하게 되는 경우에는 너무 딱딱하고 건조하다고 생각해서요. "나 이거했다"라고 하는 것 보다. "나 이거 했다요"라고 할 때 부드럽다고 생각해서요 ^_^

마. 친근하게 말하기

(@840***)

쪽지 감사합니다. 먹었다요〉_〈 같은 말투 말씀이시지요? 저는 자주쓰는 말투는 아니지만, 트위터나 온라인 동호회같은 나이대

가 다양한 공적인 자리? 누구나 볼수 있는 자리에서 친근하게 쓰는 표현정도로 생각해요. 원하시는 답변이 되었을지요+ㅁ+

마-1. 친근하게 말하기
(@cho***)
글쎄요 반말과존대어의합성어의의민데요 저는친근함어표시로쓰곤했다요^^

누리꾼들은 크게 보아 두 가지 관점에서 '한다요체'의 발생 및 기능을 해석하는 것으로 나타났다. 하나는 경어법 사용의 관점에서 이해하는 것이고, 다른 하나는 통신 언어 사용의 오락적 동기와 표현적 동기 관점에서 이해하는 것이다.8)

경어법 관점에서 '한다요체'의 쓰임을 이해한 것 가운데 (7가, 가-1)의 누리꾼들은 윗사람에게 안높임말을 친근하게 쓰려다가 급하게 높임말로 바꾸어 쓰려는 과정에서 높임 기능을 가진 '요'를 붙인 것이라고 보았다. (7가) 누리꾼은 본인의 경험을, (7가-1) 누리꾼은 학원에서 가르치는 초등학생들의 말 행위를 보고하였다.

---

8) '경제성, 표현성, 오락성, 유대성, 심리적 해방성'의 다섯 가지 인터넷 통신 언어 발생 동기 및 기능에 대해서는 이정복(2003가)의 2장 참조.

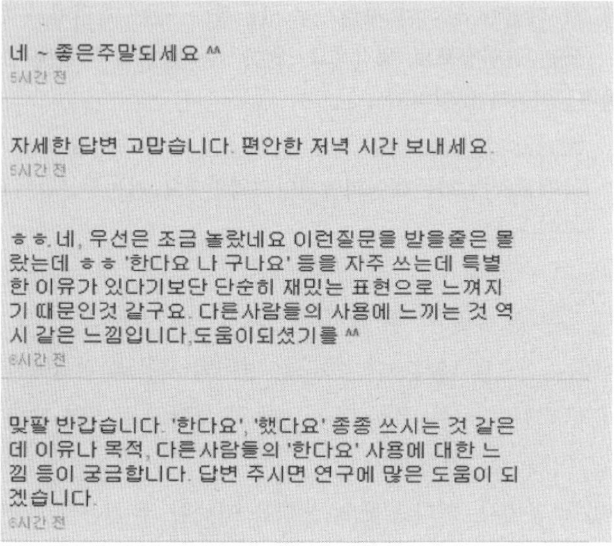

그림 4 '한다요체'에 대한 누리꾼들의 인식 조사 과정

　　(7나, 나-1)의 경우도 '한다요체'를 높임말과 안높임말의 관련성에서 파악하였다. 다만 앞의 두 생각과 달리 의도적으로 안높임말인 해라체에 높임 기능의 '요'를 더함으로써 "미묘한 긴장감을 주는 농담조"가 되는 말이거나 "낮추기도 높이기도 어려운 상황"에서 쓰는 말로 보았다. 어떻게 경어법을 사용해야 할지 결정이 쉽지 않을 때 상대방을 높이되 화자와 청자 모두에게 심리적 부담을 덜 주게 되는 특이한 형식으로 이해하는 것이다. 본래 반말인 해체가 이런 상황 맥락에서 나타난 말 단계인 것과 마찬가지로 '한다요체'는 21세기 인터넷 통신 공간에서 생겨난 새로운 '반말'인 셈이다. (7가, 가-1)이 주로 10대 이하 어린이들의 '한다요체'에 대한 이해라면 (7나, 나-1)은 10대 청소년 및 20대 이상 성인들의 그것에 대한 설명으로 적절해 보인다.

　　(7다~마-1)은 통신 언어 사용의 오락적 동기와 표현적 동기에서 '한다요체'의 쓰임을 해석하고 있는 것인데, 이 가운데 (7다, 다-1)은 '재

미있게 말하기' 위한 차원에서 '한다요체'를 쓴다고 한 누리꾼들의 보고이다. 다른 사람의 '한다요체' 사용을 보면 재미있게 느껴져 따라 쓰게 되고, 스스로 쓰는 것도 재미있어서 그렇게 한다고 하였다.

(7라, 라-1)은 '한다요체'가 '가볍고, 귀엽고, 부드럽게 말하기'의 한 수단으로 쓰이는 점을 지적한 것이다. 이 표현을 어린 아이들이 처음 쓰기 시작한 것이기 때문에 그것은 곧 '아이들의 귀여운 말투'라고 인식됨으로써 청소년이나 성인 화자들 사이에서 아이들 말투를 귀엽게 흉내 낼 때 쓰는 표현으로 자리 잡았다고 풀이할 수 있다. 통신 언어에서는 "은아 회사왔떠염 뿌우", "하니는 모르게떠염"처럼 어린 아이들의 혀 짧은 소리로 귀엽게 표현하는 경우가 있는데 '한다요체' 사용도 같은 동기에서 나온 것으로 설명이 가능하다.

'한다요체'를 '친근하게 말하기'의 수단으로 쓴다는 경우가 (7마, 마-1)이다. 아이들의 말투를 씀으로써 딱딱하고 격식적인 분위기에서 벗어나 가볍고 부드러운 대화 상황을 만들 수 있을 뿐만 아니라 친근함까지 전달할 수 있는 것으로 보인다. 마치 아이가 부모나 유치원 교사 등에게 말하듯 친밀하고 편안한 느낌을 주는 것이라 하겠다.

결국 누리꾼들의 생각을 통해 파악한 '한다요체'의 발생 동기 또는 사용 기능은 다음과 같이 두 가지로 정리할 수 있다. '경어법 사용 기능'과 '통신 언어 표현 기능'으로서의 '한다요체'가 그것이다.

(8) '한다요체'의 주요 기능
    가. 경어법 사용 기능 : '한다요체'는 해라체를 급하게 높임말로 바꾸려는 과정에서 생겨난 말로서 높임말과 안높임말의 느낌을 조화시켜 표현하고 상대방을 부담 없이 대우하는 기능을 갖는다.
    나. 통신 언어 표현 기능 : '한다요체'는 딱딱한 분위기에서 벗어나 귀엽고, 부드럽고, 친근하게 표현하며 비일상적 형식을 통하여 재미

를 더해 주는 기능을 갖는다.

시작은 어린 아이들이 한국어의 경어법을 충분히 알지 못한 채 만들어 쓰는 '잘못된' 표현이었지만 그것에서 풍기는 귀엽고 친근한 느낌, 높임말과 안높임말의 미묘한 어울림, 낯선 형식에서 나오는 재미 등이 뒤섞여 현재 청소년들의 일상어 및 인터넷 통신 공간에서 '한다요체'가 널리 퍼져나가고 있는 것이다.9) 특히 누리꾼들 사이에서 '한다요체'가 재미있는 통신 언어 새말의 하나로 인식되면서 비슷한 다른 형식들과 함께 구별 없이 섞여 쓰이기도 한다. 대표적으로 '-함요'와 같이 명사형에 '요'를 붙인 표현들이 '한다요체'와 거의 차이 없이 쓰이는 상황이다.

(9) '-함요' 등의 쓰임
    가. (@wit***)
        생일날 일하는거 이제 많이많이 익숙함요....ㅠ
    가-1. (@haa*** → @Kky***)
        내말이여 저는 트친인데 세상에 테클한 고대로 이청룡이 당했다며 아주 대놓고 욕해서 언팔했음요
    나. (@vou***)
        점심 시간입니다~식사들 맛나게 하기요^^ 전 오늘은 김밥 천국에서 김치볶음밥 먹어여^^

---

9) 변혜원(2011:51)은 '한다요체'가 "존댓말이기는 하나 완전한 존댓말은 아닌, 즉 자신보다 손윗사람이어서 말을 높여야 하지만 친근하거나 만만해서 손쉽게 말을 주고받을 수 있는 상대에게만 사용 가능한 것"이라고 해석하였다. 또 중학생들이 이 표현을 사용할 수 있는 상대는 주로 "어머니, 젊고 친근한 교사 등'이라고 하였다. 해석의 방향은 대체로 맞지만 일상어 공간에서 제한된 제보자와의 접촉을 통한 조사 결과이기 때문에 '한다요체'의 기능이나 사용 범위에 대한 종합적 해석은 내리지 못했다.

나-1. (@ple*** → @Eim***)
그것도 좋긔요- 세상 일 하나하나 구경하면 재밌을 것 같아요-
다. (@dda***)
욕으로 자신의 존재를 들어내는건 단순 나이로 설명할수 있는
문제는 아닐듯요.
다-1. (@_ji*** → @1Yo***)
본방을 못보니 아쉬울뿐요.ㅋ

(9가, 가-1)의 '익숙함요', '언팔했음요'는 명사형 '-음'에 높임의 '요'를 붙인 것이다.10) 재미있는 유행 표현으로 쓴 것일 수도 있지만 기능적 관점에서 보면 명사형 종결을 반말로 인식하는 경우가 많아 다른 누리꾼들을 높여 대우하기 위해 '요'를 붙여 쓴 것으로 보인다. (9 나, 나-1)의 '하긔요', '좋긔요'도 명사형에 '요'가 붙은 것이다. 역시 통신 언어 유행 표현이며, 경어법 면에서 '-함요'와 비슷하게 느껴진 다. (9다, 다-1)의 '아닐듯요', '아쉬울뿐요'는 의존명사 뒤에 서술어 구성 성분이 생략된 것이다. 경제적 동기에서 서술어를 간단히 줄이면 서 상대방에 대한 언어적 대우는 해요체로 유지하고 있는 표현이다.11) '한다요체'가 '-함요, 하긔요, -을 듯요' 등 '유사 해요체'와 비슷한 기능의 통신 언어 유행 표현으로 함께 쓰이지만 분명한 해라체에 '요'를 덧붙인 것인 점에서 누리꾼들의 눈에 더 띈다.

---

10) 다른 형식도 비슷하지만 '-함요'의 경우 "네차막혔음 ㅠㅠ말이씨가되서 ㅠ ㅋ 헐 ㅠ토마씨는 등교했음??ㅋㅋ", "힘든하루였는데 동생들 만나 좋았슴 나의 박카스 ㅋㅋ"와 같이 '요'가 붙지 않는 형식이 '음슴체'라는 이름으로 더 활발히 쓰이고 있다.
11) 의존명사에 '요'를 붙여 쓰는 통신 언어 자료를 전반적으로 검토한 연구로는 정한데로(2010)이 있다. 여기서도 '뿐요'와 같은 구성을 통신 언어로서의 언어 경제성과 상대를 높이기 위한 전략 두 가지를 충족시키기 위한 용법인 것으로 보았다.

앞의 (7)에는 나오지 않지만 '한다요체'가 인터넷 통신 공간 안에서도 특히 트위터에서 많이 쓰이고 있는데, 트위터의 소통 방식과 관련하여 갖는 추가적 기능도 있다.

그림 5 **트위터에서 나타나는 '한다요체'의 소통 기능**

트위터 이용자들은 일기를 적듯이 혼잣말로 트윗글을 올릴 때는 안높임말을 편하게 쓰는 반면 다른 사람에게 댓글을 보내거나 다른 사람과의 소통을 적극적으로 바라는 때에는 높임말을 주로 쓴다. 높임말이 다른 사람과의 소통 의지를 드러내는 하나의 신호로 작용하는 것이다. 〈그림 5〉에서 30대 여성인 '@Ari***'는 "졸립다요.Zzzzzz"라고 하였다. '졸립다'라는 평서법 해라체를 사용함으로써 자신의 현재 상태를 보고하는 동시에 '요'를 덧붙여 높임말로 바꿈으로써 다른 사람의 반응을 은근히 기다리는 의도가 파악된다. 그러면서도 여전히 혼잣말을 하는 분위기를 내기 때문에 다른 누리꾼의 댓글이 없어도 실망하지 않겠다는 뜻이 느껴진다. 이런 화자의 의도를 긍정적으로 파악한 듯 〈그림 6〉과 같이 다른 누리꾼들이 이 트윗글에 반응을 보임으로써 대화가 이어졌다.

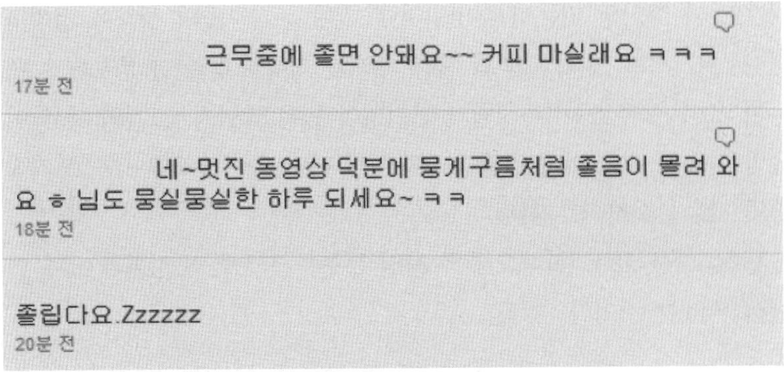

> 근무중에 졸면 안돼요~~ 커피 마실래요 ㅋㅋㅋ
> 17분 전
>
> 네~멋진 동영상 덕분에 뭉게구름처럼 졸음이 몰려 와요 ㅎ 님도 뭉실뭉실한 하루 되세요~ ㅋㅋ
> 18분 전
>
> 졸립다요.Zzzzzz
> 20분 전

그림 6 '한다요체'를 매개로 하여 이어진 대화

트위터 이용자들은 자신이 올린 글에 대해 다른 사람의 댓글이 달리기를 기대하고, 댓글이 달리지 않으면 실망하고 자존심에 상처를 입는다. 그것이 겹치면 마침내 트위터 계정을 삭제하고(계삭, 계폭) 탈퇴하는 경우도 많다. 높임말과 안높임말이 섞인 '한다요체'의 미묘한 말맛 덕분에 트위터 이용자들은 상대방에게 부담감을 주지 않고 자신이 상처도 입지 않으면서 '트친'(트윗 친구)들과의 소통 욕구를 간접적으로 드러낼 수 있다.12) 이러한 소통 기능이 있기 때문에 트위터에서 '한다요체'의 쓰임은 갈수록 더 늘어날 것으로 생각된다.

3. '한다요체'의 사회언어학적 분포

앞서 '한다요체'의 쓰임과 기능을 살펴보면서 이 표현을 쓰는 누리꾼의 세대가 10대에서 40대에 걸쳐 있음을 사례 중심으로 제시하였

---

12) 트위터 누리꾼들은 다른 사람과 대화를 나누고 싶을 때 해요체나 하십시오체를 적극 씀으로써 소통 의지를 드러내기도 한다. 이와 달리 자기 고백적·기록적 성격의 글에서는 해라체를 잘 쓴다.

다. 또 이 형식의 기능이 무엇인지에 대해 누리꾼들의 생각을 정리하였다. 여기서는 '한다요체'의 사용 세대가 정확하게 어떤 분포를 보이는지, 그것은 주로 어떤 성별과 관련성이 높은 말인지, 그것의 사용 이유와 기능에 대한 화자 집단별 생각에서 어떤 차이가 있는지를 통계적 방법으로 분석하기로 하겠다.

먼저, 다음 표는 '한다요체'의 쓰임 분포를 화자들의 성별과 세대 면에서 파악한 것이다.

표 1 '한다요체'의 사용자 분포 (단위 : 명)

구분		세대			합
		10대	20대	30대 이상	
성별	남성	12	10	4	26
	여성	20	40	14	74
합		32	50	18	100명

무작위로 '한다요체'를 사용한 누리꾼 100명을 찾아내어 성별과 세대별 분포를 파악한 결과 남성은 26명, 여성은 74명으로 여성 사용률이 남성보다 약 3배 이상 높은 것으로 확인되었다.[13] 세대별로 보면, 20대가 50명으로 전체의 반을 차지하였고, 10대가 32명, 30대 이상이 18명이었다. 트위터를 이용하는 20대가 10대보다 훨씬 많은 점을 고려하면 10대와 20대의 '한다요체' 사용률은 별 차이가 없을 것이다. 모든 세대에서 남성보다 여성의 사용률이 높게 나왔으며, 특히 20대 여성들의 사용이 많은데 10대 및 20대 여성 사용률을 합치면 60%나 된다.

---

13) '있다, 없다, 하다, 보다, 먹다, 자다'의 '한다요체' 사용자를 트위터 검색창에서 찾아 각 낱말마다 20명 이내가 되도록 하여 전체 100명을 뽑았다. 이용자의 자기소개나 트윗글 내용을 통해 성별과 나이를 알아내었고, 그것이 힘든 일부의 경우 쪽지를 보내 확인하였다.

곧 '한다요체'는 20대 이하 젊은 여성 누리꾼들이 많이 쓰는 여성 친화적 표현인 것으로 이해된다. 이러한 '한다요체' 사용자의 성별 및 세대별 분포를 그림으로 뚜렷하게 나타내기로 한다.

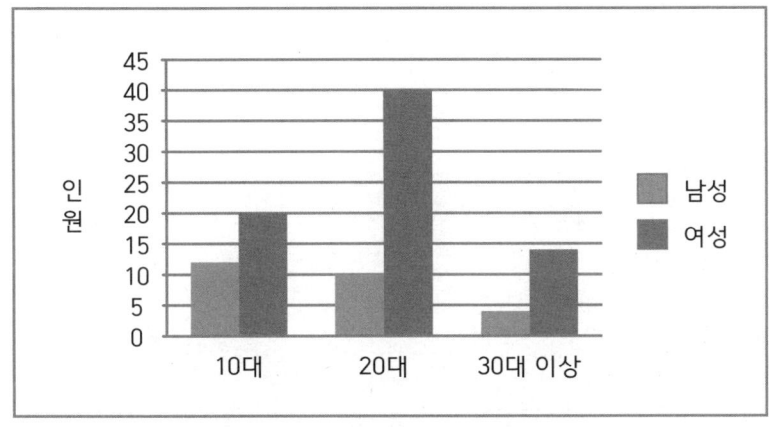

그림 7 '한다요체'의 사용자 분포

다음 〈표 2〉는 '한다요체'의 사용 이유 또는 기능에 대한 사용 화자들의 인식을 정리한 것이다. 트위터에서 '한다요체'를 사용한 누리꾼 78명에게 개별 쪽지 또는 공개 댓글을 보내 46명으로부터 응답을 받았다. 응답률은 59%이며, 인터넷을 통한 언어 조사의 응답률로는 아주 높은 편이다. 복수 응답이 포함되었기 때문에 표에서 합계 인원은 71명으로 나온다.

'한다요체'의 사용 이유 또는 기능에 대한 누리꾼들의 생각을 분석한 결과, 경어법 사용 면에서 높임말과 안높임말의 조화 때문에 쓴다고 답한 비율이 28.2%로 가장 높았다.14) 그 다음은 통신 언어 표현

---

14) 앞의 (7)에서 경어법 사용 기능에 두 가지 하위 항목을 두었지만 누리꾼들의 경우 아이들의 입말 사용과 달리 글말로 여유 있게 적기 때문에 갑작스러운 높임말로의 전환이 아니라 높임말과 안높임말의 조화를 위해 쓴다고 한 응답이 많아 하

기능 가운데서 '가볍고, 귀엽고, 부드럽다'를 답한 사람들이 21.1%를 차지하였다. 통신 언어 표현 효과를 위해 쓴다는 세 가지 응답을 합치면 약 40%로서 표현 기능이 중요하게 작용함으로 알 수 있다. '따라서 쓴다'는 비율도 18.3%로 높게 나타났는데, 그 의미에 대해서는 아래에서 설명할 것이다.

표 2 '한다요체'의 기능 인식

(단위 : 명)

구분		경어법 사용 기능	통신 언어 표현 기능			따라서 쓴다	기타	합계
		높임말과 안높임말의 조화	가볍고, 귀엽고, 부드럽다	친근하다	재미있다			
성별	남성	4	6	2	1	1	2	16
	여성	16	9	5	5	12	8	55
계		20 (28.2)	15 (21.1)	7 (9.9)	6 (8.4)	13 (18.3)	10 (14.1)	71명 (100%)
세대	10대	2	3	1	2	3	4	15
	20대	11	7	4	1	6	6	35
	30대+	7	5	2	3	4	0	21

성별 관점에서 응답 결과를 세부적으로 보면, 남성 누리꾼들은 '한다요체'를 '가볍고, 귀엽고, 부드러운' 특성 때문에 쓴다고 한 비율이 가장 높았고(37.5%), 그 다음은 '높임말과 안높임말의 조화' 때문이라고 답하였다(25%). 남성들은 '한다요체'가 가진 '가볍고, 귀엽고, 부드러운' 여성적 말투 요소에 크게 주목하고 있음이 특징이다.

나로 묶어 제시하였다.

반면 여성들은 '높임말과 안높임말의 조화'를 가장 중요한 사용 이유로 들었고(29.1%), 그 다음으로는 '따라서 쓴다'에 많이 응답하였다(21.8%). '따라서 쓴다'를 답한 13명 가운데 12명(92.3%)이 여성들인데, 구체적으로 집안의 아이, 유치원이나 초등학교 학생, 인터넷 카페의 다른 누리꾼, 심지어 학교 선생님의 '한다요체' 사용을 듣고 따라 쓰게 되었다고 밝혔다. '따라서 쓴다'의 여성 응답률이 높은 것은, 평소 이들이 '한다요체'를 일상어에서 쓰는 어린 아이들이나 학생들과 접하는 시간과 기회가 많기 때문일 것이다. 이와 함께 여성들이 남성들보다 다른 사람의 말이나 유행에 더 민감하게 반응하고 그것을 쉽게 따르려고 하는 특성을 갖고 있기 때문으로도 해석된다.

이러한 분석 결과 가운데서 성별에 따른 응답률을 그림으로 분명하게 제시하면 다음과 같다.

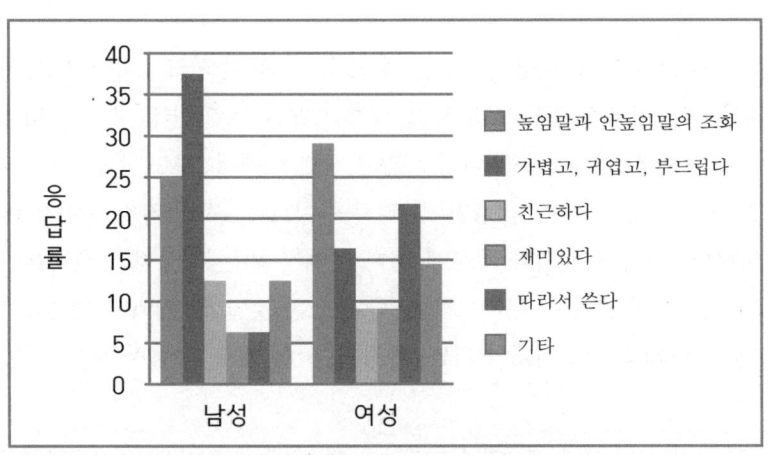

그림 8 '한다요체'의 기능에 대한 성별 인식

'한다요체'의 기능에 대한 인식에서 세대별 차이가 크게 나는 점은 경어법 사용과 관련된 부분이다. 10대 누리꾼 가운데 13.3%(2명)만

'한다요체'를 경어법 기능 관점에서 쓴다고 응답한 반면 20대는 31.4%(11명), 30대 이상은 33.3%(7명)의 높은 응답률을 보였다. 이것은 10대들이 트위터에서 비슷한 또래들과 주로 소통하면서 높임말을 잘 쓰지 않지만,15) 20대 이상의 누리꾼들은 다양한 세대와 소통 관계를 유지하며 높임말과 안높임말 사용에서 혼란을 겪는 일이 많기 때문이다. 한국어 화자들은 나이가 들수록 경어법 사용에 더 주의를 기울이게 되며, 따라서 자신의 트위터 구독자 가운데 나이가 많은 사람들을 의식할 때 해라체를 편하게 쓰기도 어렵고, 해요체나 하십시오체를 쓰기는 너무 딱딱하고 격식적이라고 생각되어 서로 부담 없이 편하게 '한다요체'를 쓴다고 하겠다.

맺음말

'한다요체'는 유치원에 다니는 정도의 아이들이 한국어 경어법을 배우는 과정에서 일종의 '오분석'을 통해 쓰게 되는 말인데, 요즘 인터넷 통신 공간에서 유행처럼 퍼지고 있다. 인터넷에서 이 표현을 쓰는 사람들은 10대 청소년부터 40대 누리꾼에 이르기까지 화자의 나이가 다양하다. 한국어 지식과 사용에 전혀 문제가 없는 정상적인 화자들이 왜 이상하게 보이는 '한다요체'를 즐겨 쓰는 것일까? 이러한 의문에서 '한다요체'의 쓰임 실태와 기능, 발생 및 확산 배경, 사용자 분포, 기능

---

15) 10대 청소년들은 트위터에서 모르는 사람들과의 소통보다는 일상 공간에서 이미 잘 아는 사람들과의 교류에 중점을 두는 경향이 높다. 모르는 사람을 만나더라도 최소한 같은 또래에서 벗어나지 않으려는 폐쇄적인 모습을 보여 준다. 이 때문에 나이 많은 누리꾼이 자신의 트위터 계정을 구독하게 되면 상대방이 스스로 구독을 끊을 것을 직접 요구하거나 강제로 차단하는 것이 쉽게 관찰된다.

에 대한 누리꾼들의 인식을 사회언어학의 사례 분석 및 통계 분석 방법을 통하여 살펴보았다.

누리꾼들이 쓰는 '한다요체'는 아이들의 귀엽고 친근한 입말에서 가져온 것이지만 일본 만화나 텔레비전 등 대중매체의 영향으로 젊은 누리꾼들에게 퍼져나가고 있는 것으로 나타났다. 그것의 기능은 크게 '경어법 사용 기능'과 '통신 언어 표현 기능' 두 가지인데, 높임말과 안높임말의 미묘한 어울림, 귀엽고 친근한 느낌, 낯선 형식에서 나오는 재미 등이 뒤섞여 누리꾼들의 주목을 받고 있다. 이 표현은 10대 및 20대의 여성들의 사용률이 특히 높으며, 기능에 대한 인식에서 성별과 세대 차이가 뚜렷하게 확인되었다. 독특한 기능을 가진 재미있는 통신 언어 새말이자 21세기에 등장한 반말의 하나로 받아들이며 젊은 세대 누리꾼들이 주도적으로 쓰고 있는 만큼 앞으로 '한다요체'의 쓰임은 계속 늘어날 것으로 짐작된다.

이상과 같은 '한다요체'의 분석 및 해석 과정은 모두 트위터 이용자들의 도움으로 가능할 수 있었다. 비록 누리꾼 한 사람 한 사람은 이 새로운 표현에 대하여 모든 것을 알지 못하더라도 다수 누리꾼들의 생각을 종합하면 전체적 사실을 정확하게 파악하는 것이 어렵지 않다. 시골의 할머니, 할아버지들이 지역 방언 연구자들의 언어적 스승인 것처럼 철없고 막무가내로 행동하는 것 같은 청소년 누리꾼들도 통신 언어를 사회언어학으로 연구하는 지은이에게 고맙고 위대한 스승들이다. '한다요체' 사용자들의 성별·세대별 분포를 통계적으로 자세히 분석할 수 있게 된 것은 트위터 이용자들이 자신을 적극 드러내고 알리려는 개방적 태도 덕분이다. 또 조사 과정에서 트위터 이용자들로부터 많은 관심과 높은 응답률을 얻을 수 있었던 것은 지은이와 제보자들이 트위터 이용자로서 꾸준히 대화를 나누며 '트친'으로서의 친분을 쌓아온 결과이기도 하다. 이러한 연구를 계기로 한국어 화자들과 언어 연구자가 괴리되지 않는, 화자와 긴밀히 밀착된 사회언어학적 언어 연구가 더욱 활성화되기를 바라는 마음이다.

7장_ 호칭어를 통한 태도와 정체성 드러내기

    이 장에서는 트위터 누리꾼들의 호칭어의 사용을 사회언어학적 연구 방법으로 분석하는 데 목적이 있다. 구체적으로, 누리꾼들의 부름말 및 가리킴말 사용 양상과 그 의미 기능을 밝혀내고, 트위터에서의 호칭어 사용이 어떤 질서와 원리에서 이루어지는지를 밝혀낼 것이다.[1] 호칭어 사용 사례에 대한 분석과 함께 호칭어 사용에 영향을 크게 준다고 판단되는 몇 가지 사회적 요인을 중심으로 통계 분석을 함께 함으로써 호칭어의 유형과 분포를 종합적으로 살펴보겠다.[2]

---

* 이 장의 내용은 이정복(2011라)를 부분적으로 고친 것이다.
1) '호칭어'는 부름말과 가리킴말의 상위 개념으로 쓴다. 트위터에서는 언어 사용 환경 때문에 가리킴말이 많이 쓰이지만 부름말도 종종 쓰인다.
2) 사례 분석 방법은 하임스(Hymes, 1974)와 같은 언어인류학에 배경을 둔 사회언어학 연구에서, 통계 분석 방법은 라보브(Labov, 1972)와 같은 언어학에 배경을 둔 사회언어학 연구에서 잘 적용하고 있다. 두 가지 방법을 결합하면 더 효과적인 언어 연구가 가능하다.

이러한 자료 분석 및 논의를 통하여, 트위터라는 새로운 언어 사용 영역에서 일어나는 누리꾼들의 상호간 또는 제3자에 대한 부름말 및 가리킴말 표현의 쓰임 실태를 살펴보고, 누리꾼들이 한국어 호칭어의 사용을 통해 다른 사람에 대한 태도와 자신의 정체성을 어떻게 드러내는지를 파악하는 의의가 있다. 또한 트위터와 같은 사회적 소통망의 언어에 대한 사회언어학적 분석의 한 방법을 제시하고, 그것에 대한 이해를 확대·심화시키는 의의도 있다.

1. 통신 언어 호칭어 연구 검토

인터넷 통신 언어와 관련하여 호칭어의 쓰임을 다룬 최근 연구로는 이정복(2000다, 2004가, 2010가, 2010다) 등이 있다.[3] 이정복(2000다)에서는 인터넷 통신 언어에서 '님'이 두루 높임 호칭어로 널리 쓰이는 사실을 기술하였다. '님'은 통신 공간에서 접미사, 의존명사뿐만 아니라 대명사로도 잘 쓰이며, 통신 공간의 익명성, 평등성, 경제성에 잘 맞는 '대단히 성공을 거둔 새말'이라고 평가하였다. 이정복(2004가)에서는 널리 쓰이는 '님'과 함께 '햏자/햏'이 두루 높임 호칭어로 등장하였음을 보고하였다. 그런데 '님'은 해요체나 하십시오체와 가장 잘 어울려 쓰이는 데 비하여 '햏자/햏'은 높임 기능이 상대적으로 약한 하오체와 잘 어울려 쓰이는 형식이고, '님'은 1990년대 초반의 통신 언어 초기 시절부터 꾸준히, 그리고 활발히 쓰이는 반면 '햏자/햏'은 2000년도 이후에야 등장한 차이점이 있음을 밝혔다. 또 '님'은 여러 세대, 여러 통신 언어 영역에서 널리 쓰이지만 '햏자/햏'은 사용 세대와 영역

---

3) 한국어 호칭어의 쓰임 실태 및 관련 연구 동향에 대해서는 왕한석 외 6인(2005)를 참조할 수 있다.

이 좁은 일종의 특수 집단어라는 차이점도 지적하였다.

　이러한 두 연구에서는 관심의 초점이 통신 공간에서 쓰이고 있는 호칭어의 목록을 확인하고 대표적 용법을 통하여 사용 맥락을 드러내는 정도에 머물렀기 때문에 호칭어 사용에 작용하는 원리가 무엇이며, 호칭어를 통하여 다른 사람에 대한 태도가 어떻게 표출되고 있는지 등 호칭어 사용의 구체적 기능에는 크게 관심을 두지 못했다. 호칭어는 단순히 다른 사람을 부르거나 가리키는 언어 형식이 아니라 다른 사람이나 사건에 대한 화자의 태도를 분명하게 드러내고, 대상에 대한 화자의 친밀감, 호감도, 공감 정도를 드러내는 언어 행위의 중요 지표인 점에서 언어 형식의 목록을 확인하고, 단순한 분포를 확인하는 데서 나아갈 필요가 있다. 호칭어가 구체적 사용 맥락에서 어떤 의미 기능을 갖고 쓰이는지를 해석하는 것이 필요함에도 선행 연구들에서는 그런 점에 소홀함이 있었다.

　한편, 이정복(2010가, 2010다)에서는 화자의 정체성 표현, 화자와 대상자의 관계, 대상자에 대한 태도 표현의 관점에서 통신 언어 호칭어를 다루었다. 이정복(2010가)는 한국의 정부 기관 인터넷 사이트에서 이루어지는 방문자에 대한 호칭어 사용 실태를 살펴보았다. 사이트 운영자인 정부 기관에서 방문자에게 사용하는 호칭어, 곧 부름말과 가리킴말에는 '(국민/고객/이용자) 여러분, 귀하, 분, 님' 등이 있는데, 각 정부 기관들에서는 구체적으로 방문자들에게 어떤 호칭어를 어떻게 사용하며, 기관에 따른 호칭어 사용의 차이점과 그 의미가 무엇인지를 밝혀내고자 하였다. 이를 통하여 인터넷 사이트 운영자들은 방문자에 대한 호칭을 통하여 자신들의 정체성을 확립하고, 방문자와의 관계를 새롭게 설정하는 점을 확인했다. 같은 유형의 사이트라고 하더라도 방문자에 대한 호칭어는 동일하게 고정되어 있지 않고 운영자의 의도와 태도에 따라 다양하게 나타나는 점도 보고하였다.

이정복(2010다)에서는 2010년 한국의 인터넷 통신 공간에서 유행하는 여성 비하 표현의 쓰임과 의미를 파악하고, 그런 표현에 대하여 누리꾼들은 어떤 태도를 갖고 있는지를 살펴보았다. '김여사', '오크녀', '된장녀' 등 인터넷 통신 공간에서 만들어지거나 활발하게 퍼져 쓰이는 형식들 15개를 확인하고, 이들을 '지시 대상, 생명력, 남성 대응형의 존재, 비하의 초점' 등 네 가지 기준에서 유형을 분류하였다. 대표적 비하 표현으로 판단되는 '김여사, 오크녀, 개똥녀, 된장녀'를 중심으로 기본 의미와 확대 의미, 남성형 및 관련 표현의 쓰임을 기술하고, 쓰임 빈도가 높고 전체 여성들에게 쓰임이 확대된 대표적 여성 비하 표현인 '김여사'와 '된장녀'에 대한 남성과 여성 누리꾼들의 태도 차이를 통계적 방법으로 확인하였다.

이정복(2010가, 2010다)는 호칭어의 의미 기능에 초점을 맞추었지만 화자의 나이, 성, 직업 등의 요인에 따른 용법 차이는 다루지 못했다. 그것은 분석한 통신 언어 자료가 갖는 한계와 관련이 있다. 인터넷 통신 언어는 전반적으로 높은 익명성 환경에서 쓰는 말이기 때문에 화자와 호칭 대상자의 신원 및 상호 관계 정보를 파악하기 어렵다. 따라서 호칭어 사용에 대한 상세한 분석이 쉽지 않았다. 그러나 트위터는 앞서 밝힌 바와 같이 이용자들이 자발적으로 자기 정보를 적극 밝히는 점에서 신뢰성 있는 호칭어 자료를 수집하고 체계적으로 분석하는 것이 충분히 가능하게 되었다.

트위터 이용자들의 부름말 및 가리킴말 사용 방식과 그 배경에 작용하는 질서와 원리를 찾아보고자 하는 이 장의 연구는 관련 주제에 처음으로 접근하는 작업이다. 사회적 소통망의 통신 언어 자료를 대상으로 하여 사회언어학적 연구 방법을 구체적으로 적용하는 연구인 점에서 중요한 의미가 있다.

2. 트위터 호칭어의 쓰임과 기능

　트위터는 이용자들의 지속적인 상호 관계가 중요한 '사회적 관계망'이자 '사회적 소통망'이라는 점에서 기존의 인터넷 통신 의사소통과는 상당히 다른 특성을 보여 준다. 인터넷 통신에서는 '익명성'을 바탕으로 의사소통을 한다고 이해해 왔지만 트위터와 같은 사회적 소통망은 누리꾼들이 자신의 신분이나 정체성을 적극 드러내는 특징을 갖고 있기 때문에 익명성이 크게 약해졌다. 트위터에서 누리꾼들은 자신의 전문 지식이나 장점을 널리 알려 인정받으려 하고, 다른 사람들과 교류를 통하여 좋은 대인 관계를 새롭게 만들어 나가려는 목적을 갖고 있다. 따라서 자신을 감추기보다는 이름, 성별, 나이, 직업, 취미, 가치관 등을 솔직하게 밝힌다. 따라서 트위터 이용자들에 대한 정보가 상당히 투명하게 드러난다. 익명성을 바탕으로 하는 인터넷 통신 공간에서 익명성을 누리꾼들 스스로 내던질 수밖에 없는 것이 트위터의 소통 구조라 하겠다.4) 이 점에서 트위터의 언어는 성, 나이, 직업 등 사회적 요인 면에서 체계적인, 또 신뢰도 높은 분석이 가능하다. 다시 말해 여러 가지 언어 변수들을 사회언어학적 관점에서 연구할 수 있게 되었다.
　이러한 트위터 공간에서는 다른 사람을 부르거나 가리키는 다양한 표현들이 자주 쓰인다. 다수가 접속하는 비대면적(非對面的) 인터넷 교류의 특성상 다른 사람을 부르거나 가리키는 표현의 사용이 일상어에 비해 더 높은 빈도로 쓰일 수밖에 없다. 트위터 공간에서 쓰이는 부름말이나 가리킴말을 보면 기존의 일상어적 질서를 반영하는 경우도 있

---

4) 그런데 트위터 등 사회적 소통망에서 개인 정보가 쉽게 유출된다는 언론 보도 (《방통위, SNS 개인정보보호수칙안 마련》, 서울신문, 2010-12-20; 〈SNS 개인정보 노출 심각〉, 서울경제, 2011-01-17; 〈어느새 발가벗겨진 나… SNS가 무서워요〉, 한국일보, 2011-09-29 등)가 많이 나온 이후 이름이나 성별, 직업 등의 정보를 감추는 이용자들이 점차 늘어나는 분위기가 느껴진다.

고, 모두가 누리꾼으로서 독립적이고 대등한 주체로 행동하는 인터넷 공간의 특성이 반영된 용법도 보인다. 트위터 공간이 현실과 완전히 단절된 '사이버' 공간이 아니라 현실 생활과 직간접적으로 연결되어 있기 때문에 현실과 인터넷 공간의 이질적 질서를 반영한 두 언어 요소가 함께 섞여 쓰인다. 앞서 말한 바와 같이 누리꾼들이 자신의 신분과 정체성을 적극 드러내고 있기 때문에 트위터의 언어는 통신 언어의 모습을 기본으로 하면서도 일상어의 쓰임이 자연스럽게 섞여 나타나기도 한다.

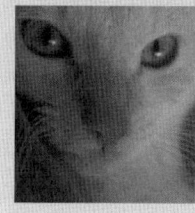

그림 1 **신분을 적극 드러내는 트위터 누리꾼들**

트위터에서 쓰이는 호칭어의 모습을 몇 가지 간단히 지적하면, 이미 현실 공간에서 알고 지내던 사람들은 트위터의 만남에서도 일상어 호칭어를 그대로 쓴다. '교수님, 원장님, 선생님, 과장님'과 같은 직위 중심의 호칭어가 통신 공간에서도 자연스럽게 쓰인다. 윗사람에게 친밀함을 표현하는 '언니, 오빠, 형님, 누나, 선배'를 쓰고, 아랫사람에게 이름을 편하게 부른다. 또 연예인, 운동선수, 정치인 등 유명인에 대해서는 친밀함과 관심의 표현으로 이름을 호칭어로 쓰거나 경우에 따라서는 '이름+씨'나 '이름+직위(님)'을 쓴다. 이와 달리 트위터에서 처음 만난 사람들 사이에서는 통신 공간에서 비교적 격식을 차려 쓰는 두루높임 호칭어 '님'을 주고받는다. '이름+님', '통신 이름+님'을 호칭으로 잘 쓰며, 단순히 '님'으로 부르거나 가리키는 경우도 있다. 트위터 이용자들 사이에서는 '트친(님)', '팔로워(님)'도 호칭어로 쓰는데 이런 표현은 트위터에서 생겨난 새로운 호칭어 표현이다.

이 절에서는 트위터에서 누리꾼들이 사용한 언어 자료를 중심으로 어떤 유형의 호칭어가 어떻게 쓰이고 있는지 보기를 통하여 살펴본다. 여기서 제시하는 자료는 기본적으로 지은이의 트위터 계정(@Socio_Ling)에서 약 3,000명의 누리꾼들로부터 수집한 것이며, 일부 자료는 대문형 사이트 '다음'의 '쇼셜웹' 검색을 통하여 수집한 것도 있다.

(1) 트위터 호칭어의 기본적 용법: 통신 언어와 일상어의 섞임
    가. .@464*** 님의 운세는 [대박] 복채는 RT한번 해 주시면 됩니다. 디비디비 봇 맘대로 봇이 찍은 운세입니다.
    가-1. ㅋㅋ미챠!! 기다릴께요~~ 스마일님 지팡이 짚고 나오시는건 아니실지..ㅠㅠ
    가-2. 오늘 할일 끝 !!!!!!!!! 낼 스케줄이 바빠서 자러 갈려구요 님도 잘자세웅 ^^
    나. 데스크 탑으로 트위터를 하려는데 로그인은 되나 페이지 오류가 계속 나타나 트윗글 업데이트를 못하고 있는데 도움줄 트친님들 안계신가요?
    나-1. 아.. 탐라에 제 얼굴만 가득하실 팔로워분께 정말 죄송합니다;;
    나-2. ㅋㅋㅋㅋㅋㅋㅋㅋ 절친님 나도 레이저 알려줘요 ㅋㅋㅋㅋ
    나-3. 오오오!!!!!!!!!!! 저에게 아티스트 맞팔님이 계셨다니 감동 ㅠㅠ

그림 너무 예쁘네요!!! 멋집니다 @.@

다. 오랫만에 존경하는 정주영회장님의 말씀을 읽습니다. 다시 한번 그분이 꿈꾼 세상을 그려봅니다.

다-1. 원장님! 이 담에 요리책 함 내보시져... 아... 이밤에 힘들구만요... ㅎㅎ

다-2. 교수님이라도 좋으시면 기쁜맘으로 그럴테지만... 음,.. 으음....

다-3. 넌 지금 이걸 공부할때가아니야. 팀장님의 말이 귓전을 때린다.

라. 우리학교엔 미인이 많지요..ㅋㅋㅋ 선배님 미모면 면접 문제없었을겁니당 ^^ 센티미엔토 보며 기분 망치시길 바래욤 푸힛~^^

라-1. 아;;;오빠지금안바쁘지??ㅋㅋ멘션15분동안없으면자는거라구생각하께ㅋㅋ

마. 밤이면밤마다..최양락,,,다보고 자고싶은데,,눈은 반쯤 감겨있음 ㅠㅠ 모두들 굳나잇~~

마-1. 다 필요없고 성시백이랑 김연아 트위터왜 안하냐고ㅠㅠㅠ소식 좀 알고삽시다 트위터는 폼으로 만드셨나진짜ㅠㅠㅠㅠㅠ

마-2. 오후에 어메이징한 남자 현빈 씨와 인터뷰합니다. 궁금하신 점 보내주세요

    (1가~나-3)의 보기는 통신 언어의 호칭어가 쓰인 것이고, (1다~마-2)는 일상어의 호칭어가 트위터 공간에서 그대로 쓰인 것이다. 트위터의 경우 통신 공간과 일상 공간의 경계가 분명하지 않고, 두 가지 요소가 섞여 있기 때문에 근본적으로 일상어와 통신 언어의 호칭어가 함께 쓰인다.

    통신 공간에서 비대면적 접촉을 통하여 처음 만나는 관계에서는 나이, 지위, 성별 등을 떠나 대칭적으로 높임말을 쓰는 것이 기본적인 말하기 예절이기 때문에 호칭어의 경우도 (1가~가-2)와 같이 통신 이름, 통신 별명, 이름에 두루 높임 기능의 '님'을 붙여 부른다.5) 또 트위터

이용자들 사이에서 새롭게 만들어진 '트친(님)'이나 '팔로워(분)', '절친(님)', '맞팔님' 등의 특수 호칭어가 대칭적으로 쓰이기도 한다.

이와 달리 (1다~마-2)에서 알 수 있듯이 일상 공간에서 이미 아는 관계이거나 연예인, 운동선수, 정치인 등 유명인에 대해서는 일상어 호칭어가 잘 쓰인다. 일상어 호칭어의 경우도 지위, 나이 등의 '힘' 요인과 친밀도, 호감도 등 '거리' 요인에 따라 호칭어 사용이 일어난다. 트위터에서 처음 만난 사이라도 대화를 통해 친해지면 '형'과 '아우'로서 편하게 반말을 쓰며 호칭에서도 '형(님)', '오빠/오라버니', '아우님/동생' 등 유사 가족 호칭어를 쓰는 사람들이 관찰된다. 통신 공간에서 '님'이 확산된 결과 "갑자기 비와서 남자님의 우산을 같이 쓰게 되는군요"처럼 '남자님', '여자님', '애인님', '동생님', '너님'과 같이 일상어에서는 보기 어려운 가리킴말 표현도 자주 쓰인다.

누리꾼들은 호칭어 사용을 통하여 자신의 정체성을 밝히고, 또 다른 사람에 대한 긍정적, 부정적 태도를 드러내기도 한다. 다음 (2)는 특정한 가리킴말을 통하여 정치적 이념을 보여 주는 보기이다.

(2) 호칭어를 통한 화자의 정체성 드러내기
   가. (@doo***)
      수꼴들 나이가 들더니 제 정신이 아닌가보다 RT @myw***: 조갑제-서정갑 등 수구인사들이 내년 4월 총선 전후해 '보수 신당' 창당한다는 얘기가 있군요. 비례대표 통해 국회 입성이 목표라는데, 삼류 중에 이런 삼류 코미디는 없는 것 같네요 ㅋㅋ
   가-1. (@nau***)
      보온상수가 가고 표절여옥이 오다..

---

5) 보기 (1가)의 '@464***'가 트위터 이용자의 통신 이름(ID)이고, (1가-1)의 '스마일'이 통신 별명이다. 통신 이름과 통신 별명의 구별에 대해서는 이정복 (2003다) 참조.

가-2. (@hoo***)

유관순누나는 자신을 코스프레한 연예인에게 화를 낼까? 아니면 친일 매국노들이 통치하는 우리나라에대해 화를낼까?

나. (@dar***)

친북 종북 진보좌빨 좀비놈들은 백해무익한 "바퀴벌레"이고, 친북 종북 진보좌파 좀비놈들을 지지세력으로 해서 정치하고 있는 놈들은 자유민주 대한민국의 기생충 "사면발이"이다.

나-1. (@pow***)

박쥐철새는 손학규. 원조 쥐는 박쥐원이죠. 쥐새퀴들은 그 추종자.. 쥐를 잡자! ㅋㅋ (cont) http://tl.gd/b29259

나-2. (@etu***)

인민배우 김여진. 천안함폭침 못믿겠다? 제주해군기지반대하면서 (cont) http://tl.gd/b3afj7

(2가~가-2)의 누리꾼들은 "수꼴들", "보온상수", "표절여옥", "친일매국노들"을 가리킴말로 씀으로써 '보수', '여당', '친일' 관련자들에게 적대적이고 비판적인 태도를 취하는 한편, 자신들은 '진보', '야당', '반일'의 정체성을 갖고 있음을 간접적으로 말하고 있다. 이와 달리 (2나~나-2)에서는 "친북 종북 진보좌빨 좀비놈들", "박쥐철새는 손학규. 원조 쥐는 박쥐원", "인민배우 김여진"이라는 가리킴말을 씀으로써 '좌파'나 '야당' 인사들에게 적대적 태도를 갖고 있으며, 사회 참여적인 영화배우를 '친북적'인 사람으로 비난한다. 곧 자신들은 그러한 사람들에게 부정적 거리감을 느끼는, 보수적이고 '우파'에 해당한다는 태도를 드러내고 있다. 쓰는 가리킴말을 보면 어떤 정치적 견해를 갖고 있는지 알 수 있을 정도로 호칭어와 화자 정체성의 관련성이 분명하게 느껴진다.

다음은 호칭어를 통하여 대통령에 대한 태도를 표출한 것이다.6) 대통령을 부르거나 가리키는 다양한 표현들이 쓰이고 있지만 전반적으로 부정적인 태도를 보여 주는 형식이 많다.

(3) 호칭어를 통한 대상자에 대한 태도 표출: 대통령 ①
    가. (@hip***)
       이명박 대통령은 13일 등록금 문제와 관련하여 "너무 조급하게 서둘지 말고 차분하게 시간을 갖고 진지하게 대안을 마련하라"고 지시했답니다—잘된 일이지요. 대통령이 드디어 등록금 문제에 관심을 표명하였으니...
    가-1. (@abs***)
       이렇게 나오면 이명박 대통령님은 자국을 위해 일한다고 밖에 생각되지 않는다. 친절히 오이도 드시고 위로도 해주시고 이재민 위로도 해주고 땅도 달라는대로 다 주고..
    가-2. (@Bie***)
       이 대통령과 손 대표는 이번 회담을 민생 문제의 꼬인 실타래를 풀어나가는 계기로 삼기 바란다
    나. (@du0***)
       최시중 방통위의 과잉충성이 이명박을 더 쪽팔리게 했다? 저와 인터뷰한 2MB18nomA님의 얘깁니다. "역풍이 일어 유사 아이디가 속출하고있다." 덕분에 파워트위터 됐다는 인터뷰, 읽어보자. http://j.mp/m8H1Eg
    나-1. (@ain***)
       국회 사법개혁 좌초..핵심쟁점 논의 중단(종합)   http://durl.me/a8txk .. 중수부를 폐지해야하는데 명박이 한마디에 없던일로 됀거 같군요.. 두개의 저축은행 사건을 하나는 야권겨냥해서 중수부에 다른하나는 그냥 검사가 맡았다고 하죠?

---

6) 대통령에 대한 호칭어 및 경어법 사용에 대한 분석은 이정복(2011가)의 9~11장을 참조할 수 있다.

나-2. (@ser***)

맹박이 툭하면 "격노"에 "대노"하더니.. 건이도 "격노"했네.. ^^

나-3. (@dlt***)

저거 전두환 때 많이 써먹던 수법인데.. 맹뿌는 확실히 전두환을 계승하는군요!

나-4. (@gka*** ⇒ @212***)

참고로 네이버도 쥐박이 눈치봐요

나-5. (@KK1***)

더도말고 딱 하나만 묻자.삽박아! 너 대한민국 국민들한테 무슨 억하심정 있냐?응? 어떻게 하루가 편할날이 없네..

나-6. (@min***)

박아 고마해라 어지럽다. http://bit.ly/irbMpd RT @sem*** MB "핑계 없는 나가수 정신 필요" http://j.mp/kZvU7X 요즘 이 분 왜 이러시나.. 낯설고 어색하고 민망하고..

나-7. (@pas***)

아직은 이씨가 돈 받았다는 뉴스가 없다. 참으로 다행스럽다. 전과 14범이라는 별명이 어울리지 않기를 바란다. 그런데 똘마니들이 티를 내고 있구나! 예상대로.

(3가~가-2)는 자료 조사 당시의 현직 대통령을 '이름+대통령(님)' 또는 '성+대통령'으로 가리킨 것으로 언어 형식적인 면에서 볼 때 대통령의 지위를 존중하고 있다. 그러나 내용을 보면 (3가, 가-1)의 경우 대통령의 언행을 비판하는 것이기 때문에 가리킴말 사용을 통해 대통령을 높여 대우했다고 보기는 어렵다.

(3나~나-7)은 대통령의 이름 또는 성을 이용하여 부르거나 가리킨 것으로, 대통령에 대한 지위를 제대로 인정하지 않는 호칭어 사용이다. 이름을 그대로 쓰기도 하지만 '맹박, 맹뿌, 쥐박, 삽박, 박아'와 같이 변형시켜 부정적 거리감을 표현하는 일이 많다. (3나-7)의 '이씨'는 성

뒤에 높임의 '씨'가 붙었지만 현직 대통령에 대한 정상적 대우와는 거리가 있다.

(4) 호칭어를 통한 대상자에 대한 태도 표출: 대통령 ②
　가. (@min***)
　　검찰을 장악했던 MB도 결국 검찰 손에 그리될 것.... RT @sun***: "검찰을 장악하려 하지 않고 정치적 중립과 독립 보장 해주려 애썼던 노무현대통령이 바로 그 검찰에 의해 정치적 목적의 수사당했으니‥" 문재인이사장의 말입니다
　가-1. (@23m***)
　　MB씨가 구라쟁이란 거RT @OhmyNews_Korea: MB캠프 '등록금 절반위원회', 이건 뭐지요? http://bit.ly/mGW2TB
　가-2. (@Zoh***)
　　노짱이 정면돌파라면 엠비씨는 뒤에서 꼼수 스탈... 사람의 격에서도 비교가 안된다..
　나. (@jik***)
　　각하께서 '가난해도 공정사회에서 사는 삶이 더 행복한 삶'이라는 명언을 하셨군요. 우리국민이 왜 불행한지 헤아리시겠군요, 각하?
　나-1. (@myc***)
　　가카가 뽕브라에 머리 기르고 수첩들면 그녀지... @Yno***: 유시민 "박근혜 대통령 된다면 대통령 이름만 바꾸는 것" | http://ht.ly/5ha3H 그 나물에 그 밥.
　나-2. (@hoo***)
　　쥐가카! RT @CHL***: '4대강은 미친 놈처럼...반값등록금은 차분하게...' 누구냐 넌?...
　다. (@jjw***)
　　씨바!! 대한민국이 무슨 강간의 왕국이냐? 경찰서, 대학교, 길거

리 등등.. 거지같은 대통령 새끼하나 잘못 뽑아 놓니까 아주 개판이야!!

다-1. (@jyk***)

쥐~쥐~쥐 는 사기꾼 RT @hdk***: RT @bal*** 적십자사, 아이티 성금 97억 중 6억만 전달 http://j.mp/bbQ0ES 제길 CEO대통령되더니 적십자사까지 돈놀이에 정신팔고..

다-2. (@bul***)

MB "도대체 나라가 어떻게 될 것인가" 탄식 - 도대체 나라를 누가 이 지경으로 만들었나? 이제 국민들이 푸른쥐 향해 격노할 차례! http://t.co/eh3y7c5

다-3. (@okj***)

4강 삽질은 공약이 아니였고, 지켜진 공약이 하나도 없네 사기꾼 쥐새끼~ h... http://dw.am/LZH0H

(4가~가-2)는 대통령 이름의 영문자 약칭 'MB'를 이용한 가리킴말이다. "첨부터 MB 미워한건 아녔다. 존 비비어의 '순종' 읽으며 맘에 들지 않지만 "이명박 대통령"이라 존칭했다"(@sun***)에서 알 수 있듯이 영문자 약칭은 대통령에 대한 부정적 태도를 드러낸다. 나아가 'MB씨'나 '엠비씨'는 이명박 대통령의 영문자 약칭과 방송사 'MBC'의 유사성을 기반으로 두 대상에 대한 누리꾼들의 부정적 태도를 겹쳐 만든 유희적 표현이며, 비판과 비웃음의 효과가 강하다.[7]

(4나~나-2)는 '각하' 또는 그것을 변형한 통신 언어 표현 '가카'를

---

[7] 임기 초기에 누리꾼들은 이명박 대통령을 '2MB'로 적고 '이메가바이트'로 읽는 경우가 많았다. 이는 이름의 영문자 약칭인 'MB'를 전산 용어 'MB'(메가바이트)와 동일시하고, 결과적으로 대통령을 '2MB'라는 아주 적은 데이터 저장 용량에 비유함으로써 '생각이 짧음'의 뜻을 드러낸 비하 표현이다. 트위터에서는 단순히 'MB'로 적지만 이름의 영문자 약칭이 가진 경제적 기능보다는 거리감과 부정적 태도를 드러내는 의미 기능에서 쓰이는 것으로 판단된다.

이용하여 대통령을 가리킨 것이다. '각하' 자체도 권위주의적 대통령이라는 뜻에서 대상을 비난하는 뜻이 실려 있으며, 그것을 변형한 '가카'나 (4나-2)의 '쥐가카'는 대통령에 대한 부정적 감정을 더 많이 담은 말이다. (4다~다-2)에서는 비속어를 사용하거나 부정적 의미를 갖는 동물 '쥐'에 비유하여 대통령에 대한 더욱 심한 부정적 태도를 나타내고 있다.

트위터 누리꾼들은 부름말, 가리킴말뿐만 아니라 자신들의 통신 이름이나 통신 별명을 이용하여 (5)와 같이 대통령에 대한 부정적·비판적 태도를 표출하기도 한다.

(5) 통신 이름/통신 별명을 통한 대통령에 대한 태도 표출
　가. (@MBOUTos***)
　　[명박퇴진]시사저널 기사-여권의 '최후 보루' 대구마저 뒤집혔다: (cont) http://tl.gd/b31hc6
　가-1. (@NiMiMBJotGGa)
　　내년만 기다려진다 올해는 장마와 태풍이 기대되고 비야 4대강 보를 쓸어버려라
　가-2. (@2MB18nomA)
　　정말 대단합니다! 전여옥 국회의원을 사랑하는 팬클럽까지 생겼군요! 교육혁명당 대단합니다! ㅋㅋㅋ http://moby.to/yx1fdb
　나. (@gun***, 이명박OUT)
　　@hoo***: http://j.mp/jxCZzq 구글과 애플이 한국에서 크게 성공해야 한다! http://twitpic.com/5be4yv 끝없이 추락하는 한국의 IT현실을 잘 지적한 글이니 필독^^
　나-1. (@bel***, 쥐 잡는 낭만 =^.^=)
　　검찰, 쥐그림 강사 벌금형에 항소 http://durl.me/8nfpz
　나-2. (@goe***, 괴물(친일파 청산-쥐 잡는 고양이))

MB, 비겁하게 살지 마라! 전 국민이 반대하는 4대강은 강행하고 정치적 가능성이 없는 세종시 수정안만 꼬리내리나? 얍삽하게… @BluehouseKorea

다. (@mb2c8nom, 쥐맹뿌하야쫌+_+눈떠가끌어내릴])
한달 백키로를 먹어도 살 안찌니 머_아 백만원이라네 _백키로 아니고

다-1. (@MBC8nomE, 월산명박)
우리 가카의 비리라고 하면 BBK를 이야기하는 사람이 많습니다. 그런데 생각해 보세요. 우리 위대한 가카께서 고작 100억대 BBK밖에 없을까요?

(5가~가-2)의 누리꾼은 '@MBOUTos***', '@NiMiMBJotGGa'처럼 대통령을 비난하거나 모욕하는 말을 통신 이름으로 사용함으로써 강한 부정적 태도를 드러내었다. (5가-2)의 '@2MB18nomA'의 경우 '이명박 대통령에 대한 욕설을 연상시킨다'는 이유로 방송통신심의위원회로부터 국내 접속 차단 조치를 당하기도 하였다.8) (5나~나-2)는 통신 별명을 이용하여 대통령을 비난하거나 모욕하고 있는 보기이며,9) (5다, 다-1)은 통신 이름과 통신 별명을 함께 이용하여 대통령을 모욕하고, 나아가 퇴진까지 언급하였다.

---

8) 〈MB조롱 트위터 일방 차단… 방통심의위 "충성!"〉, 《경향신문》, 2011-05-17 기사 참조.
9) 누리꾼들은 이처럼 통신 별명을 이용해서 자신의 정체성과 주장을 강조하는 경우가 많다. 〈그림 2〉의 '사람사는세상', '문재인과 정권교체', '진리는 나의 빛'과 같은 통신 별명도 같은 기능을 갖는 것이다. 통신 별명의 자세한 쓰임에 대해서는 이 책의 11장을 참조하면 된다.

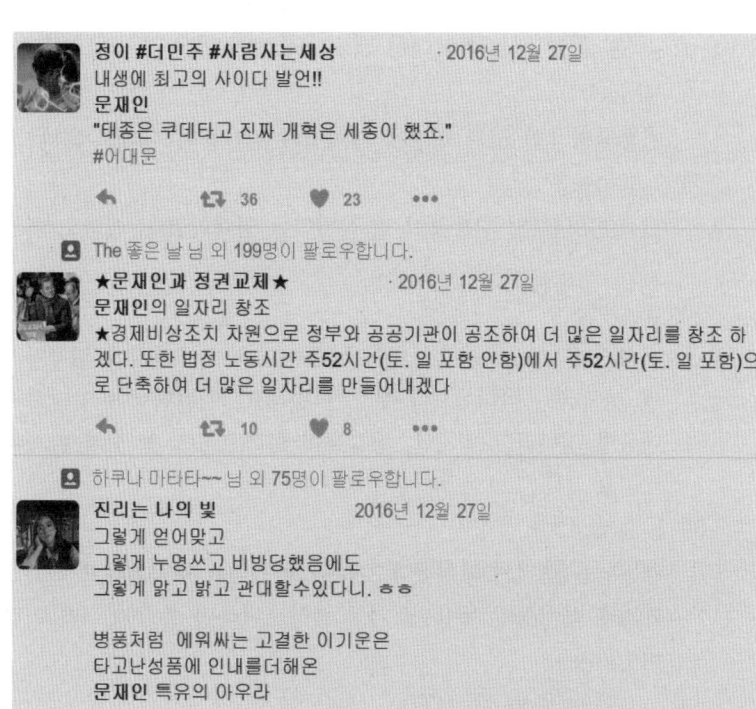

그림 2 통신 별명으로 정체성과 주장을 강조하기

트위터에서는 연예인에 대한 호칭어 사용도 활발하다. 연예인들은 정치인 못지않게 많은 누리꾼들의 관심과 주목을 받고 있으며, 그들의 행동 하나하나는 곧 바로 많은 사람들에게 영향을 끼친다. 누리꾼들은 호칭어 사용을 통하여 연예인에 대한 긍정적, 부정적 태도를 나타낸다.

(6) 호칭어를 통한 대상자에 대한 태도 표출: 연예인

 가. (@dar***)

  김흥국씨 1인 시위 현장에 김여진과 김제동이 나타 나려나?

 가-1. (@osa***)

  난 1998년부터 김흥국이 젤 싫어하는 연예인였다. 지금도 변함 없다.

 나. (ken***)

  김여진님 @yohjini 이 일단은 훈방됐다고는 하지만 형사처리 될 것이라는 미디어오늘 보도가 있네요. 김여진님이 당당하게 대응할 것이라고 믿지만, 경찰들이 한쪽으로만 참 심하게 재빠르군요.

 나-1. (@Gui***)

  제동님을 햄버거 투척했다고 하고 여진님을 월담했다고 하고,.. 왜정때 왜경들이 독립운동가들 중상모략하던 수법하고 왜 이리 비슷한지"

 나-2. (@don*** ⇒ @Par***)

  세계는 지금은 우리는에 오늘 여진씨와 김지도위원 나오시는 건가요?

 다. (@kth***)

  연극인 손숙이 김여진에게 준 메시지 "괜찮니 엄청 걱정했어 내 딸 여진아 너의 아름다운 용기에 늘 자랑스럽긴 하다만 혹여라도 다칠까 가슴이 조마조마하단다 조심 조심 세상 바뀔 때까지 기다리자"

방송 퇴출, 사회 참여 등으로 최근 사회적 주목을 받은 연예인과 관련하여 (6가)의 누리꾼은 "김흥국씨"와 "김여진과 김제동"을 차별적으로 씀으로써 김흥국 씨에 대해서는 긍정적이고 동정적인 태도를 취한 반면 김여진 씨와 김제동 씨에 대해서는 부정적 태도를 취하였다. (6가

-1)의 누리꾼은 "김흥국이"라고 하여 김흥국 씨에 대한 부정적 태도를 드러내고 있다. 부정적 태도를 갖게 되는 대상 연예인에 대해서는 '씨'를 붙이지 않고 이름을 그대로 가리킴말로 쓰거나 이름 뒤에 '-이'까지 붙인다.

누리꾼들의 다수는 사회 참여적 연예인에 대해 긍정적 태도를 갖는 것으로 관찰된다. 이런 경우 (6나~나-2)와 같이 "김여진님", "제동님", "여진씨"의 구성이 잘 쓰인다. 이름 뒤에 '님'이나 '씨'를 붙여서 높이고 존중하는 모습이다. 특히 연예인에 대한 긍정적인 심리적 거리의 작용, 곧 친밀한 감정의 표시 차원에서 성을 빼고 '제동 님', '여진 씨' 형식도 자주 쓴다. 연예인에 대한 친밀함 때문에 긍정적 태도를 갖고 있는 대상에 대해 (6다)와 같이 이름 뒤에 추가적 가리킴말이 없는 용법도 흔하다. (6가, 가-1)의 보기에서는 연예인에 대한 부정적 태도에서 이름만으로 가리켰지만 긍정적 태도를 갖는 경우에도 같은 방식의 가리킴말 사용이 가능한 사실을 지적한다.

한편, 트위터는 비대면 상황의 인터넷 공간이기 때문에 누리꾼들 사이에서 감정 대립이나 싸움이 쉽게 일어난다. 보통 때에는 힘과 거리, 상호 친밀도와 공감도, 상대방에 대한 호감도 등에 따라 호칭어를 쓰지만 이러한 충돌 상황에서는 비속어 등의 특수한 호칭어가 쓰인다. 꾸중이나 훈계 상황에서도 호칭어 변동이 쉽게 일어난다. 호칭어 사용을 통해 상대방에 대한 부정적 태도를 뚜렷이 드러내는 것이다.

(7) 호칭어를 통한 다른 누리꾼에 대한 부정적 태도의 표출
   가. (@luc*** ⇒ @fol***)
      너 정신 좀 차려라 나이먹고 멀쩡하게 생겨 왜그러냐? 여기 아무리 사이버공간이라도 인격있고 도덕있는 곳이거든? 그런관심 받아 행복하냐? 그럼정신병자고.

가-1. (@luc*** ⇒ @cro***)

　아 그놈은 딴놈이에요 이 유부남 아닙니다!ㅋ

나. (@kor*** ⇒ @dos***)

　@haa*** <== 이 인간이 아직도 철이 안들어서리 맨날 개기는 것 같사오니 도사님께서 애정의 맴매 선도 부탁 드립니다. 저는 폴세 포기 해버렸슴돠ㅋ

　(7가, 가-1)은 다툼 상황에서 나온 호칭어 사용이고, (7나)는 훈계하는 상황에서 나온 용법이다. 보통 상황이라면 '○○+님'으로 부르거나 가리키겠지만 상대방에 대한 부정적 태도가 강화되면서 '너, 그놈, 이 인간' 등의 안높임 또는 비하의 호칭어를 쓰고 있다. 인터넷 공간에서 이루어지는 만남은 비대면성과 어느 정도의 익명성을 바탕으로 이루어지기 때문에 감정 대립과 충돌이 쉽게 나타나게 된다. 이런 상황에서는 비속어 등을 이용하여 상대를 비난하거나 공격하는 일이 많다.

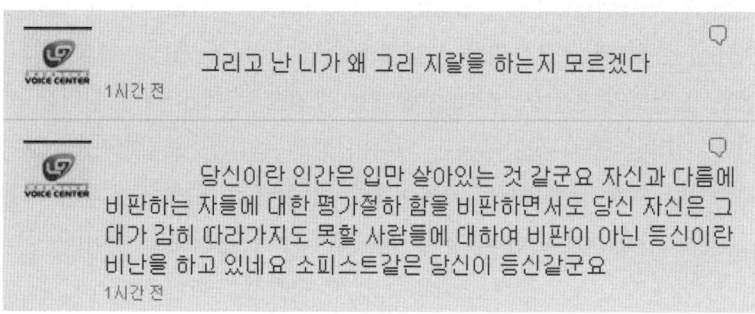

그림 3 **다툼 상황에서의 호칭어 사용**

3. 트위터 호칭어의 쓰임에 대한 통계적 분석

트위터 호칭어 가운데서 대표적인 몇 가지를 중심으로 대상 인물의 유형, 대상 인물에 대한 태도, 화자와 대상 인물 사이의 지위 관계 등의 면에서 통계적으로 분포를 살펴볼 수 있다. 예를 들어, 정치인, 연예인, 운동선수 등 유명인에 대한 호칭어 사용이 대상 인물에 대한 긍정적 태도나 부정적 태도에 따라 사용하는 호칭어 형식이 어떻게 다르며, 사용률의 차이가 얼마나 있는지를 통계적 수치를 통해 구체적으로 분석할 수 있을 것이다. 또한 통신 언어 '님'의 쓰임이 화자와 대상의 나이 및 지위 면에서 분포 차이가 있는지, 아니면 그러한 사회적 요인과 관계없이 완전한 대칭적 쓰임을 보이는지 등을 분석하는 것도 의미 있다. 통계적 방법으로 호칭어의 쓰임을 다룰 수 있는 구체적 주제를 보기로 제시하면 다음과 같다.

(8) 트위터 호칭어의 요인별 통계 분석이 가능한 주제들
    가. 정치인, 연예인, 운동선수, 기업인 등 유명인에 대한 호칭어 사용의 요인별 분석: ① 대상자에 대한 화자의 태도가 긍정적인 경우와 부정적인 경우 쓰이는 호칭어 형식이 어떻게 다른가? ② 대상자가 속한 집단, 대상자의 인지도, 대상자의 사회적 평판에 따라 쓰이는 호칭어 형식이 어떻게 다른가?
    나. 통신 언어 호칭어 '님'(님, 트친님, 팔로워님, 통신 이름+님, 이름+님)의 분포에 대한 사회적 요인별 분석: ① '님'의 쓰임에서 화자의 나이, 성별, 학력, 사회적 지위에 따른 차이가 있는가?, ② '님'의 쓰임이 화자와 대상자의 나이, 성별, 학력, 사회적 지위 차이에 따른 변이가 있는가? ③ 대상자의 직업이나 사회적 지위에 따라 '님'과 직위명 호칭어 사용 가운데서 어느 것이 더 많이 쓰이는가?

이러한 통계 분석을 위해서는 수집한 호칭어 자료 가운데서 이용자의 나이, 성별, 학력, 사회적 지위가 확인되는 것을 중심으로 통계용 말뭉치를 만들어 각 세부 주제별 호칭어의 분포를 구체적 수치를 통하여 확인하는 것이 필요하다. 앞 2절의 호칭어 쓰임 사례에 대한 분석은 호칭어 목록이나 자세한 쓰임과 기능은 알 수 있지만 호칭어의 전체적 상호 관계나 개별 형식의 기능 부담량, 호칭어를 통한 정체성 및 태도 표현의 정도, 화자 집단에 따른 용법 차이 등에 대해서는 자세히 알기 어렵다. 이런 점은 호칭어 사용 말뭉치를 이용한 통계적 분석으로 적절히 확인할 수 있다.

> 지난주, 18일 (금)
> **안철수 교수님** 너무 멋지다 짧지만 느끼는 게 많은 강의였다 한번 더! 오셨으면 좋겠다
> http://yfrog.com/h41azuzj http://yfrog.com/gzvuprwj
> 트위터 원문보기

> 지난주, 18일 (금)
> 보이지는 않지만 총장님이 준비해주신 졸업생을 위한 선물의 시간인 '**안철수 교수님**'의 '초년생을 위한 이야기', 감동이네요. http://yfrog.com/h3hbuycj
> 트위터 원문보기

그림 4 **유명인에 대한 '이름+직위' 호칭어의 쓰임**

호칭어 사용에 대한 통계 분석은 (8)에서 제시한 것 외에도 여러 가지가 가능하다. 여기에서는 이러한 모든 관점에서의 자료 분석을 할 여유가 없기 때문에 앞서 호칭어 쓰임 보기를 통하여 살펴본 것 가운데 정치인, 그 가운데서도 대통령에 대한 호칭어 사용을 화자의 정체성과 대상자에 대한 태도 면에서 통계적 방법으로 분석해 보기로 한다. 이를 위해 2011년 6월 중순에 1주일 동안 트위터에서 수집한 자료를 모아 A4 용지 1,000장의 말뭉치를 만들었고, 여기서 대통령을 부르거나 가리키는 말을 모두 찾아내어 화자의 정체성(성별, 정치 성향), 대

상자에 대한 태도 면에서 호칭어의 구체적 쓰임을 분류 및 분석하였다.10) 그 결과를 두 개의 표로 제시한다.

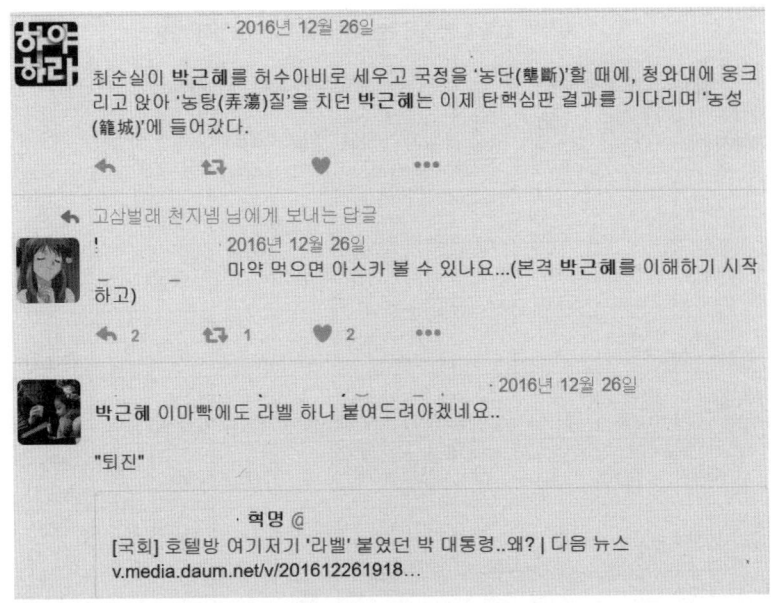

그림 5 대통령에 대한 누리꾼들의 호칭어 사용

화자의 정체성에 따라 대통령에 대한 호칭어를 어떻게 사용하였는지를 정리한 〈표 2〉를 보면, 115회 대 17회로 남성들의 사용이 여성들보다 6배 이상 많다. 정치 성향 면에서 진보적 누리꾼들의 사용 비율도 89회로 보수 성향의 17회에 비해 약 5배 많다. 트위터에서 한국

---

10) 화자의 정체성 면에서 '성별'과 '정치 성향'을 변수로 삼아 자료를 분석하였는데, '세대'나 '학력', '직업' 등의 요인도 호칭어 사용에 중요한 변수로 작용할 수 있겠으나 논의의 범위가 지나치게 확대되는 문제점 때문에 두 가지로 한정하였다. 한편, 누리꾼의 통신 이름과 통신 별명에 나타나는 가리킴말은 통계에서 제외하였다. 몇 사람의 통신 이름 등이 반복적으로 쓰임으로써 통계 결과를 크게 왜곡할 수 있기 때문이다.

의 현직 대통령을 언급하는 정치적 내용의 트윗글 작성은 남성과 진보적 성향의 누리꾼들이 강하게 주도하고 있음을 알 수 있다.11)

표 1 화자의 정체성 면에서 본 대통령에 대한 호칭어 사용

화자 정체성		호칭어 중립적 의미		부정적 의미							계
		이명박 대통령	(이) 대통령	이명박	명박	MB	이씨	가카	쥐	사람/본인	
성별	남성	1	15	29	9	14	1	6	39	1	115 (78.2)
	여성	0	0	1	0	15	0	0	0	1	17 (11.6)
	모름	0	2	1	0	12	0	0	0	0	15 (10.2)
계		1 (0.7)	17 (11.5)	31 (21.1)	9 (6.1)	41 (27.9)	1 (0.7)	6 (4.1)	39 (26.5)	2 (1.4)	147회 (100%)
정치 성향	진보	1	4	10	5	24	1	6	36	2	89 (60.5)
	보수	0	2	14	0	1	0	0	0	0	17 (11.6)
	중도	0	11	7	4	16	0	0	3	0	41 (27.9)
계		18(12.2)		129(87.8)							147회 (100%)

대통령을 부르거나 가리키는 표현을 크게 '중립적' 의미 기능의 호칭어와 '부정적' 의미 기능의 호칭어로 나누었을 때 '이명박 대통령, 이 대통령, 대통령'과 같은 중립적 호칭어를 쓴 비율은 전체 147회 가운데 18회(12.2%)로 나타났고, '이명박, 명박, MB, 가카, 쥐' 등의 부

---

11) 화자의 성별, 정치 성향, 그리고 아래 〈표 2〉에 나오는 대통령에 대한 태도는 기본적으로 트윗글의 내용을 통해 파악한 것이다. 분석 자료만으로 알기 어려운 때에는 해당 누리꾼의 자기소개글, 다른 트윗글 등을 종합적으로 보고 판단하였다.

정적 호칭어는 129회(87.8%)가 쓰였다. 중립적 호칭어도 대부분은 "李대통령, 외규장각 의궤 귀환 환영행사 참석 http://durl.me/a8v98" 과 같이 보도 기사를 인용하는 과정에서 쓴 것이다. 긍정적 의미 기능을 갖는다고 볼 수 있는 '이명박 대통령님'이나 '이명박 대통령 각하'의 경우는 전혀 없었다.12) 이런 점들을 종합하면, 현직 대통령에 대한 트위터 누리꾼들의 부정적 태도가 절대적으로 강하며, 그것은 호칭어 사용으로 잘 표출되고 있다고 하겠다. 전반적으로 누리꾼들은 대통령의 정치 행위나 정책 집행을 비판적·부정적으로 보며, 한국어 언어공동체에서 부정적 의미가 강한 동물 '쥐'에 비유함으로써 비호감(非好感)의 태도를 드러내었다.

성별 면에서 호칭어 쓰임을 살펴보면, 남성들이 쓴 115회 가운데 중립적 호칭어는 13.9%(16회)에 그친 반면 86.1%(99회)의 응답은 부정적 호칭어이다. 여성들은 17회 모두 부정적 호칭어를 쓴 점에서 남성들의 사용과 약간의 차이를 보인다. 또한 남성들은 '(이) 대통령', '이명박', '명박', 'MB', '가카', '쥐(새끼)' 등 다양한 형식을 쓰면서 호칭 대상에 대한 태도를 적극적이고 공격적으로 드러낸 반면 여성들은 'MB'를 주로 씀으로써 사용 형식이 적고 태도가 소극적이다. 화자들의 정치 성향 면에서는, 진보적 성향의 누리꾼들이 쓴 89회의 호칭어 가운데서 5회(5.6%)가 중립적인 것인 반면 93.4%에 해당하는 84회의 호칭어는 부정적 의미를 담고 있는 것이다. 보수 성향의 화자들이 쓴 호칭어는 전체적으로 17회에 지나지 않으며, 이 가운데 88.2%는 부정적 호칭어이다.

---

12) 이와 달리 분석 대상 말뭉치에는 전직 대통령과 관련하여 "박정희&김대중 대통령님", "김대중대통령님"이라는 긍정적 호칭어가 2회 나타났다. '노무현 (전) 대통령'은 모두 10회 쓰였다.

표 2 대통령에 대한 태도와 호칭어 사용

대통령에 대한 태도 \ 호칭어	중립적 의미		부정적 의미						계
	이명박 대통령	(이) 대통령	이명박	명박	MB	이씨	가카	쥐	사람/본인	
긍정적	0	1	0	0	0	0	0	0	0	1 (0.7)
부정적	1	7	10	9	26	1	6	39	2	101 (68.7)
중립적	0	9	21	0	15	0	0	0	0	45 (30.6)
계	1 (0.7)	17 (11.5)	31 (21.1)	9 (6.1)	41 (27.9)	1 (0.7)	6 (4.1)	39 (26.5)	2 (1.4)	147회 (100%)

대통령에 대한 화자의 태도 면에서 호칭어 사용을 분석한 결과는 〈표 2〉와 같다. 대통령에 대하여 긍정적 태도를 보인 누리꾼이 쓴 호칭어는 1회에 지나지 않고, 101회(68.7%)는 부정적 태도를 가진 누리꾼이 쓴 것이다. 부정적 태도를 가진 누리꾼은 101회 가운데 '쥐(새끼), 쥐가카, 푸른쥐' 등 비속한 의미의 호칭어를 가장 많이 썼고(39회, 38.6%), 다음으로는 영문자 약칭인 'MB/엠비'(26회, 25.7%), '이명박'(10회, 9.9%)을 많이 썼다. 중립적 태도를 가진 누리꾼들은 45회 가운데 '이명박'(21회, 46.7%), 'MB'(15회, 33.3%), '(이) 대통령'(9회, 20%) 세 형식만 사용하였다.

앞의 〈표 1〉과 비교하면 보수적 성향의 누리꾼도 다수가 대통령에 대해 긍정적 태도 대신 중립적 태도를 갖고 있으며, 호칭어로 이름 뒤에 추가적 표현 없이 '이명박'을 그대로 쓴 것으로 나타났다.[13] 보수적

---

[13] 트위터 이용자들 가운데서 반여 친야 성향이 강한 누리꾼들이 많은 점에 대해서는 언론 등에서 많이 지적되었다(〈트위터 사용자 '좌편향'…괴담 부추겨〉,

이고 친여적인 트위터 누리꾼들은 진보적이고 친야적인 사람들을 강하게 비판·비난하면서도 대통령에 대해 긍정적 태도를 보이거나 호칭어 사용에서 '이(명박) 대통령'과 같이 예의를 갖추는 경우가 드물다. 이는 진보적 누리꾼들은 물론이고 보수적 누리꾼들도 겉으로 뚜렷하게 드러내지는 않았지만 대통령의 정책이나 정치 행위와 관련하여 비판적 태도를 갖고 있기 때문으로 풀이된다.

이러한 통계적 분석을 통하여 트위터 누리꾼들이 대통령에 대한 호칭어를 쓰면서 자신의 정체성과 호칭 대상에 대한 호감도, 심리적·정치적 태도까지 드러내고 있음을 뚜렷하게 파악할 수 있었다. 앞서 사례 분석에서 찾아낸 다양한 호칭 형식들의 상대적 기능 부담량이나 호칭어 사용과 관련된 여러 가지 의미 기능을 좀 더 구체적으로 살필 수 있는 점에서 언어 사용에 대한 분석 도구로서 통계적 분석의 유용성이 입증된 셈이다. 누리꾼들이 자신을 적극 드러내는 트위터라는 새로운 인터넷 소통 수단의 등장으로 단순한 언어 형식의 확인 작업에서 나아가 화자의 특성과 태도까지 고려하는 심층적 언어 연구가 가능하게 되었다.

≪한국경제≫, 2011-11-29; 〈박원순 텃밭은 'SNS'〉, ≪한겨레≫, 2011- 10- 09 기사 등 참조). 박형기(2011:14)에서는 트위터 누리꾼들을 "정치적으로는 반MB, 경제적으로는 반재벌, 종교적으로는 반기독교, 언론에서는 반조중동 성향이 강하다"고 평가하였다. 이런 점 때문에 트위터가 각종 선거에서 여당에 불리하게 작용하였다고 판단하여 트위터 이용에 제한을 두려는 여러 가지 시도가 나오고 있다. 한 예로 최근 방송통신심의위원회가 사회적 소통망(SNS) 등을 심의하는 '뉴미디어 정보심의팀'을 만들어 활동에 들어갔는데, 이에 대해 누리꾼들의 반발이 심한 상황이다.

맺음말

이 장을 통하여 한국어 트위터 이용자들의 호칭어 사용 자료를 사회언어학적 방법으로 분석함으로써 트위터 언어의 한 구체적 연구 방법을 제시해 보았다. 1절에서는 통신 언어 호칭어에 대한 선행 연구를 검토하고, 2절과 3절에서는 트위터 언어 자료를 통하여 호칭어의 쓰임과 기능을 사례 및 통계 분석 방법으로 살펴보았다. 기존 관련 연구와 달리 여기서는 트위터 이용자들이 쓰고 있는 호칭어 형식을 단순 확인하는 것이 아니라 호칭어가 어떤 요인과 높은 상관성을 가지면서 쓰이는지, 그것의 쓰임 배경과 기능이 무엇인지를 구체적으로 탐색하고자 하였다. 이를 통하여 호칭어가 다른 사람을 부르고 가리키는 기본 기능을 넘어 호칭 대상에 대한 화자의 친밀감, 호감도, 공감도 등의 태도를 드러내고, 나아가 호칭어 사용을 통하여 상대방의 마음이나 행동을 비판하고 움직이려는 전략적 기능까지 갖고 있음을 알 수 있었다.

이 장의 연구는 다음과 같은 면에서 몇 가지 연구 의의가 있다. 첫째, 전 세계적으로 사용자가 급격히 늘고 있고, 2011년 당시 한국에서도 사용자가 이미 400만 명을 넘은 '다기능 인터넷 소통망'이자 '통합 통신 언어 사용 영역'인 '트위터'의 언어를 본격적인 연구 대상으로 삼은 점에서 이 연구 결과를 바탕으로 관련 분야의 의미 있는 다양한 후속 연구들을 이끌어 낼 수 있다. 트위터라는 매체는 정보통신 기술이 발달한 현대사회에서 나온 새로운 의사소통과 언어 사용의 중요한 도구이며, 그 안의 언어 사용은 사회 구조 및 사회 변화와 밀접한 관련을 맺고 있다. 트위터를 이용한 실시간 소통이 이루어지는 과정에서 여러 가지 언어 표현들이 만들어져 널리 유통된다. 그 결과 한국어의 사용,

한국어의 변이 및 변화에서 트위터의 영향력이 갈수록 높아질 것이다. 이 장의 연구를 계기로 사회적 현실과 밀접히 연계된 인터넷 통신 언어의 연구 필요성을 분명히 인식할 수 있을 것이며, 트위터 등의 사회적 소통망(SNS)을 대상으로 한 여러 가지 주제의 언어 연구가 본격적으로 이루어질 수 있을 것으로 기대된다.

둘째, '21세기 한국어의 새로운 방언'이라고 부를 수 있는 '인터넷 통신 언어'를 대상으로 '한국어 호칭어'의 쓰임을 유형과 기능, 화자의 정체성 및 화자와 대상자의 관계, 대상자에 대한 화자의 호감도와 공감도 등 다양한 관점에서 분석할 수 있음을 보여 줌으로써 호칭어 연구에 대한 새로운 접근 방식을 제시하는 의미가 있다. 그동안 통신 언어를 대상으로 한 호칭어 연구는 화자들에 대한 구체적 정보가 없는 점 때문에 관련 형식을 확인하고 문맥적 기능을 확인하는 데 초점이 모아졌다. 그러나 트위터와 같은 사회적 소통망 언어 자료를 이용하면 화자들에 대한 배경 정보를 확보할 수 있기 때문에 호칭어의 사회적 의미 기능까지 구체적으로 파악할 수 있다. 또한 호칭어의 분포와 의미 기능을 사회언어학에서 자주 이용하는 사례 분석 및 통계 분석 방법을 함께 적용함으로써 호칭어 사용에 대한 더욱 깊이 있는 이해가 가능하였다. 앞으로 호칭어뿐만 아니라 다른 영역의 언어 사용에 대한 이러한 관점과 연구 방법의 적용이 확대되었으면 한다.

8장_ 지역 방언의 쓰임과 사회언어학적 문제

21세기는 인터넷 통신 시대라고 부를 정도로 인터넷이 생활 전반에 깊숙이 자리 잡았다. 언어 사용에서도 인터넷의 비중이 엄청나게 높다. 컴퓨터, 스마트폰, 태블릿 등 인터넷 매체를 이용하여 읽고 쓰는 언어생활이 일상 공간에서의 언어생활 못지않게 중요하다. 인터넷 게시판·카페·블로그와 사회적 소통망(SNS)에서 주고받는 메시지의 양은 일상어의 입말을 압도할 정도다. 이제 인터넷을 떠난 언어생활이란 상상도 할 수 없는 시대가 된 것이다.

이 장에서는 인터넷 매체, 구체적으로 사회적 소통망에서 지역 방언[1]의 쓰임이 어떻게 나타나고 있으며, 지역 방언에 대한 누리꾼들의 태도가 어떤지에 대하여 주로 사례 분석 방법을 적용하여 전반적, 개략적으로 살펴보기로 한다. 방언은 통신 언어 사용에서 표현적 동기,

---

* 이 장의 내용은 이정복(2015나)의 1~3장을 부분적으로 고친 것이다.
1) 이 장과 다음 장에서 '지역 방언'을 간단히 '방언'으로 쓰기도 할 것이다.

오락적 동기, 유대 강화 동기, 심리적 해방 동기와 관련하여 누리꾼들이 즐겨 쓰는 한 요소기 때문에 인터넷에서의 쓰임이 꾸준히 이어지고 있다. 누리꾼들이 방언을 구체적으로 어떤 동기와 기능에서 어떻게 사용하고 있는지, 방언 사용과 관련된 사회언어학적 문제에는 어떤 것이 있는지를 분석함으로써 인터넷 시대에 지역 방언의 현재와 미래를 파악할 수 있다.

　여기서 이용하는 누리꾼들의 방언 사용 자료는 사회적 소통망인 '페이스북'에서 수집한 것이고, 방언 사용에 대한 언어 태도 자료는 '트위터'에서 수집한 것이다.2) 컴퓨터를 통한 인터넷 이용도 여전히 많지만 대표적인 휴대 인터넷 매체인 스마트폰 사용의 확산으로 사회적 소통망을 통한 언어 사용이 확대된 상황을 고려한 결과이다. 자료 수집은 2015년 5~6월에 이루어졌으며, 자료 수집일로부터 최대 1년 이내에 작성된 최근 게시글과 댓글을 분석 대상으로 삼는다. 지은이의 페이스북 및 트위터 계정을 이용해서 자료를 수집했는데, 페이스북 친구 약 800명으로부터 방언 사용 자료를 모았다.

　인터넷 공간의 방언 사용을 다룬 연구가 몇 편 나와 있지만 앞의 연구들은 대부분 통신 언어 가운데서 사이트 게시판이나 인터넷 카페, 블로그 등에서 자료를 수집한 것이다. 그러나 이 장의 연구는 최근 누리꾼들의 핵심적 소통 통로가 되고 있는 사회적 소통망 자료를 이용해서 방언 사용 실태를 다각도에서 본격적으로 다루는 점에서 의의가 있다. 인터넷 통신 언어 시대에 지역 방언이 인터넷에서 차지하는 지위를 확인하고, 그 미래상을 조망해 볼 수 있는 점에서 연구 필요성이 높다.

---

2) 한국어 방언에 대한 누리꾼들의 태도에 대해서는 다음 9장에서 자세히 분석할 것이다.

1. 인터넷 공간의 방언에 대한 연구 검토

　인터넷 통신 언어 사용이 대중화된 1990년대 중반 이후 약 20여 년 동안 인터넷 공간에서 방언이 어떻게 쓰이는지에 대한 구체적 관심을 드러낸 연구는 많지 않다. 누리꾼들이 지역 방언을 통신 언어의 중요한 한 요소로 적극 활용하는 편이지만 그것에 대한 여러 학자들의 관심은 전반적으로 부족했다. 그런 가운데 통신 공간의 지역 방언을 다룬 연구가 몇 편 나왔다. 이정복(2000가, 2006라, 2007나, 2010나), 전병용(2003) 등이다. 박선우·박진아·홍정의(2015)는 부분적이지만 사회적 소통망 안의 방언 사용에 관심을 두었다. 각 내용에 대해 간략하게 소개하고 의미를 따져 보고자 한다.

　이정복(2000가)는 '컴퓨터 통신' 속에서 지역 방언이 어떻게, 어느 정도 사용되고 있으며, 그 기능이 무엇인지를 밝히려 한 것으로 컴퓨터 통신망 '천리안'의 동호회 카페에서 자료를 수집하여 사례 및 통계 분석 방법으로 방언 사용 실태를 보고했다. 방언 사용이 화자의 의도가 강하게 개입된 것인지 아니면 쓰려는 의도 없이 이루어진 용법인지에 따라 '의식적 용법'과 '무의식적 용법'으로 구분하여 쓰임을 분석했다. 이어서 영남 및 호남 지역 동호회 게시글의 방언 사용률을 〈표 1〉과 같이 제시했는데, 동호회에 따라 분석 대상 게시글 가운데 최고 42%에서 최저 34%의 글에 방언이 쓰인 것으로 나타났다.

표 1 **지역 동호회별 방언 사용률 (이정복 2000가:101)**

구 분	실명 게시판	익명 게시판	전체 평균
부산사랑(부산)	53(233)	26(159)	42(392)
달구벌(대구)	45(134)	15(61)	35(195)
빛고을(광주)	39(103)	33(87)	36(190)
군산사랑(군산)	50(70)	21(87)	34(157)

* 단위: %, 괄호 안은 분석 사례 수

또한 이 연구에서 방언 사용의 맥락을 살펴본 결과, '비공적인 글, 구어성이 강한 글, 오락성을 띤 글'에서 방언이 잘 쓰이는 것으로 나타났다. 이용자들이 방언을 씀으로써 얻게 되는 효과를 정리했는데, 방언은 인터넷 공간에서 '친밀하게 표현하기, 자연스럽게 표현하기, 재미있게 표현하기'의 기능으로 쓰인다고 했다. 이런 자료 분석을 통해 인터넷 통신에서 방언 사용은 뚜렷한 동기와 기능을 갖고 있으며, 현실 공간에서보다 오히려 더 많이, 자연스럽게 방언이 쓰이고 있음을 확인하였다. 방언이 인터넷 통신 공간에서 필수적 언어 자원으로서 꾸준히 사용될 것으로 내다보았다.

전병용(2003)은 대화방 언어 자료를 대상으로 방언 사용을 통신 언어 사용의 일부로서 다루었다. 방언 사용의 특징을 네 가지로 정리했는데, 첫째, 대화방 언어에서 방언 쓰임이 크게 늘었으며, 입말 중심의 대화방 언어에서 방언 사용이 자연스러운 현상이라고 보았다. 둘째, 화자의 방언적 배경과 무관하게 대화방에서 방언이 쓰였고, 방언권이 다른 상대방에게 친근함의 표시와 재미 유발을 목적으로 다양한 방언을 쓴다고 했다. 셋째, 각 방언에 대한 부정적 선입견에서 벗어나 긍정적 의미로 방언이 쓰이게 되면서 지역감정을 극복할 수 있는 분위기 형성에 이바지하는 것으로 보았다. 넷째, 대화방에서의 방언 사용은 우리말에 재미를 더하고 다양한 언어를 흡수하는 계기로 삼을 수 있는 점에서 의미를 찾을 수 있다고 했다.

이정복(2006라)는 대구 지역 고등학생들의 통신 언어 자료를 대상으로 방언 사용을 살펴보았다. 제보자들이 음운, 문법, 의미 등의 여러 면에서 다양한 방언형들을 활발하게 쓰고 있으며, 통신 언어 사용 영역인 게시판 언어, 대화방 언어, 전자편지 언어에서 방언의 쓰임 정도가 차이를 보이는 점을 보고했다.3)

표 2 통신 언어 영역별 방언 사용 정도 (이정복 2006라:157, 단위: 회)

언어 영역	경상 방언	기타 방언	합	상대적 비율
게시판	180	35	215	100%
대화방	312	30	342	159%
전자편지	210	29	239	111%

〈표 2〉를 보면, 통신 언어 영역 가운데서 방언이 가장 많이 쓰인 것은 대화방이다. 게시판에서 방언이 가장 적게 쓰였다. 대화방에서 방언 사용률이 가장 높은 것은 통신 대화가 입말 중심으로 빠르게 진행되는 양방적(兩方的) 언어 행위기 때문이라고 해석했다.

다음 〈표 3〉과 같이 제보자들의 성별에 따른 방언 사용률 차이도 나타났다. 남학생들이 여학생보다 방언 사용이 훨씬 많았다. 대화방에서든 전자편지에서든 남학생의 방언 사용률이 더 높았다. 이와 함께 학교 유형 면에서 방언 사용률을 분석했는데, 실업고 학생들이 인문고에 비해 방언을 더 많이 쓰는 것으로 확인되었다.

---

3) 〈표 2〉와 〈표 3〉의 방언 사용률은 고등학생들의 통신 언어 사용 정도를 통계적으로 파악하기 위해 제보자 집단별, 통신 언어 영역별로 만든 각 15,000자 크기의 표본 말뭉치를 분석한 결과이다. 또한 표에서 제시한 '상대적 비율'은 빈도가 가장 낮은 것을 100%로 하여 계산한 상대적 수치임을 밝힌다.

표 3 제보자 집단별 방언 사용 정도: 성별 (이정복 2006라:158, 단위: 회)

언어 영역	성별	경상 방언	기타 방언	합	상대적 비율
대화방	남학생	477	25	502	210%
	여학생	312	30	342	143%
전자편지	남학생	290	36	326	136%
	여학생	210	29	239	100%

이 연구에서는 이정복(2000가)에서 제시한 방언 사용 동기에 하나를 더 보태서 '생생한 입말을 그대로 표현하기', '재미있게 표현하기', '같은 지역 사람들끼리 긴밀한 유대 관계를 확인하기', '표준말을 사용해야 한다는 언어 규범과 기성세대의 권위에서 벗어남으로써 심리적 해방감을 느끼기'의 네 가지로 정리했다. 이러한 방언 사용 동기를 이정복(2007나)에서는 통신 언어 사용 동기와 연결 짓고 좀 더 간결하게 이름 붙였다. 표현적 동기에 따른 방언 사용을 '생생한 입말로 표현하기', 오락적 동기에 따른 것은 '재미있게 표현하기', 유대 강화 동기에 따른 것은 '친밀하게 표현하기', 심리적 해방 동기에 따른 것은 '해방감을 느끼면서 표현하기'로 불렀다.4)

한편, 이정복(2007나)는 초등학교 동창생들의 동기회 인터넷 카페와 개인 블로그 게시판 언어 자료를 대상으로 방언 사용과 그 과정에서 나타나는 성별 차이를 살펴보았다. 결과를 보면, 인터넷 공간에서

---

4) 이정복(2003가:31-49)에서는 통신 언어 발생 및 사용의 동기를 '경제적 동기, 표현적 동기, 오락적 동기, 유대 강화 동기, 심리적 해방 동기'의 다섯 가지로 나누었다. 이 가운데 방언 사용은 '경제적 동기'를 제외한 나머지 네 가지와 밀접히 관련된다. 통신 언어로 쓰는 '울'(우리), '맘'(마음), '샘/쌤'(선생님) 등 경상 방언의 다수 어휘는 경제성과도 관련이 있다. 다만 전반적으로 봤을 때 글말이 따로 존재하지 않는 방언을 글자로 옮기는 과정이 표준말 사용에 비해 쉽지 않은 점을 고려하면 방언을 인터넷에서 경제적 동기에서 쓰는 일이 적은 것은 분명하다.

다양한 동기와 기능에서 방언이 활발하게 쓰이고 있으며, 방언 사용의 성별 차이가 뚜렷하게 나타나는 점이 확인되었다. 남성들은 친구들과의 우정을 돈독하게 유지하고 친밀감을 확인하기 위해 방언형을 적극적으로 쓴 반면 여성들은 맥락에 맞게 방언과 표준말을 적절하게 골라 쓰는 모습을 보여 준다는 것이다. 다만, 여전히 인터넷 공간에서 방언이 널리 확산되고 굳건한 지위를 갖고 쓰임은 분명하지만 표준말과는 달리 양념적 요소로 보조적 기능을 갖는 점에서 긍정적으로만 보기는 어렵다고 평가했다.

표 4 **남녀 제보자들의 방언 사용에 나타난 질적 차이 (이정복 2007나:93)**

구 분	남 성	여 성
언어 요소의 선택	음운, 문법, 어휘·의미와 관련된 다양한 방언형을 두루 씀.	음운 변이형이나 어휘 사용에 집중됨.
방언 사용의 적극성	방언형을 먼저 적극적으로 씀으로써 방언 사용 분위기를 주도함.	남성들의 말에 맞장구치기 방식으로 방언형을 소극적으로 씀.
글의 내용과 분위기에 따른 분별	글의 내용이나 분위기와 관계없이 일관되게 방언형을 많이 씀.	글의 내용이나 분위기를 분별하여 문맥에 맞추어 방언형을 씀.

이정복(2010나)는 인터넷 통신 공간에서 가장 많이 쓰일 뿐만 아니라 그것에 대한 긍정적, 부정적 태도를 드러내는 일이 잦은 현대 한국어의 대표적 두 방언, 곧 경상 방언과 전라 방언에 대한 누리꾼들의 태도를 '다음' 사이트 토론/이야기 게시판인 '아고라'의 게시글을 통해 분석했다.[5] 그 결과, 경상 방언에 대한 긍정적 언어 태도로는 '듣기 좋

---

5) 국립국어원(2010)에 따르면 표준말 및 방언 사용 비중에서 표준말을 제외하고

다, 귀엽다, 정겹다, 재미있다' 등이 대표적이었고, '싸우는 것 같다, 시끄럽고 억세다, 알아듣기 어렵다' 등의 부정적 태도도 있었다. 전라 방언에 대해서는 '구수하다', '걸쭉하다'라는 긍정적 태도가 있는 반면 '시비 거는 것 같다'고 느끼는 부정적 태도도 나타났다. 이 연구에서는 방언에 대한 한국어 화자들의 근본적 인식 전환이 이루어져야 함을 강조했다. "방언은 마냥 웃기거나 재미있는 것이 아니라 때로는 진지하고, 기쁨과 슬픔의 감정도 모두 충실히 표현하는 모자람 없는 살아있는 말이라는 사실"을 한국어 화자들이 일종의 '언어 다원주의적 관점'에서 이해할 때 방언과 그 사용자들에 대한 편견과 차별에서 벗어날 수 있다는 것이다.

박선우·박진아·홍정의(2015:102-103)에서는 대구, 경북 지역 페이스북 이용자들의 언어 사용을 분석한 결과, 나이 면에서는 20대에서, 성별로는 남성들의 방언 사용이 더 많다고 보고했다. 앞의 연구들이 통신 언어 가운데서 사이트 게시판이나 인터넷 카페, 블로그 등에서 자료를 수집한 것과 달리 이 연구는 사회적 소통망 자료를 이용해서 방언 사용을 다룬 것이어서 주목된다. 다만 여러 가지 관심사의 일부로 방언의 쓰임을 간략히 언급한 것이어서 아쉽다.

이러한 선행 연구들을 참조하여 최근 누리꾼들의 중심적 소통 통로가 되고 있는 사회적 소통망에서 보이는 방언 사용 실태를 본격적으로 다루어 보기로 하겠다. 방언 사용의 성별 차이나 정치적 목적의 방언 사용 문제에 대해서도 관심을 기울이기로 한다.

경상 방언이 30.9%로 가장 높았고 전라 방언이 14.7%를 차지했다. 김덕호(2014) 조사에서는 경상 방언이 31.4%, 전라 방언이 7.4%로 나타났다.

2. 인터넷 공간의 지역 방언 사용 실태

인터넷 공간에서 방언이 어떻게 사용되고 있는지를 사회적 소통망인 '페이스북' 자료를 통하여 살펴보기로 하겠다. 방언 사용 실태를 사용자의 의식성과 기능 면에서 분석하고, 이어서 사회언어학적 관점에서 방언 사용의 몇 가지 모습을 다룬다. 먼저 2.1에서 누리꾼들이 방언을 의식적, 의도적으로 사용하는지 아니면 무의식적으로 사용하는지에 따른 방언 사용의 모습을 파악해 보기로 한다.

2.1 방언 사용의 의식성

다음 게시글은 미국에 살고 있는 부산 출신 40대 후반의 남성 누리꾼이 의도적으로 경상 방언을 쓴 것이다. 게시글의 댓글 대화에서 다른 누리꾼과 함께 방언 사용을 지속하고 있다.

(1) 의식적인 방언 사용 ①
△△ Jhi, 2015-05-23
김치 담근다.
두 달 동안
김치를 **굶었드만**
마눌님
시다바리하는 거또
하나도 **안힘드네**
나중에
돼지수육**해가**
김치 싸서

무거야지

윤△△: 막걸리는 **안묵나**?

△△ Jhi: 어제 **무거따**...다 **떨어지서** 양주 **무글라고**

윤△△: 김치를 좀 담긴 담아야 하는데 고춧가루가 너무 비싸

    게시글을 올린 누리꾼(△△ Jhi)은 '굶었드만', '(돼지수육)해가', '무거야지'라는 경상 방언형을 쓰고 있다. 짧은 부정문 '안힘드네'도 경상 방언에서 즐겨 쓰는 형식이다. 다른 누리꾼들도 댓글로 보조를 맞춰 '안묵나'라는 방언형을 썼고, 게시글 작성자는 '무거따', '떨어지서', '무글라고'라고 하여 방언 사용 강도를 더 높였다. 외국에 사는 게시글 작성자가 경상 방언을 의도적으로 씀으로써 고향 사람들과 강한 유대감을 유지하려는 동기가 뚜렷하게 느껴진다.[6]

(2) 의식적인 방언 사용 ②

최△△, 2015-04-09

고. **** *** 회장님 에 명복을 빕니다

최△△: 고인을 멀리 지켜본 저로써는. 또한번 충청인이 희생 **되어네유**. 가슴이 **아퍼유**. 다시 한번 고인에 명복을 **빕어유**

최△△ → 이○○: 뜻을 같이해. 감사 **드려유**

최△△ → 정○○: **고마워유**

    게시글 (2)의 작성자는 충청 출신의 60대 남성으로서 댓글에서 지속

---

6) 보기에서 표시한 모든 방언형이 경상 방언에서만 쓰이는 것이 당연히 아님을 이해할 필요가 있다. 어떤 형식은 경상 방언이면서 동시에 전라 방언이고, 또 어떤 것은 경상 방언이면서 충청 방언일 것이다. 예를 들면, '굶었드만'의 경우 강원도나 충청도에서도 쓰일 것으로 생각된다. '안 힘드네' 등의 짧은 부정문은 남부 방언에서 특히 활발히 쓰이지만 전체 인터넷 누리꾼들이 선호하는 것이기도 하다. 어떤 지역 방언형을 언급할 때 그것이 모두 '그 지역만의 고유한' 방언형이어야 한다거나 그럴 것이라고 보는 시각은 '연속체'를 이루며 존재하는 방언의 본질과 거리가 있다.

적으로 충청 방언을 쓰고 있다. 게시글에서는 표준말을 쓴 것과 달리 페이스북 친구들과의 대화에 해당하는 댓글에서는 '되어네유', '아퍼유', '고마워유' 등 충청 방언형을 적극 씀으로써 역시 동향 사람들과의 끈끈한 유대감을 강조한 것으로 해석된다.

(3) 무의식적 방언 사용 ①
  가. 이○○, 2015-04-15
    날씨가 이래 좋은데 책만 잡고 있을 순 없지! 공부는!
  나. 하△△, 2015-05-15
    꿈을 심는 사람의 행복한 소식으로
    불금으로 행복한 밤 되세요
    모내기 준비과정 풀 직이기 과정ㅎ ㅎ
    오늘도 바쁜 하루로
    시간 가는 줄 모르고 끝
    밀가루 보다 쌀 밥을 먹으면 건강해 집니다

울산 출신 20대 대학생인 여성 누리꾼은 (3가)의 게시글에서 표준말 '이리' 또는 '이렇게'에 대응되는 '이래'라는 방언형을 썼다. 전체적으로 표준말을 쓰고 있는 점에서 '이래'는 무의식적, 비의도적 용법으로 보인다.[7] (3나)의 누리꾼은 서부 경남 출신의 50대 남성으로 표준말로 글을 쓰면서 '풀 직이기'에서는 방언형을 썼다. '풀 죽이기'가 너무 강한 느낌이어서 의식적으로 '직이기'라고 썼을 가능성도 있지만 경남 방언에서 일상적으로 '죽이다'를 '직이다'로 쓰는 상황에서 무의식적으로 나온 용법이라고 봐도 좋다.[8]

---

[7] 이 누리꾼에게 개인적으로 확인한 결과 본인도 '이래'가 방언형임을 모르고 썼다고 했다. 무의식적 용법일 뿐만 아니라 방언형에 대한 지식 자체가 없는 경우이다.
[8] 무의식적 방언 사용은 트위터 이용자들 사이에서도 많다. 한 누리꾼은 "사투리

(4) 무의식적 방언 사용 ②

정○○, 2015-05-26
무슨 내가 자기 아들 전속 과외샘도 아닌데 매번 결석하고 2시간 20분짜리 보충을 해달라면 도둑놈 심보 아니야? 자사고 준비하느라 시간이 없다고 ?
나도 시간 없거든요 어머님!!
그냥 학원 그만두시라고 딴 학원 알아보라니까 매달리는데...
　왠만하면 다 받아 주는데 이 엄마는 너무 하시다 정말...
　또 기다리면 매번 깜박했다고 하고...
　이렇게 **갈켜** 놔도 또 성적 떨어지면 욕하겠지...
　딱 한번만 더 참아 보는데 정말 애 새끼 가르치기 싫다.
짜
증

(4)의 여성 누리꾼은 전체적으로 표준말로 게시글을 쓰면서 '갈켜'라고 하여 '가르치다'의 경상 방언형 '갈키다'를 썼다. 뒤에 '가르치기 싫다'가 나온 것을 보면 역시 무의식적으로 방언형이 섞여 쓰인 것으로 보인다. 다만 이 누리꾼이 경상 방언권 출신이어서 무의식적으로 '갈켜'를 쓴 것인지 경상 방언형이 이미 전국적으로 퍼져서 그런 것인지는 확인하기 어려웠다.

이러한 보기를 통하여 '페이스북' 이용자들이 의식적, 무의식적으로 방언형을 쓰는 모습이 확인된다. 의식적인 방언 사용의 경우 방언형의 쓰임 빈도가 높은데, 일상에서 잘 아는 사람들과의 교류 기능이 강한 '페이스북' 이용자들이 일상어 입말에서 쓰던 방언형을 적극 씀으로써 출신지를 드러내어 동향 사람들과의 유대감을 강화하려고 한 결과일

안 썼는데요? 음, 무슨 소릴까. 아냐, 시아는 일찍자야지. 그래야 피부가 좋아져."라고 했는데 '형아'의 뜻인 '시야'가 무의식적으로 쓴 방언형이다.

것이다. 또한 무의식적 방언 사용은 일상어에서 쓰던 방언의 영향이 자신도 모르게 드러난 것이다. 사회적 소통망과 같은 인터넷 공간의 언어 사용이 규범적 압력을 비교적 덜 받기 때문에 표준말 사용 중간에 방언형이 뒤섞이는 '실수'가 나왔다고 하겠다. 이와 함께 일부 누리꾼들은 특정 단어가 표준말인지 방언형인지에 대한 지식 자체가 없기 때문에 방언이 섞여 쓰인 것으로 나타났다.

2.2 방언 사용의 동기와 기능

앞서 1절에서 적은 바와 같이, 인터넷 공간의 방언 사용은 통신 언어 사용의 '표현적 동기, 오락적 동기, 유대 강화 동기, 심리적 해방 동기'와 관련되어 쓰인다. 표현적 동기에 따른 방언 사용은 '생생한 입말로 표현하기', 오락적 동기에 따른 것은 '재미있게 표현하기', 유대 강화 동기에 따른 것은 '친밀하게 표현하기', 심리적 해방 동기에 따른 것은 '해방감을 느끼면서 표현하기'로 달리 부를 수 있다. 각각의 동기 또는 기능에 따른 방언 사용 보기를 살펴본다.

(5) '생생한 입말로 표현하기'에 따른 방언 사용
황○○ → 한○○: 넌 놀러 **안나오나**?? ㅋㅋ 집도 가까운데 자주 오삼^^
한○○: **옴마야**~♡ 그집이 **이리됐나**? 재주 좋다!...
한○○: 동시 댓글! 이심전심♡♡♡♡
○ Kang: 실제가 더 **이쁜데** ㅜㅜ
황○○ → ○ Kang: **그렇더나**?? 그리 생각해 준다니 고마워^^
한○○: **씨~♡ 내가 너무 당신 예뻐하는거 알지요?ㅎ
황○○ → 한○○: 왜 여기서 사랑 고백을 하고 **그라노**?? ㅋㅋ

위 댓글 대화의 누리꾼들은 경남 지역 40대 여성들이다. '닌', '옴마야', '그러노' 등 경남 방언형을 활발히 쓰고 있다. 방언 사용으로 고향 친구들이 마주 보고 입말로 대화를 나누듯 생생한 느낌을 준다. 일상 공간에서 오래 전부터 아는 사이로서 방언 사용에 대한 거부감은 전혀 없다. 페이스북에서 보이는 방언 사용의 다수는 평소 일상어에서 쓰는 방언형을 자연스럽게 글로 옮겨 쓴 것으로 입말 사용의 효과를 얻으려는 동기에서 나온 것으로 해석된다.

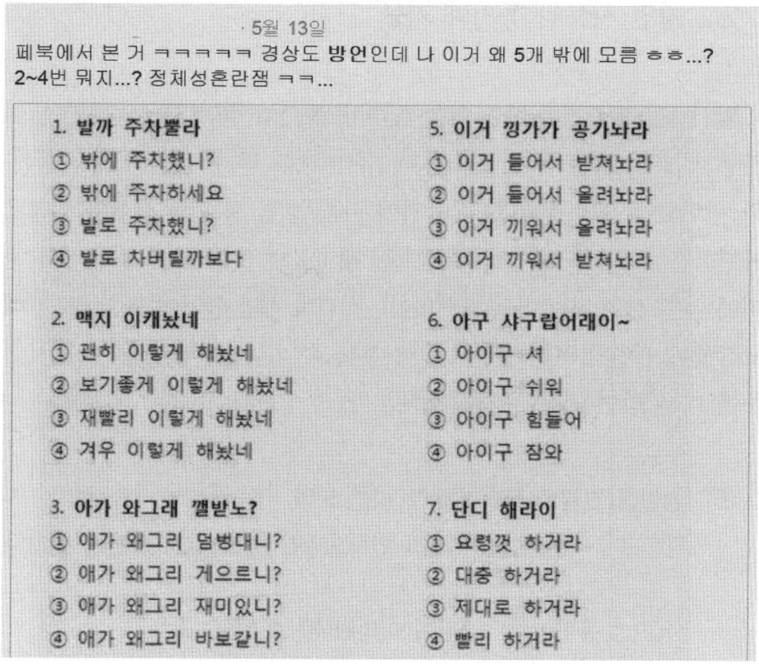

· 5월 13일
페북에서 본 거 ㅋㅋㅋㅋㅋ 경상도 방언인데 나 이거 왜 5개 밖에 모름 ㅎㅎ...?
2~4번 뭐지...? 정체성혼란잼 ㅋㅋ...

1. 발까 주차뿔라
① 밖에 주차했니?
② 밖에 주차하세요
③ 발로 주차했니?
④ 발로 차버릴까보다

2. 맥지 이캐놨네
① 괜히 이렇게 해놨네
② 보기좋게 이렇게 해놨네
③ 재빨리 이렇게 해놨네
④ 겨우 이렇게 해놨네

3. 아가 와그래 깰받노?
① 애가 왜그리 덤벙대니?
② 애가 왜그리 게으르니?
③ 애가 왜그리 재미있니?
④ 애가 왜그리 바보같니?

5. 이거 낑가가 공가노라
① 이거 들어서 받쳐노라
② 이거 들어서 올려노라
③ 이거 끼워서 올려노라
④ 이거 끼워서 받쳐노라

6. 아구 사구랍어래이~
① 아이구 셔
② 아이구 쉬워
③ 아이구 힘들어
④ 아이구 잠와

7. 단디 해라이
① 요령껏 하거라
② 대충 하거라
③ 제대로 하거라
④ 빨리 하거라

그림 1 사회적 소통망에 올린 오락적 동기의 방언 퀴즈 ①

(6) '재미있게 표현하기'에 따른 방언 사용 ①
    홍○○, 2015-05-27
    덥지라~~~~

오늘은 알바가는 **울** 아들 차즈김밥 싸주고, 저도 그것으로 점심을 떼웠네요~~~
흐미~~~ 밥먹고, 회사 마당으로 바타민 디 좀 흡수하려다가, **허벌라게 더위서리**.... 그냥 **들어왔어라**~~~
아침에 펫친 **언니가 올린 파란나비 사진이 너무 **이뻐서** 퍼왔는데....
ㅋㅋㅋ. **요럴때** 써먹네요. ~~^^
보는 것만으로도 **겁나게 션하지라**~~~
오늘은 전라도 사투리 흉내 좀 **내봤어라**~~~~
지 고향은 전라도가 **아닝께 오해덜 맏쇼잉**~~~
남은 시간도 졸지 말고 열심히 **일하세유**~~~~ 어떻게든 **버텨봐야 지유**~~~

 (6)의 게시글은 '덥지라', '허벌라게', '아닝께' 등 많은 전라 방언형을 의도적으로 섞어 쓴 점이 눈에 띈다. 이 여성 누리꾼은 "지 고향은 전라도가 아닝께 오해덜 맏쇼잉"이라고 하여 전라 방언권 출신이 아님을 밝혔다. 일부러 재미있는 분위기를 내기 위해 전형적인 전라 방언형을 적극적으로 활용했음을 뜻한다. 맨 뒤에 '일하세유', '버텨봐야지유'라고 하여 충청 방언형을 쓴 것은 전라 방언 화자가 아님을 보여 주려는 의도적 용법이다. 〈그림 1〉이 특이한 방언형을 통해 누리꾼들에게 재미를 주려고 한 것처럼 (6)의 누리꾼도 다양한 방언형을 써서 재미를 주고자 한 동기가 느껴진다.9)

 (7) '재미있게 표현하기'에 따른 방언 사용 ②
   최△△, 2015-03-13

---

9) 누리꾼들은 〈그림 1〉과 같은 방언 퀴즈를 통해 재미를 나누는 일이 많다. 방언형의 독특한 발음과 형태 그리고 예측하기 어려운 의미가 지역 방언에 익숙하지 않은 젊은 누리꾼들에게 큰 재미를 주게 된다.

2주만에집왓는데 얘기도없었던 엄빠 베트남여행잼 텅빈밥통이나를반긴닿ㅎㅎㅎㅎㅎㅎ 꼬깔콘이나먹어야짔ㅎㅎㅎㅎㅎㅎㅎㅎㅎㅎㅎㅎ

박△△: 꼬깔콘 허니버터맛잇음
김△△: ㅋ밥사**묵어라**ㅋ
이△△: ㅋㅋㅋㅋㅋㅋㅋㅋ
이○○: 오?님 울산임?
임○○: 어째욬ㅋㅋㅋㅋㅋㅋ
윤△△: 매운새우깡이 갑
최○○: 내같으면 온갖 핑계로 합리화하며 치킨시켜먹는다
장△△: ○○아 너없는학교는 고구마무스없는 피자같아.. 집에가지마..
권△△: 감자**무라**

　경상 지역 출신의 20대 대학생들은 (7)의 게시글을 읽고 재밌는 분위기를 내기 위해 경상 방언을 써서 '묵어라', '무라'로 댓글을 달았다. 게시글 상황이 조금은 당황스럽지만 게시글과 댓글에 'ㅎㅎㅎㅎㅎㅎ', 'ㅋㅋㅋㅋㅋㅋㅋㅋ'의 웃음소리가 많이 적혀 있는 것처럼 전체적으로 재미를 주는 것이어서 역시 방언형을 써서 재미있게 표현하는 것이 나쁘지 않다.

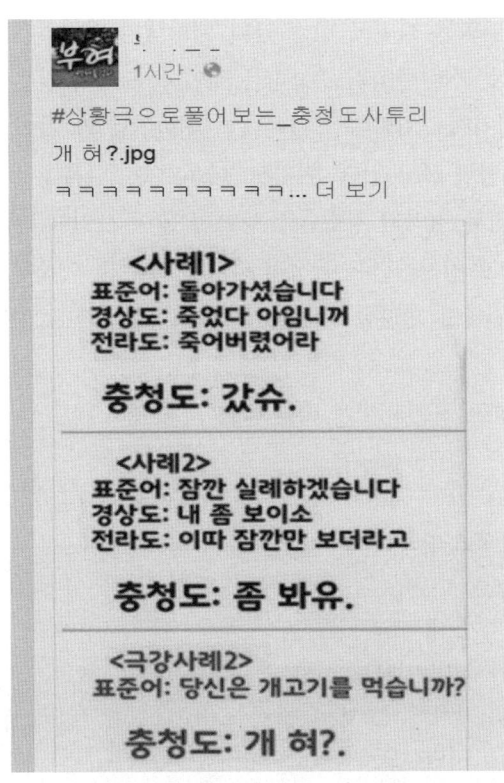

그림 2 사회적 소통망에 올린 오락적 동기의 방언 퀴즈 ②

(8) '친밀하게 표현하기'에 따른 방언 사용 ①

    김○○: **이쁘네이쁘**
    조○○: ㅋㅋㅋㅋ아빠말투나온다
    ○○ Lee: 김○○이삶이**편한갑네살찌곡**ㅋㅋㅋㅋ
    조○○: ㅋㅋㅋㅋㅋㅋ대장정 **함더** 갈까요
    김△△: ㅠㅠ **처묵처묵**..
    김▲▲: ○○야...♡ **개이뻐**
    조○○: 선배..♡ 흫 우리선배도 찍으러 **갑시닷**

위 댓글 대화는 사귀고 있는 남녀 대학생이 다정하게 찍은 사진과 관련하여 아는 사람들끼리 주고받은 것이다. 모두가 같은 20대로 경상 방언권 출신이며, '이쁘네', '나온디', '편한갑네'와 같이 경상 방언을 지속적으로 함께 쓰고 있다. 여기서 '나온디'는 '나온데이'가 줄어든 형태로 대구 경북 지역의 청소년층 등에서 많이 쓰인다.10) 예쁘거나 건강해 보인다고 칭찬하면서 긍정적 감정을 나누고, 익숙한 방언형 사용을 통해 친밀하고 편안한 감정을 함께 표현한 것으로 이해된다.

(9) '친밀하게 표현하기'에 따른 방언 사용 ②
　　Cl○○, 2015-06-07
　　이뿌이 **이
　　이제 우리 유부녀 ♥
　　오랜만에 만났슴 ㅠㅠㅠ
　　16년지기 내 베푸
　　신행가서 내 선물도 사오고 ㅠㅠㅠ
　　고마워 사랑해 쩡 ♥
　　김○○: 이런식으로사랑고백하기**있나없나**
　　Cl○○: ㅋㅋㅋㅋㅋㅋ**있디** ㅋㅋㅋㅋ **사랑한디** ㅋㅋㅋㅋㅋㅋㅋㅋ
　　김○○: ㅋㅋㅋㅋ술**무러가자인쟈**ㅋㅋㅋㅋ업되는시간이다잉ㅋㅋ목소리커지면자제시키라
　　Cl○○: ㅋㅋㅋㅋㅋㅋㅋㅋㅋㅋㅋㅋㅋ**알았디** ㅋㅋㅋㅋㅋㅋ가작ㅋㅋㅋ

(9)는 오랫동안 함께 지낸 20대 여성들끼리 방언 사용을 통해 친밀한 감정을 나누고 있는 게시글과 댓글이다. 게시글을 올린 누리꾼 'Cl○○'가 상대방에게 '이뿌이'라고 경상 방언형을 쓰자 댓글에서 다른

---

10) 보기 (9)의 '있디', '사랑한디'도 '있데이', '사랑한데이'가 각각 줄어든 것이다.

누리꾼 '김○○'도 '있나', '없나'라고 해서 방언형을 썼다. 부산 지역의 두 여성이 각각 두 번의 댓글에서 일관되게 경상 방언을 쓰고 있다. 같은 지역에서 16년 동안이나 친하게 지낸 사이에서의 지역 방언 사용은 친밀한 감정을 표현하는 데 아주 효과적이다.

(10) '해방감을 느끼면서 표현하기'에 따른 방언 사용 ①
정△△, 2015-05-26
이** 배** 이**야
하늘이 얼마나 높은지 **아나**?
땅이 얼마나 넓은지 **아나**?
내는 모른다. 너넨 **아나**?
모르면 닥치고 술 먹자.
형이 오늘 기분이 영 **파이다**ㅋㅋ
낼 **내** 접대 좀 해라.
낼도 술값은 내가 **낼란다**.
너넨 **내랑** 술이나 **묵어도**.
낼 6시반 국문과 주막이다... 내 진심 속상함!!!
다 같이 모이진 못하지만 아쉬운대로
너네 세마리만 있어라. 낼 **마이 묵자**

이 게시글은 국어 교사인 대구 출신의 20대 후반 남성이 직장에서 받은 스트레스를 풀고자 올린 것으로, 대학 후배들에게 경상 방언을 써서 넋두리를 하고 있다. '아나', '낼란다'와 같은 단순 경상 방언형뿐만 아니라 '파이다'(나쁘다)라는 다소 독특한 형식의 방언 어휘도 쓰였다. 방언 사용을 통해 후배들에게 진솔한 마음을 드러내는 한편 직장 생활에서 쌓인 심리적 스트레스를 풀어 보려 한 것으로 보인다.

(11) '해방감을 느끼면서 표현하기'에 따른 방언 사용 ②
정○○, 2015-05-28
엄니랑 한바탕 하고 집나왔다.
김치 볶듯 다글 다글 볶아대서 **몬살것다**.ㅠ
더위 죽는뎅 어디로 갈까나,
밥은 두그릇 **묵었는데** 또 고프다.
코스트코 시식코너 가서 배채우공
드가야겠다 ㅎㅎ

　40대 후반의 미혼 여성 누리꾼이 함께 살고 있는 어머니와 다투고 나서 올린 게시글 (11)에서도 다수의 경상 방언이 쓰였다. 이 누리꾼은 경상 방언권 출신이 아니지만 평소 경상 방언을 포함해 여러 방언을 이용해서 글을 많이 쓴다. 방언을 재미있게 씀으로써 문제의 심각함을 줄이는 효과를 거두는 동시에 내면의 스트레스를 풀고 있는 글이다.

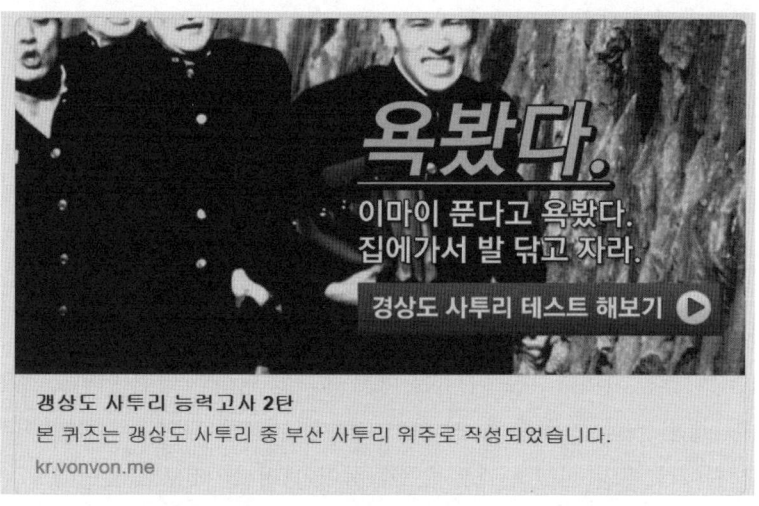

그림 3 사회적 소통망에 올린 오락적 동기의 방언 퀴즈 ③ (@gyu***)

이상과 같이 페이스북 누리꾼들은 여러 가지 동기에서 방언을 적극적으로 쓰고 있음이 확인된다.11) 남성과 여성 모두 방언 사용을 별로 꺼리지 않고 필요한 상황에서 열심히 쓰는 모습이며, 다른 사람의 방언 사용에 불편해 하거나 거부감을 표시하는 일은 찾기 어려웠다. 한 사람이 먼저 방언을 쓰면 다른 사람이 따라서 쓰는 식으로 응답하는 경우가 많이 보였다. 이처럼 페이스북 누리꾼들이 인터넷 공간에서 방언을 활발히 쓰는 것은 페이스북이 주로 일상 공간에서 잘 아는 친구들끼리 친목을 도모하기 위한 목적의 사회적 소통망이라는 특성과 관련된다. 유명인이나 미모가 뛰어난 여성들은 잘 모르는 사람들이 친구 관계인 경우가 특히 많은데, 그런 조건에서도 이용자들은 서로 긍정적 관계 유지를 목적으로 한다. 이런 점 때문에 페이스북 누리꾼들은 방언을 편하고 자연스럽게, 또 여러 가지 긍정적 기능에서 쓰고 있다는 해석이 가능하다.

3. 지역 방언 사용의 사회언어학적 문제

사회적 소통망 안의 지역 방언 사용에 대해 추가적으로 사회언어학적 관점에서 몇 가지를 더 살펴보기로 하겠다. 먼저, 방언 사용의 성별 차이를 검토해 본다. 이정복(2007나:85-88)에서 인터넷 카페 게시글을 통해 남녀 간의 방언 사용 차이를 밝힌 바와 같이 페이스북 방언 사용에서도 남성들의 주도적 활동이 쉽게 관찰된다. 다음 (12)의 보기를 통해 그런 점을 잘 이해할 수 있다.

---

11) 전체 게시글에서 방언이 쓰인 글의 비중이 어느 정도인지의 문제는 여기서 다루지 않았는데 다음 기회에 통계적 방법으로 살펴보기로 하겠다.

(12) 남성들의 주도적, 적극적 방언 사용
　　윤△△: **무시라,,,이쁜** 마음 좋은 마음 우선이죠,,
　　김○○: **님. 좋은 하루보내세요
　　정○○: **샘 네~~^^ 굿 저녁 되셔용
　　△△김: 아니요. 표정이 그럴 뿐이지. 마음은 착하고 예쁠거라 믿는 데요.
　　정○○: 감사합니다. ㅎㅎㅎㅎ
　　[...]
　　박△△: **예쁘구만그라요~**^^
　　정○○: 감사합니다. ㅋ
　　하△△: 피부가 정말 곱고 아름답습니다.
　　정○○: 천연 화장품 비누를 만들어 사용해서 그래요.^^
　　윤▲▲: **흐미 무시라!**
　　정○○: 어흥! ㅎ
　　김△△: 진솔한 삶의 모습을 이야기할때 벗들이 좋아하는거 같습니다.
　　정○○: 네, 즐거운 저녁 되셔요^^
　　김▲▲: 눈동자가 맑습니다 좋으신 분 같습니다 어떻게 조금 더 할까요~~ ㅎㅎㅎ 좋은 저녁 시간 되세요
　　정○○: 사진에 속는 분들 참 많네요. ㅎㅎ아이쿠~~
　　신△△: 힘좀**빼시요** 잡아먹힐라
　　정○○: 넵~~^^
　　김○○: **으~미 무서버라~**
　　정○○: 여자들 무선걸 남자들은 모르는듯하죠잉

　(12)는 미혼의 여성 누리꾼(정○○)[12]이 자신의 얼굴 사진을 올린 후 '페이스북 친구'들과 나눈 댓글 대화인데, 처음 댓글을 올린 남성(윤△△)이 "무시라,,,이쁜 마음..."이라 하여 남부 방언을 썼고, 이어서

---

12) 이 여성 누리꾼은 앞의 게시글 (11)의 누리꾼과 동일인이다.

또 다른 남성들(박△△, 윤▲▲, 신△△)도 "예쁘구만그라요~^^", "흐미 무시라!", "힘좀빼시요"라고 하여 방언을 썼다. 여성 누리꾼(김○○)은 그 뒤에야 "으~미 무서버라~"라고 방언을 쓰고 있다. 남성들의 선도적, 주도적, 적극적인 방언 사용에 여성이 뒤따라 맞장구치는 상황이다. 이들 누리꾼들은 일상에서는 서로 잘 모르는 관계로 짐작되는데 남성들이 방언을 쓴 것은 게시글을 올린 미혼의 여성 누리꾼에게 자신의 출신지 또는 거주지 정보를 방언 사용을 통해 드러냄으로써 지역 정체성을 밝히려는 의도와 관련이 있다. 방언 사용으로 자신의 정보를 드러내면서 재미있고 친밀하게 표현하여 게시글을 올린 이성으로부터 관심을 얻어 내기 위한 전략이라고 하겠다.13)

이번에는 방언 사용의 성별 차이가 통계적으로 얼마나 신뢰성 있게 나타나는지를 페이스북 댓글 자료의 분석으로 알아본다. 대구 지역 한 대학의 학과 구조조정 과정에서 보직 교수가 학생을 폭행했다는 내용의 게시글에 붙은 댓글 1,052개를 대상으로 방언 사용의 성별 차이를 조사했다.14) 한두 개의 표준말 명사/명사형이나 부사로 된 짧은 댓글이 다수 있었는데 이런 댓글에는 방언형이 쓰이지 않았기 때문에 분석 대상에서 제외했다. 또 그림 글자만 쓰인 글, 사용자 성별 확인이 어려운 글도 제외한 결과, 통계에 포함된 댓글은 모두 437개다. 게시글의 실제 모습을 보면 다음과 같다.

---

13) 페이스북에는 예쁜 외모의 여성 이용자와 친구 관계가 되면 멋진 글과 사진을 통해 감사 인사를 전하면서 좋은 관계를 유지하자거나 활발한 대화를 나누자는 남성들의 구애성(求愛性) 글이 수없이 많이 실린다. 남성들의 다수가 예쁜 여성과의 교류와 만남에 페이스북 이용 목적이 있는 듯한 모습을 보여 주는데, 방언 사용을 통해 재미를 주고 자신의 지역 정체성을 드러내는 것도 이성에 대한 관심 표현의 한 방식임이 분명하다.
14) 이 게시글은 2015년 5월 20일에 페이스북에 올랐으며, 조회 수가 142,302회에 이를 정도로 반응이 강했다.

(13) 방언 사용의 성별 차이를 분석하기 위한 댓글 보기
　　이○○ → 권○○: ㅋㅋ미쳤네학교ㅋ
　　이△△ → 이●●: **히야과 잖아?**
　　임○○ → 임◎◎: 넌 맞고 다니지마
　　김△△ → 석△△: **니학교 망함?**
　　이◎◎ → 박△△: **너가학겨네**
　　심△△: **대 **여새 와캅**

　여성 누리꾼이 올린 "ㅋㅋ미쳤네학교ㅋ", "넌 맞고 다니지마"에는 방언이 쓰이지 않았지만 남성이 올린 "히야과 잖아?", "니학교 망함?", "**대 여새 와캅"에는 '히야', '니', '요새', '와캅'이라는 경상 방언형이 쓰였다. 물론 여성 누리꾼도 "너가학겨네"에서 '너가'라는 방언형을 쓴 경우도 있지만 세 남성 누리꾼은 모두 방언형을 쓴 차이가 보인다. 이러한 댓글은 절대 다수가 경상 방언권 출신의 20대 대학생들이 올린 것으로 짐작된다. 문제의 게시글을 올리고 널리 퍼트린 누리꾼들이 해당 대학의 재학생들이고, 댓글을 단 사람들은 해당 대학 재학생들이거나 같은 중고등학교를 졸업한 페이스북 친구들이 대다수기 때문이다.
　이런 댓글들에서 방언 사용이 어느 정도 이루어졌는지를 성별 면에서 분석한 결과는 〈표 5〉와 같다.

표 5 페이스북 댓글에 쓰인 방언 사용의 성별 차이

구분	전체 댓글 수	방언 사용 댓글 수	방언 사용률
남성	297	133	44.8%
여성	140	54	38.6%
합계	437	187	42.8%

　전체 댓글 437개 가운데 방언이 쓰인 댓글은 187개로서 42.8%의

댓글에서 방언이 쓰인 것으로 나타났다. 이 가운데 남성 누리꾼들의 댓글은 44.8%에서 방언이 쓰였고, 여성 누리꾼들의 경우 38.6%에서 방언이 쓰였다. 전체적으로 방언 사용률이 높은 편이다. 성별 면에서 남성 누리꾼들이 여성들보다 6.2% 더 많이 방언을 쓴 것으로 확인된다. 남성들이 방언 사용을 주도할 뿐만 아니라 양적인 면에서도 높은 방언 사용률을 보여 주는 것이 통계적으로 드러났다.

한편, 인터넷 공간에서는 방언이 정치적 목적에서 부정적, 공격적으로 쓰이는 일이 많다. 그 대표적 사이트가 '일베'로 통칭되는 '일간 베스트 저장소'다. 여기서는 경상 방언을 통해 노무현 전 대통령과 민주화 인사들을 비하하고, 전라 방언을 통해 김대중 전 대통령과 전라 지역인들을 비하하거나 공격하는 일이 흔하다.

(14) 정치적 목적의 공격적 방언 사용

    광산○○: 하프홍어다. 홍어잘먹는다 질문받는다
    MaB○○: 잘사는 친규 보면 뒤통수 치고 **싶노**? 잘사는 집 보면 막 화가**나노**??
    광산○○: 잘사는 친구 없고 그러다보니 잘사는집도 실제론 못봤다
    MaB○○: 잘사는 사람들 방송으로 라도 보면 세상이 불공평해 **보이노**?
    광산○○: 잘사는 사람들 나오면 솔직히 살인충동이 일어난다 잘사는 사람 100에 99는 금수저에 매국노에 빨갱이들 **아니노**? 솔직히 흙수저로 태어나서 금? 은? 동수저로 내 자식새기 키우는 사람들이 몇이나 될거 같냐
    MaB○○: 존나 정직하게 정직한 방법으로 돈벌어서 잘사는 사람이 100에 80이다. 원래 인간이란게 이기적이라 10번의 선행을 경험해도 1번에 실수 때문에 실망하고 욕한다. 100에 99는 금수저에 매국노 빨갱이는 진짜 극소수다. 고로 너의 사상에 홍어가 좀 섞여**있노** 좀더 자중

하고 탈홍어 수련에 몰두해라.
[...]
광산○○: 니말대로 절대 불가능하다는건 아니다 정말 극히 소수
일뿐 니도 결국엔 금수저엿냐 **나랑께** 문좀열어**보랑께**
버스○○: 컨셉잡지마라 벌레야.

(14)는 '일베' 게시판에 2015년 6월 7일 올라온 "솔직히 전라도에 사람이사냐?"라는 게시글에 달린 댓글들이다. 누리꾼 '광산○○'와 'MaB○○' 두 사람 모두 어미 '-노'를 계속해서 쓰고 있다. '-노'는 경상 방언에서 의문사와 함께 쓰이는 용언에 붙는 것이지만 '일베'에서는 의문사가 없는 문장에서 '싫노, 나노'처럼 '-냐' 대신 쓰이거나 '아니노'처럼 서술격 조사 뒤에서 '-가' 대신 쓰인다. 심지어 '있노'의 경우는 '-노'가 평서문 어미로도 쓰였다. 이와 함께 '광산○○'는 "나랑께 문좀열어보랑께"라고 하여 '-응께'라는 전라 방언형을 쓰기도 했다. 모두 다른 지역 또는 다른 정치적 성향을 가진 사람들을 공격하기 위한 정치적 목적에서 사용된 방언형이다.

이러한 '일베' 누리꾼들의 의식적이고 지속적인 방언 사용 영향으로 페이스북 이용자 가운데서도 보기 (15)와 같이 의식적이든 무의식적이든 '-노' 등의 이른바 '일베 용어'를 쓰는 일이 종종 나타난다.

[일베어 vs 경상도 방언 정리 (1)]
금일 저의 타임라인에 '이 노무(이 놈의)'라는 표현에 발끈?! 하는 분이 계시길래, 경상도 방언을 변형 차용한 일베어와 네이티브 경상도 방언의 차이에 대해 간략하게 설명을 할까 합니다.

단지 음운이 비슷하다고 멀쩡한 사람을 일베충으로 의심하는 건, 오늘을 노동절이라고 불렀다고 해서 종북좌빨로 매도하는 거랑 하등 다를 바가 없겠죠?

[**노(盧)!]
흔히 일베에서 고 노무현 대통령을 조롱하기 위해 쓰는 것으로 알려져 있습니다.
실제로 경상도에서 쓰는 의문형 어미는 '~가?' '~고?' '~나?' '~노?'로 나뉩니다.
타 지역 사람들 입장에서는 이게 왠지 지 맘대로 그때그때 다르게 쓰는 것 같이 들리고, 경상도 사람 역시 고민하거나 공부하지 않았다면 각각 어떨 때 무슨 어미가 붙는지 잘 알지 못하고 그냥 관습대로 씁니다만....
사실 알고 보면 매우 정교한 문법적 체계가 숨어 있습니다.
(타 지역의 의문형 어미가 대체로 제약없이 획일적으로 사용 가능하다는 점에 비추어 보면 놀라운 사실입니다!!)
1. 'ㄱ'은 체언에, 'ㄴ'은 용언에 붙습니다.
2. 'ㅏ'는 yes/no를 원하는 질문에, 'ㅗ'는 서술을 원하는 질문에 붙습니다.
예)
어제 산 잠바가? (점퍼, 어제 산 것인지 아닌지 여부를 묻습니다)
이기 뭐고? (무엇, 대상에 대한 설명을 요구합니다)
밥은 뭇나? (먹다, 식사를 했는지 안 했는지를 묻습니다.)
아까는 왜 지랄했노? (지랄하다. 일탈 행위를 한 경위를 묻습니다)

다들 아시겠지만, 일베충은 모든 의문문 뿐 아니라 일부 감탄사까지 '노' 어미로 통일을 합니다.
당연한 이야기지만, 이 중 대부분은 경상도 문법-_-에 위배되는 표현입니다.
'밥은 먹고 다니노?'는, 어미가 용언에 붙었지만 원하는 대답이 이지선다이므로 '나'가 붙어야 함에도 '노'가 붙어 있습니다.
하지만 이런 경우는 참 애매합니다.
'멋지노!'

그림 4 '일베어'와 경상 방언의 차이 정리 트윗글

(15) 페이스북에서 보이는 정치적 목적의 방언 사용
신○○: ㅋㅋ,참~ 가지가지 여러가지 하고자빠졌다 ○○시장?떨고있노?

이△△: 새정치민주연합 소속이지죠? 하나같이 이상한 사람들만 모여 있나 봅니다
남△△: 이□□ 저 돌아이를 대통령으로 ? 헉 ! 뭬야! 큰일날 소리들 하시네! 국가 망하는 꼴 보고싶나!
보○○: 웃기네 ㅋㅋㅎ 형수한테 쌍욕하는 인품을...
Ro△△: 웃기고 있네, 소가 웃겠다. 이□□ 출마하면 내가 나갈래!
St△△: ○○이 7시_멀티라더니 ㅋㅋㅋ 역시 **까보전**

위 댓글은 보수 성향의 페이스북 이용자가 올린 야당 정치인 비난 게시글에 붙은 것들이다. 여성 누리꾼 '신○○'가 "○○시장?떨고있노?"라고 하여 의문사 없는 문장에서 '일베' 식의 '-노'를 썼다. 또 남성 누리꾼 'St△△'는 "ㅋㅋㅋ 역시 까보전"이라고 하여 '일베 용어'인 '까보전'을 쓰고 있다. '까보전'은 '까 보니 전라도'의 줄임말로 전라 지역인들을 비하하고 공격하는 차별 표현이다.

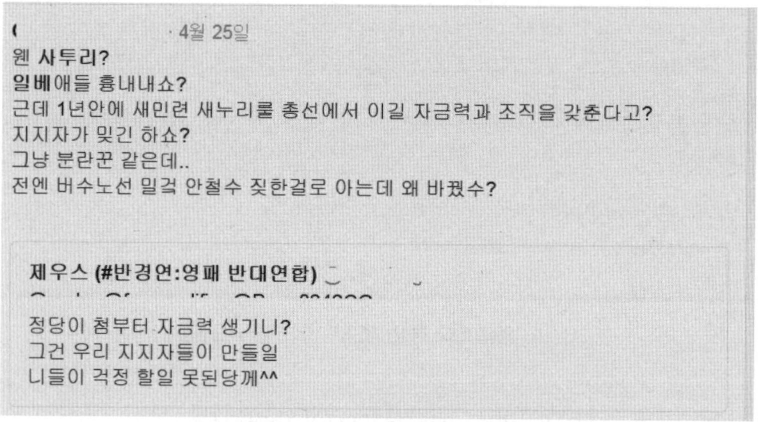

그림 5 **방언 사용에 대한 정치적 거부감 표시**

(16) 정치적 목적의 방언 사용에 대한 누리꾼들의 태도 ①
　가. (@del***)15)
　　@del*** 이 글 다시 한번 알티부탁드립니다 일베들이 ~노를 쓰는 건 노 전 대통령의 성 씨를 빌어 붙여서 경상도 사투리와 닮게 만드려는 거예요. 우리 지역 방언이 그런 쓰레기집단을 대표하는 은어로 취급받는 게 싫고 화가 납니다
　가-1. (@yeo***)
　　전 일ㄹ베가 너무 싫습ㅂ니다 씨발! 사투리가 뭐가 나빠서 남부 사투리 전원 일베로 몰아가냐!
　가-2. (@MAD*** → @MAD***)
　　리얼.... 광주사람이 광주 사투리 쓰고나서 "님 일베?"이 소리 들을때마다 제일 빡친다.
　나. (@mix*** → @pac***)
　　아무리 생각해도 그게 그렇게 읽히는건 여자들이 반발해서 일어났기 때문이라고 생각 누군가 ~~노를 일베어로 선정한 순간 모든 영남방언 미정적 의문문이 귀에 거슬리는 것과 같다.
　나-1. (@E_N***)
　　뭐만 하면 일베일베냐. 이거 무서워서 사투리도 쓰겟나 진짜
　나-2. (@_ar***)
　　하여튼 일베시키들 때문에 사투리도 못쓰겠다. 이래가 우째 사노.
　나-3. (@Jol***)
　　일베가 수면 위로 오르고난 후부터 고통받는 해당 지역민들의 피해만 추려도 수백만건은 넘을거같다. 사투리쓰면 사람 많이 모인곳에서는 말 없다가 삼삼오오 모이면 저새끼 일베 아니냐고

---

15) 트위터 이용자들의 통신 이름을 앞 세 글자만 남기고 나머지는 글자 수에 관계없이 '***'로 바꾸어 표시한다. 자료 가운데 통신 별명이 화살표를 중심으로 양쪽에 나오는 경우 왼쪽 누리꾼이 발신자(게시자), 오른쪽 누리꾼이 수신자임을 뜻한다.

소문 술렁술렁.

트위터에서 수집한 (16) 자료에서, '일베' 이용자들이 경상 방언 의문사 '-노'를 정치적으로 쓰는 것과 관련해서 다수 누리꾼들이 부정적으로 보고 있는 것으로 나타났다. (16가, 가-1)에서는 경상 방언 또는 남부 방언을 '일베어'로 보는 시각 때문에 방언 사용자로서 '일베'가 너무 싫다고 했고, (16가-2)의 누리꾼은 '광주 사투리'를 썼을 때 '일베'로 취급하는 것이 화가 난다고 했다. (16나) 누리꾼은 '일베'에서 '-노'를 쓰면서부터 영남 방언 의문문이 귀에 거슬리게 되었다고 한다. (16나-1~3)에서는 '일베' 때문에 '사투리' 사용이 무섭고 꺼려진다고 하소연하고 있다.

(17) 정치적 목적의 방언 사용에 대한 누리꾼들의 태도 ②
  가. (@MAD*** → @MAD***)
    가끔 생각하는건데 일베하는 사람들이 가장 많은 지역이 어딜까 생각하게됨. 저들이 쓰는 동남방언이나 서남방언들은 진짜 네이티브의 그것이 아님.
  가-1. (@MoM***)
    경상도 사투리랑 일베용어를 구분 못하는 사람들 보면 진짜 진성 경상도 사투리 쓰는 사람으로서 속터지게 답답...ㅠ...
  가-2. (@Sey***)
    이기야가 왜 일베충이야!! 이기야는 존나 찰진 사투리라 이기야!!!
  나. (@Axl***)
    -노 체 관련해서 할 말은 : 동남 방언에서 -노 와 -나 의 차이를 구분하면 비일베충, 닥치고 -노로 밀면 일베충일 수도 있음
  나-1. (@sxn***)

근데 뒤지다보니 '~~노' 쓰던데 용법이 일베용법이더라. 하도 많이들 써서 저거 썼다고 일베한다고 단정짓기도 어렵게 됐지만. 다시 한 번 경상도 사투리의 용법 정리해드림:
의문사 미사용시 나: 밥 무긋나? 의문사 사용시 노: 밥 은제 뭇노?

'일베' 이용자들의 방언 사용이 토박이 방언 화자들의 관점에서 보면 정확성이 떨어진다는 의견을 밝힌 것이 (17가, 가-1)이다. 또 (17가-2) 누리꾼은 '일베어'라고 논란이 있는 '이기'(←이것이)라는 말이 제대로 된 방언형인데 왜 문제가 되냐고 항변하고 있다. '-노'를 쓰는 사람을 '일베충'으로 단정하는 경우가 많은 점 때문에 (17나, 나-1)의 누리꾼은 '일베' 이용자가 쓰는 용법과 경상 방언으로서의 정확한 쓰임을 구별하는 방법을 설명하기도 했다.

이러한 자료를 통해서 인터넷 공간에서 특정 지역 방언을 정치적 목적에서 의도적이고 공격적으로 사용하는 현상 때문에 방언 사용이 누리꾼들에게 부정적으로 인식되고, 나아가 방언과 그 사용자에 대한 인식이 나빠질 수 있음을 알 수 있다. 앞서 일반 누리꾼들의 경우 방언을 여러 가지 긍정적 기능에서 적극적으로 쓰고 있으며, 방언에 대한 부정적 태도를 찾기 어려웠던 점과 대조적이다. 인터넷 매체에서의 방언 사용이 누가, 어떤 동기에서 사용한 것인지가 결국 방언에 대한 태도 형성에 중요한 영향을 끼치게 됨을 알 수 있다.

맺음말

이 장에서는 사회적 소통망인 페이스북과 트위터 공간에서 지역 방언의 쓰임이 어떻게 나타나고 있는지에 대하여 전반적으로 살펴보았다. 1절에서는 통신 공간의 지역 방언을 다룬 선행 연구들을 검토했고,

2절에서는 페이스북 언어 자료를 대상으로 방언 사용 실태를 의식성 여부와 방언 사용의 동기 및 기능 면에서 분석했다. 이어서 3절에서 방언 사용과 관련된 몇 가지 사회언어학적 문제에 대해서도 검토했다. 이 과정에서 찾아 낸, 사회적 소통망 누리꾼들의 지역 방언 사용에 대한 중요한 사실을 간략히 정리하기로 한다.

    가. 페이스북 누리꾼들은 '생생한 입말로 표현하기, 재미있게 표현하기, 친밀하게 표현하기, 해방감을 느끼면서 표현하기'의 여러 가지 동기에서 지역 방언 표현을 적극적으로 쓰고 있다.
    나. 페이스북 누리꾼들은 남녀 모두 방언 사용을 꺼리지 않고 필요한 상황에서 적절하게 썼으며, 다른 사람의 방언 사용에 거부감을 드러내는 모습을 찾기 어려웠다.
    다. 페이스북 누리꾼들이 방언을 활발히 쓰는 것은 페이스북이 주로 일상 공간에서 잘 아는 사람들끼리 친목을 도모하기 위한 목적의 사회적 소통망이라는 점과 관련이 있다.
    라. 남성들이 방언 사용을 주도했으며, 양적인 면에서도 남성 누리꾼들은 여성들보다 6.2% 높은 방언 사용률을 보여 주었다.
    마. '일베' 이용자들처럼 경상 및 전라 방언을 정치적 목적에서 사용하는 현상 때문에 SNS 공간에서 방언 사용이 부정적으로 인식되고, 나아가 방언과 그 사용자에 대한 인식이 나빠질 수 있음이 확인되었다.

이러한 사실을 종합해 볼 때, 인터넷 매체가 지역 방언의 사용과 상호 접촉 및 확산에 크게 도움이 되는 것으로 판단된다. 인터넷의 '양방향성, 빠른 전달성과 즉시성, 대중성과 개방성' 덕분에 다양한 방언형들이 다른 방언 사용자들에게 쉽게 노출되고 때로는 긍정적으로 널리 수용됨으로써 방언의 상호 이해 증진이 가능하다. 인터넷 매체를 통해 누리꾼들이 각 지역 방언을 적극적으로 살려 씀으로써 표준말과 방언, 방언과 방언 사이의 균형과 상보적 관계 유지에 도움이 되고 있다. 결국 사회적 소통망과 같은 인터넷 공간에서 이루어지는 누리꾼들의 활발한 방언 사용은 한국어 화자들의 풍부한 언어생활에도 크게 기여한다고 하겠다.

이러한 조사 결과는 통신 공간의 방언 사용에 대해 "컴퓨터 통신 속에서는 현실 세계에서보다 더 다양한 형식의 언어가 사용되고 있으며, 특히 지역 방언도 자연스럽게, 그리고 높은 빈도로 쓰이는 있는 것"이라고 한 앞선 연구(이정복 2000가:117)의 기술과도 일치한다. 그러나 방언이 많이 쓰이고 그것에 대한 긍정적 인식도 많았지만 아직도 방언은 재미있거나 귀엽고 신기한 '표준말과는 한 차원 다른 양념적 요소'(이정복 2007나:93) 정도로 보는 시각이 강한 것도 사실이다. 한국어 사용에서 지역 방언이 충분한 위상을 확보하고 제대로 된 대접을 받기 위해서는 아직도 많은 시간과 방언에 대한 인식 전환이 필요해 보인다.

이 장의 연구는 인터넷 공간, 특히 최근 누리꾼들 사이의 중심적 소통 마당이 되고 있는 사회적 소통망에서 관찰되는 지역 방언의 쓰임을 누리꾼들의 생생한 언어 자료를 통해 살펴봄으로써 인터넷 통신 시대 방언의 지위와 미래를 점검해 본 의의가 있다. 일상어와 통신 언어의 구별이 점점 약해지는 시대에 인터넷에서 방언 사용이 앞으로도 꾸준하게 이어질 수 있을지, 그것이 일상어 사용 및 한국어 방언들 사이의 경쟁 관계에 어떤 결과로 반영될 것인지에 대한 지속적인 관심과 연구가 있어야 할 것이다.

9장_ 지역 방언에 대한 누리꾼들의 언어 태도

　이 장에서는 누리꾼들이 한국어의 지역 방언에 대해 어떠한 언어 태도를 드러내는지에 대해 사회적 소통망 '트위터' 자료를 통하여 구체적으로 살펴보고자 한다. 이를 위해 방언과 관련된 중요 낱말인 '방언', '사투리'를 트위터에서 검색하여 두 낱말이 들어간 게시글 자료를 수집했다. 앞 장과 마찬가지로 제시하는 대부분의 자료 수집은 2015년 5~6월에 이루어졌으며, 자료 수집일로부터 최대 1년 이내에 작성된 최근 게시글과 댓글을 분석 대상으로 삼는다. 먼저 한국어 개별 방언에 대한 누리꾼들의 언어 태도부터 분석해 보고, 이어서 방언 전반에 대한 태도를 살펴보기로 한다.1)

　방언에 대한 태도는 곧 '언어 태도'(language attitude)와 연결된다. 방언연구회(2001:274-276)은 "언어적 상호 작용에서 상대방의 발화에 대해 갖게 되는 느낌이나 평가 등의 반응을 가리키는 말"로 언어

---

* 이 장의 내용은 이정복(2015나)의 4장을 부분적으로 고친 것이다.

태도를 정의했다. 또 "다른 사람의 말을 듣고 믿음직스럽거나 무뚝뚝하다고 느끼는 일, 말을 잘 하기는 하지만 언행이 조금 가볍다고 느끼는 일, 상대방의 말씨를 통해 교양이 풍부해 보인다고 생각하는 것은 모두 화자의 말에 대한 청자로서의 평가이자 화자에 대한 반응"이라고 보면서 언어 태도의 구체적 내용을 설명했다. 이러한 언어 태도라는 용어는 한 언어의 개별 방언들에 대한 태도와 관련해 쓰이기도 한다. 화자들은 언어 안의 다른 방언에 대한 여러 가지 긍정적, 부정적 태도를 드러내게 되고 그것은 특정 방언에 대한 강한 선호나 거부 현상으로 이어질 수 있다. 화자들에게 선호되는 방언은 갈수록 세력이 확장될 가능성이 높은 반면 거부감이 강한 방언은 위축되거나 소멸할 수도 있다. 이 장에서 누리꾼들이 한국어 방언에 대해 갖고 있는 언어 태도를 분석함으로써 앞으로 한국어 방언 간의 경쟁과 소멸, 방언과 표준말과의 대립 관계 등이 어떻게 전개될지를 예측하는 데 도움이 될 것이다.

1. 개별 방언에 대한 태도

북한 지역의 '동북 방언, 서북 방언'을 제외하면 남한에서 쓰이는 한국어 대방언은 '중부 방언, 동남 방언, 서남 방언, 제주 방언'이 있다. 이 가운데 인터넷 공간에서 가장 많이 쓰일 뿐만 아니라 방언에 대한 긍정적, 부정적 태도를 많이 드러내는 방언은 동남 방언, 곧 '경상 방언'과 서남 방언, 곧 '전라 방언'이다. 표준말과 비교하여 차이가 큰 데다 사용 인구도 많기 때문일 것이다. 또한 최근 제주 지역에 대한 관심이 크게 높아지고, 드라마 등 방송 프로그램에서 제주도가 많이 나오면서 제주 방언에 대한 태도 표출도 늘어났다. 이런 점을 고려하여 경상 방언, 전라 방언, 제주 방언에 대한 언어 태도를 먼저 살펴보고, 이어서 중부 방언에 대한 언어 태도를 강원 방언, 충청 방언, 서울/경기 방언으로 나누어 분석하기로 한다.

1.1 경상 방언

다음 (1)은 경상 방언에 대한 누리꾼들의 긍정적 태도가 드러난 트위터 게시글들이다. 경상 방언에 대한 이러한 반응은 경상 방언 토박이 화자들의 태도가 일부 포함되었지만 대부분은 경상 방언권 출신이 아닌 누리꾼들의 것이다.

(1) 경상 방언에 대한 누리꾼들의 긍정적 태도
　가. (@Jae***)
　　경상사투리 개좋아ㅋㅋㅋㅋㅋ
　가-1. (@O11*** → @BH_***)
　　헐 나 경상도사투리 환장하는디 특히 부산ㅎ
　나. (@pam***)
　　주유소에서 젊은 학생이 경상도 사투리하는데 귀엽구만.
　나-1. (@azu***)
　　항상 대구에서는 사투리쓰면 억양이 강해서 서울애들 꺼려한다고 들었는데 막상 서울애들은 사투리 귀엽다고 환영한다;;
　다. (@sak*** → @che***)
　　헉 체션님도 경상도인이셨군요..!!! 으아ㅏㅏ 반가워요! (하파짝) ㅋㅋㅋㅋ큐ㅠㅠㅠ 진짜 사투리 너무 매력적이에요.. 지방마다 달라서 다른말로는 방언이라고도 하는게 왠지 엄청난 느낌도 들고...

라. (@dey***)

아미치겠다웃결ㅋㅋㅋㅋㅋㅋㅋ보산사투리존나웃겨 아~배우고 싶나~ 경상도사투리 배우기: http://youtu.be/vNMl XTO6Fbo

마. (@jin*** → @007***)

그래도 대구사투리는 예쁜 경상도 사투리 같아요 ㅋㅋㅋ 구미나 부산쪽은 억양이 더 사납더라구요 ㅋㅋㅋ

마-1. (@jsi***)

대구사투리 최고좋다 ㅍㅠ ㅍ ㅠ ㅠ ㅠ

바. (@ang***)

부산사투리 겁나게 매력 넘치는데 할 줄 아는게 구마랑 아이가 그랬나 머 이정도 바께 읍따

바-1. (@jti*** → @eo_***)

오 제친구 진주에서 와쓴ㄴ데ㅋㅋㅋ싱기방기 그쪽 사투리억양 겁나 귀여워여b

  (1가, 가-1)의 누리꾼들은 경상 방언이 '너무 좋다'고 했다. (1나, 나-1) 누리꾼들은 경상 방언 또는 그것을 쓰는 사람이 '귀엽다'고 보고했으며, (1다) 누리꾼은 경상 방언이 '너무 매력적'이라고 했다. (1라)의 누리꾼은 경상 방언이 '웃기는 말'이라고 하여 '재미있다'는 긍정적 반응을 보였다. 이러한 반응은 이정복(2010나:322-326)의 조사에서 누리꾼들이 경상 방언에 대해 '듣기 좋다, 귀엽다, 정겹다, 재미있다'고 생각하는 것으로 나타난 결과와 비슷하다.

  경상 방언의 하위 방언에 대한 평가도 있었는데, (1마, 마-1)에서는 예쁜 느낌의 대구 방언이 최고인 반면 부산이나 구미 방언은 억양이 더 사납다는 대조적 태도를 드러냈다. 반면 (1바)의 누리꾼은 부산 방언이 아주 매력적이라고 했고, (1바-1) 누리꾼은 진주 방언이 아주 귀엽게 들렸다고 긍정적으로 평가했다.

(2) 경상 방언에 대한 누리꾼들의 부정적 태도

가. (@007***)

경상권 사투리 쓰는 사람이 주변에 별로 없어서 중학생 때 알게 된 대구 사는 언니랑 처음 통화했을 때 깜짝 놀랐던 기억이.. 말이 엄청 빠르고 화내고 있어..!! 하고 ㅋㅋㅋ 언니 왜 화내여 ㅠㅠ 했더니 아인데? 나 기분 억수로 좋은데? 해서 ???했지

가-1. (@blu***)

ㅋㅋㅋ그렇군요(평안해진다)오래 쓰는 저희는 익숙하지만 경상도 사투리가 뭔가 화내는것같은..?그런 오해를 받기도하구요,..

나. (@ott***)

형식이 곧 내용이란 걸 깨달은 뒤, 첨으로 했던 게 바로 여성이나 어린사람에게 존대쓰기. 영남방언은 이미 톤 자제가 공격적이고 성조 탓에 격정을 증폭시키기 쉬우니 유난히 신경 썼음.

나-1. (@lov***)

서울말이 익숙한 나에게 저 ×××사투리의 높낮이 있는 억양을 계속 듣고 있으면 시끄럽고 괴로워서 인상이 절로 써진다. 그 괴로움을.. 그들은 모르고.

다. (@syd***)

경상도 사람들은 애향심이 지나쳐서 조금만 재밌거나 이상한 말은 경상도 사투리라고 믿는 경향이 있다. 경상도 사람들과 대화를 하다보면 그런 편견이 굉장히 강하다. 경상도 특유의 억양은 있지만 단어는 별로 없다.
〈무대뽀〉가 왜 경상도 사투리야?

다-1. (@Men***)

나는 일병때 경상도쪽 병장이 있었음 그 병장이 경상도 애들은 모아두고 사투리 사용하라고 하고 경상도 사투리에 자부심을 가지라고 했음 [...]

다-2. (@tam***)

영남 이외 나머지 지역 출신들은 억양이 강한 일부를 제외하고

는 4년의 대학생활을 거치면서 대부분 서울 표준어로 '투항'한다. 결론은, 영남 출신 남성은 사투리를 고치지 못하는 것이 아니라 고치지 않는다는 것이다. '권력의 표준어'이기 때문이다.-기사8

(2)는 경상 방언에 대한 누리꾼들의 부정적 태도를 보여 준다. (2가, 가-1) 누리꾼들은 경상 방언이 빠르고 화내는 것처럼 들린다고 했다. (2나) 누리꾼은 경상 방언이 억양이 높고 성조가 있어서 쓰는 데 조심스러웠음을 밝혔고, (2나-1)의 여성 누리꾼은 경상 방언의 억양 때문에 '시끄럽고 괴롭다'고 했다. 이정복(2010나:326-332)에서는 경상 방언에 대해 누리꾼들이 '싸우는 것 같다, 시끄럽고 억세다, 알아듣기 어렵다, 일본말이나 중국말처럼 들려서 싫다, 촌스럽다, 소름이 끼친다'고 생각하는 것으로 보고한 바 있다. '화내는 것처럼 들린다'는 '싸우는 것 같다'와 통하고, '시끄럽고 괴롭다'고는 '시끄럽고 억세다'와 통한다. 나머지 '알아듣기 어렵다, 촌스럽다, 소름이 끼친다' 등은 이번 조사에서 나타나지 않았다.

(2다~다-2)의 누리꾼들은 경상 방언 화자들이 애향심이 지나쳐서 방언을 자기 것이라고 믿거나 자부심을 갖는 경향이 강함을 비판적으로 지적했다. 또 경상 방언을 '권력의 표준어'라고 스스로 생각하기 때문에 영남 출신 남성들이 "사투리를 고치지 못하는 것이 아니라 고치지 않는다"고 하여 비판적 관점에서 경상 방언 화자들을 보기도 한다.

1.2 전라 방언

다음으로 전라 방언에 대한 누리꾼들의 태도를 살펴본다. 아래 (3)은 전라 방언에 대한 긍정적 태도를 드러낸 것이다.

(3) 전라 방언에 대한 누리꾼들의 긍정적 태도
    가. (@kim*** → @jiw*** @SNB***)
        제가 전라도 사투리 허벌시롬 좋아한다요 ㅋㅋㅋ
    가-1. (@To_***)
        전 전라도사투리 많이 좋아해요
    가-2. (@nun*** → @syo**)
        ㅋㅋㅋㅋㅋ언니 전라도 사투리 왤케 잘쓰노?!!! 내 반했다아아
    나. (@mk_*** → @pds***)
        우리반에 광주에서 온 애 있는데 걔 사투리 쓰는 거 짱귀여워 ㅋㅋㅋㅋㅋㅋ
    나-1. (@Gyo***)
        전라도 사투리 귀여움
    다. (@rpf*** → @xi7***)
        헤헤 가입했어요~~! 전라도 사투리 구수하게 쓰는 애로 데리고 갈라구~~
    다-1. (@kim*** → @Whi*** @SNB***)
        지도 전라도서 태어났음 구수하게 사투리 할텐디... 아부지 ...... 와 인천서 날 맹글었다요 ㅠㅠ
    다-2. (@for***)
        전라도 사투리 공부해야겠어ㅜㅜㅜㅜㅜㅜㅜㅜㅜㅜ 내 캐를 구수하게 만들테야

라. (@112***)

전라도 사투리 궁금해져서 검색해봤는데ㅋㅋㅋ 왔다 장보리 말투였네 친근친근

마. (@_sa***)

나 영국 악센트랑 전라도 사투리 엄청 좋아함. 찰져 짱좋아

마-1. (@kih***)

16.전라도 사투리가 굉장히 찰집니다 ㅋㅋㅋㅋ 제 지방이 아니신 분들은 한번 제 말투를 들으면 잊지 못한다고 할 정도 ㅋㅋㅋㅋㅋ

앞의 경상 방언과 마찬가지로 전라 방언에 대해서도 '아주 좋아한다'는 태도가 많았다. 경상 방언을 쓰는 (3가-2) 누리꾼은 '전라도 사투리'를 잘 쓰는 다른 누리꾼에게 반했다고 하며 긍정적 감정을 표현했다. (3나, 나-1) 누리꾼들은 호남 방언이 '귀엽다'고 했고, (3다~다-2) 누리꾼들은 '구수하다'고 긍정적으로 평가했다. (3라)에서는 호남 방언이 '친근하다'고 했는데, 드라마 주인공의 말투와 같은 점 때문에 더 친근함을 느낀 것으로 나온다.[1] (3마, 마-1) 누리꾼들은 전라 방언을 통신 언어 새말 '찰지다'로 평가했다. 이정복(2010나:336-337)에서 전라 방언에 대해 누리꾼들이 '구수하다, 걸쭉하다, 재미있다, 정감이 간다'고 평가한 것과 비교할 때 '귀엽다'라는 반응이 새로운 요소다.

(4) 전라 방언에 대한 누리꾼들의 부정적 태도

가. (@Pot***)

지역 사투리만의 특징이 보이고있다 ㅋㅋㅋㅋㅋㅋㅋㅋㅋㅋㅋㅋ

---

[1] 임선애(2013:2)는 〈응답하라, 1997〉과 같이 드라마 등 매체에서 지역 방언 사용자를 긍정적 인물로 등장시키는 것이 늘어나고 있으며, 이는 국어교육 측면에서도 아주 환영할 만하다고 평가했다.

ㅋㅋㅋㅋ 전라도는 엄청 방방 뛰는구나
나. (@lov***)
전라도 사투리로 욕 시원하게 해주고싶다 그러나 나는 참아야지!
나-1. (@Jo_***)
솔라님이 전라도 방언으로 겁나 찰지게 욕해주셨으면
나-2. (@nyu***)
전라도 사투리 좀 욕 나와서 무서움

전라 방언에 대한 부정적 태도는 경상 방언에 비해 적은 편이었다. 방송이나 인터넷 매체에 상대적으로 노출이 적게 된 때문일 수도 있고, 경상 방언과 달리 성조가 없어서 표준말과 큰 차이를 느끼지 못하기 때문일 수도 있겠다. 그럼에도 (4가) 누리꾼은 전라 방언이 '방방 뛰는' 불편한 느낌을 준다고 했다. (4나~나-2) 누리꾼들은 전라 방언을 '욕'과 연결시키고 있다. 시원하게 욕을 하는 데 효과적인 말이 전라 방언이라는 생각을 하며, 욕 때문에 전라 방언이 무섭다고 느끼기도 한다. 이러한 반응은 이정복(2010나:340-342)에서 조사한 결과인 '시비 거는 것 같다, 천박하고 상스럽다, 싼티가 난다, 역겹다' 등에 비해 부정적 태도가 줄어든 것으로 평가된다.

1.3 제주 방언

제주도를 직접 여행하거나 드라마 등을 보면서 제주 방언을 접하는 기회가 늘어나는 상황에서 제주 방언에 대한 누리꾼들의 태도 표출도 많이 관찰된다. (5)는 제주 방언에 대한 긍정적 태도를 모은 것이다.

(5) 제주 방언에 대한 누리꾼들의 긍정적 태도
  가. (@flo*** → @yap***)
    제주방언 넘조아여 ♥.♥♥
  나. (@ttr***)
    제주도 사투리 너무 기여운듯 혼저옵세에 무사 영 줄엉와시냐?
  나-1. (@JVN***)
    제주도 사투리 졸귀....못알아듣지만... 제주도 사투리쓰는 여자 만나고싶다
  다. (@Ryu***)
    예전에 한번 모 동영상에서 제주방언으로 말하는 걸 들어본적이 있었는데, 알아듣기는 어려웠어도 뭔가 어감이 굉장히 예뻤다... 라는 좋은 느낌이...
  라. (@Hon***)
    제주도 사투리는...너무 신기해요..

트위터 누리꾼들은 제주 방언에 대해서도 '너무 좋다'는 반응을 보였는데, 특히 '귀엽다'라는 반응을 더 많이 드러냈다. (5나-1) 누리꾼은 제주 방언이 너무 귀여워 제주도 말을 쓰는 여자를 만나고 싶다고 했다. (5다) 누리꾼은 제주 방언이 '어감이 예쁘다'고 했고, (5라)에서는 제주 방언이 '너무 신기하다'고 하여 긍정적 태도를 보여 준다.

(6) 제주 방언에 대한 누리꾼들의 부정적 태도
  가. (@awe***)
    제주 방언은 진짜 1도 못알아듣겠다..
  가-1. (@Arc***)
    방언하니까 생각난건데 제주도방언 처음들었을때 하나도 못알아들어서 초당황. 지금은 TV에서 몇가지를 알려주니까 한두개 정돈 알지만;; 그래도 어렵다랄까

가-2. (@ret***)

　인터넷설치기사분이 오셨는데 제주방언쓰셔서 삼분의일은 못알아들음. 음료 내드렸는데 아이스티 드세요 하자 그게 뭐수꽈? 하셔서 음..어...달달한 음료수에요..ㅎㅎ;;

나. (@202*** → @Han*** @ene***)

　그렇죠. 서울말과 제주도말의 차이가 한국어 방언 간의 차이중에 가장 큰것 같아요

나-1. (@Min***)

　제주도사투리가 저렇게 엄청나구나!!! ㅇㅇㅇ 자막없으니까 걍 외국말처럼 들리는ㅋㅋㅋㅋ

나-2. (@ezi***)

　와아!!! 제주 할머니가 버스기사 아저씨랑 제주어로 대화하신다!!!! 몇번을 들어도 외국말이야..... 젊은 사람들이 쓰는 제주사투리랑 진짜제주말은 완전 다른언어같습니다...

나-3. (@ori***)

　제주도 사투리보다 일본어가 쉬워

다. (@kub***)

　그거 아세여? 제주도사람들(특히 노인분들) 사투리가 외계어라고 못알아듣겠다고 하는데 그거 같은 제주인도 못알아듣습니다 버스정류장에서 같은동네 할머니가 몇시냐고 물어보셨는데 10분동안 못알아들어서 ㅇ욕먹어봤ㅅ냐!!!

　긍정적 태도에 비해 제주 방언에 대한 부정적 태도를 나타낸 경우가 더 많았다. (6가~가-2) 누리꾼들은 '알아듣기 어렵다'는 의견을 공통적으로 밝혔다. (6나) 누리꾼은 제주 방언이 서울말과 가장 차이가 크다고 했고, (6나-1~3)의 누리꾼들은 제주 방언이 외국어처럼 들린다고 하면서 '제주어'라는 말을 쓰기도 했다.2) 이런 점 때문에 심지어 토박

---

2) 실제로 학계 및 행정 조직에서도 '제주어'라는 말을 쓰고 있다. 1995년에 ≪제주어

이 화자들의 경우도 젊은 세대가 노인 세대의 제주 방언을 알아듣지 못하는 수준이라고 (6다) 누리꾼은 보고하고 있다. "지방마다 고유 사투리를 사용하는데 유달리 제주도는 어르신들 정도나 사용하시고 젊은 세대는 표준어를 사용해요. 사투리 대회까지 있을 정도니 많이 잊혀져 가는 방언이에요"라고 한 트위터 누리꾼(@Key***)이 설명한 것처럼 제주 방언에서 세대에 따른 언어 차이가 아주 큰 것으로 판단된다.

1.4 중부 방언

중부 방언에 해당하는 충청 방언, 강원 방언, 서울/경기 방언에 대한 누리꾼들의 의견은 앞의 세 방언들에 비해 적은 편이어서 긍정적 태도와 부정적 태도 전체를 묶어서 제시하겠다.3) (7)의 트위터 게시글들은 충청 방언에 대한 태도이다.

(7) 충청 방언에 대한 누리꾼들의 태도
　가. (@yop***)
　　ㅋㅋㅋㅋ 미치겠네. 충청도 사투리 너무 좋음
　나. (@AY_*** → @Roo***)
　　ㅋㅋㅋㅋㅋ 충청도 사투리가 얼마나 기여운뎅
　다. (@avi***)
　　그와중에 충청도 사투리 정겹다. 충북 청주가 고향인데 혹시 청

　사전≫이 나왔고, 2007년에는 〈제주어 보전 및 육성 조례〉가 만들어졌으며, 2013년에는 ≪제주어 표기법≫이 출간되었다(조태린 2014:123-127).
3) 김덕호(2014:12)의 조사에 따르면 표준말 및 방언 사용 비중에서 강원 방언은 2.5%, 충청 방언은 4.6%로 비중이 낮았다. 이런 점 때문에 이들 방언에 대한 누리꾼들의 태도 표출도 적은 것으로 판단된다.

주사냐고 물어봐야겠다.
라. (@Hin*** → @ale***)
어느정도는 맞을 지도 모르겠네요.. 어렸을 때는 거의 충청도에서 살아서 그런지..
아직 약간 발음이라던가 그런게 충청도 사투리 느낌이 있죠.. 약간 좀 느린..,.
마. (@Fre*** → @har***)
사투리 다 좋아함ㅋㅋㅋ 충청도는 별로고 ㅠㅠ(충청도인)
마-1. (@poi***)
충청도 사투리가 순박해 보였던 때가 있었다. 옛날에... 근데 충남 사투리를 구사하는 아빠가 강원도 사투리를 쓰시는 아저씨와 대화할 때 아빠가 소설에 나오는 지주 내지는 마름 같아 보여서 깜짝 놀람. 아빠한테는 비밀이었나?? 얘기 했을지도 9_9
바. (@api*** → @Tim***)
충청도는 시골만 아니면 사투리 안쓰는거 같은데..
바-1. (@150*** → @hop***)
오 냔 충남 살면서 충남 사투리 첨 해본다(? 무튼 충남 사람도 충청도 사투리를 쓰지 않는 다는ㅇ걸 밝힙니닷.....
바-2. (@yun***)
생각해보니 나 충청도 토박이라 충청도 사투리 되게 많이 쓰구 있었어... 사투리 정리해놓은 글 보고 새삼 깨닫는... 사투리인 줄도 몰랐단..

충청 방언에 대한 긍정적 태도로는 (7가~다)와 같이 '너무 좋다', '귀엽다', '정겹다'라는 반응이 있었다. (7라) 누리꾼은 충청 방언이 '약간 느리다'는 특징이 있다고 적었다. 부정적 태도는 (7마, 마-1)에 제시했다. 충청 방언을 별로 좋아하지 않는다거나 '충남 사투리'를 구사하는 아버지의 말이 '지주'나 '마름'의 말처럼 부정적으로 들린다고 했

9장 지역 방언에 대한 누리꾼들의 언어 태도 | 307

다. (7바, 바-1)의 누리꾼들은 충청도에서 방언을 거의 안 쓴다고 한 반면 (7바-2) 누리꾼은 스스로는 몰랐지만 충청 방언 자료 글을 보니 충청 방언을 많이 쓰고 있음을 깨달았다고 하여 상반된 보고를 하고 있다.

(8) 강원 방언에 대한 누리꾼들의 태도
   가. (@who*** → @ocm***)
      강원도 사투리 해주세요!! 초몽님 짱 귀여우시다~~ 감자소녀(??)
   가-1. (@100*** → @100***)
      우..우와... 강원도사투리구나 멋지당ㅋㅋ 이제잘래
   나. (@E_2***)
      와.. 진짜 강원도 사투리 어려워 ㅍㅅㅍ... 모르겠어. 저게 왜 저 단어가 되는건지 난 모르겠얽ㅋㅋㅋㅋ
   다. (@eas*** → @jin***)
      난 강원도 사투리가 심해서.. 뭔 말만하면 사람들이 그것만으로도 웃어요. ㅋㅋ @jhg***
   라. (@NEX***)
      강원도는 방언 거의 없음. 나이 지긋하신 어르신들만 조금 사용하시고 그 외에는 그냥 표준어.
   라-1. (@J_i*** → @say***)
      아하ㅋㅋㅋㅋㅋㅋ근데 강원도 은근 사투리 안쓰지않아요? 저희 엄마도 강원도 사람인데 서울말 쓰세요!ㅋㅋㅋㅋㅋㅋㅋㅋ
   라-2. (@say*** → @J_i***)
      강원도도 사투리 있는곳있고 없는곳 있어서ㅋㅋㅋㅋㅋㅋㅋㅋㅋㅋㅋㅋㅋㅋㅋㅋㅋㅋㅋㅋㅋㅋ 난 어릴때부터 사투리 없어서 티비보고 강원도 사투리 처음봄ㅋㅋㅋㅋㅋㅋ 강릉이랑 동해? 그쪽만 쓸걸? 그외에는 쓰는거 못봄ㅋㅋㅋㅋㅋㅋㅋㅋ

(8가, 가-1)을 보면 강원 방언이 '귀엽다'거나 '멋지다'라는 느낌과 연결되고 있다. 반면 (8나)에서는 '어려워서 모르겠다'라는 반응도 보인다. (8다) 누리꾼은 자신의 강원 방언에 대해 남들이 웃더라는 경험을 밝혔다. (8라, 라-1) 누리꾼들은 강원도에서는 방언이 거의 없다고 했고, (8라-2) 누리꾼은 강원도 동해안 지역에서 방언이 쓰일 뿐이라고 했다. 중부 방언의 하나인 강원 방언이 서울말과 별 차이가 없다는 누리꾼들의 강한 인식을 보여 준다.

(9) 서울, 경기 방언에 대한 누리꾼들의 태도
  가. (@Lux***)
    믿기 어렵겠지만... 저는 생긴거와 다르게 서울 토박이 입니다.. 사투리는 한마디로 쓸줄 모릅니다
  가-1. (@27r***)
    사투리 캐릭터 내보고 싶은데 내가 토종경기도인이라 사투리를 못한다……주륵주륵……
  나. (@Hye***)
    서울 사투리, 많이 써요.
  나-1. (@ami*** → @HAN***)
    세상에는 경기도(서울) 방언이라는게 있습니다
  나-2. (@MAD*** → @MAD***)
    서울사투리중에 가장 많이 쓰이는 사투리가 고랑내,구녁,겨랑, 도야지,챙피,하걸랑,했거등 이 서울사투리에 속함.
  나-3. (@foo***)
    서울 방언은 서울 사투리라고 왜 다들 생각 못하는건가
  나-4. (@hal***)
    사투리 쓰는거 신기하다고 써보라 하는 새끼들은 지가 경기도 사투리를 쓰고 있다는 것을 인지하지 못하는 새끼들이다
  다. (@EHE*** → @son*** @Cro***)

ㅇㅇ 나 경기도 ㅛㅏ는데 서울 사는 애들이 사투리 쓴대
다-1. (@nuv***)
다른 경기도 방언은 잘 모르겠지만 일산 만큼은 이제 구분이 간다 일산 사투리라고 불러줘야
다-2. (@sec***)
헠 마자 나는 서울에서살다가 분당으로온건데 난 경기도에 사투리가있다는걸몰랐음 왜몰랐지?

    서울, 경기 방언에 대한 누리꾼들의 태도를 보면, (9가, 가-1) 누리꾼들은 자신이 서울 또는 경기도 사람이기 때문에 '사투리'를 한 마디도 안 쓴다고 했다. 반면 (9나~나-2) 누리꾼들은 서울, 경기 지역에도 방언이 있다고 했고, 특히 (9나-3, 4)에서는 이 지역 화자들 스스로 방언 화자임을 모르는 것을 강하게 비난하고 있다. (9다~다-2) 누리꾼들은 서울 방언과 경기 방언의 차이, 경기 방언 안에서의 지역에 따른 차이가 존재함을 보고했다. 서울, 경기 지역에도 고유의 방언이 있다는 점을 다수 누리꾼들이 인식하고 있음이 확인된다.

2. 방언에 대한 전반적 태도

    여기서는 누리꾼들이 표준말과 대비하여 한국어 '방언' 또는 '사투리'에 대해 갖고 있는 전반적 태도가 어떤지를 살펴보고자 한다. 방언에 대한 전반적 태도를 통해서 앞으로 방언이 얼마나 활발하게 쓰일 수 있을지, 아니면 표준말에 밀려 곧 사라질 것인지 등을 예측하는 것이 가능하다.

2.1 긍정적 태도

한국어 방언에 대한 누리꾼들의 긍정적 태도를 몇 가지로 정리하면 (10)과 같다.

(10) 방언에 대한 누리꾼들의 긍정적 태도
    가. (@moa*** → @dif***)
        넴. 저 사투리 짱조아해여. 내가 못해서 그렇직ㅋㅋㅋㅋㅋㅋㅋㅋㅋ
    가-1. (@ill***)
        지나가는 남자가 사투리 쓴느다 쫎
    나. (@Zib***)
        사투리 쓰는남자 너무 좋아!!!!아가가가가가각!!!!사투리쓰는 여자는 더 좋고!!!!
    나-1. (@OMA*** → @Kai***)
        ㅋㅋㅋㅋㅋㅋㅋㅋㅋㅋㅋㅋㅋㅋㅋㅋㅋㅋㅋㅋㅋㅋㅋㅋㅋㅋㅋㅋㅋㅋㅋㅋㅋ 졸라 귀여워 미치겠는데. ㅋㅋㅋㅋㅋㅋㅋㅋㅋㅋㅋㅋㅋㅋㅋㅋㅋㅋㅋㅋㅋㅋㅋㅋㅋ 아, ...사투리 쓰는 귀여운 여자가 내 애인이면 좋겠다.
    다. (@YEA*** → @jun*** @yen*** @Shi***)
        난 사투리 배워보고싶은데(?) 뭔가 사투리 겁나 매력있음
    다-1. (@Chi***)
        서울 사람으로서 사투리 배워보고 싶데이
    라. (@sha*** → @ByL***)
        사투리가 엄청 찰집니다b
    라-1. (@som***)
        사투리는 너무 웃긴다...지방인들 야생상태로 보존해야 한다 왜

냐면 웃기니까
라-2. (@Ren*** → @apf***)
사투리...진짜..하... 맘을 울리고 참..좋은데 뭐라 설명할길이없네욬ㅋㅋㅋㅋㅋㅋㅋㅋ사투린 사랑입니다..★

개별 방언에 대한 태도와 마찬가지로 방언이 '좋다, 귀엽다, 매력적이다'라는 반응이 많다. 특히 (10다, 다-1)의 누리꾼들은 방언이 매력적이어서 배워 보고 싶다고 말했다. 다른 긍정적 태도로는 '찰지다', '웃기다', '마음을 울린다'라는 반응도 있었다. 이런 대부분의 반응이 앞의 개별 방언에 대한 태도에서도 나타났던 것이다.

2.2 부정적 태도

방언에 대한 부정적 태도가 긍정적 태도에 비해 상당히 다양하게 나타났다. 세 가지 유형으로 크게 나누어 제시한다.

(11) 방언에 대한 누리꾼들의 부정적 태도 ①
가. (@kA_***)
아 진짜 나도 사투리쓰지만 말 듣는거 진짜 짜증난다
나. (@SN_*** → @SN_***)
사투리 쓸 땐 목소리 좀 낮춰. 촌놈 냄새 나니까. 그래? 그럼 누구지?
나-1. (@ang*** → @IB_***)
알았다~ ㅋㅋㅋ 사투리 좋나. 서울아들은 촌스럽다 싫어하던데...
다. (@oko***)

ㅅㅂ 겁나 무서워ㅋㅋㅋㅋㅋ 전 서울 쫄보라.... 저기합이신 분의 사투리를 들으면 공포에 휩싸입니다ㅜㅜㅜㅜㅜ
다-1. (@Koa***)
서울사람은 외국인보다 사투리쓰는 지방사람을 더 무서워합니다
라. (@bel***)
카톡에서는 흥분하면 존나 막 사투리 쓰는데 왜 여기서 쓰면 너무 어색해 보이지
라-1. (@Jan***)
점마 생각보다 답답한 놈이었네...승질나니 사투리 나온다 ㅋㅋㅋ
라-2. (@LOS***)
욕을 안하면 사투리도 사라지고 심성도 차분해짐 직심
마. (@man***)
씨게 가 무슨뜻이지....사투리 지짜 모르게써
마-1. (@vi8*** → @del***)
지역 방언응 잘 구분 못하겠어요... ㅎㅅㅎ 실은 지역도 잘 외우지 못한다는게 함정이져ㅜㅜㅜㅜ

방언 전반에 대한 누리꾼들의 부정적 태도 가운데서 (11)은 방언이 '짜증난다, 촌스럽다, 겁난다'는 반응을 보인 것이다. (11나-1) 누리꾼은 서울 사람들이 방언을 촌스럽다고 하여 싫어하던 경험을 직접 밝혔다. 또 (11다-1) 누리꾼은 서울 사람들이 "외국인보다 사투리쓰는 지방사람들 더 무서워합니다"라고 해서 눈에 띈다. 이와 함께 방언은 흥분하거나 성질내는 상황, 욕을 쓰는 상황과 부정적으로 연결되고 있다. (11마, 마-1)에서는 방언의 특정 어휘의 뜻을 모르겠다거나 지역 방언 구별을 하지 못하겠다는 의견도 보인다.

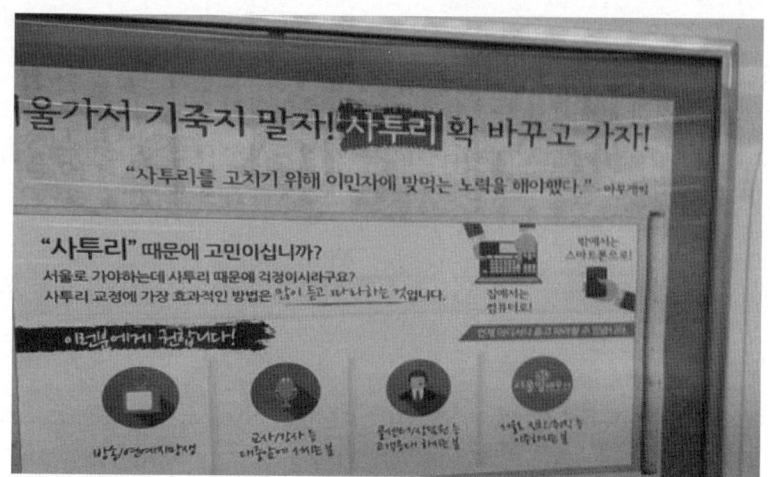

그림 1 부산 지하철에 붙은 '서울말 배우기' 학원 광고 (@alr***)

(12) 방언에 대한 누리꾼들의 부정적 태도 ②

  가. (@Gwi***)

    엄마야 사투리나왔네 ㅋㅋㅋㅋㅋㅋㅋㅋ 미안해요 부산에서 십년살았었거등. 파주살아서 이젠 사투리 거의 안쓰지만 사투리가 좀 남아있어요

  나. (@Nov***)

    린냥이를 비롯해서 나를 처음 보는 사람들이 오해하는 걸 해명. 내가 목소리가 겁나 큰 이유는 부모님 영향이 크다. 엄마랑 아빠 둘다 부산 토박이신데, 원래 부산 말이 악센트가 겁나 세다. 그런데 충북으로 올라오시느라 사투리를 교정해야 했고,

  나-1. (@gyu***)

    경남도시촌놈 서울생활 한달치후기 서울말도 사투리도 아닌 이상한 억양나옴 존나 죽고싶음

  다. (@I_4***)

    서울여행을 가게 되면 사투리 안쓰고 싶다.

다-1. (@B_G***)
저 서울가면 사투리최대한 안써야지ㅋㅌㅋㅋㅋㅋㅋㅋㅋㅋㅋㅋㅋㅋ서울사람 코스프레할거임

다-2. (@dif***)
전ㄴ 사투리부심있어서 사투리 존ㄴ나 안숨기고합니다

라. (@azu***)
나도 사투리 고치고 서울말 써볼라고 했는데 으으 절대 못써 나는 그냥 못쓰는거야 어색해 오글거리고 막 마음에서 우러나오는 이건 아냐 라는 느낌

라-1. (@_fr***)
사투리쓰는애들이 서울말 잘쓴다고하는거보면 귀엽고 놀리고싶고그래

라-2. (@She***)
지방러들이 자기는 사투리 안쓰고 서울말 쓸려고 또박또박 말하는데 너네 다 티나거든?

(12)는 방언 사용이 다른 사람에게 '미안하다'고 사과해야 할 일이며, 방언은 교정의 대상이라고 보는 부정적 태도를 보여 준다. (12나-1) 누리꾼은 "서울말도 사투리도 아닌 이상한 억양나옴 존나 죽고싶음"이라고 적었다. 서울에 가면 방언을 안 쓰겠다는 다짐을 하는 누리꾼들을 (12다, 다-1)에서 볼 수 있다. 물론 (12다-2) 누리꾼처럼 '사투리부심'(사투리+자부심)을 갖고 방언을 숨기지 않고 쓴다는 경우도 있지만 서울에서 표준말 사용을 통해 방언 사용자임을 드러내지 않으려는 사람들이 더 많이 보인다.4) 그럼에도 (12라~라-2)를 보면, 서울에서 방언 흔적 지우기가 크게 성공적이지 않을 뿐만 아니라 놀림거리가

---

4) 이런 언어적 현상과 관련하여 차윤정(2011:16)은 '중심을 향한 욕망과 언어적 포섭' 관점에서 "중앙의 언어인 표준어를 자발적으로 습득하고 자신이 사용하던 로컬어를 벗어버리는 양상으로 나타난다"고 설명한다.

되고 있는 것으로 확인된다. 서울에서 '촌스럽게' 생각되는 방언을 쓰지 않으려는 다른 방언권 출신들이 늘어나면서 〈그림 1〉와 같이 '사투리 고치기'를 위한 '서울말 배우기' 학원도 등장했다.

(13) 방언에 대한 누리꾼들의 부정적 태도 ③
  가. (@412***)
    아 맞아 사람찾아요 나눔 줄받는데 나 사투리 쓴다고 뒤에서 내 사투리 비꼬고 따라한 서울여자님 넌 물떡도 못먹어봤으면 닥쳐! 순대 쌈장에 찍어먹던가!
  나. (@mjg***)
    아나 언니가 보여준건데 사투리 쓰는 친구가 서울말은 말끝에 ~니? 붙이면 된다고 뭐뭐했니~? 어쨌니~?하고 말 잘하다가 그래부렀니~? 했다는 게 너무 웃겨서 잠을 못 자겠음
  나-1. (@mov***)
    사투리 일화 중 제일 웃겼던 건, 서울 사람이 지하철에서 물건을 떨어 뜨림 경상도 사람이 주워 주면서 "니끼가? 가가라." 했더니, 서울 사람이 폭풍 동공 지진과 함께 "아리가또.." 한 걱ㅋㅋㅋㅋㅋㅋㅋㅋㅋㅋㅋㅋㅋㅋㅋㅋㅋ아리가똑ㅋㅋㅋㅋㅋㅋㅋㅋㅋㅋㅋ
  나-2. (@hic***)
    저번에 사투리 알티돌던거 엄마한테 말해주고 둘이 빵터짐ㅋㅋㅋㅋㅋㅋ
    서울사람 : 아 졸리다.
    경상도사람 : 아 잠온다.

(13가)를 보면 방언이 놀림의 대상이 되기도 하는 사실을 알 수 있다. 또한 트위터 안에는 (13나~나-2)와 같이 방언을 소재로 한 '재미있는', 그러나 방언 화자들에게는 기분 나쁜 이야기들이 많이 돌아다닌

다. 낯선 표현이 웃음을 주는 것은 자연스럽다고도 하겠지만 해당 방언 화자들로서는 너무나 자연스러운 일상 표현이 남들에게 웃음거리가 된다는 점에서 기분이 좋을 수가 없다.

최근 인터넷 공간에서는 (13나-2)의 '졸리다'에 대응되는 경상 방언형 '잠온다'와 관련하여 누리꾼들이 '정말 이해하기 어렵다, 너무 웃기다' 등의 큰 반응을 보였는데 '잠온다'를 일상적으로 쓰는 경상 방언 화자들로서는 오히려 그런 반응이 이해가 되지 않을 것이다.

2.3 방언 불평등 및 방언 활용에 대한 태도

방언 화자들 사이의 용법 해석의 불일치와 감정적 충돌, 표준말에 비해 열등하고 부족한 존재로 방언을 바라보는 부정적 태도는 모두 다음 (14)와 같이 '방언 불평등' 현상에서 나온 결과다.

(14) 방언 불평등에 대한 누리꾼들의 태도
　　가. (@ray***)
　　　　지방 애들이 서울 애들 만나면 억양은 사투리여도 말투는 서울 말투 쓰려고 하던데...
　　가-1. (@lan***)
　　　　어정쩡하게 부산 억양 섞인 서울말 쓰던 애가 그냥 사투리 쓰기 시작하니 인간적인 매력도가 올라가는군..
　　나. (@_wi*** → @122***)
　　　　고향가면 서울말 쓴다고 한마디 서울오면 사투리 쓴다고 한마디 ㅋㅋㅋ
　　다. (@eun***)
　　　　서울사람은 경상도 내려와서 서울말쓰는거 안부끄러워 하는데 경상도 사람은 왜 서울가서 사투리 쓰는걸 부끄럽게 생각하는거야???
라. (@vke***)
사투리가 비속어도 아니고 그냥 말그대로 언어 중 하나인데 교양 없는 언어가 되는 이유 정말 모르겠고 솔직히 난 표준어 대사같은 걸 사투리로 바꾼 것을 개그짤로 소비하는 것도 엄청 불편. 그 지역에서는 일상언어인 것이 왜 개그로 소비되는데?

한국 방언들, 특히 남부 지역 방언과 서울말과의 불평등이 심하다. (14가, 가-1)을 통해 방언 화자들이 서울 사람들과의 대화에서 방언을 버리고 서울말을 쓰려고 노력하지만 잘 되지 않음을 알 수 있다. '부산 억양 섞인 서울말'을 버리고 그냥 자신의 방언을 쓰는 것이 오히려 인간적 매력을 높이는 것이라고 (14가-1) 누리꾼은 말하고 있다. (14나) 누리꾼은 '서울'과 '고향'에서 방언 사용 문제로 이중의 비난을 받는다면서 자신이 느끼는 심리적 부담감과 고통을 부정적으로 적었다. (14다) 누리꾼은 직설적으로 서울 사람과 경상도 사람 사이의 불평등한 방언 사용 문제를 지적했다. 서울에서 다른 지역 방언을 쓰는 것을 부끄럽게 생각하는 문화가 사회에 널리 퍼져 있을 뿐만 아니라, 남부 방언 화자들이 그들로부터 완벽한 이중 방언 사용 압력을 일방적으로 받고 있음을 말하는 것이다. (14라)에서는 방언이 표준말에 비해 교양 없는 말이라고 보는 사회적 인식과 해당 방언 화자들에게는 일상어인 방언을 웃음 소재로 삼는 것에 강한 불만을 드러냈다.

앞의 자료를 통해 한국어 화자들은 서울말 등의 중부 방언과 남부 지역 방언에 대한 인식에서 차별적 태도가 강함을 알 수 있다. 표준말과 대비하여 방언이라는 존재에 대해 누리꾼들은 감추어야 할 부끄러운 존재로 생각하는 모습을 확인할 수 있었다. 그럼에도 일부 누리꾼들은 방언을 사회에서 부정적으로 바라보는 것에 대해 비판적 태도를 갖고 있었다. 또 최근 우리 사회에서 방언을 여러 분야에서 적극적으로 활용하고 있으며, 그 결과 방언에 대한 긍정적 태도가 서서히 올라가고 있는 것을 보게 된다.

(15) 방언의 적극적 활용과 누리꾼들의 긍정적 태도
  가. (@fre***)
    진주 혁신도시에서 빵 터진 도로명. '에나'는 정말? 진짜?라는 뜻의 진주 방언으로 "에나가!" "에나로?(정말로?)" 에나 콩콩(거짓말)"으로 사용하는 말인데, 도로명이라니 재미있는 활용이다
  나. (@miz***)
    유니클로 없다더니 드디어 생겼네ㅎㅎ 제주 방언 현수막 붙은 것들 보면 재밌다ㅋㅋ
  나-1. (@aka***)
    ……제주도 방언 유니클로 광고…. 신선하네…
  나-2. (@fro***)
    방언을 문어로 사용하는 경향이 커지면 흥미로울 거 같은데. 여행가면 간판 보고 꽤 당황할 수도 있겠다.
  다. (@HO*** → @de***)
    좋은데이가 참 가만보면 이름을 잘 지었어.

(15)는 도로 이름이나 광고문 등에 방언을 활용한 것에 대한 긍정적 반응이다.5) 〈그림 2〉와 같이 경남 진주의 한 도로명이 '에나로'인데, 이는 '정말', '진짜'의 뜻인 서부 경남 방언 '에나'를 활용한 것으로 (15가) 누리꾼은 재미있는 방언 활용이라고 평가했다.

---

5) "통행에 불편을 드려 대단해 죄송해유~"와 같이 방언을 활용하여 안내판을 만든 사례는 임선애(2013:103)을 참조할 수 있다.

그림 2 **경상 방언을 활용한 도로 이름** (@fre***)

 (15나~나-2) 누리꾼들은 한 의류회사에서 제주 방언을 활용해 만든 〈그림 3〉의 광고를 재미있거나 신선하다고 하여 긍정적 태도를 보였다.6) (15다)에서는 방언을 활용한 부산 지역 술 이름 '좋은데이'가 잘 지어졌다고 했다.

---

6) 이러한 방언 활용은 해당 방언권 화자들에게 익숙하고 편안한 느낌을 준다. 그러나 다른 방언권 화자들에게는 재미를 줄 수 있는 한편 (15나-2)의 말처럼 꽤 당황스러울 수 있겠다.

그림 3 제주 방언을 활용한 광고문 (@_hy***)

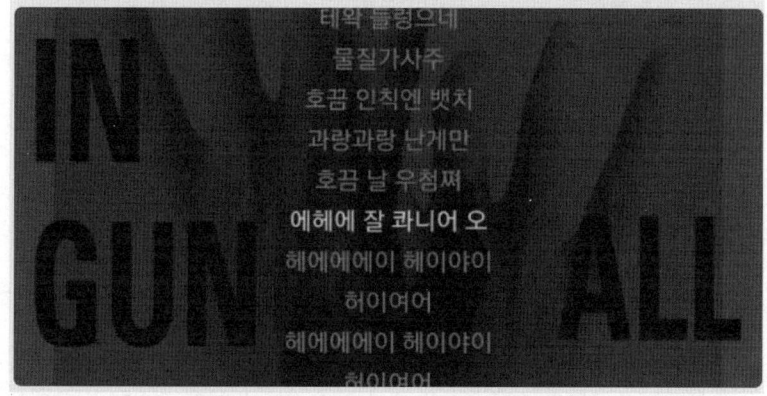

그림 4 제주 방언이 쓰인 노래 가사 (@090***)

　　방언 사용과 관련해서 누리꾼들이 가장 강한 긍정적 태도를 보이는 영역은 연예계다. 예를 들어, '아이돌'이라 부르는 인기 연예인들이 출신 지역 방언을 섞어 쓰는 현상에 대해 누리꾼들은 '신드롬'을 일으킬 정도로 긍정적 태도를 드러낸다. 드라마, 영화 등에서도 방언 사용이 늘어나고 있으며, 전반적으로 태도가 긍정적이다. 대중 매체를 통한 연예계에서의 방언 사용에 대한 누리꾼들의 태도를 (16)으로 제시한다.7)

그림 5 **제주 방언이 쓰인 드라마(맨도롱또똣)의 표준말 자막 (@198***)**

(16) 연예계의 방언 사용과 누리꾼들의 긍정적 태도
   가. (@111*** → @bv_***)
      아 콧님 텍스트만 봐도 두근거려요 세훈이가 부산사투리라니..
      오다 주셨다. 니 무라. (툭)
   가-1. (@moi***)
      아 백현이 사투리썼으면 진짜 설레서 죽어쓸거시다
   가-2. (@Rev*** → @muh***)
      전 대전수니지만 성규가 팬싸하러 대전한번 왔다갔으면 좋겠습

---

7) 임선애(2013:22)에서도 "지역 방언에 대한 태도는 대중 매체의 활약으로 과거에 비해 매우 긍정적인 측면으로 변화하고 있다"고 하여 방언에 대한 태도 변화에 방송 등의 대중 매체가 중요하게 기여함을 지적한 바 있다.

니다. ㅠㅠ 저도 성규가 사투리쓰는 거 보고싶어요 ㅠㅠㅠㅠㅠ 전주라니 ㅠㅠㅠ

나. (@ohm***)
요즘 꽂혀있는 노래. 아침에 듣기 너무 좋다. 가사말은 다 제주도 방언.
https://www.youtube.com/watch?v=JoYonk35Y0Y …

나-1. (@rea***)
며칠째 이곡을 계속 듣고있다. 가사가 제주방언 이라는데 제주도의 판타지를 더 키워줬다. 발음을 너무 잘표현한 루아라는 가수도 너무 궁금해졌다. 물음표 투성이인 곡 매력적이다.

다. (@ado***)
연휴 막간을 틈타 지금까지 마리텔을 몰아보고 있는데, 예정화 어우... 아니, 몸매 얘기가 아니고. 나 지금껏 부산 사투리 억양이 그렇게 귀염터질 거라고는 상상도 못했는데.

다-1. (@kkm***)
맞다 요새 우리작은오빠야가 마이리틀티비 백종원아저씨꺼 보길래 옆에서 같이봤는데 백아저씨 넘좋다 곰같아서좋고 요리잘해서좋다..!!!글고 그래쑈? 하는 충청도 사투리가 넘매력터진다 ㅎㅎㅎㅎㅎㅎㅇㅇㅎㅇㅎㅎ

라. (@Hir*** → @JGs***)
「국제시장」을 보아 왔습니다. 많이 울고 많이 웃었습니다. 죽게 괴롭지만 아버지의 약속을 지키고 가족을 위해서 일하는 주인공에게 감동했습니다. 부산 사투리도 정말 따뜻해서 좋았습니다. 그리고 또 국제시장에 가고 싶습니다.

라-1. (@Let***)
RT) 강동원을 처음 본 건 배두나가 주연했던 드라마 〈위풍당당 그녀〉였는데 강동원의 경상도 사투리가 너무 좋았다. 목소리랑 얼굴이랑 묘하게 불화하면서도 어울렸음. 지금도 인터뷰 할 때나 작품에서나 말투에 사투리 억양이 살짝 묻어있는데 그게 너무 좋음

(16가~가-2)에서 누리꾼들은 '아이돌 그룹' 소속 남자 가수들이 출신지 방언을 쓰는 것에 대해 아주 긍정적인 태도를 갖고 있음을 알 수 있다. (16나, 나-1) 누리꾼들은 가사가 제주 방언으로 된 노래가 너무 좋고 매력적이라는 반응이다. (16다, 다-1)에는 방송 출연자의 방언 사용이 '귀엽다, 매력적이다'라는 누리꾼들의 태도가 보인다. (16라) 누리꾼은 영화에 나오는 부산 방언이 따뜻해서 좋았다고 말했고, (16라-1) 누리꾼은 드라마 남자 주인공의 경상 방언이 너무 좋았다고 했다.8)

2.4 인터넷 공간의 방언 사용에 대한 태도

끝으로, 인터넷 공간에서의 방언 사용에 대한 트위터 누리꾼들의 태도를 몇 가지 살펴보기로 하겠다.

(17) 인터넷 공간의 방언 사용에 대한 누리꾼들의 태도
 가. (@hs*** → @cr***)
  그니깐그니깐ㅋㅋㅋㅋㅋ아근데나도모르게 인터넷에서도 사투리 나오는거같앜ㅋㅋㅋㅋㅋ

---

8) 드라마, 영화에서 방언을 쓰는 것에 대해서는 상반된 태도가 상당히 강한 것도 사실이다. 매력적인 주인공들이 능숙하게 방언을 썼을 때는 대체로 긍정적 반응이 많지만 방언 구사 능력이 떨어지는 경우 "왜 드라마에서 배우들에게 되도 안 하는 사투리를 쓰게 하는지 모르겠다", "드라마사투리는 너무 오글거림...누가 그롷게 사투리를 ㅆㅓ...."와 같은 부정적 반응이 많다. 또 최근에는 "드라마나 영화에서 "식모"가 호남 사투리나 "충청도"사투리 였는데 지금은 그마져 "경상도"사투리입니다... 경상도말이 표준어가 된거죠..."라고 하여 경상 방언의 쓰임이 과도한 문제, 곧 대중 매체에서 보이는 '방언 편중 현상'을 문제점으로 지적하는 누리꾼도 적지 않다.

가-1. (@Edi***)
　맞아 내가 사투리쓸때는 무의식적으로 나와서 정작 인터넷상에서 키보드로 제대로 사투리쓸려고 생각하면 떠오르질 못하더라 ㅋㅋㅋㅋㅋㅋㅋㅋㅋㅋㅋㅋ
가-2. (@h_***)
　가끔가다가 인터넷상에 내가쓰던 사투리를 그대로올리게되는경우가있는데 다른사람이 못알아들으면 당황하곤했었는데
나. (@dyd***)
　요즘은 인터넷이 발달 해가지고 사투리도 대부분 알아들을 줄 알았는데 아이네
나-1. (@mAk*** → @tch***)
　내 사투리는 인터넷에서 접한 짝퉁 사투리데이
나-2. (@NA***)
　오프랑 온이랑 말하는게 비슷한데(아마) 말투마저 인터넷에서 헤엄치다 온 사람이라 온갖 사투리가 다 짬뽕되는 바람에... 중딩때 선생님이 너 말투 왜그러냐고 한적도 있다
다. (@135***)
　인터넷에 사투리로 굳이 써서 올리는거 이해 안감. 입에 붙으면 손에도 붙나?
다-1. (@Ung*** → @whi***)
　타자로 사투리 너무 오글ㄹ거림...내맘대로 해야지 ^0^/
다-2. @Dea***)
　인터넷 돌아다니다가 사투리 쓰는 사람보면 되게 웃긴데 ㅋㅋㅋㅋㅋㅋ 요새 인터넷이 너무 발달해노니까 표준어가 섞여들어오면서 사투리를 그렇게 심하게 쓰는 사람은 극소수.. 그냥 사투리 안쓰는 사람이 폼 잡으려는거 같아ㅋㅋㅋㅋ

(17가~가-2) 누리꾼들은 인터넷 공간에서도 일상어의 방언을 무의

식적으로 자연스럽게 쓰고 있음을 밝히고 있다. 그럼에도 (17가-1) 누리꾼은 입말이 아니라 자판을 통해 입력을 해야 하기 때문에 방언형이 잘 떠오르지 않는 일이 있었고, (17가-2) 누리꾼은 방언을 썼을 때 다른 사람이 이해하지 못해 당황한 경험이 있다고 했다.

(17나~나-2)에서는 인터넷에서 방언이 많이 쓰이고 있으며, 이를 통해 방언을 배우는 기회가 많은 사실을 보고하고 있다. 특히 (17나-2) 누리꾼은 인터넷 공간에서 다양한 지역 방언을 접하다 보니 일상어 입말 말투까지 바뀌게 되었다고 했다. 이런 누리꾼들과 달리 (17다~다-2) 누리꾼들은 인터넷에서의 방언 사용을 부정적으로 보고 있다. 일상어에서도 방언 사용이 줄어들었는데 글말로 소통되는 인터넷에서 방언을 쓰는 것이 웃기고 억지스럽다는 의견이다. 일상어 입말로 쓰던 방언을 인터넷에서 글말로 쓰는 것이 너무 어색하게 느껴진다는 반응도 보인다.

맺음말

이 장에서는 사회적 소통망 '트위터'의 이용자들을 대상으로 지역 방언에 대한 언어 태도가 어떤지에 대하여 살펴보았다. 1절에서는 먼저 트위터 누리꾼들이 한국어 개별 방언에 대해 어떤 태도를 갖고 있는지를 분석했고, 2절에서는 지역 방언에 대한 누리꾼들의 전반적 태도를 분석했다. 주요 분석 결과를 요약하기로 하겠다.

한국어 개별 방언들에 대한 트위터 누리꾼들의 태도를 종합하면 경상, 전라, 제주 방언 등에 대한 긍정적, 부정적 태도가 공존하지만 이들 방언이 듣기 좋다는 태도가 비교적 강하게 나타났다. 경상 방언의 경우 강한 억양, 전라 방언은 욕설의 느낌, 제주 방언은 알아듣기 어려움과 관련되는 부정적 태도가 많았다. 중부 방언에 해당하는 충청 방언, 강원 방언에 대해서는 귀엽거나 좋다는 반응이 있었다. 그러면서 이들 방언의 경우 쓰임이 적어 서울말과 거의 같다고 보는 인식도 관찰되었다. 서울/경기 방언에 대해서는 방언의 존재에 대한 생각이 엇갈렸지만 이 지역에도 표준말과는 다른 고유의 방언이 있다는 누리꾼들이 좀 더 많은 편이었다.

지역 방언에 대한 누리꾼들의 전반적인 태도를 살펴본 결과를 종합하면, 방언 사용에 대한 긍정적 태도와 부정적 태도가 공존하는 것으로 나타났다. 방언이 '너무 좋다, 귀엽다, 매력적이다'라는 긍정적 반응도 있었지만 '짜증난다, 겁난다, 촌스럽다' 등의 부정적 반응도 많았다. 특히 방언은 웃음거리가 되거나 교정의 대상으로 인식되는 일 때문에 경상 방언권 출신 화자들은 서울에서 방언 사용을 자제하기 위해 많은 노력을 기울이는 것으로 보인다. 그럼에도 그것은 성공적이지 못한 경우가 많아 현실적인 큰 스트레스로 작용하는 일이 흔한 실정이다.

다만 방언에 대한 부정적 태도가 여전히 상당히 강하게 남아 있음에도 가수나 배우 등 인기 연예인이 방언을 쓰는 것에 대해서는 반응이 아주 긍정적임이 확인되었다. 나아가 드라마나 영화 주인공들의 방언 사용, 도로명과 상품 이름, 광고문 등에서의 방언 활용에 대한 긍정적 평가가 많이 보였다. 대중 매체나 상품, 광고문 등 한국어 화자들이 일상에서 자주 접하는 데서 방언을 적절히, 자연스럽게 섞어 쓰면 연예 활동이나 상품 판매 등의 실제적인 면에서 좋은 성과를 거둘 수 있음은 물론 방언 전반에 대한 긍정적 태도 변화를 일으킬 수 있다는 생각을 하게 된다. 또한 인터넷 공간에서 이루어지는 누리꾼들의 방언 사용에 대한 태도를 살펴본 결과, 부정적 태도도 보였지만 자신도 모르게 무의식적으로 방언을 쓰는 누리꾼들이 많을 뿐만 아니라 한국어의 다양한 방언을 서로 접하며 배우고 있는 사실이 확인되었다. 인터넷이 한국어 지역 방언의 자연스러운 접촉과 확산에 도움이 되고 있다는 판단이다.

　방언 사용에 대한 누리꾼들의 태도 면에서 누가, 어떤 맥락에서 방언을 쓰는지에 따라 방언에 대한 태도 차이가 큰 것으로 확인되었다. 인기 연예인, 애인 등 친밀감을 갖고 있는 사람이 쓰는 방언에 대해서는 단순한 호감을 넘어 열광 상태를 보이는 반면 정치적 대립 관계에 있는 사람, 잘 모르는 사람, 비호감적인 사람이 쓰는 방언에 대해서는 부정적이고 적대적인 태도가 강했다. 이는 방언에 대한 태도가 방언 자체에서 영향을 받는 것이 아니라 그것을 쓰는 사람과 밀접한 관련이 있기 때문이다. 따라서 방언에 대한 부정적 태도를 줄이고 긍정적 태도를 늘리기 위해서는 방언 전반에 대한 이미지 개선 노력과 함께 방언 화자들 사이의 대립, 갈등, 차별을 줄이는 사회적 노력이 함께 나와야 한다. 방언 접촉의 기회 확대가 필요하면서도 한국어 화자들 사이의 이해와 화합을 위한 정치적, 사회적 노력도 중요함을 지적한다.

10장_ 세대 간 인터넷 소통과 불통

한국어 언어공동체에서 인터넷 통신 언어가 1990년대 초·중반에 본격적으로 등장한 지도 벌써 약 20년이 넘었다. 처음에는 '천리안', '하이텔' 같은 컴퓨터 통신을 쉽게 접하던 대학생이나 20대 후반·30대 초반의 젊은 직장인들이 쓰는 단순한 집단 변이어 정도의 성격을 지녔던 통신 언어가 이제는 대부분의 한국어 화자들이 이해할 수 있고, 일상적으로 쓰는 한국어의 중요한 '사회 방언'으로 자리 잡았다. 통신 언어 사용자는 많지만 인터넷 공간에 접속하여 쓰고, 일상어와 크게 구별되는 변이어 형식이며, 내적으로도 사용자의 세대나 성 등 사회적 요인에 따라 다양한 변이를 보이는 점에서 사회 방언으로 보고 있다(이정복 2005나:41-43).

방송통신위원회와 한국인터넷진흥원이 실시한 ≪2010년 인터넷이용실태조사≫에 따르면,[1] 2010년 5월 한국의 인터넷 이용자는 3,701

---

* 이 장의 내용은 이정복(2011마)의 3, 4장을 부분적으로 고친 것이다.
1) http://isis.kisa.or.kr/board/?pageId=060100&bbsId=7&itemId=771&pageIndex=5

만 명으로 2000년(1,904만 명)이후 10년 동안 약 2배가 늘었다. 인터넷 이용률은 2000년 44.7%에서 77.8%로 나타났다. 사용자는 만 3살의 유치원생부터 60대 이상 고연령층에 이르기까지 고르게 분포되어 있고, 이들은 하루 평균 2시간 이상 인터넷을 거의 '일상적으로' 이용하는 것이 확인되었다. 또 한국인터넷진흥원(2015가), ≪2015년 인터넷이용실태조사≫에 따르면,2) 2015년 7월 기준 인터넷 이용률은 85.1%로 증가하였고, 인터넷 이용자 수는 4,194만 명으로 나타났다.

특히 ≪2011년 인터넷이용실태조사≫에서는 스마트폰과 태블릿 컴퓨터의 가구 보급률이 49.9%로 조사돼, 1년 사이 9배가 늘어난 것으로 나타났다.3) 스마트폰 등 이동 인터넷 매체의 폭발적 보급으로 인터넷 이용자의 67%가 트위터, 페이스북 같은 '사회적 소통망'을 이용하고 있는 것으로 조사되었다. 앞의 1장에서 소개한 것처럼 한국인터넷진흥원(2015나)인 ≪2015년 모바일인터넷이용실태조사≫에 따르면, 스마트폰 등 모바일을 통한 SNS 이용 비중이 88.4%, 유선(PC)을 통한 SNS 이용 비중은 11.6%로 나타났다. 스마트폰과 같은 이동 인터넷 접속 수단을 통하여 사회적 소통망을 이용하는 것이 보편화된 것이다.

누리꾼들은 스마트폰 등의 휴대 매체를 통해 더 이상 시간, 장소에 제약을 받지 않고 언제, 어디서나 인터넷에 접속하여 실시간 의사소통을 적극적으로 해 나간다. 이런 인터넷 의사소통에서 여전히 핵심적 위치를 차지하는 것이 글이며, 그것이 곧 인터넷 통신 언어이다.

통신 언어는 주로 젊은 누리꾼들이 창의성을 발휘하여 주도적으로 만들고 퍼트리기 때문에 나이든 누리꾼들은 이해하기 어렵고 거부감을 느끼는 일이 많다고 알려졌다. 또한 같은 10대나 20대 화자들이라고

---

2) ttp://isis.kisa.or.kr/board/?pageId=060100&bbsId=7&itemId=813&pageIndex=1
3) http://isis.kisa.or.kr/board/?pageId=060100&bbsId=7&itemId=783&pageIndex=4

해도 인터넷 이용이 많지 않은 사람들은 일상어와 다른 형식의 통신 언어를 잘 모르게 된다. 통신 언어가 만들어지는 동기와 형성 방식이 자유롭고 다양하기 때문에 처음 만들어 쓰는 사람이 아니면 이해하기 쉽지 않은 것이 특징이다. 새로운 통신 언어의 의미를 알고자 하여도 일상어에 비해 쉽게 참조할 수 있는 사전이나 자료가 없거나 부족하다. 통신 언어가 인터넷 통신 환경에서 언어 사용의 효율성을 높이고, 재미와 생생한 표현력을 더해 주며, 친교와 심리적 해방 기능까지 두루 갖고 있지만 그것을 얼마나 자주 접하고 쓰는지에 따라 세대 간 차이는 물론이고 같은 세대 안에서도 의사소통에 방해가 될 수 있다고 하겠다.

　이 장에서는 통신 언어와 관련된 세대 차이, 세대 간 의사소통 문제의 원인 등에 대해 누리꾼들의 생각을 중심으로 살펴보고자 한다. 이런 과정을 통하여 세대 간 갈등이나 의사소통의 문제에 통신 언어를 포함한 어떤 언어 요소 또는 언어 사용 요소들이 영향을 주는 것인지, 그렇다면 그것을 풀어나가기 위한 해결 방향이 무엇인지에 대해 함께 생각해 볼 것이다. 제시하는 자료는 2011년 9월 한 달 동안 대표적 SNS로 알려진 트위터, 페이스북, 미투데이(www.me2day.net)[4] 등 사회적 소통망에서 모은 것이고, 일부는 2016년에 보충한 것이다. 그 가운데 트위터 자료가 핵심을 차지하는데, 10대에서 60대에 이르는 다양한 배경의 남녀 트위터 이용자들의 통신 언어 자료를 두루 수집하였다.[5]

---

[4] 한국에서 운영하던 '마이크로블로그'로 2010년 전후에 사용이 많았으나 페이스북, 트위터 등에 밀려 2014년 6월에 서비스가 종료되었다.

[5] 핑덤닷컴(www.pingdom.com)의 조사 결과를 보면, 트위터의 주 이용층이 30~40대인 것으로 나타났다고 한다(〈2012년 권력향배, SNS 보면 답 나온다〉, 《아이뉴스24》, 2011-07-24 기사 참조).

1. 통신 언어의 세대별 쓰임

통신 언어를 어떤 세대의 누리꾼들이 주로 쓰고 있는 것인지, 어느 정도로 열심히 쓰는지를 알아봄으로써 통신 언어가 세대 간의 의사소통에서 어떤 유익한 점이 있거나 부정적 영향이 있는지를 짐작해 볼 수 있을 것이다. 통신 언어 사용이 본격적으로 쓰이기 시작한 1990년대 중반에도 그랬지만 지금도 통신 언어 사용의 세대 차이는 분명 존재한다. 10대 청소년이나 20대의 대학생, 직장인들은 통신 언어 사용을 거의 '일상적'이라고 할 만큼 활발하게, 적극적으로 쓰고 있는 모습이 관찰된다. 이와 달리 40대 이상의 누리꾼들은 통신 언어를 쓰되 사용 빈도나 적극성 면에서 젊은 누리꾼들에 비해 뒤떨어지는 것이 사실이다. 인터넷 공간에서 만들어진 통신 언어 새말에 대한 이해도나 사용 정도에서도 세대에 따른 차이가 비교적 크게 난다.

(1) 세대별 통신 언어 사용 모습
   가. 10대, 20대 누리꾼
   가-1. ㅋㅋㅋㅋ내일은정말샌드위치데이해야징!!! 지혜오늘도떡볶이먹었닝??ㅋㅋ
   가-2. ㅋㅋㅋㅋ누나는 문과니깜 ㅋㅋㅋ 괜차나 난 맹자가 어떤분인지도 몰라
   가-3. ㅋㅋㅋㅋ아 맞졍 왠지 변녀 같지만... 나이가 들면 들수록 근육있는남자가 섹시해보여용......ㅋㅋㅋㅋㅋㅋㅋㅋ
   가-4. 방탄분들이나 봐야겟다.. 이번무대도 레전드각이야 저분들은.. ㄹㅇ
   가-5. 미친알티왜이렇게많이돼 개웃겨ㅋㅋㅋ

ㅋ
ㅋ
ㅋ
빨리친구들의미친짓을ㄹㅇ모두가봐줬음좋겟군요
나. 40대, 50대 누리꾼
나-1. 닉아 먼저 했잖니.. 즈렴한 알티 점 하지 마라 젭알.
나-2. ㅎㅎ 구렁이같은 뱀들은 사람을 공격하진 않죠. 하지만 깜놀했죠. ㅎㅎㅎ
나-3. 으어.......귀가..피곤 하다.......잔다....ㅠㅠ 투잉도 못하고 이게 사는건가??? ㅠㅠ
나-4. 흑. 넬. 자료보다가. 시간이 늦어져버려서 예언서 강의 못들어갔다는...꺼이꺼이. (...돌아오는길 헤어샵사장님을 만났는데. 기분풀어준다고 머리감겨주고. 1회용 세팅해줬다요. 아주아주 귀여워요^^) 젤라님도 글로리나잇~♥

   그럼에도 (1)의 자료를 보면 10대, 20대에 못지않게 40대 이상 나이 많은 누리꾼들도 통신 언어를 익숙하게 사용하는 점이 드러난다. 차이점으로는, 10대 등의 젊은 누리꾼들이 'ㅋㅋㅋ'를 습관적으로 쓰고 '해양징', '문과니깜'처럼 일상어 표기와 다르게 형태를 바꾸어 적는 음소 더하기를 많이 한다. (1가-4)를 보면 '레전드각'이라는 '-각' 유행 표현과 'ㄹㅇ'이라는 '레알'의 자음자 표기 형식도 쓰였다.

그림 1 젊은 세대의 통신 언어 '휴먼급식체'

〈그림 1〉6)을 보면 누리꾼들이 젊은 세대의 통신 언어를 '휴먼급식체'라고 부르는데, 이들은 'ㅇㅈ'(인정), 'ㄱㅇㄷ'(개이득)과 같이 자음자로 줄여 적거나 '오지다', '지리다' 등의 특이한 어휘를 즐겨 쓰기도 한다.

---

6) '휴먼급식체'와 '휴먼노땅체'에 대한 〈그림 1〉과 〈그림 2〉 자료는 〈사이버 세상의 新언어 '휴먼OO체'〉, ≪세계일보≫, 2016-01-12 기사에서 가져온 것임을 밝힌다.

그림 2 **나이든 세대의 통신 언어 '휴먼노땅체'**

    이에 비해 자료 (1)에서 40대 이상의 누리꾼들은 적극성이 더 필요한 형태 바꾸어 적기보다는 '깜놀하다', '-다는' 등의 유행 표현을 주로 쓰고 있다.7) 또 〈그림 2〉를 보면 '휴먼노땅체' 또는 '휴먼아재체'라고 부르는 나이든 누리꾼들의 통신 언어 사용에서 마침표나 느낌표 등 문장부호를 반복적으로 쓰는 일이 많고 방언형 사용도 많은 것으로 나타난다. 젊은 층이 형태 변형에 치중하는 것과 달리 나이 많은 누리꾼들은 재미있는 유행 표현이나 방언형 등의 사용에 관심이 집중되는 느낌이다. 그렇지만 이런 미세한 차이가 있고, 나이 많은 누리꾼들의 통신

---

7) 40대 남성 누리꾼이 쓴 (1나-1)을 보면 '니가'를 '닉아'로, '저렴한'을 '즈렴한'으로 바꾸어 적었다. 같은 세대의 누리꾼들 사이에서는 예외적인데, 욕설 사용이 많은 이 누리꾼은 심리적 해방 동기에서 이러한 적기 방식을 지속하고 있다.

언어 사용 빈도는 대체로 낮지만 통신 언어에 대한 관심과 수용도 면에서는 세대 차이가 크지 않은 편이다.

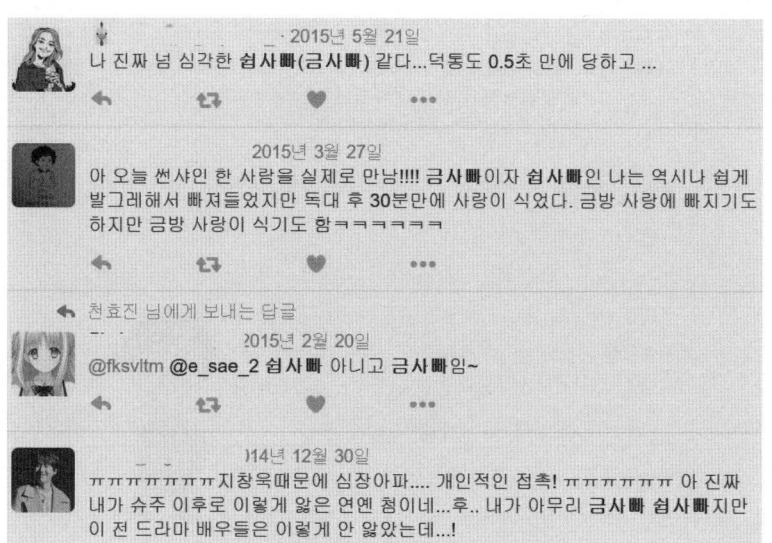

그림 3 젊은 누리꾼들의 통신 언어 새말 사용

　이와 같이 현재 통신 언어가 거의 모든 세대에서 두루 쓰이고 있는 것은 한국에서 통신 언어가 본격적으로 쓰인 지 이미 20여 년이 넘었기 때문이다. 지금의 40, 50대 누리꾼들은 1990년대 초·중반에 대학생이거나 젊은 직장인으로서 컴퓨터 통신 및 인터넷 이용과 통신 언어 사용을 주도했던 세대이다. 따라서 40대 이상의 누리꾼들도 마음먹기에 따라 통신 언어 사용의 빈도를 쉽게 높일 수 있고, 젊은 층의 통신 언어 사용을 이해하는 데도 별 어려움이 없다. 통신 언어를 아이들의 장난으로 여기거나 그것을 쓰는 것을 언어 규범을 깨는 일탈 행위로 생각하는 극히 일부를 제외하면 통신 언어에 대한 거부감은 거의 사라진 상황이다. 사실상 50대 이하의 한국 누리꾼들은 통신 언어의 면에서 동질성을 지닌 연속 집단이라고 할 만하다.

(2) 지속적으로 쓰이는 통신 언어 어휘
  가. 강추, 귓말, 냉무, 눈팅, 댓글, 도배, 리플, 반가/방가, 번개/벙개, 비번, 잠수, 정모, 즐감
  나. ㄱㅅ, 갠, 남친/여친, 넵, 뇨자, 열공, 자겁, 초딩/중딩/고딩/대딩/직딩, 추카/ㅊㅋ, 허걱

(2)의 보기들은 약 20년 전 통신 언어 사용 초기부터 오늘에 이르기까지 지속적으로 쓰이는 통신 언어 새말들이다. 개별적인 통신 언어 어휘의 쓰임 기간이 아주 짧다고 하지만 다수의 표현들은 생명력을 갖고 오랫동안 활발히 쓰이고 있다. 이러한 표현들의 경우 젊은 층보다 나이든 누리꾼들이 오히려 더 잘 알고 많이 쓴다. 예전에는 통신 언어를 젊은 사람들이 주로 만들어 위쪽으로 퍼트리는 시기였다면 요즘은 어느 세대에서나 새로운 통신 언어의 생산자, 유포자, 사용자로 나선다. 아래와 같은 보기에서 30대 이상의 나이 많은 누리꾼들도 통신 언어를 적극 만들어 내거나 쓰는 모습을 확인하게 된다.

(3) 기성세대가 주도하는 트위터 새말 표현들
  가. 트윗친구/트친, 플픽, 선팔, 맞팔, 계삭, 계폭, 떼멘, 폭트, 컴트윗, 폰트윗, 트윗중계
  나. (@my_*** → @Vio***)
    맛있어요. 쉽고.. 스파게티 소스 없이 빠르게 만들 수 있어요^^. 아라씨도 **맛점** 하세요~*
  나-1. (@sm6*** → @gna***)
    부럽부럽....저도 퇴근시간인데... 아직퇴근 기미가 안보이네요 ㅠㅠ **즐퇴**하세요~~

나-2. (@tia***)
왜이리 늦게들어가~ㅎㅎ 내가 너땜에 불안해 죽겠어~~난 굿모닝~넌 **굿밤**~ㅎㅎ
나-3. **불금**하시고..혹 낚시가심..추우니..감기조심하세요.ㅋ

 (3)은 트위터에서 만들어지거나 크게 유행하는 표현들로서 30~40대의 누리꾼들이 적극적으로 쓰는 것이다. '원조' SNS라고 불리는 '싸이월드'(www.cyworld.com)의 경우 이용자가 10대 후반과 20대 초반의 젊은 누리꾼들이 많은 반면 트위터는 20대 후반에서 40대에 이르는 비교적 나이 많은 누리꾼들이 많다. 청소년 이용자가 다수인 싸이월드와 비교할 때 트위터는 누리꾼들의 상호 교류 범위가 넓고 개방적이어서 유행하는 언어 표현이 많이 생겨나고 퍼지는 속도가 빠른 편이다. 한국에서 트위터 이용을 청소년들이 아니라 기성세대가 주도하면서 30대 이상 누리꾼들도 유행 표현들을 적극 만들어 쓰는 분위기가 파악된다. 트위터를 많이 이용하는 30대 이상의 누리꾼들은 중·고등학교나 대학 재학 시절 등 이미 오래 전부터 통신 언어에 익숙해 왔고, 통신 언어의 적극적 생산자 역할도 맡아 왔기 때문에 사회적 소통망과 같은 새로운 인터넷 공간에서 유행 표현을 만들어 내고 이해하는 능력과 의지가 충분한 상태라고 하겠다.
 앞서 말한 바와 같이 현재 통신 언어 사용에서 세대 차이가 있다면 그것은 양적인 차이다. 나이 많은 성인들이 욕설을 몰라서 안 쓰는 것이 아니라 사회적 지위나 대인 관계를 고려하여 자제하는 것처럼 통신 언어 사용도 마찬가지로 이해된다. 기성세대 누리꾼들도 이제는 통신 언어를 많이 알고, 쓸 능력은 충분하지만 통신 언어에 대한 규범적 관점에서의 부정적 평가가 적지 않기 때문에 사용을 꺼리는 면이 있다. 또 나이 많은 누리꾼들은 의사소통 목적이 재미보다는 정보 공유, 대화 및 토론에 주로 있기 때문에 정확한 의사 전달을 위해 비규범적 통신 언어를 적게 쓰는 것으로 해석된다. 통신 언어 사용에서 이러한 작은 세대 차이가 있지만 더 중요한 점은 같은 세대에서도 인터넷 이용을 얼마나 많이 하는지, 인터넷 의사소통의 목적이 무엇인지 등의 요인에 따라 통신 언어에 대한 태도와 이해도에서 큰 차이가 난다는 사실이다.

2. 통신 언어와 관련된 세대별 태도

인터넷에서 이루어지는 세대 간 의사소통에서 상호 대립이나 오해를 불러일으키고 충돌에 이르는 일이 많이 생긴다. 인터넷 공간의 의사소통은 같은 물리적 공간에서 마주보고 대화를 나누는 것이 아니기 때문에 상대방에 대한 정보가 부족하고, 언어 사용에서 절제가 쉽지 않아 싸움이 자주 일어난다. 같은 또래나 비슷한 배경을 가진 사람들 사이에서는 물론이고 세대가 다른 누리꾼들의 경우 공유하는 배경 지식이 적고 가치관, 행동 방식의 차이가 더 크기 때문에 문제 발생이 훨씬 쉬울 수 있다.

앞서 살펴본 통신 언어도 세대 간 의사소통에 부정적 영향을 강하게 끼치는 것으로 알려졌다. 통신 언어 발생 초기부터 각종 언론에서 통신 언어가 세대 간 의사소통을 가로막는 부정적 영향을 끼치고 있다고 하였고, 통신 언어 관련 연구에서도 그런 우려를 제시하였다. 언론에서 제시한 누리꾼들의 세대 간 의사소통 문제에 대한 생각을 간단히 들면 다음과 같다.

(4) 세대 간 의사소통의 문제점에 대한 언론의 지적
　가. 가튼데(같은데), 조아(좋아), 모냐(뭐냐), 갈계염(갈게요), 겜방(게임방), 띰띰하다(기분이 좋지않다)…
　　　맞춤법이나 문법을 전혀 무시한 국적불명의 황당한 언어가 통신공간에 범람하면서 세대간 대화단절과 건전한 국어생활을 위협하고 있다. […] (국적불명 넷언어 오염 위험수위, 연합뉴스, 2000-10-04)
　나. 통신언어로 인한 세대간 의사소통 단절현상이 우려할 수준이란 조사결과가 나왔다.
　　　한국정보문화진흥원은 6일 '통신언어에 대한 세대간 격차 및 해소방안'을 담은 '2007년 정보문화분석 보고서'에서 10~20대 통신언어에 대한 50대 이상 장·노년층의 이해도에 대한 조사 결과를 공개했다.
　　　50대 이상 장·노년층 632명을 대상으로 초·중·고교생이 가장 많이 사용하는 통신언어 20개를 사용해 구성한 대화체의 문장에 대한 이해도를 조사한 결과, 이들 언어 중 10개 이하밖에 뜻을 알지 못한 경우가 무려 41.6%(263명)나 됐다.
　　　특히 1개의 통신언어도 이해하지 못한 경우도 7.9%(50명)에 달해 세대간 통신단절 현상이 심각한 수준에 도달했음을 실감케 했다. 10~15개를 이해한 경우는 35.7%(226명), 16~19개는 20.3%(128명)였으며 20개 전부 이해한 경우는 2.4%(15명)에 불과했다. […] (세대간 통신단절 '심각', 디지털타임스, 2007-05-07)

2000년에 나온 (4가) 기사에서 통신 언어가 세대 간 대화 단절의 원인이 된다고 보았다. 통신 언어 확산 정도가 심하지 않았던 2000년 상황에서 충분히 나타날 수 있는 문제였을 것이다. 2007년 기사인 (4나)에서는 인터넷 관련 기관에서 실시한 조사 결과를 소개하며 통신 언어로 인한 세대 간 의사소통 단절현상이 우려할 수준이라고 적었다. 10대 및 20대 청소년들이 많이 쓰는 통신 언어가 들어간 문장에 대한 50대 이상의 이해도가 아주 낮은 것으로 나왔다는 것이다.

여기서 한 가지 생각할 것은, 청소년들이 많이 쓰는 통신 언어 20개가 들어간 문장 가운데 10개 이하밖에 이해하지 못한 50대 이상 장·노년층이 41.6%라고 한 점이다. 이를 거꾸로 생각하면 60%에 가까운 50대 이상 화자들이 청소년들의 통신 언어를 반 이상 이해한다는 것이 된다. 보기에 따라서는 나이 및 인터넷 이용 정도에서 큰 차이가 있는 화자들이 통신 언어에 대한 이해에서 그렇게 큰 차이를 보이지 않았다고 해석하는 것이 가능하다.

(5) 세대 간 의사소통의 문제점에 대한 학계의 지적

  가. 구현정·전영옥(2005:397)

    둘째, 세대간의 의사소통이 단절될 수 있다. 우리가 언어를 사용하는 이유는 의사소통이라는 목적을 달성하기 위해서이다. 그런데 통신 언어를 사용하는 10대와 그렇지 않은 세대 사이에는 점점 괴리감이 생기게 된다. 알아보기도 힘든 문장을 또래 초등학생들은 너무 쉽게 해석하고 답글 또한 그에 대응하는 외계어로 단다고 하지만, 다른 세대와는 심각한 의사소통의 장애를 일으킨다. 심지어 '외계어 번역기'까지 생길 정도이니 우리 언어에 새로운 문제가 심각한 수준에 이르렀다는 것을 단적으로 보여주는 예인 것이다. 언어는 항상 다른 사람들과 공유된 범위 안에서 사용되어야 한다. 언어의미가 공유되지 못하는 표현은 한 때 유행으로 사용될 수는 있을지 몰라도 그 기능을 지속적으로 유지하기는 힘들 것이다.

  나. [...] 물론 이러한 긍정적인 요소가 있다고 해서 통신 언어가 일상적인 의사소통의 도구로서 정당하다고 하기는 어렵다. 언어를 해체하는 듯한 표기와 독특한 표현은 당혹감을 넘어서 거부감을 느

끼기에 충분하다. 이러한 거부감에는 의사소통의 단절이라는 핵심적인 문제가 자리잡고 있다. 통신 언어는 이러한 근본적인 문제에서 자유롭기 어렵다. 통신 언어를 향유하는 계층끼리는 의사소통을 촉진하기도 하지만 다른 세대와의 의사소통에 적절하지 않은 것은 분명하다.

따라서 의사소통의 관점에서 통신 언어는 정당성을 찾기가 쉽지 않다. 그러므로 교육의 대상이다. 그럴 수 있다. 교육이란 윗세대가 아랫세대에게 자신들의 지식과 경험을 물려 주는 행위이고 자연스럽게 행동 양식을 배우게 되는 과정이다.

하지만 자신들의 언어를 강요하면서 나무라는 것만으로 기성세대가 할 몫을 다했다고 할 수는 없다. 사회가 온전하게 계승되고 발전할 수 있도록 다음 세대를 이해할 의무가 있다. 누군가를 이해하기 위해서는 그들의 생각을 담은 언어를 이해하는 것이 기본이다. 서로 말이 통하지 않으면 무엇도 이해할 수가 없다.

이런 점에서 휴대전화는 쓰지만 문자 한 통 보낼 줄 모르는 어른들이 청소년들의 문자 언어가 문제라고 말하는 것은 정당하지 않다. 어린아이를 달랠 때 어린아이처럼 말해야 하듯이 다음 세대를 이해하려면 그들의 언어를 읽을 줄 알아야 한다. 먼저 아이들에게 문자를 보내 보자. 그리고 따뜻한 말을 건네 보자. 웃음 띤 얼굴을 함께 보내면 한결 따뜻해진다…. (세대간 소통위해 '통신언어' 알자, 정희창, 주간한국, 2006-10-03[통권 2,142호])

(5가)의 책에서도 통신 언어가 세대 간 단절과 괴리감을 가져오며, 특히 '외계어'와 같은 통신 언어 표현이 의사소통 장애를 일으킨다고 보았다. (5나)의 글쓴이는 통신 언어가 그것을 향유하는 계층끼리는 의사소통을 촉진하기도 하지만 다른 세대에게는 당혹감과 거부감을 주며, 나아가 의사소통의 단절을 낳는다고 하였다. 세대 간 소통을 위해

서는 기성세대가 다음 세대를 이해해야 하고, 그들의 언어를 읽고 이해할 수 있도록 노력해야 한다는 해결 방향까지 제시하고 있다.

(6) 세대 간 의사소통의 문제점에 대한 설문 조사 결과
    가. '언어 사용과 관련해 가장 우려되는 점'으로 국민 52.5%가 '청소년들의 비속어, 신조어' 사용을 꼽았다. 특히, '청소년들의 비속어, 신조어 사용'에 대해 10대(13-19세) 64.8%, 20대 63.1% 등 젊은 세대 스스로도 우려를 느끼는 것으로 나타났다.
    나. '노잼', '열폭', '낫닝겐' 등 청소년 언어에 대한 국민 인지도 조사에서는 청소년과 성인의 인지도가 2배 이상 차이를 보이는 것으로 나타났다. (노잼: 10대 청소년 92.3%, 성인 41.9%, 열폭: 10대 청소년 71%, 성인 35.4%, 낫닝겐: 10대 청소년 61.6%, 성인 13.7%)
    다. 세대 간 대화에서 소통이 잘 된다는 의견이 58.4%로 높게 나왔으나, 고연령으로 갈수록 대화에 어려움을 겪는 것으로 나타났다. 소통이 잘 안 된다는 의견은 50대(42.3%), 60대이상(50.3%) 등 고연령층에서 많이 나타났다.
    라. 세대 간 대화에서 은어 사용 때문에 불편함이 있었는지에 대해 10대 청소년의 경우 불편함을 느끼지 않았다는 의견이 87.7%로 높게 나왔지만, 성인의 경우 불편함을 느꼈다는 의견이 46.2%로 나타나 서로 상반된 의견을 가지고 있었다.

(6)은 국민대통합위원회가 2015년에 발표한 ≪청소년의 언어 실태 조사≫에서 가져온 것이며, 설문 응답은 전국 만 13세 이상 일반 국민 1,000명 대상으로 조사한 결과다.[8] 국민 52.5%가 '청소년들의 비속

[8) http://www.pcnc.go.kr/content.do?cmsid=118&mode=view&page=6&cid=5639

어, 신조어' 사용을 가장 우려되는 언어 사용으로 답했고, 청소년들이 통신 공간에서 즐겨 쓰는 '노잼', '열폭', '낫닝겐' 등에 대한 인지도에서 성인은 청소년에 비해 절반 이하로 낮게 나왔다. 또 청소년들의 은어 사용에 대해 스스로는 불편함이 없고 다른 세대와도 소통이 잘 된다고 느끼지만 나이 많은 세대에서는 불편함을 느끼는 비율이 상대적으로 더 높은 것으로 나타났다.

한편, 인터넷에서 활동하는 누리꾼들도 통신 언어가 의사소통에 부정적 영향을 끼친다는 생각을 밝히는 경우가 종종 보인다. (7)은 트위터를 이용하는 기성세대 누리꾼들이 청소년들의 통신 언어 사용에 대해 부정적 태도를 드러낸 것이다.

(7) 청소년들의 통신 언어에 대한 기성세대의 부정적 태도
   가. 유행어, 새말 표현 ① (@Lib*** → @won***)
      아,,어렵네요,,아는말도 있고, "솔직히 까놓고 말해서 그 갑자기 툭 튀어나온 듣도 보도 못한 잡놈 열등감 폭발 하는거 아냐?" 대출 이런 말인듯 하네요,,요새 청소년 언어는 사전 찾듣이 찾아가며 읽어야 하나 봐요,,휴~
   가-1. 유행어, 새말 표현 ② (@p50***)
      아이들과 대화를 할때면 지혜가 필요함을 절심히 느낀다.. 청소년의 언어를 알아야겠고, 청소년의 문화를 알아야겠고.. 부족한 나를 한없이 느끼며 무한한 사랑과 지혜를 구할수 밖에 업다~ 휴~내힘으론 절대 할수 없다.. 아부지ㅠ 그래도 이길이 감사하다
   나. 과도한 비속어 ① (@lak***)
      청소년들 입말 열면 'thibal' 혹은 'zot'이란 말이 일상화 되어있네요. 언어는 문화의 반영이라지만 이건 아닌 듯. 아이들이 맑게 자라면 좋겠습니다. 저의 어린 시절이 갑자기 기억이 안나며...ㅠㅠ

나. 과도한 비속어 ② (@swe***)
　　요즘 청소년들의 비속어 남발도 문제지만 젊은이들도 못지않다. X나 병신 개X끼 같은 단어를 일상대화에서 아무렇지 않게 사용한다. 비속어를 많이 사용하는 것은 스스로를 낮추고 상스럽게 만든다. 바른 언어 사용이 시급하다.

(7가, 가-1)의 누리꾼들은 요즘 청소년들이 쓰는 유행 표현을 '통역 불가'라고 할 정도로 이해하기 어렵다고 밝혔다. 또 청소년과 대화를 위해서는 그들의 언어와 문화를 배워야 한다고 적었다. (7나, 나-1)에서는 청소년들의 비속어 사용이 아주 심함을 비판하였다. 청소년뿐만 아니라 젊은 성인들도 비속어를 남발하는 것으로 보고 있다. 줄임말 등의 통신 언어와 비속어 사용에 대한 부정적 태도가 강하게 드러난다. 이러한 통신 언어를 쓰는 청소년과 그것에 대한 부정적 태도를 강하게 가진 기성세대가 감정적 대립 없이 서로 만족스럽게 의사소통을 해 나가기는 어려울 것으로 생각된다.

(8) 통신 언어에 대한 젊은 누리꾼들의 부정적 태도
　가. 과도한 통신 언어 사용 (@Bel***)
　　네이버 블로그에서 이웃신청들어올때 이웃신청코멘트만 봐도 사실 정말 사람이 보이는것같다. 'ㅋㅋ'이나 'ㅎㅎ'는 거의 그냥 쓰이는 말투라서 상관없는데, 통신언어 폭풍유저가 몇명있었다. 아.. 말이 통하지않으니 소통할 용기가 안난다.
　나. 의사소통에 방해가 되는 통신 언어 ① (@ssu*** → @Bla***)
　　나도 몰라 ㅋㅋㅋ 이건 사이트 이용자 아니면 알아들을수없는 용어야 ㅋㅋㅋ 나도 통신언어 잘 안써서 거의 몰라 ㅋㅋ
　나-1. 의사소통에 방해가 되는 통신 언어 ② (@Sim***)
　　통신언어고 뭐고 의사소통은 되야지 그게 뭐냐 쯧쯧RT @lle*** @Sim*** 배웟거등.? 통신언어도 모름?? 은어란거임 이런게 음하하하

통신 언어 사용에 대해 부정적 태도를 가진 젊은 누리꾼들도 있다. (8가)의 누리꾼은 통신 언어를 많이 쓰는 사람들과는 말이 통하지 않으니 소통할 용기가 나지 않는다고 밝혔다. (8나, 나-1)의 누리꾼들은 뜻을 이해하기 어려운 통신 언어를 많이 쓰는 사람들과 의사소통에 문제가 있음을 적었다. 비슷한 세대의 젊은 누리꾼이라고 해도 통신 언어를 얼마나 자주 접하고 쓰는지에 따라 그것에 대한 이해도나 수용 태도에서 차이가 나게 되는 것이다. 통신 언어가 그것을 쓰는 사람에 대한 부정적 태도를 낳고, 그 결과 다른 세대는 물론이고 같은 세대 안에서도 상호 의사소통에 상당한 문제가 생길 수 있다고 하겠다.

3. 세대 간 의사소통 문제의 원인

현재에도 인터넷 통신 언어에 대한 이해 및 사용에서 세대 차이가 있지만 그것은 질적 차이가 거의 없는 양적 차이임을 1절에서 살펴보았다. 통신 언어가 나온 지 이미 상당한 시간이 흘렀고, 40대나 50대 초반 누리꾼들의 경우 통신 언어를 20대부터 쓰고 접해 왔기 때문에 그것에 대한 이해가 충분하고 쓸 능력도 있다고 해석하였다. 전체적으로 통신 언어가 세대의 벽을 넘어 평준화·일상화되고 있는 것이다. 그럼에도 기성세대의 많은 화자들은 10대 청소년들이나 20대 초반의 젊은 누리꾼들의 과도한 통신 언어 사용에 부정적 태도를 갖고 있다. 그들의 통신 언어를 이해하거나 수용하기 어려울 뿐만 아니라 그것은 세대 간 의사소통에 방해가 되는 요소로 본다. 젊은 누리꾼들 가운데서도 같은 세대 누리꾼의 지나친 통신 언어 사용을 문제라고 비판하는 모습이 확인되었다.

여기서는 한국어 누리꾼들이 쓰고 있는 통신 언어가 세대 간 의사소통에 얼마나 부정적 요소로 작용하는지에 대하여 누리꾼들의 생각을 중심으로 살펴보고자 한다. 언론이나 학계에서 걱정하는 것처럼 세대 간 의사소통에서 통신 언어가 정말 큰 문제가 되고 있는지, 통신 언어 외에 어떤 요소가 누리꾼들의 소통을 방해하는지를 밝히는 데 초점을 두었다.

구체적으로, 인터넷에서 이루어지는 세대 간 의사소통을 방해하는 원인과 그 비중을 알아보기 위해 2011년 9월 18일부터 10월 6일까지 트위터 이용자를 대상으로 '트윗애드온즈'(http://twitaddons.com)9) 사이트에서 설문 조사를 실시하였다. "'세대 간' 인터넷 소통에서 가장 부정적 영향을 끼치는 것이 무엇이라고 생각하세요?"라는 질문의 주제를 살펴보기 위하여 설문 문항을 다음과 같이 구성하였다.10)

---

9) '트윗애드온즈'는 트위터 이용자들이 구독자 관리, 모임 결성, 설문 조사 등을 할 수 있도록 도와주는 트위터 연동 보조 사이트이다. '트윗판도라' 메뉴를 통하여 누리꾼들이 직접 설문 내용을 올리면 트위터 누리꾼들이 설문에 응답하게 되고, 응답자들에게는 조사 결과가 공개된다. 그러나 트위터의 정책 변경으로 2016년 현재에는 이러한 기능을 이용하기 어렵다.

10) 이번 설문 조사 내용과 응답 결과, 제보자에 대한 정보를 아래 주소에서 구체적으로 확인할 수 있다. http://twitaddons.com/forum/detail.php?id=10676&group_idx=

(9) 세대 간 의사소통 문제의 원인에 대한 설문 내용
　가. 인터넷을 이용하여 다양한 연령층의 누리꾼(네티즌)들이 대화를 나누고 있습니다. 그 과정에서 여러 가지 오해나 다툼이 많이 생기죠. 특히 청소년과 나이든 기성세대 사이에서 그런 경우가 많아 보입니다. 세대 간의 소통에서 어떤 요인들이 가장 부정적으로 작용하는지에 대한 생각을 알아보고자 합니다.
　　　이 설문 조사 결과는 2011년 10월 7일 열리는 '한글날 기념 집현전 학술대회'에서 〈통신 언어와 세대 간 의사소통의 문제〉로 발표할 것입니다.
　　　많은 관심 고맙습니다.
　나. 응답 항목11)
　　　1번: 너무 자잘한 일상 얘기
　　　2번: 일방적 주장이나 자기 생각 강요
　　　3번: 욕설 등의 심한 비속어 사용
　　　4번: 어리다고 반말하거나 인격을 무시
　　　5번: 문법에 어긋난 통신 언어 표기
　　　6번: 끼리끼리 어울리는 폐쇄적 태도
　　　7번: 뜻을 알기 어려운 통신 유행어
　　　8번: 광고, 홍보, 정치적인 내용

　이러한 내용이 〈그림 4〉와 같이 표시되어 트위터 누리꾼들이 응답 항목에 답할 수 있도록 되어 있고, 응답자들은 조사 결과를 바로 확인할 수 있다.

---

11) 이러한 여덟 가지 응답 항목에는 없지만 누리꾼들의 의식 수준 차이, 전문 지식의 차이 등이 세대 간 소통에 중요한 영향을 준다는 의견을 지은이에게 한 누리꾼이 보내주었다. 원활한 의사소통을 위해서는 '공통의 관심사'가 있어야 한다는 의견도 받았다.

 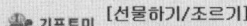

a
국문과 교수, 사회언어학, 통신 언어, 인터넷 언어문화, 한국어 경어법(높임말, 반말, 호칭어), 차별 언어, 언어 정책

[문화.영화.공연] '세대간' 인터넷 소통에서 가장 부정적 영향을 끼치는 것이 무엇이라고 생각하세요?

파워링크 [AD]

소통과 커뮤니케이션, 일터의 소통, 차이의 이해를 위한 심윤섭의 유쾌한 명품강의

리더십, 편경영, 독서, 마술 등 분야별 전문강사 프로필 및 연락처 공개, 무료

의사와 SNS로 소통하다. 신개념 의료 건강 커뮤니티. 빌스케어 3.0 웹 2.0

214 비타민 | 3,067 읽음 | 186 트윗 | 34 추천 | 0 반대

2011-09-18 11:09:51 에 작성
인터넷을 이용하여 다양한 연령층의 누리꾼(네티즌)들이 대화를 나누고 있습니다. 그 과정에서 여러가지 오해나 다툼이 많이 생기죠. 특히 청소년과 나이든 기성세대 사이에서 그런 경우가 많아 보입니다. 세대간의 소통에서 어떤 요인들이 가장 부정적으로 작용하는지에 대한 생각을 알아 보고자 합니다.

그림 4 **설문 조사 및 결과 화면 (일부)**

 이러한 설문 내용을 모두 3,000여 명이 읽었고, 그 가운데 193명의 누리꾼이 응답하였다. 설문 조사에 참여한 제보자들의 세대별, 성별 분포를 그림으로 제시하면 〈그림 5〉, 〈그림 6〉과 같다.
 제보자 세대 면에서 20대가 61명(32%)으로 가장 많았고, 그 다음으로 40대가 48명(25%), 30대가 42명(22%)이었다. 20대에서 40대까지의 제보자는 전체의 78.2%로서 이들이 트위터 사용을 주도하고 있는 중심 세대로 보아도 틀림이 없을 것이다.

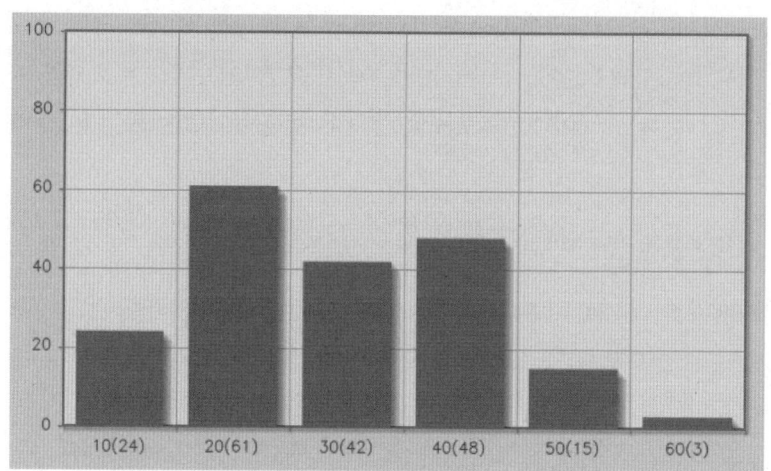

그림 5 **제보자의 세대별 분포 (단위: 명)**

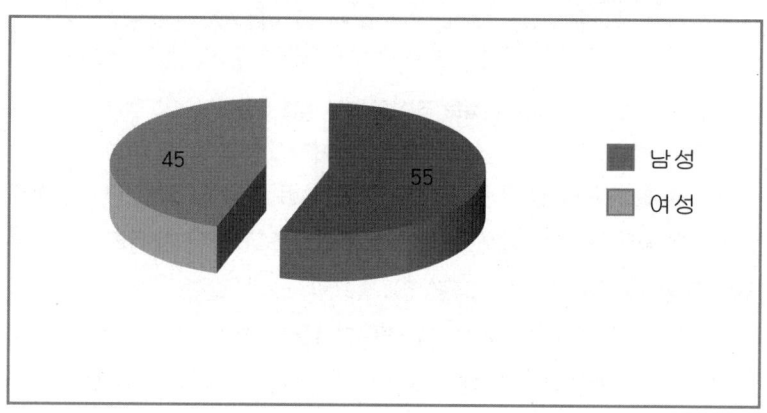

그림 6 **제보자의 성별 분포 (단위: %)**

〈그림 6〉을 통해 제보자의 성별 분포를 보면, 남성은 107명으로 55%, 여성은 86명으로 45%를 차지하였다. 남성 제보자가 약간 많은 편인데 트위터 이용자 전체에서 남성의 비율이 높은 것과 관련된다고 하겠다.

먼저, 전체 응답 결과를 다음 〈그림 7〉로 제시한다.

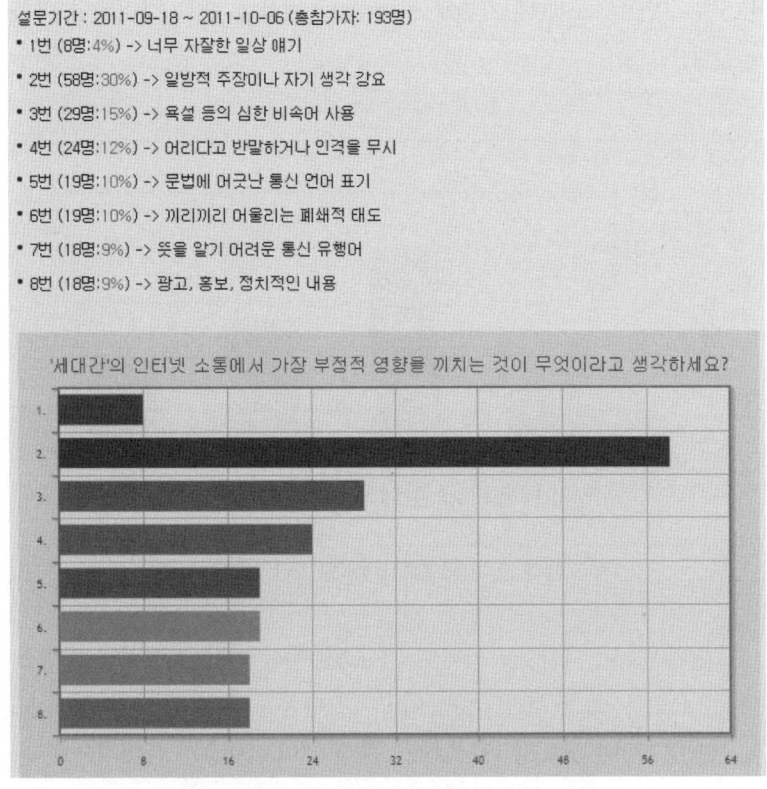

그림 7 **세대 간 의사소통에 부정적인 요인: 전체 응답**

응답 결과를 보면, 누리꾼들은 세대 간 인터넷 의사소통에서 가장 부정적 영향을 끼치는 것은 '일방적 주장이나 자기 생각 강요'(30%)라고 응답하였다. 그 다음으로는 '욕설 등의 심한 비속어 사용'(15%), '어리다고 반말하거나 인격을 무시'(12%) 순이었다. 통신 언어의 문제로 볼 수 있는 '문법에 어긋난 통신 언어 표기'와 '뜻을 알기 어려운 통신 유행어'의 경우는 각각 10%, 9%로 응답률이 낮았다.

이러한 응답 결과를 의사소통 관련 범주의 관점에서 '언어 내용'(1번, 8번), '소통 태도'(2번, 6번), '부정적 표현'(3번, 4번), '통신 언어'(5번, 7번)로 크게 네 가지로 묶어 응답 비율을 표로 정리하면 다음과 같다.12)

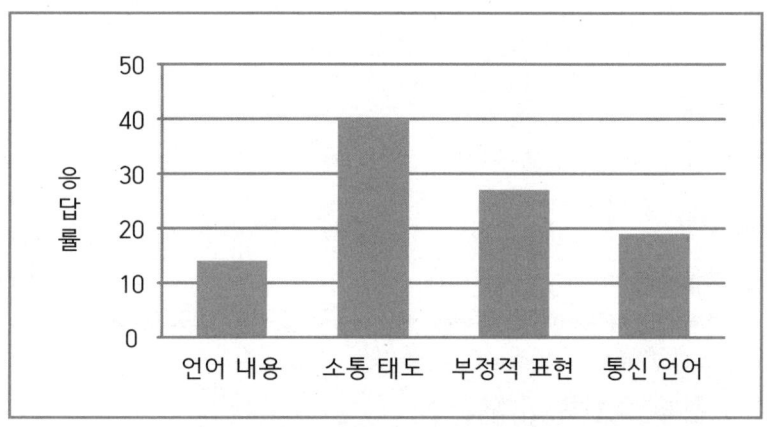

그림 8 세대 간 의사소통에 부정적인 요인: 범주별 분포

〈그림 8〉에서, 세대 간 인터넷 의사소통에서 가장 부정적인 영향을 끼치는 요인은 '소통 태도'(40%)이고, 그 다음은 욕설 등의 '부정적 표현' 사용(27%)인 것으로 나타났다. '통신 언어'(19%)는 상대적으로 응답률이 낮게 나왔다. 인터넷에서 일방적 주장을 강하게 펼치거나 자기 생각을 남에게 강요하는 태도, 공통점이 적은 사람들과는 아예 소통 자체를 거부하는 끼리끼리 문화가 소통에 가장 나쁘다는 생각을 하고 있는 것이다. 이와 함께 욕설 등 비속어를 많이 쓰고, 나이를 내세워

---

12) 구현정·전영옥(2005)의 10장에서는 의사소통의 장애 요소로 '대화 표현 장애', '대화 내용 장애', '대화 참여자 관계 장애'의 세 가지로 크게 나누었다. '언어 내용'은 '대화 내용 장애', '소통 태도'는 '대화 참여자 관계 장애', '부정적 표현'과 '통신 언어'는 '대화 표현 장애'에 각각 대응되는 것으로 볼 수 있다.

반말을 쉽게 하며 나이 어린 사람의 인격을 무시하는 행위도 소통을 가로막는 요인이 됨을 알 수 있다.

세대 간 소통에 크게 방해가 될 것으로 생각하는 통신 언어, 곧 '일상어 문법에 어긋난 통신 언어 표기'나 '뜻을 알기 어려운 통신 유행어'에 대해서는 큰 문제라고 생각하지 않았다.13) 문법에 어긋난 통신 언어 표기의 경우 이미 세대와 관계없이 많은 사람들이 익숙하게 쓰는 것이고, 뜻을 알기 어려운 통신 유행어는 참고할 사전은 거의 없는 편이지만 알고자 하는 의지가 있으면 해당 표현을 쓴 누리꾼에게 바로 물어 보거나 인터넷 검색을 통하여 뜻을 쉽게 알 수 있기 때문인 것으로 판단된다.

한편, 이러한 응답 결과는 제보자들의 세대별, 성별에 따라 뚜렷한 차이를 보여 주었다. 10대 누리꾼들은 '어리다고 반말하거나 인격을 무시'하는 태도를 세대 간 의사소통에 가장 부정적 영향을 끼치는 요인으로 꼽았고, 20대 누리꾼들은 그것을 두 번째로 많이 응답하였다. 반면 40대 이상 제보자들 가운데 이 항목 응답자가 전혀 없다. 실제로 트위터에 올라온 글들을 보면 자신보다 어린 사람들에게 처음부터 쉽게 반말 쓰는 어른들에 대한 젊은 누리꾼들의 반발이 자주 보인다. 대인 관계에서 나이를 중시하는 한국 언어문화의 특성상 나이 많은 누리꾼들이 자신보다 어린 사람들에게 일방적으로 쉽게 반말을 쓰고, '어린 사람이 뭘 알아?'라는 태도로 상대방의 의견을 묵살하거나 인격을 무시하는 일들이 많음을 말해 준다.14) 몇 가지 보기를 들면 다음과 같다.

---

13) 욕설 등 심한 비속어 사용도 넓은 의미에서 통신 언어에 드는 것이다. 익명성, 비대면성과 같은 통신 언어 사용 환경 특성 때문에 일상 공간보다 통신 공간에서 사용이 더 심해지는 요소이기 때문이다. 그러나 그것은 언론계나 일반 화자들이 생각하는 전형적 통신 언어가 아닌 점에서 '부정적 표현' 범주에 넣어 다룬다.

14) 20대로 추정되는 한 트위터 이용자(@Tre***)는 "덧글로 토론을 하다가 밀리

(10) 윗사람의 반말 사용에 대한 젊은 누리꾼들의 부정적 태도
　가. 아진짜짜증나네 내가왜 욕멘받은거지? 나이어리다고차별하지마세요 저도 생각있어요 요즘 무개념초딩많아서 이러시는것같은데 다른사람도똑같이생각하시면안되죠 나이어리다고 초면부터반말쓰고 욕멘날리지마세요 저도 기분나빠요 (초등학생)
　나. 트위터라는 네트워크 공간이지만 나는 나보다 나이가 어린 사람에게도 존댓말을 쓰는걸 기본으로 한다. 자신이 나이가 더 많다고 나에게 양해도 없이 대뜸 말놓는거 정말 싫다. 나이가 어리다고 반말을 들어야 할 이유는 없다. 충분히 친해지고 생각하자. (고등학생)
　다. 어려보인다고 반말 찍찍하다가 귀싸대기 맞는 경우가 있으니 주의합시다. 어느 시대에 어리다고 반말 찍찍해대나요? 이러니 퍽킹김치맨 소리를 듣지. (대학생)

(10가)의 누리꾼은 초등학생으로 '나이 어리다고 초면부터 반말 쓰는 것'에 대해 기분 나쁘다고 분명하게 항의하고 있다. (10나) 누리꾼은 고등학생이고, (10다) 누리꾼은 대학생인데, 모두 나이 많은 누리꾼들의 일방적 반말 사용을 비판하였다. 특히 (10다) 화자는 "반말 찍찍하다가 귀싸대기 맞는 경우가 있으니 주의합시다"라는 말까지 직설적으로 올렸다.

다음 〈그림 9〉에서도 청소년에게 반말하는 어른에게 직접 반말을 쓰지 말라며 항의하는 모습을 볼 수 있다. 이처럼 반말 쓰는 어른 또는 윗사람에 대한 반발과 부정적 태도가 강하게 나타나면 이성적이고 원활한 의사소통이 어려워지고 결국은 관계 단절로 연결될 수 있다. 이런 관계에서 트위터 이용자들은 '언팔'(unfollow)이라는 '일방 구독 해

는 것 같으면 나이가 얼마냐고 물어보고 인신공격으로 이어집니다. 나이 많으신 분과 덧글로 이야기할때 많이 겪습니다"라고 하여 나이 많은 사람들이 나이를 내세우는 태도를 비판하는 의견을 지은이에게 보내 주었다.

지'나 '블랙'(block)이라는 '쌍방 구독 해지'를 과감히 결단한다.15)

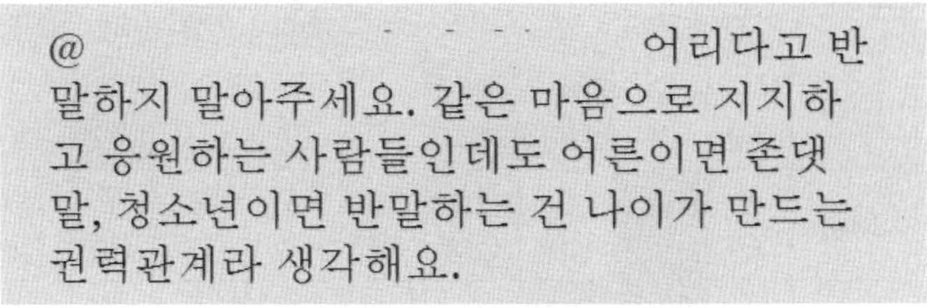

> @   어리다고 반말하지 말아주세요. 같은 마음으로 지지하고 응원하는 사람들인데도 어른이면 존댓말, 청소년이면 반말하는 건 나이가 만드는 권력관계라 생각해요.

그림 9 **어른의 반말 사용에 대한 직접적 항의**

또 10대들은 '광고, 홍보, 정치적인 내용'을 세대 간 소통에 가장 방해가 되는 두 번째 요인으로 지적하였으나 40대 이상에서는 5순위로 떨어진다. 어른들이 트위터를 광고나 정치 선전 수단으로 이용하는 것에 대해 청소년들의 거부감이 심함을 알 수 있다. 이와 달리 40대 이상 누리꾼들의 경우 '일방적 주장이나 자기 생각 강요'를 가장 부정적인 요인이라고 답하였다. 세대별 응답 결과를 표로 정리한다.

---

15) "자기보다나이어리면 첨보는 모르는사람한테 반말해도되는거에요? 언팔할게요", "반말하면 블랙입니다. 나랑 대화 백번쯤 하고. 내가 먼저 말 놓지 않으면. 나랑 친해진거 아니니까. 말 놓을 자격 없어요. 당신", "나이 어리다고 아무말없이 반말하는 사람 술먹고 트윗하는 사람 제일 싫어합니다. 블랙 드려요"와 같은 트윗글이 많이 보인다.

10장 세대 간 인터넷 소통과 불통 | 355

표 1 세대 간 의사소통에 부정적인 요인: 세대별 응답

구분		응답 항목								
		1번	2번	3번	4번	5번	6번	7번	8번	합
세대	10대	1 (4)	2 (9)	4 (17)	7 (31)	0	2 (9)	3 (13)	4 (17)	23 (100)
	20대	1 (2)	18 (30)	6 (10)	12 (20)	6 (10)	3 (5)	8 (13)	6 (10)	60 (100)
	30대	1 (3)	12 (39)	6 (20)	4 (13)	2 (6)	1 (3)	2 (6)	3 (10)	31 (100)
	40대	4 (8)	18 (38)	8 (17)	0	1 (2)	10 (21)	3 (6)	3 (6)	47 (100)
	50대+	0	6 (33)	5 (28)	0	1 (6)	3 (17)	2 (11)	1 (6)	18 (100)
합		7 (4)	56 (31)	29 (16)	23 (13)	10 (6)	19 (11)	18 (10)	17 (9)	179명 (100%)

표에서 40대 이상 누리꾼들의 경우 세대 간 소통에 방해가 되는 요인으로 '끼리끼리 어울리는 폐쇄적 태도'를 비교적 많이 들었다. 이와 관련하여 한 50대 남성 트위터 이용자는 〈그림 10〉과 같이 젊은 누리꾼들이 배타적 문화를 갖고 있으며 "생까는게 익숙한 것" 같다고 밝혔다. 젊은 누리꾼들의 소통 태도와 관련하여 지은이가 실제로 겪은 바도 있는데, 10대 청소년들의 경우 트위터에서 모르는 사람과는 '맞팔'(상호 구독)을 하지 않는 경우가 대부분이고, 심지어 잘 모르는 성인들이 자신의 글을 구독하지 말 것을 직접 요구하기도 한다.[16] 이런 사실

---

[16] 한 10대 트위터 이용자는 청소년들이 성인들에게 트위터에서 방어적 태도를 취하는 경우가 있지만 그것은 성인들이 나이를 내세워 무시하고 반말을 쉽게 쓰며, 성인들의 트윗글 내용이 광고나 정치 중심으로 채워지는 등 특별한 목적을 갖고 청소년들에게 접근하기 때문이라고 지은이에게 설명하기도 했다.

을 종합하면 청소년이나 성인이나 관계없이 누리꾼들은 세대 간 소통에서 언어 형식보다는 소통 태도가 더 중요한 문제라고 생각하고 있음을 확인하게 된다.

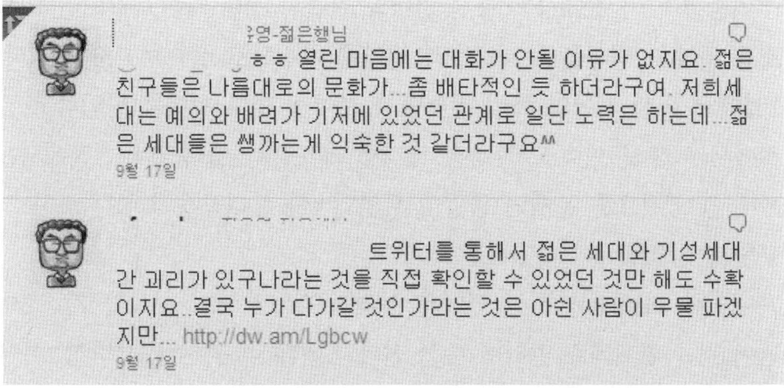

그림 10 **젊은 누리꾼들의 소통 태도에 대한 비판적 의견**

한편, 앞 〈그림 7〉의 응답 결과는 성별 면에서 다시 정리하였을 때에도 상당한 분포 차이를 보인다. 남녀 모두 '일방적 주장이나 자기 생각 강요'를 세대 간 의사소통에서 가장 부정적인 영향이라고 들었다. 그런데 남성들은 '욕설 등의 심한 비속어 사용'을 두 번째로 중요한 영향이라고 응답한 반면 여성들은 '뜻을 알기 어려운 통신 유행어'라고 적었다. 이러한 성별 차이의 원인은 남성들이 욕설 등 비속어 사용을 스스로 많이 하거나 접하고 있는 반면 여성들은 어려운 통신 유행어를 많이 쓰기 때문일 것으로 해석된다.

맺음말

지금까지 이 장에서는 통신 언어와 관련된 세대 차이, 세대 간 의사소통 문제의 원인을 누리꾼들의 생각을 중심으로 살펴보고자 하였다. 1절에서 통신 언어의 쓰임 실태에서 보이는 세대 차이를 확인하고, 2절에서는 통신 언어와 관련된 세대별 태도를 기술하였다. 3절에서는 세대 간 의사소통 문제의 원인이 무엇인지를 누리꾼들의 설문 조사 자료를 중심으로 분석하였다.

이러한 과정에서 통신 언어가 본격적으로 쓰이기 시작한 지 20여 년이 지난 현재에도 인터넷 통신 언어가 경제성, 표현성, 오락성, 유대성, 심리적 해방성의 동기에서 활발하게 만들어져 쓰이고 있음을 보았다. 또한 통신 언어는 거의 모든 세대에서 쓰거나 이해하고 있는 것으로 세대 간에 질적 차이가 거의 없이 평준화된 것으로 나타났다. 세대 간 의사소통에 더 방해가 되는 요인은 '소통 태도'와, 욕설 등 '부정적 표현' 사용인 것으로 확인되었다. '통신 언어'는 비교적 응답률이 낮게 나왔다. 세대 간 소통에 방해가 될 것으로 생각하는 '일상어 문법에 어긋난 통신 언어 표기'나 '뜻을 알기 어려운 통신 유행어'에 대해서는 크게 문제라고 생각하지 않고 있었다. 문법에 어긋난 통신 언어 표기의 경우 많은 사람들이 익숙하게 쓰는 것이고, 뜻을 알기 어려운 통신 유행어는 의지가 있으면 바로 물어 보거나 인터넷 검색으로 뜻을 알 수 있기 때문이다.

이제 다양한 세대의 누리꾼들에게 익숙한 '통신 언어'가 세대 간 소통을 가로막는 원인으로 작용하는 것이 아니라 재미있고 자유로우며, 창조적인 언어 사용에 도움이 되는 새로운 언어문화인 것으로 이해하는 것이 옳을 것이다. 이정복(2007가:227-233)에서는 인터넷 통신 언어가 네 가지 의미에서 가치 있는 언어 자료임을 지적하였다. 곧 통신 언어는 '언어적 상상력과 창의성에 도움이 됨', '재미와 즐거움을 주는 강한 오락적 기능', '한국어의 다양성과 풍성함에 도움이 됨', '한국어의 생생한 모습이자 역사적 자료'라는 점에서 가치가 있다는 것이다. 이 장을 통해서도 통신 언어가 세대 간 소통에 부정적 영향을 강하게 주는 핵심 요인이 아님을 알게 되었다. 그것은 언어 규범 및 의사소통의 면에서 어느 정도 문제점을 갖고 있지만 장점도 많이 가진 새로운 한국어 변이체의 하나이다. 서로 다른 세대의 화자들이 인터넷 공간에 적응하며 함께 어울리고 소통하기 위한 유익하면서도 흥미로운 매개물로 잘 활용되고 있다고 하겠다.

이 장에서 통신 언어가 모든 세대에 걸쳐 일상적으로 쓰이고, SNS 이용의 증가로 '소통'이 최대의 화두가 된 시대에 통신 언어와 의사소통의 문제 사이의 관련성에 대한 누리꾼들의 생각을 객관적으로 살펴본 점에서 의의가 있다. 다만 누리꾼들이 세대 간 의사소통의 문제를 얼마나 강하게 느끼고 있는지, 어떤 계층에서 더 그러한지에 대해서는 살피지 못한 점이 아쉽다. 인터넷 의사소통의 문제점과 함께 여러 세대의 누리꾼들이 함께 어울리는 데서 나오는 장점에는 어떤 것이 있는지에 대해서도 조사했으면 인터넷 의사소통에 대한 누리꾼들의 더 다양한 생각을 이끌어 낼 수 있었을 것이다.

3부

한국과 중국의 SNS 언어문화 비교

11장 인터넷 통신 별명
12장 의성어와 의태어
13장 호칭어 '님'과 '亲(친)'

11장_ 인터넷 통신 별명

　한국과 중국에서 사회적 소통망의 이용이 늘어남에 따라 두 나라 누리꾼들이 SNS에서 사용하는 이름의 하나인 '통신 별명'은 실제 생활에서 쓰는 본명 못지않게 중요해졌다. 모든 사람들이 이름을 갖고 생활하고 있는데, 그것은 부모나 조부모로부터 받은 것이어서 구성이나 의미 면에서 자신의 의지와 생각이 들어갈 여지가 없다. 이와 달리 통신 별명은 누리꾼들이 스스로 만들어 쓰는 것이기 때문에 그것에는 누리꾼들의 어떤 의지나 생각이 충실히 반영될 뿐만 아니라 자신과 관련된 다양한 신상 정보가 담겨 있기도 하다. 김인택(2011:612)는 사람에게 이름을 부여하는 것은 한 공동체에서 개인을 다른 구성원들과 변별하기 위한 방안이며, 개인은 자신에게 부여된 이름을 통해 자기 확인이 가능하고 정체성을 확보한다고 했다. 이와 마찬가지로 인터넷 공간에서 누리꾼들은 통신 별명을 통해 자신의 정체성을 확인하고 차별성을 확보하기 위해 노력한다. 또한 통신 별명도 인터넷 통신 언어의 일종

---

　* 이 장의 내용은 서형요·이정복(2015)를 부분적으로 고친 것이며, 공동 연구자의 게재 동의를 받았음을 밝힌다.

인 만큼 일상어와 구별되는 통신 언어로서의 독특한 언어 현상이 다양하게 나타난다. 이러한 점에서 21세기 인터넷 통신 시대에 대부분의 누리꾼들이 사용하는 통신 별명은 관심과 흥미를 끄는 연구 주제의 하나임이 분명하다.

이 장은 한국과 중국의 누리꾼들이 SNS에서 만들어 쓰는 임시적 이름인 통신 별명의 쓰임을 비교 분석하는 것이 목적이다. 구체적으로 통신 별명의 구조, 의미 유형, 그리고 누리꾼들이 통신 별명을 만들 때 동원하는 작성 동기를 중점적으로 살펴볼 것이다. 통신 별명의 다양한 존재 양상을 분석함으로써 새로운 언어문화의 하나인 통신 별명과 그 사용에 대한 이해를 깊게 할 수 있다. 나아가 한중 통신 언어의 공통점과 차이점을 파악할 수 있으며, 인터넷 언어문화의 보편성을 확인하게 되는 점에서 중요한 연구 의의가 있다.

여기에서 다루는 통신 별명 자료는 2015년 6월부터 9월까지 한국과 중국의 대표적 SNS에서 모은 것이다. 한국의 경우 '트위터', 중국의 경우 '웨이보'(www.weibo.com) 이용자들의 통신 별명을 무작위로 수집했다.1) 통신 별명 자료의 수집 과정을 구체적으로 밝히면, 한국의 경우 유명 연예인들의 트위터 계정에서 '팔로워'를 대상으로 한국어 통신 별명 800여 개를 1차적으로 수집했고, 중국의 경우에는 등록된 친구가 200명 이상이며 활동이 많은 웨이보 이용자 4명의 계정을 바탕으로 중국어 통신 별명 800여 개를 수집했다. 이러한 1,600여 개의 1차 수집 자료 가운데서 통신 별명의 구조 및 의미 유형에 따른 전형적인 통신 별명 200여 개를 최종적으로 뽑았고, 그것을 구체적인 분석 및 제시 자료로 활용했음을 밝힌다.

---

1) 중국에서는 외국에 서버를 둔 트위터 서비스가 차단되어 있기 때문에 중국 누리꾼들은 '중국 트위터'로 불리는 웨이보를 이용한다. 이 점을 고려하여 트위터와 웨이보 두 SNS에서 자료를 수집했다.

누리꾼들은 유명 인터넷 사이트나 카페 게시판, SNS 등에서 자신의 정체성을 드러내고 다른 사람과의 차별성을 확보하기 위해 통신 별명을 만드는 데 상당한 노력을 기울인다. 그 가운데서도 트위터와 같은 사회적 소통망은 다양한 누리꾼들이 모여 활발히 활동하는 곳이기 때문에 자신을 드러내고 차별화하는 기능을 갖는 통신 별명의 필요성과 중요성이 크다. 또한 SNS는 현재 누리꾼들이 가장 대중적, 일상적으로 이용하는 것으로 접근성과 소통성이 높은 인터넷 서비스 공간인 점에서 그 안의 언어문화에 대한 다양한 연구가 나와야 한다. 이런 점들을 고려하여 한국과 중국의 SNS 누리꾼들의 통신 별명을 본격적으로 다루어보기로 한 것이다.

1. 통신 별명의 개념과 특성

이정복(2003다:143)에서는 인터넷에서 누리꾼들이 사용하는 이름 또는 식별명을 '통신 이름, 통신 별명, 대화명' 세 가지로 나누고 다음과 같이 정의했다.

> 가. 통신 이름: 인터넷 통신망이나 인터넷 사이트에 가입할 때 통신 이용자를 나타내기 위하여 만들어 쓰는 항구적인 이름
> 나. 통신 별명: 인터넷 통신을 이용할 때 통신 화자를 나타내기 위하여 통신 이름과는 다르게 만들어 쓰는 임시적인 이름
> 다. 대화명: 인터넷 통신 대화방을 이용할 때 통신 화자를 나타내기 위하여 통신 이름과는 다르게 만들어 쓰는 임시적인 이름.

이러한 세 가지 이름은 '항구성/임시성'에 의하여 통신 이름과 다른 둘이 나뉘고, 쓰이는 곳이 '통신 전반/대화방'인지에 따라 통신 별명과

대화명이 서로 나뉜다고 기술했다. 통신 별명은 인터넷 공간에서 누리꾼들이 만들어 쓰는 임시적인 이름이고, 상황에 따라 수시로 바꿀 수 있는 것인 점에서 전자우편 등에서 쓰이는 항구적인 '통신 이름'과 구별된다.2) 통신 별명은 통신 전반에서 쓰이는 경우가 많지만 대화명은 대화방에서만 사용하는 것인 점에서 다르다. 또한 통신 이름은 로마자나 숫자의 조합으로 만들어 쓰도록 한 경우가 대부분이어서 개성적이고 의미 있는 표현이 되기 어려운 때가 많은 반면 통신 별명과 대화명은 다양한 문자, 숫자, 기호를 이용하여 만들기 때문에 개성 표현이 가능하고 자신을 드러내는 의미 기능이 풍부하다. 이 장에서 다루는 것은 세 가지 가운데서 통신 별명이며, 이를 '인터넷 이용에서 누리꾼들이 정체성과 차별성을 드러내기 위해 만들어 쓰는 임시적인 이름'으로 풀이하고자 한다.

본격적인 자료 분석에 앞서 예비적으로 관련 선행 연구를 검토함으로써 통신 별명의 특성 또는 관련 현상에 대해 몇 가지 제시하기로 하겠다. 이정복(2003다)는 '정부, 언론, 학술, 상업, 대학, 오락'의 6가지 인터넷 사이트 유형 가운데 '정부, 학술, 대학, 오락' 사이트 게시판을 대상으로 게시판의 특성과 통신 별명의 관련성을 분석했다. 인터넷 게시판에 쓰인 통신 별명은 누리꾼들이 생각 없이 그냥 만들어 쓰는 것이 아니라 사이트의 특성과 관련하여 자신의 정체성이나 주장을 분명히 드러내는 데에 도움이 되는 방향에서 전략적으로 만들어 쓰는 것임을 지적하였다.

김정우(2006:5)는 누리꾼들이 "매우 제한적인 정보를 통해서 그 사람에 대해 파악할 수밖에 없는 상황에서, 통신 이름은 그 사람에 대한

---

2) 전자우편이나 인터넷 사이트 등에 가입할 때 만들어야 하는 '통신 이름(ID)'은 해당 서비스를 이용하는 동안에는 바꿀 수 없기 때문에 통신 별명에 비해 상대적으로 항구성을 갖는다.

정보들 중 매우 비중이 있는 정보라고 말할 수 있다"고 밝혔다. 이 연구는 통신 별명이 아니라 전자우편 이용자명인 '통신 이름'을 연구 대상으로 한 것인데, 통신 별명은 통신 이름에 비해 해당 누리꾼에 대한 정보 면에서 좀 더 구체적이고 다른 사람과의 차별성이 더 강하게 드러날 수 있다.

한편, 김정우(2006)에서는 통신 이름의 명명 양상을 분석하면서 그 유형을 '자기 정보, 자기 특성 정보, 주변인 정보, 우상 정보, 사물 정보, 지향 이미지 정보, 별명 정보, 단어 정보, 의미 없음'의 9가지로 나누었다. 통신 이름과 통신 별명이 항구성, 구성 요소, 길이 등에서 차이가 있지만 둘 모두 이용자들의 정체성을 드러내고 누리꾼들 사이의 상호 식별 기능을 공통적으로 갖는 점을 고려할 때 통신 이름에 대한 이러한 분류는 부분적 조정을 통하여 통신 별명의 분류에도 차용할 수 있다. 이 가운데 '자기 정보', '자기특성 정보', '별명 정보'는 누리꾼 자신과 관련된 현실 사회의 정보를 이용한 것이고, '주변인 정보'와 '우상 정보'는 좋아하거나 사랑하는 사람, 유명 연예인 등의 정보를 이용하여 누리꾼의 정체성을 드러낸 것이다. '지향 이미지 정보', '사물 정보', '단어 정보'의 통신 이름들은 가상 사회에서만 통용되는 정체성을 부여해 주기 때문에 개인적인 판단에 의해 선택된 경향이 강하다고 보았다. '의미 없음'의 통신 이름은 개성이 극대화된 형태로서 통신 이름의 구체적 의미와 관계없이 다른 사람과의 차별화에 목적이 있는 것이다. 전체 통신 이름의 39.4%는 현실 사회에서 통용되는 객관적 정보를 활용하여 창조적으로 만든 것이고, 나머지는 주관적으로 선택한 정보를 창조적으로 조합한 것으로 나타났다. 이처럼 통신 이름은 부모 등으로부터 주어진 실명과 달리 '자발성'과 '창조성'이 강하게 작용하고 있다고 해석했다.

김인택(2011)에서는 인터넷 사이트 가입자들의 통신 별명 자료를 바탕으로 통신 별명과 일반 별명의 특성을 대비하여 다음과 같이 표로 제시했다.

표 1 **일반 별명과 통신 별명의 차이** (김인택 2011:620)

	일반 별명	통신 별명
사용 공간	현실	가상
명명 주체	타인	자기 자신
사용 지속성	지속성	일시적
사용 언어	음성언어	문자언어
방향	쌍방적	일방적
표현 특성	유연성	자기 현시성
인지 경로	청각(음성)	시각(문자)

표 내용을 구체적으로 보면, 일반 생활에서의 별명과 통신 별명은 쓰이는 곳이 '현실'과 '가상'으로 기본적 차이가 있다. 일반 별명은 부여받는 당사자와 부여하는 사람과의 일정한 접촉에 따라 성립되지만 통신상의 별명은 당사자 스스로 부여한다. 일반 별명은 당사자에 대한 주위 사람들의 오랜 관찰 끝에 나오는 지속적인 것인 데 비해 통신 별명은 누리꾼 자신에 의해 다른 누리꾼들에게 일방적으로 제시되며, 일시적으로 통용된다고 보았다. 컴퓨터의 자판에서 문자를 입력함으로써 실현된 통신 별명은 음성으로 실현되는 일반 별명과 차이가 있다. 일반 별명은 명명자와 피명명자의 암묵적 합의로 사회성을 확보하는 반면 통신 별명은 일방적으로 제시된다. 일반 별명이 피명명자와 유연성을 가짐에 비해 통신 별명은 명명 주체의 자기 현시성이 강하다. 이와 함께 통신 별명은 다양한 문자를 함께 이용함으로써 시각적으로 차별화하는 것이 가능하다. 이런 내용을 종합하면, 통신 별명은 '인터넷이

라는 가상공간에서 누리꾼 자신을 드러내기 위해 문자로 표현하는 일시적 이름'으로 이해했다고 정리된다. 이정복(2003다)에서 기술한 통신 별명에 대한 정의와 유사하다.

이 외에도 구본관(2001)은 '컴퓨터 통신 대화명'을 대상으로 유형과 조어 방식을 다루면서 대화명이 지칭의 기능보다는 의미 전달의 기능에 초점을 두는 경우가 있다고 했다. 이주경(2006)은 메신저 이용자들의 '대화명'을 대상으로 유형과 동기를 분석한 것으로 참조 가능하다.

2. 구조와 의미 유형에 따른 통신 별명의 분류

통신 별명에는 담겨 있는 정보가 다양하기 때문에 그것은 여러 가지 면에서 본명 또는 실명에 비해 독특한 특성을 가지고 있다. 주로 청각적으로 표현되는 실명과 달리 시각적으로 표현되는 통신 별명을 만들 때는 동원할 수 있는 문자나 부호 등이 많아서 그 구조와 의미 유형이 풍부하게 나타난다. 이 절에서는 한국과 중국 SNS에서 쓰이는 누리꾼들의 통신 별명을 대상으로 구조와 의미 유형을 구체적으로 나누어 통신 별명의 다양한 쓰임 모습을 살펴보기로 한다.

2.1 구조에 따른 통신 별명

통신 별명의 구조는 크게 단일 구조와 복합 구조로 나눌 수 있다.[3]

---

3) 김인택(2011)에서는 통신 별명의 구성 유형을 '단일, 복합, 혼합'의 세 가지로 나누었으나 문자, 특수 기호 등으로 이루어진 혼합 구성은 복합 구성에 합칠 수 있다. 이 점을 고려하여 여기서는 '단일 구조'와 '복합 구조' 두 가지 유형으로 나눈다.

단일 구조 통신 별명은 한 가지 언어 기호만으로 구성된 것이고, 복합 구조 통신 별명은 둘 이상의 서로 다른 언어 기호로 구성된 것이다. 다음 (1)은 한국 누리꾼들의 단일 구조 통신 별명의 보기다.

(1) 한국 누리꾼들의 '단일 구조' 통신 별명
  가. 우현정연, 북구사랑 조영남, ㅇㅇㅇㄹ, 쿵쿵쿵
  나. Min G. Kang, withvivian, Seaotter B
  다. 秀蓮, 自燈明 法燈明, 李現熙
  라. ハレハレ凪バ, 夢で会いましょう, 幸せなそーじ花
  마. ^^----♥, ٩(ｏ´‿`ｏ)۶, (´▽`)

(1가)는 단순히 한글만으로 구성된 통신 별명이다. (1나)는 로마자,[4] (1다)는 한자로만 구성된 통신 별명이고, (1라)는 가나와 한자로 구성된 통신 별명이다.[5] (1마)는 특수 부호나 그림 글자를 이용하여 생성한 통신 별명의 보기다. 이와 함께 일부 누리꾼들은 '227'처럼 숫자만으로 통신 별명을 지어 쓰기도 한다.

(2) 중국 누리꾼들의 '단일 구조' 통신 별명
  가. 櫻桃果果 (앵두 열매 열매),[6] 柳香儿 (류샹얼), 宝贝 (베이비)
  나. catxoxo, ramasu

---

[4] 누리꾼에 따라서는 키릴 문자나 아랍 문자 등의 낯선 글자를 통신 별명으로 쓰는 경우도 있다.
[5] 단일 구조 통신 별명 가운데 (1라)의 경우 가나와 한자 두 가지 문자로 구성되어 복합 구조로 볼 수도 있지만 대체로 누리꾼들은 두 가지가 일본어를 표기하는 하나의 문자 체계처럼 인식하는 점을 고려하여 단일 구조로 파악한다.
[6] 이후 중국어 표현을 번역할 때 정확히 일치하는 한국어 대응형이 있는 경우는 한국어 표현을, 없는 경우는 중국어 발음을 한글로 적는다. 필요한 자리에서는 병음을 함께 제시한다.

다. 한국엘프, 소녀시대, ㅋㅋ박대표
라. いいえ、僕らの手には何もないけど
마. ***, (^_^)∠※, 、(≧Д≦)ノ

중국 누리꾼들의 단일 구조 통신 별명 가운데 (2가)는 한자를 이용한 것이다. (2나)는 로마자, (2다)는 한글 (2라)는 가나 또는 가나와 한자, (2마)는 특수 부호를 이용하여 만든 통신 별명이다. 한국 누리꾼들이 한자로만 된 통신 별명을 흔히 쓰는 것과 달리 중국 누리꾼들이 한글로 된 통신 별명을 쓰는 경우는 극히 드물었다.7) 그것은 웨이보에서 통신 별명을 지을 때 한글이 들어가면 '含有非法字符，请修改(불법 글자 부호가 포함되었으니 수정하세요)'라는 경고가 나오면서 통신 별명에서 한글 사용을 금지하고 있기 때문이다.8) 이런 점 때문에 중국 누리꾼들은 한국어에서 비롯된 표현을 음역하여 중국어로 적은 통신 별명을 웨이보에서 사용하는 경우가 있다. 예를 들면, '哦多克啊里哟(ò duō kè ā lǐ yō)'는 '어떻게 알리오?'를, '小黑欧巴(xiǎo hēi ōu bā, 샤오헤 오빠)'에서 '欧巴'는 '오빠'를 음역한 것이다.9) (2다)의 한글 통신 별명은 아마도 웨이보 운영자가 한글 사용을 제한하기 전에 만들어진 것으로 짐작된다.

다음은 한국 누리꾼들의 통신 별명 가운데 두 가지 이상의 문자나

---

7) 웨이보가 아닌 '웨이신(wechat)' 등 중국의 다른 SNS에서는 '나는 당신 ', '도우', '채비'와 같이 한글로만 된 통신 별명이나 '人来疯阿寅채선생'과 같이 한자와 한글을 섞은 통신 별명이 쉽게 확인되었고, 통신 별명 사용에서 한글 사용 제약도 없다.
8) 웨이보에서 통신 별명과 달리 게시글이나 댓글 등 다른 글쓰기 환경에서는 한글 사용이 자유롭다.
9) 중국 누리꾼들이 '오빠, 누나, 형, 언니'와 같은 한국어 호칭어를 한자나 영문자로 음역하여 쓰고 있는 현상에 대한 구체적 분석은 서형요·이정복(2016)에서 이루어졌다.

기호 체계를 이용하여 만든 복합 구조 통신 별명이다.

(3) 한국 누리꾼들의 '복합 구조' 통신 별명
　가. 티켓ticket, 동방신기 DA가는 듀동
　나. 나♥♥♥, 봄이예요~^^, ♥유느님♥^0^, 솜❄, Öㅏ 침해쌀
　다. 9독, 이쁜소리1004, ㅁㅁ 2 ㄷㄴ
　라. 두유豆乳, 자기瓷器, 칠세みかん, 룬츠 ルンツ
　마. Love♡DH, Amy:-), Cookie♥, Hi~D
　바. All非모드 人工偉聲, 平和な해느님, 엉엉=3, 윤상_맞팔 100%, ♥ヾ(*⌒ヮ⌒*) ❀꿈夢❀, ☆간zl곤듀☆

(3가)는 한글과 로마자, (3나)는 한글과 특수 부호 또는 한글과 그림 글자, (3다)는 한글과 숫자, (3라)는 한글과 한자, 한글과 가나를 함께 이용한 통신 별명이다. 또 (3마)는 로마자와 특수 부호를 이용한 것이고, (3바)는 한글, 로마자, 한자, 가나, 특수 부호, 그림 글자 등 세 가지 이상의 구성 요소를 활용하여 만든 복합 구조 통신 별명의 보기다.

그림 1 **한글과 그림 글자를 이용한 통신 별명**

(4) 중국 누리꾼들의 '복합 구조' 통신 별명
　가. 瞳孔里ueeaa忧伤 (눈 안에 있는 ueeaa 슬픔), MZX慕梓希 (MZX 무쯔시), ZHAOJIE默 (ZHAOJIE 모)

나. 住在玛丽隔壁的怪朋友呙 (말리 옆집에 사는 이상한 친구 呙)
다. 李李李722 (리리리 722), 怪兽安格拉1敬 (괴물 안걀라1징)
라. 王三狗-3- (왕산거우-3-), 小熊怪兽_923 (작은 괴물 곰_923), 死胖子_tofu_ (죽은 뚱뚱이_tofu_), 사랑해요88_86e, 钟丷晓红s (웅丷샤오훙s), seki_閃閃發光的有機磷 (seki_반짝반짝 빛나는 유지린), 么么like9号 (뽀뽀 like 9호)

(4)는 중국 누리꾼들이 쓰는 복합 구조로 된 통신 별명이다. (4가)는 한자와 로마자, (4나)는 한자와 특수 부호, (4다)는 한자와 숫자를 이용하여 만든 통신 별명이다. (4라)는 간체자, 번체자, 로마자, 한글, 가나, 숫자, 특수 부호 등 세 가지 이상의 다른 문자 체계를 섞어서 만든 복합 구조 통신 별명들이다.

이와 같이 한국과 중국의 누리꾼들은 단일 구조와 복합 구조의 통신 별명을 모두 쓰는 것으로 나타났다. 한 가지 문자 체계만 이용한 단일 구조 통신 별명의 사용이나, 복합 구조 통신 별명에서 한글, 한자, 로마자, 가나, 숫자, 특수 부호 등 둘 이상의 문자 체계를 함께 이용하는 모습이 기본적으로 별 차이가 없었다. 다만 한국 누리꾼들의 경우 한자를 이용한 통신 별명을 쓰는 일이 자주 있는 반면 중국 누리꾼들이 한글이 들어 간 통신 별명을 만들어 쓰는 경우가 아주 드문 점이 눈에 띈다. 이는 한국에서 삼국 시대부터 한자를 사용해 온 결과 아직도 한국어 화자들의 언어생활에서 한자가 차지하는 위상이 높은 것과 달리 중국에서 한글이 차지하는 위상이 낮은 점, 웨이보 운영자가 한글로 된 통신 별명 사용을 통제한 데서 나온 결과다. 그럼에도 최근 한국의 드라마, 노래 등 한류 문화가 중국에 널리 퍼짐으로써 한글과 한국어에 관심을 보이며 인터넷 공간에서 한글을 쓰거나 한국어를 음역하여 한자로 적는 중국 누리꾼들이 늘어나고 있음은 크게 주목할 점이다.

2.2 의미 유형에 따른 통신 별명

누리꾼들은 통신 별명을 통해 자신과 관련된 다양한 정보나 생각을 드러낸다. 멋지거나 특이한 별명을 통해 남들과의 차별성을 뽐내고, 자신에 대한 다양한 정보와 의미를 다른 누리꾼들에게 전달한다. 앞서 적은 것처럼 김정우(2006:9)는 통신 이름의 유형을 의미 면에서 '1) 자기 정보, 2) 자기 특성 정보, 3) 주변의 정보, 4) 우상의 정보, 5) 사물 정보, 6) 지향 이미지 정보, 7) 별명 정보, 8) 단어 정보, 9) 의미 없음'의 아홉 가지로 분류했다. 이 분류는 너무 번잡한 면이 있는데 겹치는 것을 줄이고 단순화 시켜 여기서는 '통신 별명'의 의미 유형을 크게 '자기 정보', '우상 정보', '지향 정보', '기타'의 네 가지로 나누기로 한다. 각 유형의 구체적 보기를 통하여 누리꾼들이 통신 별명으로 무엇을 드러내고자 하는지를 살펴보기로 하겠다.

다음 (5)는 한국 누리꾼들이 쓰는 '자기 정보' 유형의 통신 별명 보기다. 자기 정보를 드러낸 통신 별명은 실명 정보, 직업 정보, 근황 정보 등이 포함된 것으로 세분된다.

(5) 한국 누리꾼들의 '자기 정보' 통신 별명 ①
    가. 윤종신, 문성근, 조세현, 승혁, 예솔이
    나. 전유정님입니다, 황원준(노무현 문재인을 사랑하는사람), CHO SUNG HO, Ra JongLyeol 라종렬, Hyun woo Shim(심현우)

(5)는 한국 누리꾼들의 실명이 그대로 쓰인 통신 별명이다. 한국의 트위터 누리꾼들은 (5가)와 같이 자신의 실제 이름을 그대로 통신 별명으로 쓰는 경우가 종종 있다. 트위터에 가입할 때 실명과 휴대전화 인증 과정을 거쳐야 하는데 별도의 통신 별명을 짓지 않으면 자동적으로

가입자의 실명이 통신 별명으로 쓰이는 점과 일부 관련이 있을 것이다. 그러나 더 중요하게는 트위터가 사회적 소통망이기 때문에 실명을 통해 자신을 적극 드러내는 것이 다른 사람들과의 소통과 교류, 자기 홍보에 도움이 된다는 생각에서 실명을 통신 별명으로 쓰는 것으로 판단된다.10) 이런 점 때문에 '윤종신', '문성근'처럼 연예인이나 정치인 등 유명 인사들은 실명을 통신 별명으로 적극 씀으로써 자신을 널리 알리는 모습이 보인다. 특히 정치인들은 거의 100% 실명을 통신 별명으로 쓰고 있다.

(5나)의 경우는 누리꾼이 자기의 실명을 이용하여 더 적극적으로 만든 통신 별명이다. '전유정님입니다'는 제3자의 말투를 흉내 내어 눈에 띄고자 한 것이다. '황원준(노무현 문재인을 사랑하는사람)'은 이름과 함께 자신이 지지하는 정치인을 적었다. 'CHO SUNG HO'는 이름을 로마자로 적었고, 'Ra JongLyeol 라종렬', 'Hyun woo Shim(심현우)'는 한글과 로마자로 이름을 병렬시킨 통신 별명이다.

다음 (6)은 명명자의 직업 정보가 포함된 자기 정보 유형의 통신 별명들이다.

(6) 한국 누리꾼들의 '자기 정보' 통신 별명 ②
   가. 미스터보쌈천안쌍용점, 산들바람펜션, 나무정보통신 송정점, 화재(기업)보험전문가

---

10) 이런 경우 그냥 실명을 쓴 것이지 별명으로 실명을 쓴 것은 아니라는 해석도 나올 수 있다. 그런데 트위터를 포함한 다수의 인터넷 공간에서는 가입자를 식별할 수 있는 '통신 이름'과 함께 별도의 식별 부호, 곧 통신 별명을 만들어 쓰도록 하고 있다. 영문자와 숫자를 섞어 만드는 '아이디'라고 부르는 것이 '통신 이름'이고, 한글을 포함한 다양한 문자나 부호를 이용하여 자유 형식으로 지을 수 있는 추가적 이름이 '통신 별명'이다. 따라서 통신 별명 입력 공간에 본인의 실명을 썼더라도 그것은 '통신 이름'과는 구별되는 범주의 형식인 점에서 '통신 별명'에 해당한다.

나. 프로자동차정비채희진, 닥터 조홍근의 당뇨 심혈관 이야기, CNB 뉴스 정의식 기자, 고발뉴스 이상호 기자, 대한민국 국회의원 표창원, 이재명 성남시장, 한지영 지음 [나를 치유하는 동작]
다. 조용한 학생, 일상에 지친 대학생

(6가)는 누리꾼이 다니는 직장 이름이나 특정한 업체 이름, 직업 명칭 등을 이용하여 만든 통신 별명이다. 개인 계정이 아니라 업체 차원에서 운영하는 경우가 많아 보인다. (6나)의 통신 별명은 누리꾼의 직장 또는 직업 이름과 누리꾼 이름을 함께 쓴 것이다. '한지영 지음 [나를 치유하는 동작]'은 실명과 자신이 쓴 책 이름을 함께 통신 별명으로 씀으로써 책 홍보 효과를 꾀하는 모습이다. (6다)의 '조용한 학생', '일상에 지친 대학생'은 '학생'이라는 누리꾼의 직업과 함께 자기의 성격이나 상태에 대한 정보를 드러낸 통신 별명이다.

(7)의 보기들은 누리꾼들의 근황 정보가 들어 있는 자기 정보 유형의 통신 별명이다.

(7) 한국 누리꾼들의 '자기 정보' 통신 별명 ③
  가. 시험 50일 남은 랭, 시험기간이에요밍끼님츠, 방학만 기다리는 케비나, 기말 끝날때까지 듬성듬성할 나르실리아, [~대학붙을때까지 반휴트]♥젠타♥, 된장이 22일까지 휴트합니다(, 다이어트시작, 금주 중인 알중이
  나. 알바하고싶은 앤쵸비, 미국으로 돌아가고싶은 연무, 육성재랑결혼할래, 아이콘데뷔를기원하는퓰, 살빼야 하는 호랭이
  다. 노는게제일쥬아, 시간참빠른다, 남은 용서 난 용서못해, 모든게 귀찮다고 생각하는 미친토끼, 게으르면생존한다, 익숙한 절망 불편한 희망, 사랑을 듬뿍듬뿍 받고픈 막내딸, 외로운 블라, 노답, 신나게 놀자!

(7가)의 통신 별명은 누리꾼이 처한 최근 상황을 표현한 것들이다. '기말 끝날때까지 듬성듬성할 나르실리아', '된장이 22일까지 휴트합니다('와 같이 각종 시험이나 바쁜 일로 언제까지 트위터 이용을 자제하겠다는 뜻을 통신 별명으로 밝히는 누리꾼들이 쉽게 보인다. (7나)는 구체적 상황과 관련하여 자신의 희망, 기원, 의지 등을 드러낸 통신 별명이고, (7다)는 생활이나 환경 등에 대한 심리 상태, 생각이나 신념 등을 통신 별명에 담은 것이다.

다음으로 중국 누리꾼들이 만들어 쓰는 자기 정보 관련 통신 별명의 예들을 살펴보기로 한다.

(8) 중국 누리꾼들의 '자기 정보' 통신 별명 ①
　　가. 成龙 (성룽), 韦东 (웨이둥), 郑明菲 (정밍페이), 李金玲 (리진링)
　　나. 唐芸有一个狂躁不安的灵魂 (탕원은 초조하고 불안한 영혼을 가지고 있다), 许琳卉哎哟喂 (수린후이 아이구)

한국과 마찬가지로 중국 웨이보에서 누리꾼의 실명 정보가 포함된 통신 별명이 높은 빈도로 쓰인다. 그런데 트위터와 달리 웨이보에 가입할 때는 통신 이름과 별도로 반드시 통신 별명을 새로 지어야 사용이 가능하다. (8가)는 자신의 실명을 그대로 통신 별명으로 사용한 것이다. '成龙'은 연예인, '韦东'은 외교관 겸 정치인인데, 중국의 경우도 유명 연예인이나 정치인들이 실명을 통신 별명으로 씀으로써 자신을 적극 알리는 모습이다. (8나)는 이름과 함께 누리꾼의 심리 상태 등 내면적 정보가 함께 들어간 통신 별명의 예이다.

다음은 중국 누리꾼들의 직업 정보가 들어간 자기 정보 유형의 통신 별명들이다.

(9) 중국 누리꾼들의 '자기 정보' 통신 별명 ②
    가. 花漾代购 (화양 대리 구매), 西安金宝美家政服务 (시안 진바오 가사도우미 서비스), Rex家的定制首饰 (Rex네 액세서리), 久久爱银饰店 (지우지우아이인 액세서리), 摄友网 (촬영 동호회 사이트), G-M购时尚工作室 (G-M 패션 워크숍)
    나. 摄影媛媛 (촬영 위안위안), 信贷小齐 (신용 대출 샤오칠), 萱妍堂总代Anna (쉬안옌탕 총관 Anna), 作者_卷卷大人 (작가_쥐안쥐안 대인), 的哥老粪 (택시기사 라오공)
    다. 加拿大小跑腿 (캐나다 작은 심부름)

(9가)는 누리꾼의 직장이나 특정 회사 이름을 이용한 통신 별명이다. (9나)는 직업 이름에 자신의 이름을 덧붙임으로서 정체성을 더 자세히 드러낸 통신 별명이다. 이와 달리 (9다)는 자기 직업을 은유적으로 표현한 것이다. 중국은 화장품이나 명품 가방 등 수입 상품의 관세가 높아서 외국에 거주하면서 상품을 대리 구매하여 중국 거주자에게 보내는 사람이 많다. 이런 신생 직업을 '代购(dàigòu, 대리 구매)'라고 부르는데, (9다)의 '加拿大小跑腿(캐나다 작은 심부름)'은 바로 캐나다에 거주하며 대리 구매를 직업으로 하는 사람임을 나타낸다. 여기서 의미가 투명한 '代购'라는 말을 쓰지 않고 '심부름' 뜻의 '跑腿(pǎotuǐ)'를 비유적으로 사용함으로써 자신의 직업을 귀엽고 재미있게 표현한 것으로 해석된다.

(10) 중국 누리꾼들의 '자기 정보' 통신 별명 ③
    가. 好好学习早睡早起9699 (열심히 공부하고 일찍 자고 일찍 일어난다 9699), lava-考好期末 (lava-기말시험을 잘 칠거야), 恋爱中的叶博泉 (연애 중인 예보취안)

나. 梦回军营 (꿈에서 군대에 다시 입대했다), 好好珍惜小窝 (작은 집을 소중히 여긴다)

다. 永远别说永远uwanm (영원히 영원이라는 말을 얘기하지 마라), 想赢就别喊停 (이기려면 그만두라는 말을 하지 마라), 我会哭但我绝不会服输 (난 울기는 하겠지만 절대 굴복하지는 않겠다), 我受够了等待! (난 기다림을 참을 수 없다!)

(10)은 누리꾼의 근황 정보를 이용하여 만든 자기 정보 유형의 통신 별명들이다. (10가)는 누리꾼들이 자신이 처해 있는 상황에 관련된 정보를 이용하여 만든 통신 별명들이다. (10나)와 같이 통신 별명을 통해 어떤 구체적인 대상에 관련된 누리꾼의 심리 상태를 엿볼 수 있다. '梦回军营(꿈에서 군대에 다시 입대했다)'는 꿈에서 예전의 군대 생활로 되돌아감으로써 좋았던 추억을 떠올리고 있는 긍정적 심리 상태를 보여 준다.11) (10다)의 통신 별명은 누리꾼의 인생관이나 삶의 태도, 의지 등 추상적 심리 상태를 드러낸 것이다.

한편 누리꾼들이 연인이나 좋아하는 연예인 이름 등을 통신 별명에 넣은 경우도 많이 나타난다. 다음은 한국 누리꾼들의 '우상 정보' 유형의 통신 별명 보기다.

---

11) 중국은 군인에 대한 대우와 사회적 인식이 좋기 때문에 군 입대 경쟁이 치열할 뿐만 아니라 제대 후에도 군대 생활을 그리워하는 사람이 많은 편이다.

(11) 한국 누리꾼들의 '우상 정보' 통신 별명
    가. 주현아사랑해, 태형이가짱, 오빠정말천사세영, 니가보고시퍼, 여보님만 생각하는 왈슨♥
    나. ♥유느님♥^0^, [내 우주는 엑소]종부, 엑소 사랑, 사랑해 방탄소년단 정국, 찬열사랑♥0♥, 걸스데이♡, 엑소, 인피니트 사랑하는 서현이~~♡
    다. Ri쌍's, 망고주세훈

  (11가)는 좋아하거나 사랑하는 주변 사람들의 이름 등의 정보를 동원하여 만든 통신 별명이다. (11나)의 '♥유느님♥^0^'과 같은 통신 별명은 인기 연예인의 애칭을, '[내 우주는 엑소]종부, 사랑해 방탄소년단 정국, 찬열사랑♥0♥'과 같은 통신 별명은 연예인 이름을 이용해서 만든 것이다. 한편 (11다)는 연예인 이름을 변형한 표현이다. 'Ri쌍's'에서 'Ri쌍'은 유명 힙합 가수 그룹인 '리쌍'을 로마자를 이용해서 변형한 것이다. '망고주세훈'에서 '세훈'은 한류 스타인 '오세훈'을 가리키며, '망고 주세요'와 '세훈'을 결합하여 통신 별명으로 만들었다.
  다음 (12)는 중국 누리꾼들의 '우상 정보' 유형의 통신 별명 보기다.

(12) 중국 누리꾼들의 '우상 정보' 통신 별명
    가. 恋君一生不悔一世 (당신을 후회 없이 평생 동안 사랑한다), 程彦韬你一定健健康康 (청안타오 꼭 건강해야 한다)
    나. bigbang爱 (빅뱅 사랑), 光洙夫人 (광수 부인), Gary欧巴与我 (개리 오빠와 나), 郑秀晶不高冷 (정수정은 차갑지 않아)
    나-1. 王凯最爱王源 (왕카이는 왕위안을 제일 좋아한다)
    다. 一鹿伴晗 (한 길을 함께 걸어서 (루)한과 동반하다), 用正楷写郑恺 (정카이 서체로 정카이를 쓴다)

(12가)는 중국 누리꾼들이 주변의 좋아하는 사람들 정보를 이용해 통신 별명을 만든 것이다. 웨이보 이용자는 주로 10대, 20대가 많은데 이들 누리꾼들은 한류 열풍의 영향으로 한국 연예인 이름을 이용해서 자신의 통신 별명으로 쓴다. (12나)의 통신 별명에는 'bigbang(빅뱅), 光洙(광수), Gary(개리)' 등 한류 스타들의 이름이 들어 있다. (12나-1)과 같이 중국 연예인 이름인 '王凯(왕카이), 王源(왕위안)'을 이용해 만든 통신 별명도 나타났다.

(12다)의 통신 별명은 연예인 이름을 이용해서 누리꾼의 희망, 의지 등을 창의적으로 드러낸 것이다. '一鹿伴晗'에서 '鹿晗'은 가수 그룹 '엑소' 구성원이었던 연예인 '루한'의 중국어 표기다. 두 글자를 각각 분리하여 '鹿(lù, 루)'는 도로를 뜻하는 '路(lù)'와 발음이 같은 점에 주목하여 '一'자와 합쳐 '한 길'의 뜻을 만들고, '晗(hán)'은 '동반하다'라는 뜻을 가진 '伴'자와 합쳐 '(루)한과 동반하다'라는 뜻을 표현함으로써 결과적으로 '一鹿伴晗', 곧 '한 길을 함께 걸어서 (루)한과 동반하다'의 의미를 전달하고 있다. '用正楷写郑恺'의 경우 중국 배우인 '郑恺(zheng kai, 정카이)'의 발음이 한자 서체(書體) 이름인 '正楷(zheng kai)'와 같은 점에 착안하여 만든 것이다. 이 두 단어의 동음관계를 이용하여 '정카이 서체로 郑恺를 쓴다'라는 뜻을 가진 '用正楷写郑恺'라는 통신 별명을 만들었다.

다음으로 한중 누리꾼들의 '지향 정보' 유형의 통신 별명에 대해 살펴본다. 이 범주에 속하는 통신 별명들은 누리꾼이 선호하는 음식물, 동물, 식물 등 주변에서 손쉽게 접할 수 있는 여러 가지 사물의 이름을 이용하여 만든 것이다.

(13) 한국 누리꾼들의 '지향 정보' 통신 별명 ①
　가. 아이스크림짱, 초코우유, 딸기맛 우유, ♥코코아♥, 마끼아또(Macchiato), 빼빼로, 크림케이크몽셸, 썬칩, 라임오렌지, 레몬, 레몬 은하수, 파인애플, 유기농당근, 열무, 파김치맛있다, 곱창대창맛있당, 터진만두, 순대, 착한 불낙지, 치킨, 치즈, 술요정미오
　나. 자막여우, 고양이는하얗, 멜로디/판다~♥, 토끼, 돼지 꿀꿀 AYUN(娥潤), 오리, 지나가던 박녀굴'~')
　다. 해바라기, 단풍, 엄나무, 동백꽃, 데이지,
　라. 봄이예요~^^, 봄우뢰, 여름이사랑, 여름비, 소낙비, 겨울여자, 바람 소리, 하늘, 무지개봉봉~♥

누리꾼들은 다양한 '지향', '선호', '취향' 정보를 동원하여 통신 별명을 만들어 쓰는데, (13가)는 음식물, (13나)는 동물, (13다)는 식물, (13라)는 계절이나 자연 환경에 관련된 사물의 이름을 이용했다. 이런 통신 별명은 누리꾼들이 민감한 개인 정보를 감추면서도 편안한 마음으로 자신의 관심사를 드러내어 표현한 것이다. 여기서 제시하지는 않았지만 이런 의미 유형의 통신 별명에는 누리꾼이 좋아하는 장소, 책, 영화, 드라마, 작품 이름 등이 더 포함된다.

(14) 한국 누리꾼들의 '지향 정보' 통신 별명 ②
　가. 사람만이 희망이다, 을이 행복한...갑이 자제하는 세상!, 소상공인이 살아야 대한민국이 웃는다, 부역언론척결! 從日매국노척결!, (사랑 상식 개념 합리), 세월호잊지않겠습니다.지금부터시작입니다, 우파는 싸가지다., 민주공화국 만세, 진실과 정의가 승리하리라!, 원전건설반대!전자주민증반대!^
　나. 박그네는 대통령이 아니다!!!!, 박근혜 구속 수사!, 김무성은 새누리를떠나라!, 51.63%5163부대5163쿠테타, MB를 못잡는 나라,

나는문죄인간철수가싫어요 박주신 재검하자(서울시장 사퇴해라), 민주당 불법 대선자금 113억원 환수, The설레이는 문재인 국민성장 기대문

(14)의 통신 별명들은 이념 또는 정치사상적인 면에서의 지향 정보를 드러내는 것들이다. (14가)는 사회 변화 및 이념과 관련된 통신 별명이며, (14나)는 여야 정당 및 정치인들에 대한 직접적 의견이나 정치적 태도를 통신 별명으로 표출한 것이다.12)

그림 2 '지향 정보'를 이용한 통신 별명

이념이나 정치사상 면에서의 지향 정보는 통신 이름을 다룬 김정우(2006)에는 없는 새로운 의미 유형이다. 트위터에는 정치적 관심을 드러내고 이념을 퍼트리는 누리꾼들이 많기 때문에 정치적 지향 정보를 통신 별명에 담는 누리꾼들이 많다. (13)의 통신 별명에 비해서 전반적

---

12) 트위터 누리꾼들은 통신 별명뿐만 아니라 다른 사람에 대한 호칭어 사용을 통해서도 정치적 태도를 표출한다. 이에 대해서는 이정복(2011라, 이 책의 6장)에서 다룬 바 있다.

으로 길이가 길며, 완결된 문장 형식을 통해 자신의 주장을 분명히 밝힌 것이 많다.

다음 (15)는 중국 누리꾼들의 '지향 정보' 유형의 통신 별명 보기다.

(15) 중국 누리꾼들의 '지향 정보' 통신 별명 ①
  가. 嘎嘣脆的大豆 (바삭바삭한 대두), 软萌萌的栗砸 (부드럽고 귀여운 밤), 爺爺喂我月饼 (할아버지께서 저에게 월병을 먹이신다), Pocky爱吃蛋包饭 (Pocky는 오므라이스를 즐겨 먹는다), 翻过牌子哒西瓜_ (점수표를 뒤집는 수박_), 芒果的小王子 (망고의 어린 왕자), 咕叽的柚子 (중얼거리는 유자), 玉米很香甜 (옥수수는 너무 달다), 会打飞镖的波萝 (다트를 할 줄 아는 파인애플)
  나. 阿花的黃鸝鳥 (아화의 꾀꼬리), 幸福的一朵猫 (행복한 한 마리 고양이), 遛弯的乌龟 (산책하는 거북이), 小猴子满场飞 (원숭이가 크게 활약하다), 麋鹿呀i (순록과 사슴이야), 宠坏一只猪 (돼지는 응석둥이가 된다)
  다. 愿在櫻花 (벚꽃에게 소원이 있다), 疯狂的仙人掌 (미친 선인장), 月亮下的牡丹 (달 아래 모란)
  라. 烟雨一起看 (안개비를 함께 본다), 阳光倾斜 (햇빛이 기울다)

한국과 마찬가지로 중국 누리꾼들은 일상생활에서 손쉽게 접할 수 있는 사물 이름을 이용해서 통신 별명을 만들어 낸다. (15가)는 음식물, (15나)는 동물, (15다)는 식물, (15라)는 자연 현상에 관련된 사물의 이름을 이용하여 만든 통신 별명들이다.

(16) 중국 누리꾼들의 '지향 정보' 통신 별명 ②
  가. 人间正道是良心86 (인간의 정도는 양심이다 86), 一生正气行天下 (온몸의 바른 기풍으로 천하를 걷는다)

나. 宪政公知 - 王八 (헌정 전문가 - 개새끼), 政府部门都他妈的混蛋 (정부 부처는 모두 네미 개자식들)

(15)와 달리 (16)은 누리꾼들이 갖고 있는 신념이나 정치적 태도를 드러낸 통신 별명의 보기다. 단순히 사물에 관련된 통신 별명보다 이러한 통신 별명은 명명자의 신념, 태도 등을 직접적이면서 강력하게 나타낸다. (16나)를 보면 정부를 공격하는 통신 별명들이 쓰이고 있음을 알 수 있는데, 앞서 살펴본 한국 누리꾼들의 (14나)의 통신 별명에 비해 구체성이 약하다. 정부나 관리들을 뭉뚱그려 비판할 뿐 실세 정치인을 이름을 밝히며 직설적으로 공격하는 통신 별명은 찾기 어려웠다. 이는 중국 인터넷 공간에서 사상 검열이나 정치적 통제가 한국에 비해 아주 강한 점과 관련되는 것으로 판단된다.

그런데 모든 통신 별명이 특정한 의미를 직접적으로 드러내는 것은 아니다. 웃음소리, 의성의태어, 그림 글자와 같은 형식을 이용해서 의미를 은근하게 드러내거나 전혀 구체적 의미가 없는 통신 별명을 만들어 쓰기도 한다. 이런 유형의 통신 별명을 모아서 살펴본다.

(17) 한국 누리꾼들의 '기타' 유형의 통신 별명
    가. ㅇㅇㅇㄹ, ㅇㅅㅇ, ㅠㅠㅠㅠㅠㅠㅠㅠㅠ
    나. ^^----♥, ٩(ㅇ´ ⌣ ˋㅇ)و♡, (´▽`)
    다. 뿌우, 퀔ㅣ., 꾸벅맨, 후덜덜
    라. 이름은 비워둘 수 있습니다, 이름은 비워둘 수 없습니다, 이름

(17)은 한국 누리꾼들이 만든 기타 범주에 속한 통신 별명의 예들이다. (17가)는 한글 자모, (17나)는 그림 글자, (17다)는 의성의태어를 이용하여 만든 것이다. 이런 통신 별명의 경우도 누리꾼의 심리 상태 등을 나타내는 의미가 있다고 볼 수 있지만 다른 통신 별명에 비해 정

보의 구체성이 떨어지고, 자신의 정체성을 표현하기도 어렵다. 이런 형식의 통신 별명들은 자유분방한 분위기에서 인터넷을 이용하면서 다른 사람과의 차별성을 좀 더 분명하게 확보하기 위한 노력의 결과로 이해된다.

한편, (17라)는 '이름은 비워둘 수 있습니다'라고 하는 것을 통신 별명으로 쓴 것인데, 이름을 꼭 지어야 한다는 SNS 이용자 규칙을 거부한다는 뜻을 나타내는 통신 이름이다. '이름은 비워둘 수 없습니다'는 가입 때 통신 별명을 적도록 한 알림글을 그대로 적은 것이다. 또 '이름'이라는 표현을 통신 별명으로 쓰는 누리꾼도 있는데 통신 별명을 추가로 지어야 한다는 데 대한 거부감 표시로 해석된다. 이런 것들은 통신 별명의 가장 중심적 기능인 누리꾼 자신의 고유한 정체성 표현과는 거리가 있지만 이런 통신 별명을 통해 운영자나 다른 이용자들에게 나름의 뜻을 전하려 한다는 점에서 색다른 의미를 갖는다.

(18) 중국 누리꾼들의 '기타' 유형의 통신 별명
    가. 矢苃浧掕 (잃는 것이 내 운명이다)
    나. ^3^, ***, (^_^)∠※, ╮(￣▽￣")╭ 、(≧д≦)ノ, 乓
    다. 唉嘿黑黑(āi hēi hēi hēi, 에헤헤헤헤), 嘻嘻哈哈嘿嘿(xī xī hā hā hēi hēi, 히히하하헤헤), 嘿嘿呀呀呀(hēi hēi ya ya ya, 헤헤야야야), 呵呵哈哈嘿嘿哦哦 (hē hē hā hā hēi hēi ò, 흐흐하하헤헤오오), 咩咩咩咩啊咩(miē miē miē miē ā miē, 메메메메아메), 王圆圆王胖胖王肥肥 (wáng yuán yuán wáng pàng pàng wáng féi féi, 왕 동글동글 왕 둥실둥실 왕 토실토실)

(18)은 중국 SNS에서 쓰인 기타 범주에 속한 통신 별명의 예들이다. (18가)의 정확한 표기 형식은 '失之我命'인데 여기서는 외계어 형식으

로 어문 규범에 어긋난 '矢徑浪捈'으로 표기되었다. 다른 사람의 눈에 띄기 위한 차별성의 표현적 동기가 작용한 결과다. (18나)는 그림 글자를 이용하여 생성한 통신 별명의 예들이다. 한국과 마찬가지로 (18다)의 의성의태어를 이용하여 만든 통신 별명도 있다. 구체적인 지향 정보는 없지만 의성의태어를 통해 심리 상태를 표현하는 동시에 남들과의 차별성을 확보하려는 통신 별명이다.

3. 통신 언어 발생 동기와 통신 별명의 쓰임

통신 별명의 기본적 기능은 통신 이름과 함께 누리꾼들을 서로 식별하게 해 주는 데 있고, 나아가 누리꾼의 개성과 정체성을 표현하고 자랑하는 기능도 있다. 그런데 통신 별명도 통신 언어의 한 가지인 만큼 그 생성 및 사용 과정에서 일반적인 통신 언어 발생 동기 및 기능과도 밀접한 관련이 있을 것으로 판단된다. '통신 언어 발생 동기'를 누리꾼들의 관점에서 생각하면 '통신 언어 사용 동기'로 부를 수 있다. 이정복(2003가:32)에서는 통신 언어 발생 동기로 '경제적 동기, 표현적 동기, 오락적 동기, 유대 강화 동기, 심리적 해방 동기' 다섯 가지가 있음을 기술했다. 누리꾼들이 통신 별명을 지으면서 이러한 다양한 동기를 고려했을 것으로 예측된다. 이 절에서는 통신 별명을 이러한 다섯 가지의 통신 언어 발생 동기, 달리 말해 통신 언어 사용 동기의 면에서 쓰임 및 분포 양상을 살펴보고자 한다.

3.1 경제적 동기

경제적 동기는 통신 언어의 발생 및 사용에서 가장 기본적인 동기다. 글자 입력을 빠르고 쉽게 함으로써 통신 언어 사용 과정에서 정신적, 물리적 힘을 줄이기 위하여 경제적 동기가 자연스럽게 작용한다. 누리꾼들은 통신 별명을 작성하는 과정에서도 언어 경제성 면에서 유리한 소리나는 대로 적기, 음절 줄이기 등의 방식을 많이 쓰는 것으로 나타났다.

(19) 한국 누리꾼들의 '경제적 동기'에 따른 통신 별명
　가. 후야내가마니조아해, 니가보고시퍼
　나. 다이얼 중 룰루, 트친을사귀고싶은 수빙 (Subing), 누구남친♥

한국 누리꾼들이 경제적 동기에 따라 만든 통신 별명 가운데 (19가)는 '마니', '조아해', '시퍼'와 같이 소리나는 대로 적기 방식을 이용한 통신 별명의 예들이다.13) 소리나는 대로 적기는 입력해야 할 음소 수를 줄이는 효과가 있으면서 정확한 표기법이 무엇인지에 대한 고민 시간을 줄여 주는 점에서 언어 경제성이 있다. (19나)에서 '다이얼'은 4음절 '다이어트'를 3음절로 줄여 만든 것이고, '트친을사귀고싶은 수빙(Subing)', '누구남친♥'에서 '트친, 남친'은 각각 '트위터 친구', '남자 친구'의 음절을 줄여 쓴 줄임말을 활용한 통신 별명이다.

한국 누리꾼들과 마찬가지로 빠른 소통을 중요시하는 인터넷 문화에서 중국 누리꾼들도 경제적 동기에 따라 통신 별명을 작성하는 경우

---

13) 여기서 제시한 두 통신 별명은 모두 붙여 적기를 한 것으로 이것도 경제적 동기와 관련이 되면서 눈에 띄게 하여 의미를 강조하는 점에서 표현적 동기에 따른 것이기도 하다.

가 많이 보인다.

(20) 중국 누리꾼들의 '경제적 동기'에 따른 통신 별명
　가. 小芒果GG (작은 망고 오빠), MM时尚手册 (미녀 패션 수첩), 真 TM的烦躁 (참 네미 짜증나)
　가-1. 柠檬太酸OMG (레몬이 너무 시큼해 Oh My God)
　나. 酱紫小姐 (이런 모양 아가씨), 易烊千玺我是你未来女票 (이양찬시 나는 당신 미래의 여자 친구다)

(20)은 경제적 동기에서 만든 줄임말이 들어간 통신 별명이다. (20가)의 'GG'는 '哥哥(gē gē, 오빠)', 'MM'은 '美眉(měi méi, 미녀)', 'TM'은 '他妈(tā mā, 네미)'의 줄임말이다. 각각은 해당 중국어 표현의 병음 첫 자모를 로마자로 간단히 적은 것으로 통신 언어 사용의 경제적 동기가 반영된 것이다. (20가-1)의 'OMG'는 영어 표현 'Oh my god'에서 각 단어의 첫 글자를 모은 것으로 영어 누리꾼들이 쓰는 표현을 그대로 빌려 와 쓴다. 로마자를 이용한 이러한 줄임말을 통신 별명에 씀으로써 길고 복잡한 병음이나 영문을 입력하는 것보다 훨씬 빠르고 편하게 소통할 수 있는 점에서 경제적 기능이 뚜렷하게 파악된다.

(20나)의 통신 별명은 음절 줄이기가 적용된 것들이다. '酱紫(jiàng zǐ)'는 '这个样子(zhè gè yàng zǐ)'라는 4음절 표현을 줄여 쓴 것이다. '这个样子'를 입말에서 빨리 말하면 '酱紫'의 발음과 유사하기 때문에 중국 누리꾼들은 이 짧은 2음절 형식을 적극적으로 쓰고 있다. 같은 방식으로 '女票(nǚ piào)'는 여자 친구를 뜻하는 '女朋友(nǚ péng yǒu)'를 줄여 쓴 것이다.

3.2 표현적 동기

인터넷에서 누리꾼들은 글자를 통하여 의사소통을 진행하기 때문에 감정을 생생하게 전달하기가 쉽지 않다. 누리꾼들은 의성의태어나 그림 글자 등을 이용하여 통신 별명을 만들어 냄으로써 개성과 생동감을 드러내고 다른 사람들과의 차별성을 확보한다.

(21) 한국 누리꾼들의 '표현적 동기'에 따른 통신 별명
    가. 소현언니♥주혁오빠♥성재오빠♥, 미 + 영 ☞ 명~^^/, ♥ ˇ(*⌒ㄱ⌒*) ✿꿈夢✿
    나. 엉엉=3, 냠냠쩝쩝, 히히히~~~~, 뒤뚱뒤뚱, 쓰담쓰담, 휘리릭
    다. 노는게제일쥬아, 븍긍아 사탕해, 호석오빠사랑해유, 세훈아 앗뇽
    라. 쫀득하지용, 민누나최고얌, 곱창대창맛있당, 빅스가좋닷
    마. 이은덕♥엑소백현사귀였지롱, 이름없ㅅ서, 오빠정말천사세영, 구독해도될까염, 엣덕월드에어서오셴

(21가)와 같이 한국 누리꾼들은 그림 글자, 특수 부호 등을 이용하여 통신 별명을 작성함으로써 감정 표현을 쉽고 빠르게, 효과적으로 한다. (21나)의 통신 별명은 의성의태어를 활용하여 만든 것으로 역시 간결한 형식을 통해 누리꾼의 감정 표현을 효과적으로 한 경우이다. (21다)는 음소 바꾸기, (21라)는 음소 더하기 방식을 이용해서 통신 별명을 만든 것으로 귀엽고 애교스러운 느낌을 더하고 있다. (21마)는 음소 바꾸기, 음소 더하기, 음절 줄이기 등의 여러 가지 방식을 동시에 동원하여 만든 통신 별명이다. 누리꾼들은 이러한 통신 언어 별명을 통해 글말에서 부족하기 쉬운 언어적 생동감과 표현력을 보완하게 된다.

다음은 중국 누리꾼들이 표현적 동기에 따라 만들어 쓰는 통신 별명의 예들이다.

(22) 중국 누리꾼들의 '표현적 동기'에 따른 통신 별명
　　가. ^3^, 茶茶=V= (차차=V=), ⌒(˘▾˘)⌒, ✿⋯.six,
　　가-1. 矢𢀖浧掄 (잃는 것이 내 운명이다), 嗳硪 你袙仈嗎? (나를 사랑하는 것이 무서워?), 誓娼鉨惹ろ鎷 (너는 맹세를 잊어버렸어)
　　나. 哈哈啦啦七七煙 (hā hā lā lā qī qī yān, 하하라라 치치옌), 咯咯咯你打我阿 (gē gē gē..., ㅋㅋㅋ 나를 때려), 咕噜噜016 (gū lū lū..., 구루루016), 看到甜的开心咩 (...miē, 단 것을 먹어 기분이 좋다 메), 噗~ (pū~, 푸~), 王圆圆王胖胖王肥肥 (wáng yuán yuán wáng pàng pàng wáng féi féi, 왕 동글동글 왕 둥실둥실 왕 토실토실), 萌萌哒小号来了 (méng méng..., 귀여운 트럼펫 왔다), 咕叽的柚子 (gū jī..., 중얼거리는 유자)
　　다. 浪味先森 (랑웨이 선생), 翻过牌子哒西瓜_ (점수표를 뒤집는 수박_), 秋天的大喵 (가을의 큰 고양이), 软萌萌的栗砸 (부드럽고 귀여운 밤), 真是个好姑凉呀~ (참 좋은 아가씨야~), 兔兔的小公举 (토끼의 작은 공주)

　　표현적 동기를 동원하여 작성한 중국 누리꾼들의 통신 별명은 주로 그림 글자, 의성의태어 사용을 통해 이루어진다. 병음자 바꾸기를 통해 시각적 강조 효과를 노리는 경우도 표현적 동기가 작용한 것이다. (22가)는 특수 부호, 그림 글자를 이용하여 만든 통신 별명이고, (22가-1)은 현재는 쓰지 않는 글자를 이용해서 외계어처럼 보이게 만든 통신 별명이다. 각 통신 별명의 정확한 표기 형식은 '失之我命', '爱我 你怕了吗', '誓言你忘了吗'인데 부수(部首)를 더하여 글자 모양을 바꾸거나 일본 가나 글자로 바꾸어 씀으로써 시각적으로 색다른 느낌을 표현하

고 있다.14) 모두 시각적 차별성을 확보하고 결과적으로 의미를 강조하는 효과를 노리는 것이다.

(22나)는 의성의태어를 이용한 통신 별명이다. (22나)에서 '哈哈啦啦(hā hā lā lā, 하하라라)', '咯咯咯(gē gē gē, ㅋㅋㅋ)'는 웃음소리, '咕噜噜(gū lū lū, 구루루)'는 물이 끓는 소리, '咩(miē, 미에)'는 양 울음소리, '噗(pū, 푸)'는 참을 수 없어서 갑자기 터트리는 웃음소리를 표현하는 의성어다. '王圆圆王胖胖王肥肥, 萌萌哒小号来了, 咕叽的柚子'에서 '圆圆(yuán yuán, 위안위안)', '胖胖(pàng pàng, 팡팡)', '肥肥(féi féi, 페이페이)'는 풍풍하게 살찐 외모를 뜻하는 의태어의 일종이며, '萌萌(méng méng, 멍멍)'은 신조어로서 귀엽다는 뜻을 갖고 있다. '咕叽(gū jī, 구지)'는 계속해서 말을 하는 행위나 상태를 뜻하는 의태어다.

한국어의 통신 언어 사용에서 음소 글자를 바꾸면 시각적으로 바로 눈에 띄는데, 중국어에서도 비슷하게 어떤 표현의 병음 글자를 바꿈으로써 시각적 강조 효과를 거둘 수 있다. 예를 들면, (22다)의 '浪味先森, 翻过牌子哒西瓜, 秋天的大喵, 软萌萌的栗砸, 真是个好姑凉呀~, 兔兔小公举'에서 '先森(xiān sēn, 샨선)', '哒(dā, 다)', '喵(miāo, 먀오)', '栗砸(lì zá, 리자)', '姑凉(gū liáng, 구량)', '公举(gōng jǔ, 공쥐)'는 각각 '先生(xiān shēng, 샨성)', '的(de, 더)', '猫(māo, 마오)', '栗子(lì zǐ, 리지)', '姑娘(gū niáng, 구냥)', '公主(gōng zhǔ, 공쥐)'에서 운모나 성모 글자를 바꿈으로써 만들어 낸 표현이다. 한국어 통신 언어의 음소 바꾸기에 대응되는 이러한 방식을 이용하여 통신 별명을 만들어 씀으로써 다른 누리꾼들에게 신선한 느낌을 표현하는 효과가 있다.

---

14) 본래 글자에 부수를 더하여 적는 이런 방식의 표기는 한국어 통신 언어의 음소 더하기와 유사하다.

3.3 오락적 동기

통신 공간에서 누리꾼들은 글자를 변형하고 조작함으로써 말놀이의 재미를 느끼려고 한다. 언어 규범에 어긋난 언어 형식의 사용을 통해 재미를 느끼려 하는 것이 바로 오락적 동기에 따른 통신 언어 사용이다. 통신 별명을 만들 때에도 이러한 오락적 동기를 바탕으로 하는 경우가 보인다. 앞서 소개한 소리나는 대로 적기, 음절 줄이기, 음소 바꾸기에 따른 통신 별명은 오락적 동기와도 관련된다. 그밖에도 누리꾼들은 각종 부호, 특수 문자, 숫자 등을 적극적으로 동원하여 재미있는 통신 별명을 만들어 쓴다.

(23) 한국어 누리꾼들의 '오락적 동기'에 따른 통신 별명
    가. 9독, 힘들DA.. / 영상, ㄹ7블리z♥
    나. ㅇㅖㅇㅓㄴ, 윤주우ㄴㅜ우우우, 그냥 귀찮다아아
    다. 윤데렐라♥, 허니우현칩
    라. ٩(ｏ´‿`ｏ)۶♡, (´▽`), ♥ヾ(*^ｭ^*) ✿꿈夢✿, - B -,
       Vaneヽ(*≧ω≦)/, ㅇㅅㅇ, ㅠㅠㅠㅠㅠㅠㅠㅠ

(23가)는 유사한 발음의 숫자나 다른 문자를 한글과 섞어 사용한 통신 별명들이다. '9독'과 '힘들DA.. / 영상'에서 '9'와 'DA'는 각각 '구'와 '다'를 대신한 것으로 '구독', '힘들다'라는 표기를 재미있게 바꾸어 적었다.[15] '외계어'식 표기인 'ㄹ7블리z♥'에서는 '러'의 모음 'ㅓ'를

---

[15] 이진성(2003:223)에 따르면 'in2(into)', '4ever(forever)'처럼 로마자와 숫자를 섞어 적는 '음차표기' 방식이 영어에서는 한국어보다 훨씬 다양하고 빈번하게 활용된다고 한다. 중국어의 경우도 한국어보다 이런 방식의 통신 언어 사용이 더 많은 편이다. 한국어에서는 음절 줄이기, 음소 바꾸기, 음소 더하기 등 한글의 모아쓰기 방식을 활용한 통신 언어 형식이 다양하기 때문에 누리꾼

모양이 비슷한 숫자 '7'로 적었다.16) (23나)의 'ㅇㅖㅇㅜㅓㄴ'의 경우는 한글로만 적었지만 모아쓰기를 하지 않고 풀어 적음으로써 시각적으로 재미를 더한 통신 별명이다. '윤주우누우우우'의 경우는 '윤준우'를 길게 발음하는 대로 늘여 적음으로써 시각적으로 낯설게 하여 재미를 주고자 한 것이다.

(23다)의 '윤데렐라♥'는 '신데렐라'의 첫 글자를 누리꾼 자신의 성으로 바꿈으로써 자신을 신데렐라와 동일시하는 통신 별명이다. '허니우현칩'은 '허니버터칩'이라는 과자 이름에서 '버터' 대신 좋아하는 가수 이름 '우현'을 바꾸어 넣은 것이다. 이런 통신 별명은 기존의 표현을 바꾸어 적은 데서 기발함과 재미를 느끼게 한다. 한편, (23라)의 통신 별명은 특수 부호와 한글 자모를 이용한 그림 글자로 구성된 것인데, 대다수 통신 별명이 언어 형식으로 되어 있는 상황에서 다른 누리꾼들에게 재미있게 받아들여지는 것으로 보인다.

다음 (24)는 중국 누리꾼들이 오락적 동기에 따라 만들어 쓰는 통신 별명의 보기다.

(24) 중국 누리꾼들의 '오락적 동기'에 따른 통신 별명
　가. 彼岸De曼珠沙华 (피안의 만주사화), 寡人要睡觉le (과인은 자야겠다), 音速_lvlvlvlvlv绿 (음속_뤼뤼뤼뤼뤼)
　나. 欢迎eye光临 (사랑에 온 것을 환영한다)
　다. (^_^)∠※、、(≧Д≦)ノ、ヽ(̄▽ ̄") ╭, 囧玫瑰 (난감한 장미꽃), 一起囧吧 (함께 난감하다)

들이 특별히 강한 오락적 동기를 갖고 있지 않은 상황에서는 굳이 이 방식을 잘 쓰지 않는다.
16) 이런 통신 별명은 글자가 눈에 잘 띄도록 만들어 의미를 강조하고, 다른 누리꾼들과의 차별성을 드러내려는 표현적 동기와도 관련이 있다.

(24가) '彼岸De曼珠沙华, 寡人要睡觉le, 音速_lvlvlvlvlv绿'에서 'De'는 '的', 'le'는 '了', 'lv'는 '绿'의 병음이다. 한자 대신 병음을 씀으로써 시각적으로 눈에 띄고 재미있게 통신 별명을 만들었다. 한편, 한국 누리꾼들과 마찬가지로 발음이 유사한 다른 언어 체계의 문자를 이용하여 만든 통신 별명도 보인다. (24나)의 '欢迎eye光临'의 본래 표현은 '欢迎爱光临'인데, '爱'(ai)의 발음이 영어 'eye'와 유사하기 때문에 한자 대신 재미있게 'eye'로 바꾸어 적은 것이다.

중국 누리꾼들도 (24다)의 '(^_^)∠※、ヽ(≧Д≦)ノ'처럼 특수 부호를 이용하여 재미있는 통신 별명을 만들어 쓰고 있다. 한국 누리꾼들이 한글 자모를 이용하여 'ㅇㅅㅇ, ㅠㅠㅠㅠㅠㅠㅠㅠㅠㅠ'와 같이 사람의 표정을 나타내는 통신 별명을 만드는 것처럼 한자를 이용하여 시각적으로 얼굴 표정을 나타내는 통신 별명을 만들어 쓴다. (24다)의 '囧(jiǒng)'은 겉으로 보아 축 처진 눈썹과 크게 벌린 입의 형태와 같아서 우울하거나 슬픈 표정, 난감한 표정 등을 전달하는 그림 글자다. 이것의 의미는 영문자를 이용한 그림 글자 'ORZ'나 'OTL'에 대응된다. '囧'을 통신 별명에 넣음으로써 얼굴을 못 보는 가상공간에서 누리꾼 자신의 심정이나 표정을 효과적이면서도 재미있게 표현할 수 있다.

3.4 유대 강화 동기

인터넷 공간에서 누리꾼들은 취미나 성향이 같은 사람끼리 교류하는 경우가 많다. 이 과정에서 비슷한 언어 요소를 함께 사용함으로써 동질감을 느끼며 서로 긴밀한 감정을 나눈다. 통신 별명을 만들어 쓰는 과정에서도 누리꾼들은 이러한 유대 강화 동기에 따르는 경우가 관찰된다. 다음 (25)는 한국 누리꾼들이 유대강화 동기에서 만들어 쓰는 통신 별명의 예들이다.

(25) 한국 누리꾼들의 '유대 강화 동기'에 따른 통신 별명
  가. 엑소,인피니트 사랑하는 서현이~~♡, 세훈아 앗눙, 안녕하세훈, [내 우주는 엑소]종부, 엑소 사랑
  나. 부산소년, 부산남자, 부산머슴아, 부산갈매기, 부산사랑, 부산여자 채혀니
  다. [서코A02]도트리, [10월서코]ONGDAL/Areum, [서코D06] 비령, 서코 A15,16 시노루피치

10대, 20대의 누리꾼들은 특정 연예인에 대한 높은 관심을 갖고, 이를 통신 별명으로 표현하는 사람이 적지 않다. 좋아하는 연예인이나 그룹 이름을 이용해서 통신 별명을 만들어 씀으로써 같은 대상을 좋아하는 사람들끼리 동질감과 유대감을 느끼게 된다. (25가)는 대표적 한류 가수 그룹인 '엑소'와 그 구성원들의 이름을 이용해 만든 통신 별명들이다. (25나)는 지역 이름을 통신 별명에 이용한 것으로 자신의 거주 지역을 밝히면서 동시에 같은 지역 사람들과의 유대를 꾀하기 위한 의도가 파악된다. (25다)의 통신 별명에는 '서코'라는 말이 공통으로 들어 있는데, 이는 '서울 코믹월드' 또는 '서울 코스프레'의 줄임말이다.

같은 취미를 가진 사람들이 통신 별명을 통하여 동일한 정체성을 표현하면서 유대를 강화하려는 동기에서 나온 것들이다.

다음은 중국 누리꾼들이 유대 강화 동기에 따라 만든 통신 별명의 보기다.

(26) 중국 누리꾼들의 '유대 강화 동기'에 따른 통신 별명
　가. TFBOYS小螃蟹莉莉 (TFBOYS 작은 개 리리), 易烊千玺我是你未来女票 (이양첸시 나는 당신의 미래 여자 친구다), 王凯亦是光 (왕카이는 빛이다), 王源萌萌哒 (왕위안은 귀엽다), 源源的王俊凯 (위안위안의 왕준카이)
　나. 北京玩乐FUN (베이징 행락FUN), 北京大土豆 (베이징 큰 감자), 北京的盒子小姐 (베이징의 박스 아가씨), 北京青年-常琳 (베이징 청년-창린), 北京老马 (베이징 노아오마)
　다. 因为鲁能所以爱 (루닝 때문에 사랑한다), 孙佳佳爱鲁能 (쑨지아지아는 루닝을 사랑한다), 鲁能球迷赵龙 (루닝 축구팬 자오롱입니다), 特别关心鲁能 (루닝에 대한 특별한 관심이 있다), 百年鲁能誓死忠诚 (백년 루닝, 죽을 때까지 충성하겠다)

(26가)의 통신 별명은 중국 인기 그룹인 'TFBOYS'와 그 구성원의 이름을 이용하여 만든 것들이다. 이러한 유명인의 이름을 이용한 통신 별명을 통하여 해당 누리꾼의 취미나 성향을 바로 알아볼 수 있으며, 비슷한 통신 별명을 쓰는 누리꾼들은 심리적 유대감을 자연스럽게 갖게 된다. (26나)의 통신 별명에는 공통으로 지역 이름인 '베이징'이 들어 있으며, 이 역시 출신 지역이 같은 누리꾼임을 나타냄으로써 유대 관계 강화에 도움이 된다. (26다)의 통신 별명들에는 '鲁能(lǔ néng, 루닝)'이라는 이름이 들어가 있다. 여기서 '鲁能'은 중국 산동성 지역 축

구팀 이름이다. 이처럼 중국 누리꾼들은 통신 별명을 지을 때 유대 강화 동기에서 출발하여 자신의 취미와 관심사, 출신 지역 등을 밝힘으로써 다른 누리꾼들과의 유대 강화를 적극 꾀하는 모습을 잘 보여 준다.

3.5 심리적 해방 동기

일상생활에서 받는 스트레스로부터 벗어나 누리꾼들은 통신 공간에서 사회적, 심리적 제약 없이 마음껏 자신을 표현하거나 행동한다. 규범의 틀에서 벗어나 해방감과 자유로운 마음 상태를 느끼기 위하여 의도적이고 적극적으로 규범에 어긋난 언어 형식을 사용하려는 것이 심리적 해방 동기다. 아래 (27)은 한국 누리꾼들이 심리적 해방 동기에서 만든 통신 별명이다.

(27) 한국 누리꾼들의 '심리적 해방 동기'에 따른 통신 별명
    가. 뻐큐머겅, 에이씨팔, 씨팔세 감성으로 해 이씸세들아, 이런개새!, 조까라마이싱, 미친년들정도를몰라, 니기미뽕
    나. 세월호구조안한국정원댓통년은물러나라, 쥐새끼가 가니 닭년이 왔네…, 시발 부산울산경찰새끼들

(27가)는 욕설이나 비속어를 사용하여 만든 통신 별명으로 마음에 쌓인 스트레스를 해소하려는 동기가 느껴진다. (27나)의 통신 별명은 대통령이나 공무원 등에 대해 비속한 표현을 써서 공격하며 심리적 해방감을 느끼려 하는 것들이다.

한국 누리꾼들의 통신 별명에 비해 정도가 약하기는 하지만 중국 누리꾼들도 심리적 해방 동기에 따른 통신 별명을 (28)과 같이 만들어 쓴다.

(28) 중국 누리꾼들의 '심리적 해방 동기'에 따른 통신 별명
    가. 驴克思主义者 (lú kè sī zhǔ yì zhě, 당나귀주의자), 孔儒乃误国之根 (공자와 유가 사상은 나라를 망치는 근원이다)
    나. 我操-人民币 (씨발-인민폐), 哎呀我操呀 (아이구 씨발), 你个狗娘养的 (너는 개새끼), 次次拔剑杀了那畜生 (매번 칼을 뽑아 그 새끼를 죽인다)
    다. 宪政公知 - 王八 (헌정 전문가 - 개새끼), 政府部门都他妈的混蛋 (정부 부처는 모두 네미 개자식들), 大连市长是山炮 (대련시장 바보야)

웨이보에서는 심한 욕설이나 비속어 사용을 금지하고 있지만 누리꾼들은 현실 사회에서 드러내기 어려운 불만이나 원망 등을 통신 별명을 통해 표현하는 경우가 보인다. (28가)의 '驴克思主义者'는 본래 '马克思主义'(마르크스주의)인데 여기서는 '马(mǎ, 말)'를 어리석음을 상징하는 '驴(lú, 당나귀)'로 바꾸어 풍자적으로 표현함으로써 중국 정부가 추앙하는 마르크스주의를 비하하고, 그들에 대한 불만과 비판적 태도를 드러내었다. '孔儒乃误国之根'은 옛날부터 중국에 널리 퍼져 있는 유교를 직설적으로 비판하는 통신 별명이다. (28나)는 비속어, 욕설이 직접 포함된 통신 별명이고, (28다)는 정부 및 공무원에 대해 비속어를 사용한 통신 별명의 보기다. 중국 누리꾼들도 통신 공간에서는 제약은 있지만 현실 사회에 비해 상대적으로 자유롭게 행동할 수 있다. 일상생활에서 표현하기 어려운 감정을 이처럼 통신 별명을 통하여 드러내는 것은 심리적 해방 동기에서 유래된 것이다. 다만, 한국과 달리 중국 누리꾼들의 통신 별명에는 국가 고위직 정치인 등을 비속한 표현으로 공격하는 사례가 나타나지 않았다.

4. 한중 통신 별명의 특징 비교

지금까지 2절과 3절에서 한국과 중국 누리꾼들의 통신 별명을 구조, 의미 유형에 따라 분류하고, 통신 언어 발생 동기 면에서 통신 별명의 쓰임을 살펴보았다. 다수의 공통점과 함께 차이점도 나타났는데, 몇 가지 중요한 점을 정리하여 제시하기로 하겠다.

한중 누리꾼들의 통신 별명을 구조 면에서 분석한 결과, 두 나라 모두 한 가지 문자 체계만 이용한 단일 구조 통신 별명이나, 둘 이상을 결합한 복합 구조 통신 별명 사용에서 큰 차이가 없었다. 다만 한국 누리꾼들의 경우 한자를 이용한 단일 구조 통신 별명을 쓰는 일이 종종 있는 반면 중국 누리꾼들이 한글만 이용하여 통신 별명을 만들어 쓰는 경우가 거의 없었다. 이는 일차적으로 웨이보 운영자의 한글 사용 통제 때문이지만 근본적으로는 한국에서 한자가 차지하는 높은 위상과 중국에서 한글이 차지하는 낮은 위상 차이 때문에 생긴 결과다. 그럼에도 중국의 사회적 소통망에서는 한류의 확산으로 한글 사용 및 한국어 음역 표기가 늘어나고 있는 것으로 나타났다.

통신 별명의 의미 유형에 따라 '자기 정보', '우상 정보', '지향 정보', '기타'로 나누어 분석해 보니 한중 두 나라 누리꾼들은 통신 별명을 통해 자신의 정체성을 드러내고 다른 사람과 차별화하려는 노력을 공통적으로 보여 주었다. 누리꾼들은 이름, 직업, 근황 등의 '자기 정보', 좋아하는 주변 사람이나 연예인 등의 '우상 정보', 선호하는 동식물, 음식물, 계절, 자연 환경 등의 '지향 정보'를 이용해서 통신 별명을 잘 만드는 것으로 나타났다. 일부의 경우 이러한 의미를 드러내는 대신 웃음소리, 의성의태어, 그림 글자 등을 이용해서 통신 별명을 만들어 씀으로써 다른 사람과 차별화하려는 모습도 있었다. 특히 한국어 누리꾼 가운데는 '이름', '이름은 비워둘 수 있습니다'와 같은 통신 별명을 지음으로써 SNS에서 통신 이름과 별개로 통신 별명을 추가로 짓도록 한 규칙을 거부하는 사람도 보였다.

한편, '지향 정보'를 이용한 통신 별명의 구체적 쓰임에서 두 나라의 차이점이 크게 나타났다. 한국 누리꾼들은 '소상공인이 살아야 대한민국이 웃는다', '우파는 싸가지다'와 같은 사회 변화나 이념과 관련된 통신 별명, '김무성은 새누리를떠나라!' 등 정치인에 대한 태도를 드러낸 것들이 많이 쓰였으나 중국 누리꾼들의 통신 별명에서는 이러한 현실 정치와 관련된 것이 적은 편이었다. 이는 두 나라 정치 체제 및 국민들에 대한 통제의 강도 차이에서 나온 것으로 보인다. 중국은 공산당 일당 체제로서 당과 권력자들에 대한 비판이 쉽지 않고, 나아가 국민들의 사상과 언어 사용에 대한 통제의 강도가 한국보다 심한 편으로 평가된다. 특히 인터넷 공간에서 정치 및 사회 문제와 관련된 다수의 금칙어가 설정되어 관련 표현의 사용을 실시간으로 막는 조치가 제한 없이 이루어지는 것으로 알려진다.17)

작성 동기에 따른 통신 별명의 유형 면에서 분석한 결과에서도 한중 누리꾼들은 공통점을 더 많이 보여 주었다. 몇 가지 차이점도 있었는데, 경제적 동기에 따른 통신 별명에서 한국 누리꾼들은 한글의 모아쓰기 특성 덕분에 '다이어트'를 '다이얼'처럼 음절 줄이기를 쉽게 하지만 중국 누리꾼들은 고정 형식의 한자 사용 때문에 이러한 통신 별명 사용이 아주 어렵다. 대신 중국의 경우에는 주로 한자 병음의 줄임말 형식을 이용하여 통신 별명을 만든다. 서로 다른 문자의 특성과 관련된 이런 차이는 표현적 동기에 따라 음소 바꾸기나 음절 더하기 방식으로 통신 별명을 만드는 과정에서도 나타났다.

또한 심리적 해방 동기에 따라 만들어 쓰는 통신 별명에서 비교적 큰 한중 차이가 확인되었다. 한국 누리꾼들은 '에이씨팔', '이런개새!'

---

17) 중국 인터넷 공간의 금칙어에 대해서는 손흔위(2016)을 참조할 수 있다.

등 욕설이나 비속어를 사용하여 심리적 스트레스를 풀고자 하는 통신 별명이 많았다. 또 '세월호구조안한국정원댓통년은물러나라'와 같이 대통령 등 현직 고위 정치인에 대한 공격적 태도를 분명히 드러내는 경우도 있었다. 그러나 중국 누리꾼들의 경우 이런 통신 별명을 만들어도 곧 바로 운영자에 의해 실시간으로 삭제되기 때문에 고위 정치인을 공격하는 통신 별명을 웨이보에서 지속적으로 쓰는 모습은 현실적으로 찾기가 어려웠다. 이는 한국과 중국이 사회적으로나 인터넷 공간에서 보장하는 정치적 자율성의 차이 또는 앞서 언급한 정치 체제 등의 차이가 반영된 결과로 해석된다.

맺음말

이 장에서는 한국과 중국의 누리꾼들이 사회적 소통망에서 사용하는 통신 별명을 비교, 분석해 보았다. 구체적으로 통신 별명의 구조, 의미 유형, 그리고 통신 별명의 작성 동기를 중심으로 분석했으며, 분석 대상 자료는 한국 누리꾼들의 통신 별명은 '트위터', 중국 누리꾼들의 그것은 '웨이보'에서 수집한 것이다. 1절에서는 선행 연구를 검토함으로써 통신 별명의 개념과 특성을 예비적으로 기술했고, 2절에서는 통신 별명의 구조와 의미 유형을 다루었다. 통신 별명의 구조를 단일 구조와 복합 구조로 구분하여 사례를 분석했다. 의미 유형은 통신 별명에 담겨 있는 정보 내용에 따라 크게 '자기 정보', '우상 정보', '지향 정보', '기타'의 네 가지로 세분하여 다루었다. 3절에서는 통신 별명의 작성 동기를 '경제적 동기', '표현적 동기', '오락적 동기', '유대 강화 동기', '심리적 해방 동기' 다섯 가지로 분류하여 사례를 분석했다. 바로 앞의 4절에서는 한중 통신 별명의 구조 및 쓰임에서 보이는 공통점과 차이점을 종합하여 정리했다.

　이 장의 연구는 통신 별명의 다양한 양상을 분석함으로써 새로운 인터넷 언어문화의 하나인 통신 별명에 대한 심층 이해를 도모하고, 한중 통신 언어의 공통점과 차이점을 파악할 수 있었으며, 나아가 인터넷 언어문화의 보편성을 확인한 점에서 연구 의의가 있다. 통신 별명은 인터넷 문화에서 만들어진 새로운 언어 사용의 한 가지인데, 누리꾼들의 생각, 정체성, 지향점 등을 보여 줄 뿐만 아니라 배경이 되는 사회의 문화와 정치 상황까지 잘 보여 주는 내용을 담고 있다. 크게 보아 인터넷 공간에서 이루어지는 언어 사용의 공통된 특성 때문에 두 나라 누리꾼들은 비슷한 모습으로 통신 별명을 만들어 쓰는 모습을 보여 주었다. 반면 음소 문자인 한글과 단어 문자인 한자라는 문자 체계의 차이, 정치사회적 분위기와 인터넷 공간에 대한 통제 정도 차이 때문에 통신 별명 사용에서 차이점도 뚜렷하게 보여 주는 것으로 드러났다. 앞으로도 이러한 한중 언어의 비교 연구 작업이 계속 이어져 두 나라 언어문화에 대한 이해도를 한층 높일 수 있기를 바란다.

12장_ 의성어와 의태어

　통신 언어 사용에서는 얼굴을 마주하지 않고 글말로 대화를 나누는 환경 때문에 대화 참여자들은 표정이나 목소리 등을 제대로 전달할 수 없다. 이런 상황을 보완하기 위해 누리꾼들은 '꾸벅', '굽실굽실/굽신굽신', '헉/헐', '에휴/에효', '오옷/오올/오옹', '아싸', '블링블링', '토닥토닥', '크크크', '히히히' 등 다양한 의성의태어를 적극 사용한다. 이런 표현을 통하여 언어 사용의 생동감을 높이고, 재미를 더하며, 동질감과 친밀감을 느끼고자 한다(이정복 2014다:46). 이런 점은 중국어 통신 언어 사용에서도 비슷하게 나타난다.[1]

　이 장은 한국어와 중국어의 인터넷 통신 공간에서 쓰이는 의성어, 의태어의 쓰임을 파악하고 비교하는 것이 목적이다. 이정복(2014다)는 통신 언어에서 쓰이는 의성의태어를 그것의 출처, 곧 어디서 만들어져 쓰이기 시작한 것인지와 일상어와 통신 공간에서의 쓰임 정도가 어느 정도인지를 기준으로 크게 '일상어와 통신 공간에서 두루 쓰이는 것'과

---

* 이 장의 내용은 이정복·판영(2015)를 부분적으로 고친 것이며, 공동 연구자의 게재 동의를 받았음을 밝힌다.

'통신 언어로 활발히 쓰이는 것'으로 나누었다. 각 유형에는 구체적으로 어떤 의성의태어들이 있는지, 어떤 의미 기능으로 쓰이고 있으며, 형식 및 용법의 특징이 무엇인지를 분석했는데, 여기서도 같은 방식으로 중국어 인터넷에서 쓰이는 의성의태어의 쓰임을 나누어 살펴보고자 한다. 여기서는 '일상어와 인터넷에서 두루 쓰이는 것'과 '통신 언어로 활발히 쓰이는 것'으로 나누어 자료를 분석한다. 한국어의 인터넷 의성의태어의 쓰임은 따로 다루지 않고 관련 최근 연구인 이정복(2014다)에서 제시한 주요 분석 결과를 가져와 중국어 의성의태어와의 비교 작업을 위한 자료로 활용하기로 하겠다.

여기서 제시하는 중국어 의성의태어 자료는 중국의 대표적 인터넷망인 '바이두(百度)'의 '바이두 티에바(百度贴吧, http://tieba.baidu.com)' 게시판에서 수집한 것임을 밝힌다. 이 게시판은 중국과 관련된 금기를 제외한 모든 내용의 짧은 형식 게시글과 댓글이 올라오는 일종의 사회적 소통망(SNS)이며,1) 휴대폰 등으로 실시간 글쓰기가 가능하기 때문에 누리꾼들의 교류가 활발하게 일어난다. 중국 일반 누리꾼들의 자유로운 언어 사용이 이루어지는 곳이며, 일상 중국어와 구별되는 통신 언어의 쓰임이 쉽게 관찰된다. 이 장에서 다루는 다수의 의성의태어는 누리꾼들이 새롭게 만들어 내거나 기존 형식을 변형한 것으로 통신 언어의 중요한 부분을 차지한다. 중국어의 의성의태어 자료는 2014년 9월부터 10월 사이에 대구대학교 국어국문학과 박사과정의 판영 선생이 수집한 것이다.

---

1) 현재 중국에서는 정치적 이유로 트위터, 페이스북 등 해외에 서버를 둔 인터넷 서비스 이용을 강제로 막고 있다. 따라서 이런 사이트 게시판이 중국 누리꾼들에게는 트위터, 페이스북 대용으로 쓰이는 상황이다.

1. 의성의태어에 대한 선행 연구 검토

지금까지 한국어 연구에서 일상어를 대상으로 한 의성의태어 연구(신중진 1998, 채완 2003, 박동근 2008, 손달임 2012 등)는 많이 나왔지만 통신 언어로서의 그것을 다룬 본격적 연구는 이정복(2014다)를 제외하면 거의 없는 편이다. 박동근(2003), 이정복(2003가, 2009나, 2012가), 박철주(2010) 등 통신 언어 관련 연구에서 인터넷 의성의태어의 쓰임이 부분적으로 다루어졌다. 이 가운데 박철주(2010)은 두 장에 걸쳐 의성어와 의태어에 대해 비교적 자세히 다루었지만 텔레비전, 인터넷 통신, 만화의 세 매체에서 쓰이는 의성의태어를 함께 다루었고, 특히 만화 사례의 분석에 초점이 맞춰져 통신 언어 의성의태어에 대한 분석은 소략한 편이다. 박진영·심혜령(2012), 박진영(2013)은 휴대폰 등 모바일 환경에서 의성의태어 교육을 어떻게 할 것인지를 다루었지만 일상어의 의성의태어에 관심이 한정되었다. 한중 의성의태어의 대조 연구로는 장언청(2009, 2014), 왕원원(2010), 바양(2012) 등 다수가 있지만 통신 언어를 다룬 것은 아니다. 다만 예설교(2014)는 한중 인터넷 의성의태어를 비교한 것인데, 통신 언어 사용의 다섯 가지 동기 면에서 사례를 분석했기 때문에 의성의태어의 전반적 쓰임을 충분히 다루지 못한 아쉬움이 있다.

두 언어의 의성의태어의 쓰임을 구체적으로 분석하기에 앞서 그 개념 정의를 간단히 설명할 필요가 있다. 신중진(1998:8)은 "소리나 모양을 언어형식으로 본떠서 표현"한 자립 어휘소를 의성의태어로 보았다. 박동근(2008:14)는 의성의태어를 '흉내말'로 부르고, 그 개념을 "자연계의 소리를 그와 유사한 음성으로 모방하여 관습화된 '소리흉내말'과, 소리 이외의 모양이나 상태를 특정한 음운으로 모방했거나, 모방했다고 인식되는 '모양흉내말'을 두루 일컫는 국어의 특수한 낱말군"

으로 정의했다. 곧 소리 또는 모양이나 상태를 언어로 표현한 말인 '의성어'와 '의태어'가 개념적으로 밀접한 대응 관계를 이루는 것으로 인식했음을 알 수 있다.

의성어에 대한 이런 정의는 그 범위를 '자연계의 소리'에 한정하면서 사람의 소리는 배제하는 것으로 이해된다. 이는 앞의 주석에서 밝힌 것처럼 사람이 내는 특정한 목소리를 옮긴 표현도 의성어의 범위에 넣는 우리의 관점과 차이가 있다. '자연계의 소리'는 곧 '비분절음'의 뜻으로도 이해할 수 있는데, 의성어가 꼭 비분절음을 대상으로 만들어지는 것은 아니라고 본다. 혀 차는 소리(쯧쯧), 자면서 숨 쉬는 소리(쿨쿨)는 비분절음이 분명하지만 '하하, 호호, 히히' 등의 웃음소리나 '아싸, 우아, 헐' 등의 감탄 표현이 비분절음이라고 하기는 어렵기 때문이다.

'아싸'는 감탄사기 때문에 의성어가 아니라는 의견도 있으나 감탄사나 부사로 분류되는 '기쁨, 슬픔, 감탄, 놀람, 탄식, 실망' 등의 감정적 의미를 드러낼 때 쓰는 '사람의 목소리'를 옮긴 표현도 의성어로 보고자 한다. '쯧쯧'이 ≪표준국어대사전≫과 ≪고려대 한국어대사전≫에 부사로도 감탄사로도 풀이되어 있듯이, 의성어는 품사 분류와는 별개의 어휘 내용적 용어기 때문에 그것은 부사일 수도 감탄사일 수도 있다. 이런 점에 대해 채완(2003:38)에서도 이미 의성어나 의태어가 품사 설정의 대상이 아니라 의미상의 특성에 의해 묶인 부류라고 기술했다. 한편, 신중진(1998:58)은 감탄사는 "의미삼각도상 대상(Referent)을 가지지 않는다"라고 한 반면 의성의태어는 "소리이든 모양이든 대상을 갖는다"라고 했는데, '쩍쩍'이 '참새 울음소리'라는 개념과 '소리'라는 대상을 갖는 것처럼 '어머'라는 놀람의 감탄사 또한 '놀람'의 개념과 구체적 소리라는 대상을 갖는 것으로 보아야 할 것이다. 의성어의 정확한 범위와 정의에 대한 재논의가 필요한 상황인데, 이에 대해서는 다음 기회에 다루어 보기로 하겠다.

채완(2003:80) 또한 의성어와 의태어의 본질적 관련성을 "어떤 소리가 발생될 때는 대부분 어떤 움직임이나 상태가 수반되기 때문에 하나의 의성어가 소리나 움직임, 또는 상태 등을 미분화(未分化)된 전체 장면으로서 공감각적으로 묘사하는 것"이기 때문이라고 설명했다. 곧 의성어와 의태어가 "대상의 소리나 상태, 움직임을 직접적으로 묘사하고자 하는 목적이 같고, 그 기능이 공감각적으로 서로 넘나들며, 또 반복형으로 구성하는 것과 같은 특징적인 외형을 갖게 됨에 따라 함께 묶이게 되었던 것이다"(채완 2003:73).

중국어의 경우 의성어는 일찍부터 '의성사(擬聲詞)'라는 독립된 어휘 부류로 설정되었고, 한국어 의성어와 그 개념이 같다. '의태어'와 관련해서는 ≪现代汉语词典(현대 중국어 사전)≫(1983)에서 사람이나 사물의 상태와 움직임을 모사(模寫)할 수 있는 어휘가 '상형사(象形詞)'라고 설명했다. ≪现代汉语词典≫(2005)에서는 '상태사(狀態詞)'라는 개념을 언급했는데 이때부터 의태어를 '상태사'로 불렀고, 그것은 형용사 하위 부류의 일종인 것으로 보았다. 사람이나 사물의 상태를 나타낸 말로서 생동적 묘사를 지니고 있는 말이 '상태사'라고 개념을 밝힌 점에서 용어 차이는 있지만 의태어의 경우도 한중 두 언어에서 개념이 같다고 하겠다.

2. 일상어와 인터넷에서 두루 쓰이는 의성의태어

여기서 다루는 의성어와 의태어는 일상어에서 만들어져 쓰이던 것이 인터넷 통신 공간에서도 쓰이는 것이다. 일상어와 통신 언어에서 의미 기능과 형식의 차이 없이 쓰이는 경우도 있지만 차이를 보이는 표현도 적지 않다.

2.1 의성어

일상어와 인터넷에서 두루 쓰이는 한국어 의성의태어에는 많은 표현들이 있다. 그 가운데 의성어의 대표적인 사례를 이정복(2014다:49~52)에서는 다음과 같이 세 가지 유형으로 제시했다.

(1) 일상어와 인터넷에서 두루 쓰이는 한국어 의성어
 가. 여름밤 조개구이 냠냠 더위사냥맛 냉커피 냠냠
 나. 파인솔 냄새 강력하다. 쿨럭…
 나-1. 에잉~ 오빠가 무슨 까칠이에요. 저라면 또 모를까… 쿨럭~).〈
 다. 비가 주룩주룩 내리면 몸이 주룩주룩 흘러내리는 것 같아.
 다-1. 쥐오디 노래 첨듣는데 눈물 주룩주룩… 찌바
 다-2. 후유증은 없는데 눈물이 주르륵 하고 흘러서 놀랐다ㅠㅠㅠㅠㅠ
  ㅠ

(1가)의 '냠냠'은 일상어에서 이미 쓰이던 것으로 인터넷에서도 의미가 동일하게 쓰인다. '냠냠'은 "주로 어린아이가 음식을 맛있게 먹는 소리를 나타내는 말"[2]이며, (1가)의 통신 언어 보기 또한 음식을 맛있게 먹는다는 뜻으로 쓰였다. (1나)의 '쿨럭'은 일상어에서 주로 '쿨럭쿨럭'의 반복형으로 잘 쓰이는데, "가슴 깊은 곳에서 나오는 거칠고 큰 기침 소리를 나타내는 말"이다. 이와 달리 (1나-1)과 같은 '쿨럭'은 민망하거나 어색한 상황에서 당황스럽게 헛기침을 한다는 뜻으로 쓰였다. 인터넷 통신 공간에서 의미 기능이 확대된 것이다. 일상어에서 쓰

---

[2] 이 장에서 제시하는 특별히 다른 출처 표시가 없는 사전 뜻풀이는 고려대 민족문화연구원에서 2009년에 펴내고 인터넷에 공개하고 있는 ≪고려대 한국어대사전≫에서 가져온 것이다.

이는 (1다)의 '주룩주룩'은 통신 공간에서는 (1다-1)처럼 '주룩주룩'으로 변형되어 쓰이는 일이 많다. '주룩'은 (1다-2)의 '주르륵'이 줄어든 형태로 볼 수도 있는데, 누리꾼들은 '주룩주룩'과 '주르륵주르륵'을 뒤섞어 '주룩주룩'으로 쓴다.3)

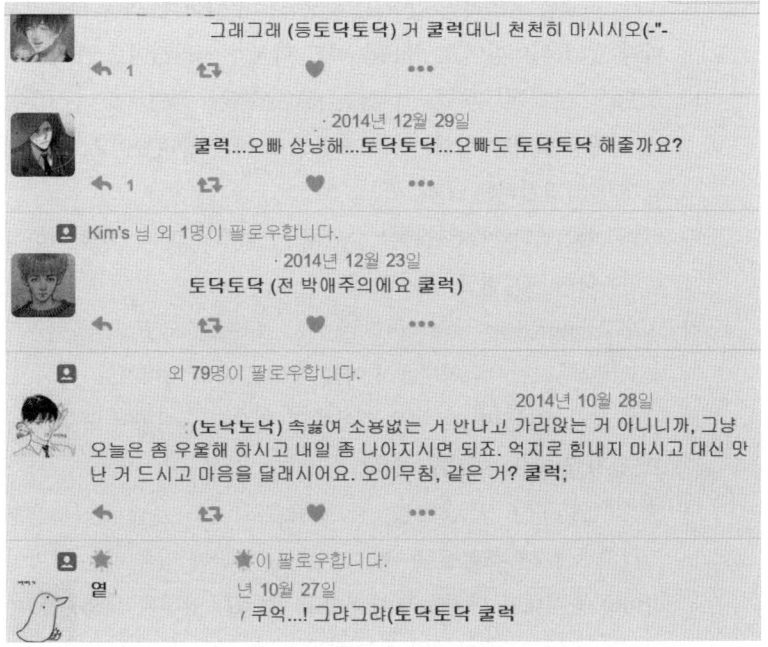

그림 1 **의성어 '쿨럭'과 '토닥토닥'의 쓰임**

(1)에서 간략하게 제시한 한국어 인터넷 의성어의 쓰임 유형에 따라 중국어 인터넷 의성어의 쓰임을 살펴보기로 한다. 다음 보기 (2)는 일

---

3) 최근에 나온 의성의태어 사전인 박선자·김문기·정연숙 엮음(2014)에는 '주루루, 주룩, 주룩주룩, 주르르, 주르륵, 주르륵주르륵', '조록, 조록조록, 조르르, 즈르륵, 조르륵조르륵'은 나오지만 누리꾼들이 많이 쓰는 '주룩주룩'은 나오지 않는다.

상어에서 이미 쓰이던 것으로 통신 언어에서도 같은 의미로 쓰이는 중국어 의성어다. 의미 및 형식에서 일상어와 차이가 없다.

(2) 일상어와 인터넷에서 두루 쓰이는 중국어 의성어: 의미 기능 차이가 없음

가. 我去炸学校, 老师不知道, 一拉线, 马上跑, 嘭的一声, 学校炸飞了... (나는 학교를 폭격하러 갔어요. 선생님은 몰랐어요. 약을 터뜨리자마자 빨리 뛰어갔어요. **펑(꽝)** 하고 학교가 사라졌어요...)

나. 厨房内, 只听乒乒乓乓一片嘈杂, 接着是翅膀扑腾的声音, ... (주방에 **핑핑팡팡(꽝꽝 탕탕)** 하고 요란한 소리가 들려왔어요. 뒤이어 날개가 퍼덕거리는 소리. ...)

다. 噗嗤. 哈哈哈哈哈哈哈哈. 太了解了... (푸츠(피식). 하하하하하하하하하. 잘 알고 있어요..)

라. 从楼上的床滚到楼下的床,再滚到沙发。好幸福的样子。回家就不想走了。喵呜。... (위 침대에서 아래 침대로 굴러 떨어지고, 다시 소파로 굴러 떨어졌어요. 너무 행복해요. 집으로 돌아와서 바로 나가고 싶지 않아요. 먀오우(야옹). ...)

마. 有你们的小日子 天天都明媚 天天好像就跟你佛一会话 你一有空都给我说话每次都嘟嘟囔囔一堆... (당신들과 함께 있을 때는 날마다 사이좋게 지내고 당신들과 대화하고 싶어요. 당신은 새새틈틈 나와 같이 말하고 두두낭낭(중얼중얼) 계속 말하네요..)

바. 我就不愿意上YY一群人叽里呱啦没完没了乱糟糟,秒烦!... (나는 YY에 로그인하기 싫어요. 한 무리의 사람들이 지리과라(와자지껄) 끝이 없이 시끄럽게 떠드네요. 짜증스러워요!...)

사. 我最大的愿望就是吃西瓜的时候轻轻一抖 西瓜籽就哗啦哗啦全部掉出来了 然后我就可以吧唧吧唧地啃西瓜... (나의 가장 큰 소원은 수박을 먹을 때 수박을 살살 흔들어서 수박씨가 화라화라(드르륵드르륵) 다 떨어지는 것이에요. 그런 다음 나는 바지바지(쩝쩝) 수박

을 먹을 수 있어요...)
아. 电影里面的电脑高手, 在要做一件事情的时候, 想都不想就开始噼里啪啦的敲键盘, 然后回车一按, 大功告成。 (영화에 나오는 컴퓨터 고수들은 일을 벌이기 전에 망설임 없이 피리파라(뚜두두둑) 키보드를 치고 나서 엔터키를 누르자마자 손을 떼요.)

중국어 의성어 '嘭(pēng, 꽝)'은 "물체가 부딪치거나 문을 두드리는 등의 소리"를 나타낸다.4) (2가)에서도 비슷하게 대포나 수류탄 따위가 지축을 뒤흔들 정도로 크게 울리는 소리라는 의미로 쓰였다. '乓乓乓乓(pīngpīngpāngpāng, 쾅쾅 탕탕)'은 총 소리, 문 닫는 소리, 물건이 부딪혀 깨지는 소리가 요란하고 반복적으로 나는 것을 뜻하고, (2나)에서도 같은 의미로 쓰였다.

'噗嗤(pūchī, 피식)'는 웃음소리 혹은 물, 공기 등이 새는 소리를 가리키며, (2다)에서도 웃을 때 나는 소리를 나타낸다. '哈哈(hāha, 하하)'는 크게 웃는 소리를 가리키며, (2다)에서 '哈哈'의 반복형 '哈哈哈哈哈哈哈哈'가 쓰였는데 '哈哈'보다 더 크게 웃는 소리를 뜻한다.5)

(2라)의 '喵呜(miāowū, 야옹)'는 고양이 울음소리를 묘사한 것으로 일상어나 인터넷에서 차이가 없다. '嘟嘟囔囔(dūdunāngnāng, 중얼중얼)'은 중얼거리거나 투덜거리는 것을 뜻하는 의성어며, (2마)의 보기 또한 남과 상관없이 혼잣말처럼 계속 중얼거린다는 뜻으로 쓰였다.

'叽里呱啦(jīliguālā)'는 한국어의 '왁자지껄'에 대응되는 말로 몹시

---

4) 중국어 의성의태어의 뜻풀이는 '네이버'의 인터넷 ≪중국어사전≫을 참조한 것이다.
5) 남궁양석(2002:121)은 중국어 통신 언어에서 웃음 표현의 의성어들이 성별에 따라 구별된다고 하면서 '呵呵'를 남자의 웃음을 나타내는 가장 대표적 의성어로, '哈哈'는 특수한 상황에서 쓰이는 어리석은 웃음의 표현으로 보았다. 다음 기회에 웃음 표현 의성어와 성별 관련성에 대해 구체적으로 살펴보기로 하겠다.

소란스럽게 지껄이고 떠드는 소리를 나타낸다. (2바)에서는 많은 누리꾼들이 어지럽고 시끄럽게 싸우듯이 말한다는 비슷한 뜻으로 쓰였다.

'哗啦哗啦(huālāhuālā, 드르륵드르륵)'는 비 내리는 소리, 물 흐르는 소리, 건물이 붕괴될 때 나는 소리를 나타내며, (2사)에서 수많은 수박씨가 떨어지는 소리를 나타내기 위해 쓰였다. '吧唧吧唧(bājibāji, 쩝쩝)'는 음식을 마구 먹을 때 크게 나는 소리를 가리키는데, (2사)의 보기에서 수박을 먹으며 감칠맛 있게 입맛을 다시는 소리를 나타낸다. '噼里啪啦(pīlipālā, 뚜두두둑)은 연속적으로 작렬하거나 두드리는 소리를 나타내는 말이며, (2아)에서는 빠른 속도로 계속 키보드를 치는 소리를 나타낸다.

앞의 의성어와 달리 (3)의 보기에 쓰인 의성어는 통신 언어로 쓰이면서 의미 기능이 확대된 표현들이다.

(3) 일상어와 인터넷에서 두루 쓰이는 중국어 의성어: 의미 기능이 확대됨
　가. 嗷嗷。。。大半夜木有人。。. (아오아오(와와)... 깊은 밤에 사람이 없네요..)
　가-1. 嗷嗷党水楼,不管是不是党内人士都欢迎嗷~ (아오아오(쓸데없는 말이 많군요). 게시판과 관련 없는 내용도 좋아요. 회원이 아니더라도 환영합니다. 오~)
　가-2. 东北个高女生嗷嗷多... (동북 지역에 키가 큰 여자가 아오아오(아주) 많아...)
　나. '咔擦, 老师手里的粉笔华丽丽的断成了两半. ('카차'(찰칵), 선생님 손의 분필이 두 동강으로 화려하게 부러졌어요.)
　나-1. 小悦刚刚发了个贴不知道为什么那么快就被咔擦了!!! 好奇怪啊。... (시오유어6) 아까 댓글을 하나 올렸는데 왜 그렇게 빨리 카차

---

6) 사람 이름

(삭제)하는지 모르겠어요!!! 이상하네요. ...)

나-2. 鸡肉味, 嘎嘣脆 你咔**擦**我看看... (닭고기 맛이 바삭바삭해요. 당신 카차해(먹어) 보세요...)

다. 这算毛, 我每天最后一个睡, 饮水机就在我床头, 动不动就咕噜响一声 (이거 아무것도 아니에요! 나는 매일 마지막으로 잠자는데, 정수기가 바로 침대 위에 있고, 걸핏하면 구루(꼬르륵) 소리가 나요)

다-1. 未来的水神猫猫在此! 基佬速度膜拜! 猫猫 又开始咕噜了... (미래의 수신모모7) 왔어요! 게이들8) 빨리 엎드려 절하세요! 모모는 다시 구루(끊임없는 말)를 시작했어요...)

다-2. 深夜冒粗…咕噜咕噜。潜。(한밤에 나왔어요…구루구루(꼬르륵 꼬르륵). 잠수합니다.)

라. 火车咻咻咻的开过去了。总觉得看着火车过去。暖暖的。(열차가 씽씽씽 하고 지나갔어요. 그것을 바라보다가 따뜻함을 느낀 것 같아요.)

라-1. 路过~留个Q~2818754176-咻咻~... (지나갔어요~Q를 남겨둘게요~28187 54176-슈슈(휘리릭)~...)

라-2. 脸生路过——咻咻, 一束月光从我身边划过我是伟大的carry月骑 (낯선 사람이 지나갔어요——슈슈(휘리릭), 달빛 한 줄기가 내 옆을 가로질렀어요. 나는 위대한 'carry유어치'9))

마. 在这安静的夜里, 静静地听着钟表**滴滴答答**地走, 和着淅淅沥沥的雨声, 脑子里一片空白 (이런 고요한 밤에 가만히 디디다다(똑똑) 시계 소리와 부슬부슬 내리는 비 소리를 들으면, 머릿속에 아무 생각이 안 나요)

마-1. 。。。得到的消息点点**滴滴滴滴答答**... (...받았던 소식은 아주 적어

---

7) 누리꾼의 통신 별명
8) 남성 동성애자들을 중국 누리꾼들이 '基佬'라는 새말로 부른다.
9) 누리꾼의 통신 별명

요. 디디디디다다(조금씩)...)
마-2. 屁大个事,客户**滴滴答答**说个没完。睡一会都睡不好。 (시들방귀 같은 일인데, 고객은 계속 디디다다(끊임없이) 말하고 있어요. 잠을 한숨도 못 자요.)
바. 嘎嘎嘎, 要不要亲自去会馆看看, 5栋303. (*까까까(까악까악)*, 직접 회관에 가볼래요. 5호관 303실.)
바-1. 半天嘎卜出一句话... (한참 동안 한 마디도 *까*(말)하지 못해요...)

    (3가)의 '嗷嗷(áo'áo, 와와)'는 울거나 외치는 소리를 나타내는 말이다. 통신 언어에서는 (3가-1)에서처럼 쓸데없이 말이 많다는 뜻이나 (3가-2)에서처럼 '너무'나 '매우'의 뜻으로 쓰인다.
    (3나)의 '咔擦(kāca, 찰칵)'는 일상어에서 물체가 부딪혀서 나는 소리의 뜻이다. 이와 달리 누리꾼들은 (3나-1)에서 '삭제하다', (3나-2)에서 '먹다'의 뜻으로 쓰고 있다. '찰칵'이란 소리의 특질을 차용하여 '삭제하다', '지우다' 등의 깔끔한 행동을 가리키는 데 쓴다. 이와 함께 과자 등의 바삭바삭한 음식을 먹는 행위를 비유하는 표현으로도 썼다. 누리꾼들은 평범한 표현보다는 이런 비유적 어휘를 이용해서 더 강력하고 효과적으로 의미를 전달한다. 이런 표현의 사용에는 재미있게 표현하려는 오락적 기능도 있다.
    (3다)의 '咕噜(gūlū, 꼬르륵)'는 일상어 의미가 물이 흐르거나 물건이 구르는 소리의 뜻이다. 이와 달리 누리꾼들은 (3다-1)에서 '끊임없는 말소리'의 뜻으로 쓰거나 (3다-2)에서 '잠수(하다)'의 뜻으로 쓴다.
    (3라)의 '咻咻(xiūxiū, 씽씽)'는 본래 헐떡거리는 소리나 일부 동물의 울음소리를 가킨다. 한국어의 '씩씩', '헐떡헐떡', '꽉꽉'에 해당하는 것이다. 그러나 입말에서 쓰일 때는 '씽씽'의 의미로 쓰인다. 세찬 바람 소리나 사람 등이 빠르게 움직이는 소리를 나타내기도 하는 것이다.

그러나 통신 언어로서는 (3라-1, 2)에서 '(대화방, 게시판에서) 나가다'의 뜻으로 쓰였다. 바쁜 일 등으로 게시판에 접속한 후 글을 올리고 '씽씽' 소리를 내면서 빠르게 나가 버리는 행위를 가리킨다.10)

(3마)의 '滴滴答答(dīdidādā, 똑똑)'는 일상어에서 "물방울이 계속 떨어지거나 시계추가 계속 흔들거리는 소리"의 뜻을 갖는다. 통신 언어에서는 (3마-1)처럼 '조금씩'의 뜻으로 쓰였다. (3마-2)에서는 '끊임없이 (계속 말하다)'의 뜻이다. (3바)에서 '嘎([gā, 까악)'는 본디 짧고 우렁찬 소리를 나타내는 말인데, 인터넷에서 누리꾼들은 (3바-1)에서 '말하다'라는 행위를 비유하는 말로 쓴다.

중국어의 경우도 일상어의 의성어가 통신 언어로 쓰이면서 경제적 동기나 오락적 동기에서 형식이 바뀌는 사례가 종종 나타난다.

(4) 일상어와 인터넷에서 두루 쓰이는 의성어: 형식이 변형됨

  가. "咔擦, 咔擦!"单反发出的拍照声打破了这一丝唯美的寂静。("카차, 카차(찰각, 찰각)!" DSLR 카메라 찍는 소리가 이 아름다운 정적을 깨드렸어요.)

  가-1. 咔咔咔咔嚓, 汽车人出发.. (카카카카차(차차차찰각), 트랜스포머 출발합니다..)

  가-2. 新生学号按姓排列 咔咔咔咔咔咔嚓咔咔咔咔咔... (신입생의 학번은 성씨대로 배열합니다. 카카카카카카카차카카카카카카(차차차차차차찰각차차차차차차)...)

  나. 网慢的气死人, 呜呜~()_()~... (인터넷 속도가 느려서 짜증나 죽겠어요. 우우(흑흑)~()_()~...)

  나-1. 5555!! 不开心啊, 感觉200块转魂链亏了 (5555(흑흑흑)! 기

---

10) '咻咻'는 의미 및 쓰임 면에서 한국어 통신 언어의 '휘릭/휘리릭', '샤샤삭'에 대응되는 표현이다. '후다닥'의 경우도 일상어 의미에서 확대되어 대화방에서 빠르게 빠져 나가는 뜻으로 쓰이기 때문에 비슷한 말로 볼 수 있다.

분이 안 좋아요. 200원짜리 전혼목걸이11)에서 밑진 것 같아요)

나-2. 5555上班去鸟! 明天早上再见~泪奔~~~)... (5555(흑흑흑흑) 출근하겠어요! 내일 아침에 봐요. 울면서 뛰어 가고 있어요~~~)...)

다. 是个帖子里正常回复老夫的, 明天到时一定私信回复谜底。哈哈哈 至于那些不正常交流的, 呵呵一边玩去吧。 (여기서 정상적으로 답장 하면 내일 꼭 수수께끼의 정답을 개인적으로 알려 줄게요. 하하하 그런데 댓글을 비정상적으로 쓰는 사람들은 허허 딴 데로 놀러 가세요...)

다-1. 有没有需要帮写暑假作业的 Hahahahahah... (여름 방학 숙제를 저 대신 해 줄 사람이 있어요. Hahahahahah(하하하하하)...)

다-2. hehehe. 我也来爆照, 因为喜欢打篮球所以特意理了个短发 (hehehe(허허허). 나도 사진을 공유할게요. 농구를 좋아해서 일부러 머리를 깎았어요)

라. 把你拎起来, 然后bong一拳, biu一脚, biu一脚, 然后又一个学长被我打飞了~飞远了~... (너를 들고 bong(펑) 한 주먹, biu(피융) 한 발, biu(피융) 한 발, 잇달아 난 또 선배를 때렸어요. 선배가 멀리 날아갔어요~...)

라-1. biu~不要哭晕在厕所了哈.. (biu(피융)~울다가 화장실에서 기절 하지 마세요..)

라-2. 我正好50级4星, 达标了, HOHO... (나는 딱 50레벨 별 4개네요. 기준에 도달했어요. HOHO(호호)...)

일상어에서 쓰이는 (4가)의 '咔擦'는 통신 공간에서 (4가-1)의 '咔咔咔咔嚓'처럼 '咔'가 여러 번 반복되어 쓰인다. 더 복잡한 소리를 표현하거나 강조하기 위해서 (4가-2)처럼 '嚓' 뒤에 다시 '咔'를 반복하

---

11) '전혼(转魂)목걸이'는 '영혼을 바꾸어 주는 목걸이'의 뜻으로 게임 아이템의 하나다.

여 쓰기도 한다. 이뿐만 아니라 '嚓'도 반복적으로 쓰인다. 반복을 통해 소리의 길이나 강도를 시각적으로 뚜렷하게 표현하는 효과가 있다.

(4나)의 '呜呜(wūwū, 흑흑)'는 일상어에서 "콧노래를 부르거나 시를 읊는 소리" 또는 "피리 소리나 경적소리 또는 울음소리"의 뜻으로 쓰이는 말이다. 보기의 통신 언어에서는 우는 소리로 쓰였는데 경제적 기능 면에서 (4나-1, 나-2)처럼 발음이 같은 숫자 '5'로 간단히 적되 여러 번 반복하여 쓴다.

(4다)의 '哈哈(하하), 呵呵(hēhē, 허허)'는 일상어에서 웃음소리를 나타내는 말이며, 통신 언어에서는 (4다-1, 다-2)처럼 한자 병음 'ha', 'he'로 바꾸어 적는 일이 더 많다. 중국어의 복잡한 자판 입력 방식 때문에 한자 대신 병음자를 사용한 것인데, 이는 통신 언어의 경제적 기능과 관련이 있다. 또한 한자를 반복하여 적는 경우보다 로마자인 병음자를 반복하는 것이 시각적으로 더 효과적인 점에서 표현적 동기에 따른 용법으로 볼 수도 있다.12) (4라)의 'bong', 'biu', 'HOHO'는 일상어의 구어에서 자연스럽게 쓰이지만 해당하는 한자 자체가 없다. 누리꾼들은 이런 소리를 표현할 낱말을 새롭게 만들지 않고 병음자만 가져 와서 인터넷에서 쓰고 있다. 이러한 병음자 사용은 더 빠른 입력이 가능하다는 점에서 통신 언어 사용의 경제성 동기에 따른 것인 한편 낯설고 더욱 재미있게 표현하기 위한 오락적 동기와도 연결된다.

---

12) 한국어 통신 언어 사용에서도 '지랄'을 'G랄', '그런데/근디'를 '근D', '열심히'를 '10C미', '알겠지'를 'R겠G'(조오현·김용경·박동근 2002; 강옥미 2004:91; 이진성 2013나:237)와 같이 적는 일이 있지만 경제적 동기는 없는 반면 재미있게 적으려는 오락적 동기, 시각적으로 두드러지게 하기 위한 표현적 동기와 더 관련이 있다. 중국어 누리꾼들은 한자 입력의 번거로움을 피하고 시각적 효과를 내기 위해 로마자를 활용하는 비율이 더 높다.

2.2 의태어

일상어와 인터넷 통신 공간에서 두루 쓰이는 한국어 의태어의 대표적인 사례를 이정복(2014다:52~54)에서는 다음과 같이 유형별로 제시했다.

(5) 일상어와 인터넷에서 두루 쓰이는 한국어 의태어
  가. 준형이도 밥 많이 먹고 살 **포동포동** 찌거라-
  나. 이거 막 밑이 막 심하게 **오글오글** 울퉁불퉁했었는데
  나-1. 내가걔랑왜사겼는지부터 걔가 준 편지내용도 **오글오글**ㅋㅋㅋㅋㅋ
  다. 엄마 옆에서 왔다갔다 하는데 조심조심 보는중 **덜덜**
  다-1. 캡쳐하는데 윤호가 너무 예뻐서 심장이 **덜덜덜** *･..:*･'(*°▽°*)'･*:..･*
  다-2. 뭐하지... 시장가기엔 밖이 너무 더워ㄷㄷㄷ

(5가)의 '포동포동'은 일상어와 인터넷에서 두루 쓰이는 의태어 보기로 의미 차이가 없다. (5나, 나-1)의 '오글오글'은 인터넷에서 일상어의 의미와 다르게 쓰인 것이다. (5나)에서 "여러 군데가 안쪽으로 오목하게 휘어지거나 주름이 많이 있는 모양을 나타내는 말"로 쓰인 반면 (5나-1)의 '오글오글'은 '어색하다' 또는 '쑥스럽다'의 부자연스러운 감정 상태를 드러낸다. 어색하고 부자연스러워 몸이 가만히 있지 못하는 상태를 사물의 물리적 변화에 비유한 것이다. (5다)의 '덜덜'은 인터넷에서 형식이 바뀌어 잘 쓰인다. (5다-1)처럼 강조하기 위해 음절수를 늘여 쓰거나 경제적 동기와 오락적 동기에서 (5다-2)처럼 '자음자로 적기 방식'(ㄷㄷㄷ)으로 바꾸어 쓴다.13)

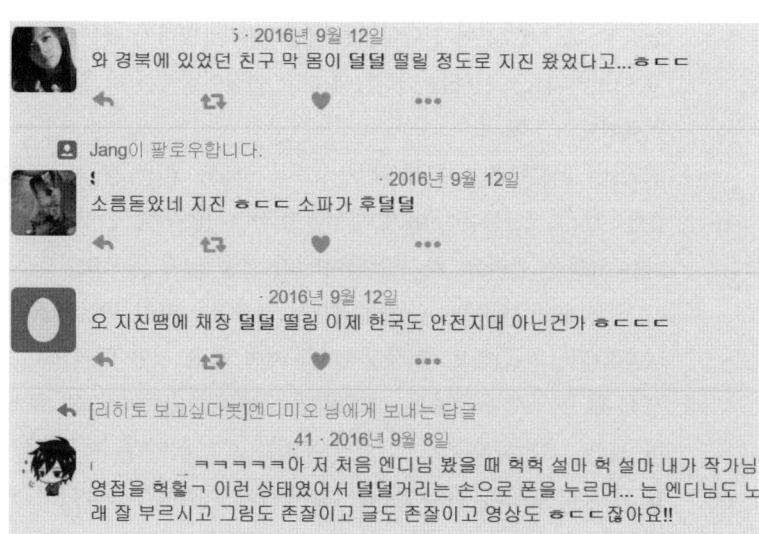

그림 2 의태어 '덜덜'과 'ㅎㄷㄷ'의 쓰임

다음 보기 (6)의 의태어는 일상어와 인터넷에서 의미 기능 차이 없이 두루 쓰이는 중국어 의태어의 쓰임이다.

(6) 일상어와 인터넷에서 두루 쓰이는 중국어 의태어: 의미 기능 차이가 없음
    가. 目测贴吧里吃过这个牛排的不超过10个吧, 干巴巴的不怎么好吃。.. (게시판에 이 스테이크를 먹어 본 사람이 10명밖에 안 되죠. 간바바(바짝 말라서) 맛이 별로 없어요. ..)
    가-1. 这个猫太萌了, 胖乎乎的... (이 고양이 너무 귀여워요. 팡후후(포동포동)...)
    나. 水汪汪的桃花眼!!! 我会把他眼睛的照片放出来!!! (수이왕왕(흥덩흥덩) 요염한 눈빛!!! 나는 그 눈 사진을 올려놓을 거예요!!!)
    나-1. 那个金晃晃银灿灿真让人有点晕眩, 然后头昏脑涨的感觉, 所以

---

13) 이렇게 자음만으로 줄여 쓰는 방식을 누리꾼들은 '초성체'라고 부른다.

全拆了, 丢了 (그것이 **진황황인찬찬(반짝반짝)** 빛나기 때문에 머리가 어지러워요. 그 다음 머리가 띵하고 어질어질해서 다 뜯었다가 버렸어요)

다. 看着他们俩**笑眯眯**的冲我招着手, 我不认识他俩, 但是我看到二丫也在他们旁边. (그들은 **샤오미미(싱글벙글)** 나를 향해 손짓했는데, 나는 그들을 몰라요. 하지만 을야14)가 그들 옆에 있어요.)

다-1. 下课走廊里闹**哄哄**的。厕所也要排队。(수업을 마친 후에 복도는 **놔홍홍(와글와글)**해요. 화장실에서도 계속 줄을 서야 했어요.)

라. 于是我们又继续寻寻觅觅, 东张**西望**, 不停地吧自己关起来, 解放, 再关起来, 如此反反复复, (그래서 우리는 계속 돌아다니며 찾았어요. **동장시왕(두리번두리번)** 끊임없이 내가 갇혔다가 벗어나서 또 갇혔어요. 이렇게 반복해요.)

마. 老了。开开**心心**, **舒舒服服**就ok了。... (나이가 들어서 카이카이신신 수수푸푸(즐겁고 편하게) 지내면 ok예요. ...)

마-1. 嘿嘿, 就是重庆啦, **火辣火辣**的... (헤헤 역시 충칭이군요. **화라화라(얼큰얼큰)**...)

(6가)의 '干巴巴(gānbābā, 바싹/바짝 마르다)'는 일상어나 통신 언어에서 모두 '바짝 마르다', '말라서 딱딱하다'의 뜻을 갖고 쓰인다. (6가-1)의 '胖乎乎(pànghūhū, 포동포동)'는 일상어와 차이 없이 살이 통통하게 찌고 보드라운 모양을 나타내는 말이다. 이 두 표현은 'ABB' 형 의태어인데 A 부분이 형용사인 공통점이 있다.

(6나)의 '水汪汪(shuǐwāngwāng, 흥덩흥덩/초롱초롱)'은 일상어의 뜻과 마찬가지로 '물이 그득하다' 또는 '흥건하다'의 뜻으로 쓰이는 말이고, 특히 눈 모양을 표현할 때는 '초롱초롱'과 비슷한 뜻을 갖는다.

---

14) 누리꾼의 통신 별명

(6나-1)의 '金晃晃(jīnhuānghuāng, 번쩍번쩍)', '银灿灿(yíncàncàn, 반짝반짝)'은 일상어의 뜻과 같다. '金晃晃'은 금빛 찬란한 모양을 나타내는 말이고, '银灿灿'은 은빛이 반짝이는 모양 나타내는 말이다. 이런 의태어들은 'ABB'의 A 부분이 명사다.

(6다)의 '笑眯眯(xiàomīmī, 싱글벙글)'는 일상어나 통신 언어에서 '눈을 가늘게 뜨고 미소 짓는 모양' 또는 '빙그레 웃다'의 뜻으로 쓰인다. (6다-1)의 '闹哄哄(nàohōnghōng, 와글와글)'은 와글와글하거나 와자지껄한 상태를 가리키며, 일상어와 의미 차이가 없다. 이 표현들은 'ABB'형 의태어인데 A 부분이 동사인 공통점이 있다.

(6라)의 '东张西望(dōngzhāngxīwàng, 두리번두리번)'은 일상어와 같이 여기저기 두리번거리는 동작을 표현한다. 이 의태어는 ABCD 구성을 보인다. (6마)의 '开开心心(kāikāixīnxīn, 즐겁다)'은 일상어와 마찬가지로 마음이 즐거운 상태를, '舒舒服服(shūshufúfú, 편하다)'는 편안한 상태를 나타내는 말이다. (6마-1)의 '火辣火辣(huǒlàhuǒlà, 얼근얼근)'는 맵고 얼얼한 상태를 나타내는 말이며 일상어와 뜻 차이가 없다. (6마)의 보기는 AABB형, (6마-1)은 ABAB형 의태어다.

다음은 일상어가 인터넷에서 통신 언어로 쓰이면서 의미 기능이 확대된 중국어 의태어의 쓰임이다.

(7) 일상어와 인터넷에서 두루 쓰이는 중국어 의태어: 의미 기능이 확대됨
   가. 动手打几个字都热到流汗... (글자를 치다가 너무 더워서 땀을 흘렸어요..)
      가1. 每个ID背后都有一个属于他的故事 汗... (각 ID에는 자신만의 이야기가 다 있어요 -_-!...)
      가2. 我宣你, 你造吗?15) 我当然知道, 汗.. (나는 당신을 좋아해요. 당신은 알고 있어요? 물론 나는 알고 있어요. -_-!..)

나. 海贼 ┌(^ω^)= 希望你每一分每一秒都快乐, 因为这对我来说比什么都重要。(원피스 ┌(^ω^)= 나는 당신이 일분마다 일초마다(언제나) 행복하게 살기를 원해요. 이것이 나한테 제일 중요하기 때문이에요.)

나-1. 秒睡! ——拼命着想的事未必带来感动或被感谢... (먀오(빨리) 자요! ——죽도록 생각하더라도 반드시 감동하거나 고마움을 느끼는 것은 아니에요...)

나-2. 又重回以前秒杀场景, 游戏里KJ带刷什么的有吵轰天了 (전에 먀오(순식간에) 다 죽이는 전쟁터로 되돌아갔어요. 게임에서 뭐 KJ 도와주는 것들이 와글와글 들끓었어요)

다. 9.30在洗白白睡觉觉之前想一想肉包子... (9.30 시바이바이(샤워). 잠자기 전에 고기만두를 생각해야죠...)

다-1. 上号时发现被洗白白的那一瞬间 —— —— 天空不曾留下飞鸟的痕迹, 但我已飞过。... (로그인하니 내 아이템이 순간에 시바이바이(깡그리)... 새가 하늘에 날아갈 때 흔적을 남기지 않는 것처럼 날아가 버렸어요. ...)

다-2. 已经入群, 有一个类似的群被举报, 群文件被洗白白 (그룹에 가입됐어요. 비슷한 한 그룹이 고발돼서 그룹 파일이 시바이바이(깡그리 사라져 버렸어요))

일상어의 의미와 다르게 쓰이는 통신 언어 의태어로 (7가-1, 가-2)의 '汗(hàn, 삐질삐질)'이 대표적이다. '汗'은 일상어에서 (7가)처럼 명사 '땀'의 뜻으로 쓰이는데 통신 언어에서는 난감한 모양이나 할 말이

---

15) '我宣你, 你造吗?'는 누리꾼들이 통신 언어 사용의 표현적 동기나 오락적 동기에서 '我喜欢你, 你知道吗?'를 바꾸어 적은 것이다. '喜欢(xǐhuan)'을 비슷한 발음의 '宣(xuān)'으로, '知道(zhīdào)'를 '造(zào)'로 씀으로써 재미를 주고 의미를 강조하는 효과가 있다.

없는 상태를 나타내는 의태어로 쓰였다. '汗'은 본래 의태어가 아니지만 통신 언어에서는 '땀 → 삐질삐질'의 의미 확대가 일어났을 뿐만 아니라 문법 기능도 확대된 것으로 해석할 수 있다.16)

(7나)의 '秒(miǎo, 초)'는 시간 단위를 나타내는 말로 일상어와 차이가 없다. 그러나 (7나-1, 2)에서 '秒'는 짧은 시간 단위의 의미 특성에 주목한 의태어이다. 여기서 '秒'는 '빨리'나 '순식간에'의 뜻으로 확대되어 쓰였다.

'洗白白([xǐbáibái, 씻다)'는 (7다)처럼 일상어에서 '씻다', '샤워하다'의 뜻이다. 이와 달리 인터넷에서 누리꾼들은 본디 의미를 확대해서 (7다-1, 다-2)와 같이 사물이 하나도 남김없이 깡그리 사라지는 상태를 나타내는 말로 쓴다. 구체적 행위를 나타내던 말이 상태 표현의 의태어로 확대되어 쓰이는 것이다.

아래 (8)의 중국어 의태어들은 통신 공간에서 형식이 바뀌어 쓰이는 보기들이다.

(8) 일상어와 인터넷에서 두루 쓰이는 중국어 의태어: 형식이 변형됨
    가. 楼主可以早点起占座位啊, 同大一, 每天占个好地方, 开开心心做学霸... (게시판 관리자는 일찍 일어나서 자리를 맡아 놓아야 되겠어요. 1학년과 같이 매일 자리를 맡아 놓아서 카이카이선선(즐겁게) 공부의 신이 되겠어요...)
    가-1. 最后祝大家都玩得开开森森~尽早毕业 (마지막으로 다들 카이카

---

16) '삐질삐질'을 박철주(2010:207)에서는 땀을 흘릴 정도로 무엇인가 난처한 표정을 나타내는 말로 만화에서 쓰이는 새말 의태어로 해석했다. 그러나 이 말은 일상어에서 오래 전부터 "매우 난처하거나 어려운 상황에 땀을 흘리는 모양을 나타내는 말"로 쓰이던 것인데 만화나 통신 언어 등에서 "어...어어...알람이 꺼졌었네? 휴대폰이 잘못했네...(삐질삐질)"처럼 의미가 확대되어 난처한 상황을 뜻하는 말로 쓰인다.

이선선(즐겁게) 보내요. 빨리 졸업해요)

나. 出来玩不该带着唧唧歪歪的人出来, 再也不会有下次了!... (이런 지지와이와이하는(씩둑씩둑 지껄이는) 사람을 함께 데리고 나오면 안 되겠어요. 다시는 안 그럴 거예요!...)

나-1. 最鄙视你这种人, 创建别人小号JJWW的 叼用... (당신 같은 사람을 경멸해요. 다른 계정을 만들어 JJWW해도(씩둑씩둑 지껄여도) 아무 소용이 없어요...)

나-2. 教练组的大神们出来回答问题啊, 你们整天jjww, 现在是你们表现的时候了... (감독팀 고수들이 나와서 질문에 대답해 주세요. 당신들은 매일 jjww군요(씩둑씩둑 지껄이는군요). 이제 당신들이 표현할 시각이에요...)

다. 后来, 在人们的眼里, 只有穿着真实衣服的谎言, 却很难接受赤裸裸的真实。... (나중에 사람 눈 속에 진실인 척하는 거짓만 있으니 치뢰뢰(적나라)한 사실을 못 믿어요. ...)

다-1. 红果果的谎言, 楼主没上过大学... (홍과과한(벌건) 거짓말이네요. 루주님 대학을 나오지 않았어요...)

다-2. 不是6毛吗? 啥时候涨成6快了! 还不打发票! 你这是红果果滴敲诈! 俺去找三婶投诉你去!... (0.6원이 아니에요? 언제 6원까지 올랐어요! 영수증도 떼 주지 못하니 이것은 홍과과(적나라)한 공갈이에요! 난 작은어머니한테 고발할게요!...)

일상어에서 들어와 인터넷에서도 쓰이는 의태어 가운데 '开开心心', '唧唧歪歪'처럼 형식이 바뀌어 쓰이는 경우가 많다. (8가)의 일상어 형식 '开开心心(kāikāixīnxīn, 즐겁다)'은 통신 공간에서 (8가-1)의 '开开森森(kāikāisēnsēn, 즐겁다)'으로 바뀌어 자주 쓰인다. 이것은 통신 언어 사용의 오락적 기능과 관련되며, 비슷한 병음의 한자로 바꾸어 재미있게 쓴 결과다.17)

(8나)의 '唧唧歪歪(jījīwāiwāi, 씩둑씩둑 지껄이다)'는 (8나-1, 2)의 'JJWW', 'jjww'처럼 빠르게 간략히 적기 위한 경제적 동기에서 한자 대신 병음의 자음만으로 줄여서 쓴다. 글자 입력에서 로마자를 활용하는 중국어 사용 환경 특성과 관련이 있는 것으로, 한국어 의성의태어 사용에서는 볼 수 없는 현상이다.18) 여기서 대문자와 소문자의 구별 사용은 뜻과는 관계없다.

통신 공간에서 일상어 형식 '赤裸裸(chìluǒluǒ, 적나라하다/조금의 숨김도 없다)'도 그대로 쓰이지만 (8다-1, 2)의 '红果果(hóngguǒguǒ, 적나라하다/조금의 숨김도 없다)'가 더 자주 쓰인다. '赤裸裸'의 '赤' 대신 뜻이 같은 '红'으로 바꾸어 '红果果'를 만든 것인데, 여기에는 재미있고 기발하게 표현하려는 오락적 동기가 작용했다는 생각이다. '果果'는 '裸裸'의 한자 구조에서 부수인 '礻'를 빼 버리고 간결하게 적은 형식이다. 뜻은 유지되지만 발음은 전혀 달려져 버렸다.

3. 통신 언어로 활발히 쓰이는 의성의태어

여기서 다루는 의성어와 의태어는 통신 공간에서 누리꾼들이 새로 만들어 내거나 다른 대중매체 등에서 쓰이는 표현을 받아들여 통신 언어로 적극 쓰고 있는 것들이다. 일상어에서 쓰이던 의성의태어가 아니며, 통신 언어의 일부로 활발히 쓰이는 점이 공통된 특징이다.

---

17) 이런 표기 방식은 '공부 → 겅부', '안녕하세요 → 안녕하세효', '알았지 → 알았뒤' 등 한국어 통신 언어의 '음소 바꾸기'와 비슷하다.
18) 한국어 누리꾼들은 의성의태어를 빠르게 적기 위해서 주로 한글 자음자를 이용해서 적는다. '키득키득'을 'ㅋㄷㅋㄷ', '하하하'를 'ㅎㅎㅎ', '후덜덜'을 'ㅎㄷㄷ'로 적는 식이다. 한자와 달리 자판에서 직접 글자 입력이 가능하고 자음과 모음 글자가 쉽게 분리되기 때문에 이런 방식으로 즐겨 쓴다.

3.1 의성어

통신 공간에서 만들어져 쓰이는 의성어를 의미 기능 면에서 '긍정적 감정 표현', '부정적 감정 표현', '동작 표현'의 세 가지로 나누어 살펴본다. (9)는 이정복(2014다:55~58)에서 기술한 한국어 의성어 보기들이다.

(9) 통신 언어로 활발히 쓰이는 한국어 의성어
    가. 오올 오빠 옷빨좀 받는듯?
    나. 허걱 이게뭐죠 내 심장아 진정해 너 뛰라고 부르는거아냐
    나-1. 허거걱 웰케 울학겨에 고딩이 많지?라고생각했는데 고딩시험....
    다. 나 원래 귀엽다니까 뿌잉뿌잉. ;D

(9가)의 '오올'은 '오!'라는 감탄의 의미와 함께 사태를 긍정적으로 파악하는 기능이 있다. (9나)의 '허걱'은 크게 놀라거나 당황스러울 때 내는 부정적 뜻이 더 강한 감탄사다. 형태와 의미에서 일상어의 '헉'과 관련이 있기는 하지만 '허거걱', '허거덩' 등의 변이형으로 많이 쓰이면서 새로운 의성어 표현으로 인식된다.[19] (9다)의 '뿌잉뿌잉'은 귀여운 손동작을 하면서 동시에 '뿌잉뿌잉'이라고 소리를 거의 필수적으로 내는 점에서 의태어와 동시에 의성어로 보는 것이 가능하다.[20]

---
[19] 조오현·김용경·박동근(2002:207)은 '허걱'을 '헉+억'으로 분석했는데 '헉'의 모음을 늘여 '허억'으로 적다가 자음을 보태어 '허걱'으로 쓰게 된 것으로도 해석할 수 있겠다.
[20] 인터넷에서 의성의태어들이 새롭게 만들어지는 것처럼 가요나 예능 방송 등을 통해서도 의성의태어들이 만들어지고 있다. 여성 그룹 가수 'TWICE(트와이스)'의 'CHEER UP(치어업)'이라는 노래에는 'shy shy shy'라는 가사가 있는데 이것이 '샤샤샤'처럼 발음되면서 누리꾼들 사이에서 "세수하러 왔다가 샤샤샤", "관캐가 너무 예뻐서 샤샤샤..."처럼 수줍음을 귀엽게 표현하는 의성의

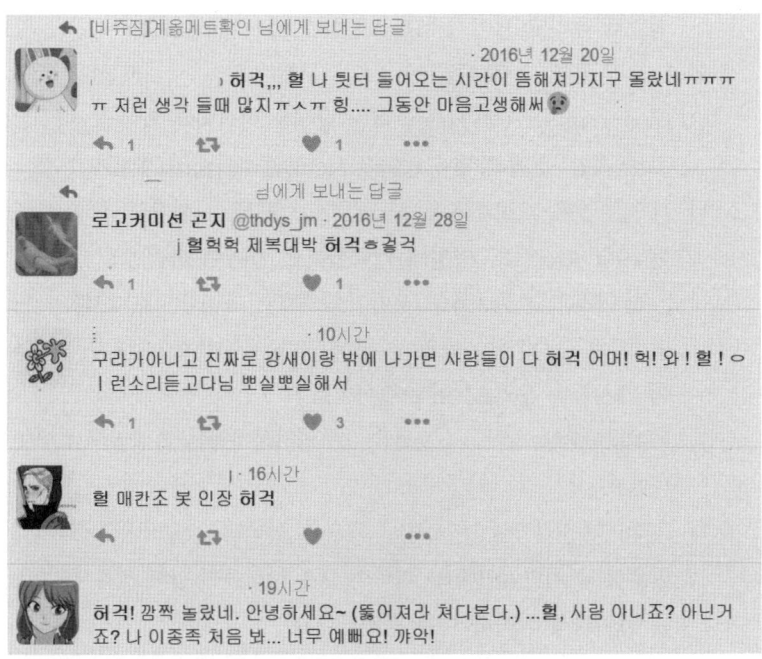

그림 3 의성어 '헐'과 '허걱'의 쓰임

    이러한 한국어의 통신 언어로 활발히 쓰이는 의성어의 유형에 맞추어 인터넷에서 만들어진 중국어 의성어를 살펴보기로 한다. 먼저 (10)의 의성어는 통신 언어로 활발히 쓰이는 중국어 의성어로, 주로 긍정적 감정을 나타내기 위해 쓴다.

(10) 통신 언어로 활발히 쓰이는 중국어 의성어: 긍정적 감정 표현
    가. 它就是人见人爱，花见花开，萌死人不偿命的趴趴熊爱它就赶快领它回家吧 MUA~~MUA~~… (그는 보는 사람마다 좋아해요. 그래서 보는 꽃마다 피어나요. 아주 귀여운 파파곰을 좋아한다면 어서

태어로 쓰인다.

12장 의성어와 의태어 | 429

집으로 데리고 돌아가세요. MUA(뽀뽀)~~MUA(뽀뽀)~~...)

가-1.　　好吧……我不嫌弃你,　　虽然你高一,　　但是我不后悔, mua~mua~... (좋아요……나는 당신을 마다하지 않아요. 당신은 고1이지만 난 후회하지 않아요. mua(뽀뽀)~mua(뽀뽀)~...)

나.　什么忧伤感, 我现在高兴, 终于开学了, 欧耶... (뭔가 우울해요? 나는 지금 즐거워요. 마침내 개학했어요. 어우예(아싸)...)

나-1. 毫无疑问当然是大珠子, 正在升级的路上, 十五字顶帖! 欧耶... (당연히 '큰 구슬'21)이 좋죠. 지금 승급하는 중이에요. 15자에 맞추어 게시글을 올려요! 어우예(아싸)...)

다. 哇哈哈哈哈 没错。。。又是我。。。(와하하하하하 틀림없어요... 또 나예요...)

다-1. 明天就是国庆啦, 普天同庆, 好日子, 娃哈哈, 大家开开心心哦 (내일은 건국 기념일이네요. 천하의 모든 사람들이 함께 경축해요. 좋은 날이라서 와하하 다들 즐겁겠어요)

라. 噗哈哈哈哈哈哈, 这只猫太可爱了, 我忍不住给她涂鸦了。。(푸하하하하하하하하, 이 고양이 너무 귀여워요. 나는 참지 못하고 고양이를 그림으로 그렸어요..)

라-1.　没错~\(≥▽≤)/~自己想干啥就干啥噗哈哈~\(≥▽≤)/~抱抱亲爱的仙子~ \(≥▽≤)/~. (맞아요~\(≥▽≤)/~하고 싶은 대로 해요. 푸하하~\(≥▽≤)/~사랑하는 선녀를 안아요~ \(≥▽≤)/~.)

　(10가, 가-1)의 'MUA(mua, 뽀뽀)'는 인터넷에서 새로 만들어진 '뽀뽀 소리'를 나타내는 의성어인데, 뽀뽀할 만큼 좋아하거나 사랑하는 긍정적 감정을 표현하는 기능이 있다. (10나, 나-1)의 '欧耶(ōuyé, 아싸)'는 '성공이나 승리의 함성'을 지르는 감탄의 의미와 함께 상황을 긍정적으로 파악하는 기능이 있다.

---

21) 게임 아이템 이름

(10다)의 '哇哈哈(wāhāha, 와하하/하악하악)'는 '큰 웃음소리'를 나타내는 말이며, 부정적 느낌을 나타내는 경우도 있지만 긍정적 감정을 드러내는 쓰임이 더 많다.22) 특히 (10다-1)처럼 한자 '哇'를 '娃'(wá, 아기)로 바꾸어 완전히 긍정적인 감정을 표시한다. 이 경우 통신 언어의 오락적 기능이 강하게 나타난다. (10라)의 '噗哈哈(pūhāha, 푸하하/푸헤헤)'는 한자 '哈'를 반복함으로써 웃음을 참지 못하고 갑자기 터트리는 상태를 나타내는 말이다. '噗'는 웃음을 참으면서 내는 소리를 묘사하고, '哈'의 반복은 끊임없이 이어지는 웃음소리를 나타낸다. '噗'는 다소 비판적인 태도를 드러내지만 '哈哈'와 더불어 사태에 대한 화자의 태도를 전체적으로 긍정적 방향에서 표현한다.

통신 언어로 활발히 쓰이는 중국어의 의성어 가운데 부정적 감정을 주로 표현하는 것도 있다. 다음 (11)이 그런 표현의 보기다.

(11) 통신 언어로 활발히 쓰이는 중국어 의성어: 부정적 감정 표현
　가. →_→噗!我等还是自我娱乐比较好。(→_→푸!우리들은 스스로 노는 게 더 즐거워요.)
　가-1. 噗 看来我猜想得没错 好多爱人只送三朵... (푸 내 생각이 틀림없어요. 연애하는 많은 사람들이 3송이만 보냈어요..)
　나. 额, 看来短期是不怎么可能了... (어(헉/허걱), 단시간 안에 안 되겠어요...)
　나-1. 额。。。 好吧。你的侥幸心理很强大。(어(헉/허걱)... 좋아요. 당신은 사행 심리가 너무 강해요.)
　다. 哎呦! 妹纸35好咩! 爽快点明天就给你发. (아이슈(에휴/에효)! 동

---

22) '娃哈哈'는 샘물이나 음료 등을 만들어 파는 중국 회사 이름에서 처음 쓰이다가 누리꾼들이 의성어로 쓰기 시작한 말이다. 일상어에서는 웃음소리를 'haha'(哈哈)로 표현하며, 만약 'wa'를 붙여서 'wahaha'를 일상어에서 쓰면 상당히 어색한 표현이 된다.

생아 35 돼요! 빨리 결정하면 내일 바로 보내 줄게요.)
다-1. 哎咻, 终于做完了啊, 英语老师残忍布置30个短语20个句子自默, 搞了我1个小时变态 (아이슈(에휴/에효), 드디어 다 끝났어요. 영어 선생님이 단어 30개와 문장 20개 외워 쓰기를 잔인하게 시켜서 1시간이 걸렸어요. 변태)

(11가)의 '噗'(pū, 푸)는 앞 (10라)의 '噗哈哈'(푸하하)와 달리 부정적 의미로 쓰인다. 여기서 그림 글자 '→_→'와 함께 쓰여 멸시와 비웃음의 부정적 의미를 강하게 드러내고, (11가-1)처럼 단독적으로 쓰일 때도 비웃음 소리를 나타낸다.

(11나)의 '额'(é, 헉/허걱)는 놀라 입을 딱 벌리고 할 말을 잃은 듯한 상황에서 내는 소리를 나타낸다. 황당하거나 어이없을 때, 짜증날 때, 실망감을 드러낼 때도 잘 쓰는 부정적 의미의 대표적 감탄사다.

(11다, 다-1)의 '哎咻'(āixiū, 에휴/에효)는 인터넷에서 새로 만들어진 한국어의 '에효', '에휴'와 의미가 거의 같으며, 걱정이나 한탄하는 상황에서 한숨을 쉬는 부정적 감정 표현으로 쓰인다.

(12) 통신 언어로 활발히 쓰이는 중국어 의성어: 동작 표현
  가. 抢到首签了么么哒~ (첫 번째 사인을 받았어요. 머머다(뽀뽀)~)
  나. 直播给高冷学长表白么么哒 (도도하고 차가운 선배를 향한 고백 글을 직접 올리고 있어요. 머머다(뽀뽀))

(12)의 의성어는 동작과 관련된 새말이다. '么么哒(mēmēdā, 뽀뽀)'는 뽀뽀의 행동과 함께 내는 귀여운 소리를 나타낸다. 그렇기에 의태어로 볼 수도 있지만 동작과 함께 소리를 내는 것이 필수적이기 때문에 의성어로 보는 것이 가능하다.

3.2 의태어

인터넷 통신 공간에서 만들어져 쓰이는 의태어를 의미 기능 면에서 '긍정적 상태 표현', '부정적 상태 표현', '동작 표현'의 세 가지로 나누어 살펴본다. 다음 (13)은 이정복(2014다:58-60)의 주요 사례를 가져온 것이다.

(13) 통신 언어로 활발히 쓰이는 한국어 의태어
　가. 소야는 저녁먹고 **배불배불**하며 잔다. 하 평화롭구나.
　나. 건어물이 살 안찌리라는 건 그냥 환상이었군요 OTL
　나-1. 논문 검색해서 읽다보면 꼭 발견되는 오타. 내 논문 오타는 어쩔.. orz
　다. 흑 너도 아프지마...ㅠㅠㅠㅠㅠㅠㅠㅠㅠㅠ언능 나아라 **부둥부둥**!!!!

(13가)의 '배불배불'은 '배부르다'의 어간을 반복하여 의태어처럼 만들었다. 배부르게 먹은 후 배가 부른 상태를 나타내거나 부른 배를 만지며 만족스러워 하는 긍정적 상태를 뜻한다. (13나, 나-1)의 'OTL', 'orz'는 무릎을 꿇고 엎드려 있는 사람을 묘사한 그림 글자로 '좌절'이나 '실망'의 뜻을 갖는다.[23] (13다)의 '부둥부둥'은 '부둥켜안다'의 어간 일부를 반복해 만든 것으로 동작과 관련된 새로운 의태어다.[24]

---

23) 'OTL', 'orz'는 물론이고 'T_T, *^_^*, ⊙▽⊙' 등 통신 공간에서 쓰이는 다양한 그림 글자는 기본적으로 새로운 의태어의 한 가지로 볼 수 있다. 의성어와 마찬가지로 통신 언어 의태어의 경우도 기존의 일상어 중심 의태어보다 넓은 범위에서 볼 필요가 있는데, 여기서는 자세히 다루지 않기로 한다.
24) '부둥부둥'은 살찌고 부드러운 모양을 나타내는 일상어 부사와는 관련이 없다.

그림 4 의태어 '블링블링'과 '샤방샤방'의 쓰임

이러한 한국어의 새로운 의태어에 대응되는 중국어 의태어의 쓰임을 자세히 살펴보기로 한다. (14)는 인터넷에서 만들어진 의태어 가운데 긍정적 상태를 표현하는 말의 쓰임이다.

(14) 통신 언어로 활발히 쓰이는 중국어 의태어: 긍정적 상태 표현
　가. 江宁婆婆真是萌萌哒~~ (강녕25) 할머니는 멍멍다(사랑스러워요)~~)
　가1. 感觉自己萌萌哒请让我自恋会儿混经验 (나는 멍멍다(사랑스러워요). 내 자랑하는 것 조금만 참아요. 덕분에 등급이 올라요)
　나. 图书馆真的好高大上啊! 居然还有空中花园!! (도서관이 진짜 고다상이네요(크네요)! 공중 화원도 있어요!!)

25) 중국 강소성의 한 지역 이름

나-1. 对啊一见就觉得女神高大上了。哼(￣(∞)￣)哼哼(￣(∞)￣)哼... (맞아요. 여신을 만나자마자 고다샹(최고)이 되겠어요. 흥(￣(∞)￣)흥흥(￣(∞)￣)흥...)

(14가)의 '萌萌哒(méngméngdā, 사랑스럽다)'는 일본어를 음역해서 새로 만든 말로서 '귀엽고 사랑스러운 척하는 모습을 나타내는 말'의 뜻이다. 요즘 통신 언어의 영향으로 일상생활에서도 많이 쓰이고 있다. 이 표현은 친해진 누리꾼들 사이에서 좋아하거나 칭찬하는 긍정적 감정 표현으로 사용된다.

(14나, 나-1)의 '高大上(gāodàshàng, 킹왕짱)'은 통신 공간에서 만들어져서 아주 활발히 쓰이는 의태어로 한국어 통신 언어 '킹왕짱'의 뜻과 비슷하다. '높다', '크다'와 '높은 등급·품위에 이르다'의 3가지 좋은 의미를 복합적으로 갖고 있으며, '최고' 수준의 긍정적 상태를 표현한다.

(15) 통신 언어로 활발히 쓰이는 의태어: 부정적 상태 표현

가. 开学还没做好的话又要绕到后面才能到宿舍了。。囧。。目测是做不好了 (개학할 때까지 (공사가) 안 끝나면 기숙사에 갈 때 또 뒤로 돌아가야겠어요.. 囧(-.-#).. 안 된 것 같아요)

가-1. 只有妹纸发帖才有人回←_← 可我是妹子发帖就没人 囧... (여자가 글을 쓰면 댓글이 많아요←_← 난 여자예요. 글을 올려도 댓글이 없군요. 囧(-.-#)...)

나. 突然感觉自己的胃越来越不好了orz (갑자기 내 위가 더욱더 나빠진 것 같아요. orz)

나-1. 毫无存在感的新人 求水一贴 望各位管理放过ORZ... (존재감이 없는 신입 회원인데 여기서 글을 많이 올리겠어요. 여러 게시판 관리자들은 좀 주목해 주세요. ORZ...)

(15가)의 '囧(jiǒng, -.-#)'은 중국어 통신 공간에서 유행하는 새로 만들어진 그림 글자다. '囧'은 현재 글자로 바로 입력할 수 있지만 정상적인 한자가 아니다. 앞 (7가)에서 '汗'의 뜻이 난감하거나 할 말이 없는 상태를 나타내는 말이라고 설명했는데, '囧'도 비슷한 의미로 쓰인다. 말하기 싫거나 어색한 상황에서 쓰는 부정적 상태 표현이다. 누리꾼들이 많이 쓰는 그림 글자 '-.-#'에 대응된다.

(15나)의 'orz'는 한국어 누리꾼들도 즐겨 쓰는 것인데, 무릎을 꿇고 엎드려 있는 모습을 묘사한 그림 글자로 '좌절'의 뜻을 갖는다. 기본적으로 부정적 상태 표현이지만 중국 누리꾼들은 '감사'를 뜻하는 긍정적 표현으로 쓰기도 한다. 이는 한국어 통신 언어와는 차이점인데, 예를 들면 "810艺术理论需要哪些教材和试题资料求推荐, 跪谢orz ~...(810예술이론에 필요한 책이나 시험 자료를 좀 추천해 주세요. 구이세orz ~...)"에서 'orz'는 엎드려 공손하게 감사를 표현하는 긍정적 기호로 쓰였다. '진심으로 감사를 드러내기 위해서 무릎을 꿇고 엎드려 있는 모습'을 묘사한 것이다.

다음 (16)의 표현들은 통신 공간에서 쓰이는 동작과 관련된 새로운 의태어들이다.

(16) 통신 언어로 활발히 쓰이는 의태어: 동작 표현
   가. 度娘你要是骗我就太没节操了吧坑爹啊这是还好事前试了下 (두 냥26) 당신이 나를 속이면 지조를 버린 것이에요. 컹뎨(함정에 빠트리기)를 미리 겪어 봐서 다행이에요)
   가-1. 坑爹的移动公司, 四百兆流量变五十兆, 真是呵呵了... (컹뎨(함정에 빠트리는) 이동통신사, 400조의 데이터가 50조로 바뀌었어요. 진짜 허허...)

---

26) 중국 인터넷 사이트 '바이두'의 별명이다.

나. 有妹子跟我的小弟们卖萌也会暴躁… (한 여자가 내 동생들한테 마이멍(귀여운 척)을 하자 (동생들이) 화를 냈어요…)

나-1. 要是卖萌能赚钱的话楼楼发了… (만약 마이멍(귀여운 척)만 하고 돈을 벌겠다면 당신 누리꾼들은 부자가 되겠어요…)

(16가, 가-1)의 '坑爹(kēngdiē)'는 '함정에 빠뜨리다'를 의미하는 동사 '坑'과 '아버지'를 가리키는 '爹'를 결합하여 새로 만든 말이다. 두 한자가 결합되어 '아버지를 함정에 빠뜨리다'의 뜻이 아니라 '함정에 빠뜨리는 동작'을 나타내는 말로 쓰인다. 누리꾼들이 상대방에 대한 마음속의 불만 등을 털어놓거나 분노를 강하게 터뜨리는 행위와 관련하여 쓴다. 사기를 당하거나 어떤 일이 마음에 들지 않는 상태를 가리키기도 한다.

(16나)의 '卖萌(màiméng)'은 '팔다' 뜻의 동사 '卖'와 귀엽거나 순진한 척하는 태도를 나타내는 말인 '萌'이 결합된 것이다. 두 한자가 결합되어 '다른 사람한테 귀엽거나 순진한 척하는 태도를 드러내는 말'의 뜻으로 쓰인다. (16나-1)에서 '卖萌'은 귀여운 척하는 행동으로 돈을 벌고자 하는 누리꾼들의 태도를 비판하는 데 쓰였다.

4. 한중 인터넷 의성의태어의 특징 비교

이정복(2014다:60-62)은 한국어 인터넷 통신 공간에서 보이는 의성의태어의 쓰임에서 다음과 같은 특징을 보고했다.

(17) 한국어의 인터넷 의성의태어 쓰임의 특징
　가. 통신 언어 의성의태어 가운데는 일상어에 전혀 존재하지 않는 새

로운 형식이 많다.
　나. 일상어의 용언 어간을 이용하여 반복형 의태어를 생산적으로 만들어 쓴다.
　다. 통신 언어 의성의태어를 경제적 동기 및 오락적 동기 등에 따라 자음만으로 간단히 적는 경우가 있다.
　라. 느낌과 의미를 강조하기 위해 의성의태어의 일부 또는 전체를 반복적으로 늘여서 사용한다.
　마. 통신 언어 의성의태어는 기존 일상어의 의미로 쓰이면서도 의미 확대를 겪는 경우가 많다.
　바. 통신 언어 의성의태어는 문장 안에서 서술어, 부사어 등으로 쓰이기도 하지만 문장의 앞 또는 뒤에서 독립적으로 쓰이는 경우가 더 많다.

　　중국어 통신 공간에서 쓰이는 의성의태어의 경우도 대부분 (17)과 같은 특성들이 나타남을 앞선 자료 분석을 통해 확인했다. 중국어의 경우도 일상어에 전혀 존재하지 않는 새로운 의성의태어 형식이 많고, 누리꾼들은 느낌과 의미를 강조하기 위한 표현적 동기에서 의성의태어의 일부 또는 전체를 반복적으로 늘여서 사용한다. 경제적 동기 및 오락적 동기로 의성의태어가 쓰이고 있으며, 자음자만으로 간단히 적는 'JJWW' 등의 보기가 있었다. 기존 일상어의 의미로 쓰이면서도 통신 공간에서 의미 확대를 겪는 의성의태어가 많았다. 통신 언어 의성의태어는 문장의 앞 또는 뒤에서 독립적으로 쓰이기도 한다. 또한 의태어 가운데 그림 글자로 적는 경우도 나타났다. 한국 누리꾼과 중국 누리꾼들은 통신 언어 사용의 동기와 기능의 공통점 때문에 의성의태어 사용에서도 많은 공통점을 보여 준 것으로 해석된다.
　　이와 달리 두 언어의 인터넷 의성의태어는 몇 가지 차이점을 갖고 있다.

첫째, 인터넷 글자 입력의 특성과 관련되어 중국어 통신 공간에서는 한자를 반복적으로 쓴 의성의태어가 쓰일 뿐만 아니라 'hahaha', 'hehehe'처럼 로마자 병음자를 이용하여 반복형을 많이 만들어 쓴다. 병음 글자를 이용하면 입력이 훨씬 빠르고, 로마자를 이용하여 적는 점 때문에 한자로 적는 것에 비해 시각적으로 두드러지는 효과가 있기 때문이다.

둘째, 통신 언어 의성의태어를 경제적 동기 및 오락적 동기에 따라 적을 때 한국어의 경우 자음 글자만으로 간단히 적는 것과 달리 중국 누리꾼들은 병음자를 적극 이용한다. 한 예로 '唧唧歪歪(jījīwāiwāi)'를 'JJWW'로 간단히 줄여 쓰는 식이다. 한글은 글자를 구성하는 자음자와 모음자를 쉽게 분리할 수 있기 때문에 자음자를 이용하는 것이 효과적이고, 중국어는 한자를 간단히 줄여 쓰기가 어렵기 때문에 로마자 병음 글자를 이용하는 것이다.

셋째, 통신 언어 의태어 가운데 'OTL', 'ORZ' 등 그림 글자가 잘 쓰이는데, 한국어 통신 언어에서는 긍정적 표현과 부정적 표현이 분명히 구별된다. 그러나 중국어 통신 언어에서 일부 표현은 긍정적 감정과 부정적 감정을 표현하는 데 함께 쓰인다. 'ORZ'가 대표적인데, 문장의 구체적 내용에 따라 긍정적 의미 표현인지 부정적 의미 표현인지가 드러나게 된다.

맺음말

이 장에서는 한국어와 중국어의 인터넷 통신 공간에서 쓰이는 의성어, 의태어의 쓰임을 비교해 보았다. 한국어 통신 공간 의성의태어의 쓰임을 분석한 이정복(2014다)의 체계를 참조하여 중국어 통신 공간에서 쓰이는 의성의태어를 '일상어와 인터넷에서 두루 쓰이는 것'과 '통신 언어로 활발히 쓰이는 것'으로 나누고, 각 유형에는 구체적으로 어떤 의성의태어들이 있는지, 어떤 의미 기능으로 쓰이고 있으며, 형식 및 용법의 특징이 무엇인지를 분석했다. 이를 바탕으로 한국어와 중국어의 인터넷 의성의태어의 공통점과 차이점을 찾아보았다.

분석 결과, 한국어와 중국어 통신 공간에서 쓰이는 의성의태어는 여러 가지 공통점을 지닌 것으로 확인되었다. 일상어에 전혀 존재하지 않는 새로운 형식이 많고, 누리꾼들은 느낌과 의미를 강조하기 위해 의성의태어의 일부 또는 전체를 반복적으로 늘여서 사용하며, 주로 경제적 동기 및 오락적 동기에서 의성의태어가 쓰이고, 통신 공간에서 의미 확대를 겪는 의성의태어가 많은 등의 특징이 공통적으로 나타났다. 반면, 두 언어의 통신 언어 의성의태어는 몇 가지 차이점도 있었다. 중국어의 통신 언어 의성의태어 사용에서는 한자 입력의 특성 때문에 로마자 병음자를 이용한 반복형이나 병음자를 이용한 줄여 적기가 많았다. 'ORZ' 등 그림 글자를 중국 누리꾼들은 긍정적 감정과 부정적 감정을 표현하는 데 함께 쓰는 점도 한국의 경우와 차이가 있었다.

전체적으로 볼 때, 언어가 다르고 문자와 그 사용 및 입력 방식이 다른 점 때문에 몇 가지 차이점이 있었지만 인터넷 통신 언어 사용의 동기와 기능, 곧 인터넷 언어문화의 보편성 때문에 의성의태어의 쓰임이 비슷한 모습을 더 많이 나타내는 것으로 판단된다. 두 나라 누리꾼들은 인터넷 통신 공간에서 기존 일상어의 의성의태어를 기능과 형식을 바꾸어 쓰는 것은 물론 새로운 형식의 다양한 의성의태어를 만들어 씀으로써 더욱 재미있고 효과적으로 소통하며, 표현의 다양성과 풍부함을 누리면서 언어 창의성을 겨루기도 하는 것이다.

다만 연구 범위의 현실적 제한 문제로 중국어 의성의태어가 가진 성별, 세대별 요인에 따른 분포에 대해서는 다루지 못했다. 이에 대해서는 다음 기회에 자세히 다루기로 하겠다. 앞으로 한국어와 중국어 인터넷 통신 언어에 대한 여러 가지 주제를 지속적으로 연구한다면 21세기 두 언어의 변이와 변화, 발전에 대한 심층 이해와 통신 언어의 보편적 특성 파악에 크게 도움이 될 것으로 믿는다.

13장_ 호칭어 '님'과 '亲(친)'

인터넷 공간에서 새롭게 생겨나거나 쓰임이 확산된 한국어의 새말 가운데서 '님'은 가장 성공적으로 정착된 표현의 하나이다. 1990년대 초부터 컴퓨터 통신에서 쓰이면서 인터넷 공간의 두루 높임 호칭어로 자리 잡았고, 병원이나 은행, 관공서 등에서는 입말로도 쓰인다. 통신 언어 이전에는 접미사로 주로 쓰이면서 제한적으로 의존명사로서의 용법을 보였던 것과 달리 통신 언어에서는 의존명사로서의 쓰임이 핵심적 용법이 되었고, 나아가 대명사로서의 용법까지 나타났다. 일상어에서는 주로 윗사람에게 쓰는 말이었지만 잘 모르는 사람들이 교류하는 인터넷 공간의 특성상 나이 및 지위 차이를 떠나 두루 높여 대우하기 위한 기능도 갖게 되었다.27)

한편, 중국어 화자들도 인터넷 공간에서 '님'과 비슷한 의미 기능을 갖는 표현 '亲'(친)을 쓰고 있다. 다른 누리꾼들을 두루 높여 가리키기 위해 쓰는 '친'은 '님'과 마찬가지로 접미사, 의존명사, 대명사로서의

---

* 이 장의 내용은 이정복·판영(2013)을 부분적으로 고친 것이며, 공동 연구자의 게재 동의를 받았음을 밝힌다.

용법을 모두 보여 준다. 일부 젊은 중국어 누리꾼들은 일상어 사용에서도 이 형식을 쓰는 것으로 관찰된다. 그러나 '님'과 달리 병원, 은행, 관공서 등에서 쓰이고 있지는 않다. 한국어의 '님'이 거의 모든 세대 누리꾼들에 의해 자주 쓰이고 있는 것과 달리 '친'은 20, 30대의 젊은 누리꾼들이 특히 즐겨 쓰는 형식인 차이점도 보인다.

이 장에서는 비슷한 의미 기능을 갖는 한국어와 중국어의 두루 높임 호칭어 '님'과 '친'의 쓰임과 기능을 비교 분석해 보고자 한다. 구체적으로, 서로 다른 언어를 바탕으로 하는 인터넷 공간에서 '두루 높임'이라는 비슷한 의미 기능의 새말이 쓰이는 점을 자세히 보고하고, 그 구체적 공통점과 차이점을 밝혀내기로 하겠다. 이러한 논의를 통해 인터넷 매체를 통한 소통이라는 같은 환경에서 한국과 중국 누리꾼들이 두루 높임 호칭어 기능의 새말을 적극적으로 만들어 쓰고 있는 점, 인터넷 통신 언어가 한국어에만 나타나는 것이 아니라 다른 언어에도 존재하는 보편적 현상임을 확인할 수 있을 것이다.

통신 언어로서의 '님'을 다룬 선행 연구로는 이정복(2000다, 2012나)가 있다. 이정복(2000다)는 인터넷 공간에서 두루 높임 호칭어로 활발히 쓰이는 '님'을 대상으로 쓰임을 구체적으로 분석하고, 사용 동기와 맥락을 통신 언어의 성격과 관련지어 해석하였다. 이정복(2012나:127-133)은 한국어 경어법의 최근 변화 방향을 다루면서 '님'의 확산과 기능의 다양화에 대해 기술하였다. 중국 통신 언어 연구 또는 한중 통신 언어에 대한 비교 연구로는 이영아(2006), 최화영(2007), 송다펑(2009), 송성경(2009), 판디(2011), 구당평(2012), 양호연(2012), 장부리(2013) 등이 있고, 중국에서 이루어진 연구도 많지만 '친'에 대한 학술적 분석은 아직 제대로 이루어지지 않았다. 다만 장부리(2013:79-81)에서 '통신 언어의 문법화와 역문법화'를 다루는 자리에서 '친'이 형용사에서 2인칭 대명사로 '역문법화'를 겪고 있다고 보고

하였다. 이런 상황에서, 통신 언어 호칭어로서의 '친'이 갖고 있는 새로운 의미 기능에 주목하여 그 쓰임을 '님'과 전반적으로 비교하는 연구의 필요성과 의의가 높다고 하겠다.

그림 1 트위터 누리꾼들의 '님' 사용

여기서 제시하는 분석 자료는 한국어 '님'의 경우 대규모 대문형 사이트인 '네이버'와 '다음'에서 수집한 것과 트위터와 페이스북에서 최근 자료를 추가한 것이며, 중국어 '친'의 경우 '바이두'(baidu.com), '소설바' 게시판(www.xs8.cn) 등에서 수집한 것이다. 다음 1절에서 '님'과 '친'의 쓰임과 기능을 살펴보고, 2절에서는 두 호칭 표현의 세대별 분포를, 3절에서는 쓰임의 공통점과 차이점을 분석한다.

1. '님'과 '친'의 쓰임과 기능

1.1 접미사로서의 쓰임

한국어 '님'은 접미사로서 일상어에서뿐만 아니라 인터넷 통신 언어에서도 널리 쓰이고 있다. 통신 언어에서 보이는 접미사 '님'의 쓰임을 몇 가지 제시하면 다음과 같다.1)

(1) 접미사 '님'의 쓰임
   가. 좌장이신 **총무님** 편안히 도착하셨는지요 ?많은 애를 쓰셨습니다. 장비가 대단 하십니다.**최사장님** 뱃살좀 빼셔야 겠습니다 ㅎㅎㅎ
   가-1. 불야성 5화까지 봤는디 **대표님**과 세진이와의 럽라인 외의 것들이 매우 집중이 안되는 수준이라 당혹스럽다
   나. **프레디님**과 **운영자님**들 그리고 모든 **회원님**들께서 이렇게 좋게 봐 주시고 너무 감사드립니다...
   나-1. **이웃님**들께 **MJ님** 짧게 소개 해드릴게요 :)흥흥진짜..나이 알고 완전 깜놀..!!
   나-2. 왜캐 가까이 사시는 **트친님**들 많앜ㅋㅋㅋㅋㅋㅋㅋㅋㅋㅋㅋㅋㅋㅋㅋㅋ
   나-3. **페벗님**께서
      이뿌게 꾸며주셨어요ㅎㅎ
      고마워요 오라버니
   다. **아랫님** 글 읽어보니 그 사람 생각나요...
   다-1. **아랫분님**! 옷 정말 이쁘네요 ;;ㅋㅋㅋ

---

1) '님'의 자세한 쓰임은 이정복(2000다)에서 다루었기 때문에 여기서는 중국어 '친'과의 비교를 위해 대표적 보기만 제시한다.

'님'은 사람을 나타내는 명사에 붙어 그 사람을 높여 가리키는 말로 바꾸어 준다. (1가, 가-1)의 '총무님', '사장님', '대표님'은 일상어에서도 자주 쓰이는 구성이고, (1나~나-3)의 '운영자님', '회원님', '이웃님', '트친님', '페벗님'은 인터넷 공동체에서 특히 잘 쓰이는 구성이다. '이웃님'은 블로그 등의 사이트 방문자를 가리키고, '트친님'은 '트위터 친구님', '페벗님'은 '페이스북 벗님'을 각각 줄인 표현이다.

(1다, 다-1)의 '아랫님', '아랫분님'은 인터넷 게시판에서 나타난 독특한 구성이다. 게시판에서 먼저 올린 순서대로 아래쪽부터 위로 글을 배열하기 때문에 앞서 글을 올린 사람을 가리킬 때 이런 말을 쓰게 된다. 2013년 현재 인터넷 공간에서 보이는 접미사로서의 호칭어 '님'의 쓰임은 이정복(2000다)에서 보고했던 것과 차이가 없이 모든 하위 유형이 그대로 나타났다.

(2) 접미사 '친'의 쓰임 ①
　가. 急求,学长亲们,株洲哪里能买自行车啊,我死活找不到啊 (급구, 선배 친들, 어디에서 자전거를 살 수 있나요, 어쨌든 못 찾았어요)
　가-1. 学姐亲,二十岁生日快乐! 不老的大孩子,六一快乐! (언니친, 20살 생일 축하해요! 늙지 않는 큰 아이, 6월 1일 축하해요!)
　나. 请各位大虾亲们推荐几部好电视剧!!! (여러 새우친들은 재미있는 드라마를 추천해 주세요!!!)
　나-1. 高唐州首领团BUG。《《《各位版主亲。水壶亲进 (고탕주 리더팀 BUG. 《《《여러 반주친 주전자친. 들어오세요)
　다. 大爱兔斯基的 大亲们 来瞅瞅吖。。。(투스지2)를 좋아하는 다친들은 와 보세요...)
　다-1. 话说,小亲在三岁的时候,看到姐姐学钢琴,于是突发奇想,也要学

---

2) '투스지'(兔斯基)는 중국 누리꾼들이 좋아하는 토끼 모양의 그림 글자이다.

(얘기하자면, 샤오친은 3살 때, 언니의 피아노 공부를 봐서, 갑자기 같이 공부한다는, 생각이 났어요)
다-2. 小孩子的世界,楚楚小亲是不是真的长大了 (아기의 세계네요, 초초 샤오친은 정말로 성장하여 어른이 됐어요?)

중국어 '亲'(친)은 인터넷 게시판에서 한국어 두루 높임 호칭어 '님'과 비슷한 기능으로 쓰인다. (2가, 가-1)의 '学长亲'(선배친, xuézhǎngqīn), '学姐亲'(언니친, xuejieqīn)은 각각 명사 '学长'과 '学姐'에 접미사3) 역할의 '亲'이 결합되어 한국어 '선배님'과 '언니님'과 같은 뜻을 가지며, 대상 인물들을 높이는 기능이 나타난다.

(2나, 나-1)의 '大虾亲'(새우친, dàxiāqīn), '水壶亲'(주전자친, shuǐhúqīn)은 중국어 인터넷 새말에 '친'이 결합된 구성이다. 인터넷 공간에서 여러 가지 방면의 능력 있는 고수(高手)를 가리킬 때 '대협'(大侠, dàxiá)을 쓰고, 이어서 재미를 더하기 위해 같은 발음의 '大虾'(새우)로 바꾸어 쓴 말에 '친'이 결합되어 '大虾亲'이 나오게 되었다.4) 게시판에서 댓글이나 게시글 수를 늘리기 위해 아무 글이나 마구 올리는 행위나 그 누리꾼을 '灌水'(관수)로 표현하는데, 이 말은 물을 붓는 대표적 도구인 '水壶'(주전자)로 바꾸어 쓰인다. 곧 '水壶亲'은 게시글이나 댓글을 많이 올린 사람을 높여 가리키는 표현인 것이다.

(2다, 다-1)의 '大亲'(다친, dàqīn), '小亲'(샤오친, xiǎoqīn)은 '大'와 '小'에 '亲'이 결합된 것으로 이 또한 통신 언어 새말이다. '다친'은

---

3) 중국어 문법에서 '접미사'는 '后缀'(허우주이, hòuzhuì), '의존명사'는 '量詞'(량치, liàngcí)라고 하고, '대명사'는 '代詞'(다이치, dàicí)라고 한다. 편의상 여기서는 모두 한국어 문법 용어를 쓰기로 하겠다.
4) 송다핑(2009:52)는 단순히 '大侠'와 '大虾'의 발음이 비슷하여 바꾸어 쓰는 것이 아니라 매일 인터넷에 몰두하여 허리가 새우처럼 굽어 있다는 비유적 뜻을 고려하여 '大侠'를 '大虾'로 쓴다고 해석하였다.

다른 누리꾼을 높여 가리키는 말이며, '샤오친'은 누리꾼 스스로를 낮추어 가리키는 말이다. 한편, (2다-2)에서 '小亲'은 자기를 낮추어 가리키는 말이 아니라 상대방을 여성스럽고 귀엽게 부르는 말이다.

(3) 접미사 '친'의 쓰임 ②

  가. 为什么删我帖子！为什么私信不回！吧主亲? (왜 제 댓글을 삭제했어요! 왜 답장이 없나요! 바주친?)

  나. 版主亲。请进来看看~有BUG哦。亲~ 反馈一下吧版主亲,多久了 (반주친. 들어와 보세요~BUG 있어요. 친~ 되돌려 줘요 반주친, 오래 됐거든요)

  나-1. 怎么样咱们好商好量!!不来暴力啊!!拜托!!拜托啦斑竹亲!! (우리 좀 상의하자고요!! 어때요!! 폭력 쓰지 마세요!! 부탁드려요, 반주친!!)

  다. 楼主亲你是在哪里做的这个主题呢？我也想自己做 (러우주친 은 배경화면을 어떻게 만들었어요? 저도 만들어 보고 싶어요)

  라. 群主亲,就在你家也不带我们去玩玩啊,说不过去啊亲 (춘주친, 당신 집에 있으면서 우리를 데리고 놀러가지 않아요, 말도 안 되죠)

(3가)의 '吧主亲'(바주친, bāzhǔqīn)은 중국 바이두 사이트의 게시판 관리자를 가리키는 '吧主'에 접미사 '亲'이 결합된 것이다. (3나, 나-1)의 '版主亲'(반주친, bǎnzhǔqīn), '斑竹亲'(반주친, bānzhúqīn)과 (3다)의 '楼主亲'(러우주친, lóuzhǔqīn)도 인터넷 게시판 관리자를 가리키는 두루 높임 표현이며, 한국어 누리꾼들이 쓰는 '운영자, 관리자, 방장'에 대응된다. '版主', '斑竹' 가운데 의미상 '版主'가 게시판 관리자에 가깝지만 오락적 동기에서 누리꾼들은 발음이 같은 '斑竹'를 더 많이 쓰고 있다. (3라)의 '群主亲'(춘주친, qúnzhǔqīn)은 '群主'에 '亲'

이 결합된 것이며, '群主'는 대화방 또는 카페 관리자를 말한다. 대화방 관리자를 '팡주'(房主, fángzhǔ)라고도 한다.

  (4) 접미사 '친'의 쓰임 ③
    가. 谢谢楼上亲们的祝福,结束了我一年多来每天只能睡三四个小时的痛苦 (러우상친들의 축복 감사합니다, 1년 동안 하루 서너 시간밖에 자지 못하는 고생을 끝냈어요)
    나. 第一次转让儿童用品,楼下亲是最先电话联系的, (첫 번째 아동 용품을 양도합니다, 러우샤친이 먼저 연락해 줬으니,)

  (4가)의 '楼上亲'(러우상친, lóushàngqīn)은 통신 언어 새말 '楼上'5)에 '亲'이 붙은 말이다. '楼上'은 게시판에서 자신보다 '먼저 글을 쓴 사람'을 지시하는 말인데, 한국과 달리 중국 인터넷 게시판에서는 먼저 쓴 글이 위에 놓이고 늦게 쓴 글은 그 아래에 놓이기 때문에 이러한 표현을 쓴다. '러우상친'은 앞의 (1다, 다-1)에서 설명한 것처럼 한국어 누리꾼들이 먼저 글을 쓴 사람을 가리킬 때 쓰는 '아랫님', '아랫분님'이라는 말과 방향 차이는 있지만 개념은 완전히 같다. 이와 달리 (4나)의 '楼下亲'(러우샤친, lóuxiàqīn)은 게시판에서 자신보다 '늦게 글을 쓰는 사람'을 높여 지시하는 말이다. 이것은 한국어 누리꾼들이 댓글을 붙일 때 쓰는 '윗분', '위엣분'과 대응된다.
  지금까지 살펴본 중국어 '亲'의 접미사로서의 쓰임은 인터넷 사용이 본격화되기 이전에 일상 중국어에서는 전혀 찾기 어려운 것이다. 이것은 인터넷 통신 공간에서 누리꾼들이 다른 사람을 높여 부르거나 가리

---

5) 중국어 누리꾼들은 게시판에 글을 올리는 것을 '楼'라고 하여 건물의 한 층을 짓는 것에 비유하여 표현한다. 예를 들면 첫 번째 글을 쓴 것을 두고 '1楼를 차지했다'고 말하는 식이다.

키기 위해 기존 표현의 의미 기능을 적극 확장하여 새롭게 만들어 낸 용법이다. 통신 공간에서도 아직은 한국어에서 보이는 '사장님', '국장님'처럼 직위명에 '亲'이 결합된 형식은 찾기 어렵다. 그러나 '学长亲', '大虾亲', '版主亲', '楼上亲' 등 인터넷 통신 이용 과정에서 필요를 느껴 만들어 낸 새말 형식들은 누리꾼들 사이에 널리 퍼져 있으며, 새로운 호칭 형식으로 자리를 잡았다. 인터넷 통신 환경에서 '亲'이 새 기능으로 쓰이게 됨으로써 중국어에 새로운 두루 높임 호칭 형식이 생겨난 것으로 평가할 수 있다.

1.2 의존명사로서의 쓰임

'님'은 의존명사로도 잘 쓰인다. 일상어에서는 글말에서 제한적으로 '홍길동 님'과 같이 쓰이다가 통신 언어에서 '님'의 쓰임이 확산되면서 지금은 은행, 동사무소, 병원 등에서 방문자에게 입말로도 자연스럽게 쓰고 있다. 통신 공간에서 의존명사 '님'의 쓰임은 이보다 범위가 더 넓다.

(5) 의존명사 '님'의 쓰임
　가. 모델 한지유님은 눈빛이 참 매력적인 모델이지요... ^^
　가-1. 어머, 어뜨케 선물에도 좋을거라는걸 눈치 채셨나!?!?!? 역시 똑 부러지시는 주현님〉.〈
　나. 305호님이 며칠전 하신 나눔!! 전 땡땡이 원피스에 당첨이 되었어요♡
　다. 이쁜양식 만들어주신 rnjsflek12 님 감사릴 이에용^^잘 쓰겠습니다!!

다-1. 더 포레스트 하는 만화 다음편은 같이 하신 (@nar***) 님이 올려주십니다 두둥탁 깨지면 여기
라. 아래의 작품은 사랑밖엔님이 하나하나 손으로 고이 접어 만든 아름다운 꽃들을 몇 점 올립니다 너무 아름답죠 ^^
라-1. 블래킹님도 아이핀 비번 까먹으시나 보다 (*´σ-`)✕

(5가, 가-1)의 '한지유 님', '주현 님'과 같은 '온이름+님'과 '이름+님' 구성은 인터넷에서는 사용자의 세대나 성별, 사용 맥락과 관계없이 자연스럽게 쓰인다. (5나)의 '305호 님'은 살고 있는 아파트 호수를 이용하여 사람을 가리키면서 '님'을 붙인 것이다. (5다~라-1)에서는 '통신 이름+님'(rnjsflek12 님, @nar*** 님), '통신 별명+님'(사랑밖엔 님, 블래킹 님)의 구성이 쓰였다.6) 인터넷 카페 등에서는 실명을 잘 모르기도 하거니와 알아도 통신 이름이나 통신 별명 사용이 더 편하기 때문에 이러한 호칭어 구성을 자주 쓰게 된다.

(6) 의존명사 '친'의 쓰임 ①
  가. tomato119亲在不在啊,进来聊一聊好不好?? 就是想感谢一下啊 (tomato119 친 계세요, 들어와서 얘기 좀 할까요?? 감사드리고 싶은데요)
  가-1. 刚知道了有鳗鱼亲不幸遇难,心情有些沉重。祈福。(방금 전에 목숨을 잃은 뱀장어 친이 있다는 소식을 들었어요. 마음이 많이 무겁네요. 명복을 빌어요.)
  나. 新来的221.239.171亲,欢迎你来到我们吧. (221.239.171 친이 우리 게시판에 오신 것을 환영합니다.)
  다. 33亲,你是不是拿着地图在发帖啊!!! (33 친, 당신은 지도를 보면서

---
6) 통신 이름, 통신 별명의 개념과 구별에 대해서는 이정복(2003다)와 이 책의 11장을 참조할 수 있다.

댓글을 쓰고 있군요!!!)

중국어 '친'도 통신 공간에서 의존명사로서의 용법을 보여 준다. (6가, 가-1)의 'tomato119亲', '鳗鱼亲'(뱀장어친, mányúqīn)은 통신 이름 또는 통신 별명 뒤에 높임 호칭어 '친'이 붙은 구성이다. 여기서 'tomato119'는 개인이 쓰는 통신 별명 또는 통신 이름이고, '鳗鱼'는 한국 연예인 장근석 씨를 쫓아다니는 팬들을 가리키는 집단 별명이다.

(6나)의 '221.239.171亲'은 게시글 작성자의 IP 주소에 '친'을 붙인 특이한 구성이다. 중국 인터넷 게시판에서는 로그인하지 않아도 글을 올릴 수 있는데, 이때 IP 주소가 통신 별명을 대신하게 되어 이런 표현이 나오게 되었다. (6다)의 '33亲'은 익명 게시판에서 게시글 작성자를 알 수 없기 때문에 글 번호에 '친'을 붙여 해당 누리꾼을 가리키는 것이다. 이러한 의존명사로서의 '친'의 쓰임은 한국어 '님'과 비슷하였지만 '친'은 이름이나 온이름 뒤에 나타나는 용법이 없는 점에서 차이가 있다.

(7) 의존명사 '친'의 쓰임 ②
　　가. 哪位亲能给我借下TR150的充电器呀?韩国哪里都买不到 (어느 친이 TR150 충전기를 좀 빌려 줄 수 있으세요? 한국 어디서도 사기 어려워요)
　　나. 各位亲我不是什么了不起的人 我不会说什么了不起的话 (여러 친 저 그런 대단한 사람이 아니기에 대단한 말은 하지 못합니다)
　　나-1. 众亲都还活着吧,进来冒个泡,你们不在了我会忧桑的. (여러 친은 아직 살아 있겠죠, 들어와서 거품을 좀 내요, 당신들이 없으면 우울하겠네요.)
　　나-2. 新的一年,祝所有亲们在2012龙年里可以幸福安康~! (새해를 맞아, 모든 친들은 2012년 용띠 해에 행복하고 건강하세요~!)

다. 这亲用那大大的玻璃杯子装的白酒,喝起来跟雪碧似的 (이 친은 마시는 큰 유리잔에 담긴 백주가, 사이다로 보여요)

다-1. 你要是不快乐,其实只是心态不对,看看这位亲! (기분이 안 좋은 것은, 사실 마음 태도 때문이에요, 이 친을 보세요!)

라. 大大啊,你也别激动,5那亲确实说得有点直, (다다아,7) 흥분하지 마세요, 그 친은 말을 늘 직설적으로 하는 성격이에요,)

라-1. 好吧,6块拍下的那位亲,加个q联系下吧? (그래요, 6원으로 주문한 그 친은, QQ에 친구추가해서 연락해 줄래요?)

라-2. 听说减肥期间要少吃主食,那亲都吃什么呢? (다이어트 하는 동안 음식을 적게 먹어야 한다고요, 그럼 친은 뭘 먹었어요?)

(7)의 보기들은 '어느', '여러', '이', '그' 등에 해당하는 중국어 관형 표현이 의존명사 '친'을 수식함으로써 다른 사람들을 높여 가리키는 구성이다. (7가)의 '哪位亲'(나웨이친, nǎwèiqīn)은 '어느 친', (7나~나-2)의 '各位亲'(거웨이친, gèwèiqīn), '众亲'(종친, zhòngqīn)은 '여러 친', '所有亲'(수오유친, suǒyǒuqīn)은 '여러 친, 모든 친'의 뜻이다. 여기서 '位'는 한국어 '분'에 대응되는 표현이며, 따라서 '哪位亲'과 '各位亲'의 '位'와 '亲'은 기능적으로 중복된 것으로 볼 수 있다. (7다~라-1)의 '这亲'(저친, zhèqīn)/'这位亲'(저웨이친, zhèwèiqīn), '那亲'(나친, nàqīn)/'那位亲'(나웨이친, nàwèiqīn)은 각각 '이', '그'에 대응되는 관형사가 '친'을 꾸미는 구성이다. 한편, (7라-2)의 '那亲'은 겉으로 보아 '그 친'으로 해석되지만 문맥상 '那'는 '그럼'이나 '그러면'으로 해석해야 한다. 본래 '那'가 '그'와 '그럼' 두 가지 뜻을 갖는데 중국어에는 띄어쓰기가 없기에 '那亲'이 문맥에 따라 달리 해석될 수 있는 것이다.

---

7) '다다'(大大)는 다른 누리꾼의 통신 별명이다.

1.3 대명사로서의 쓰임

'님'은 일상어에서 대명사로는 전혀 쓰이지 않았으나 인터넷 통신 공간에서 두루 높임 호칭어로 등장하면서 대명사로도 활발한 쓰임을 보여 주었다.8) 현재 인터넷 공간에서 보이는 대명사로서의 '님' 용법을 몇 가지 들면 다음과 같다.

(8) 대명사 '님'의 쓰임
 가. ㅋㅋ 그게 바로 모모야님입니다. 근데..님이 너무 쿨하게 넘겨주셔서 넘 감사했는데..
 나. 님들 답변이 잘 안 올라와서 할 수 없이 재질문하고 글도 많이 줄였어요.
 나-1. 아니 진짜 시발 내새끼 옷이 별로든 피부가 별로든 님들이 뭔상관이세요 피부관리샵 풀로 끊어줄 거 아니면 닥치고 니네 가수 무대나 기다리세요 존나 별걸로 시비거네
 나-2. 우리 초동 2위 가자가자가자 조롱은 님들께서 먼저 하셨구요^^
 다. 님아 이렇게 카페 욕하고 그러면 재밋나요?
 다-1. 님들아 우리 여기서 앤캐 담요만듭시다;;; ㄷㄷㄷㄷ ㄱㅐ쩐다 3만원에 거의 다키마쿠라네

(8가)에서 처음에는 상대방을 통신 별명에 의존명사 '님'을 붙여 가리켰으나 다시 말할 때는 "근데..님이"와 같이 통신 별명 없이 '님'만 쓰고 있다. '님'이 앞서 나온 대화 상대방인 누리꾼을 가리키는 대명사로서 쓰인 것이다. (8나)를 보면 대명사 '님'에 복수 접미사 '들'이 결

---

8) 통신 언어의 영향으로 요즘 젊은 화자들의 입말 사용에서 장난스러운 분위기를 연출하기 위해 '님'을 대명사로 쓰는 일이 종종 관찰된다.

합되었다. '님들'의 경우 예전 같으면 '여러분' 정도가 쓰일 자리지만 통신 공간에서는 비격식적이고 친근한 느낌이 나는 '님들'이 더 자주 쓰이는 것으로 관찰된다. 이러한 '님들' 뒤에는 주격 조사 '이'가 잘 붙지만 (8나-2)처럼 '님들께서'도 쓰인다.

(8다, 다-1)의 '님아', '님들아'는 대명사 '님' 또는 그 복수형 '님들'에 호격 조사 '아'가 붙은 구성이다. '종호 님아', '무지개 님아'와 같이 의존명사로서의 '님'에도 '아'가 붙지만 수식 성분 없이 1음절로 쓰이는 대명사 '님'에 '아'가 결합됨으로써 형태적 불안정성을 보완하고, 문장 성분이 부름말임을 분명히 나타낸다. 다만, 호격 조사 '아'가 결합되어 '님'이 부름말임을 뚜렷하게 드러내는 기능이 있지만 누리꾼들은 높임의 '님'과 안높임의 '아'가 어울리지 못하기 때문에 '님아'를 써서는 안 된다고 보는 경우가 많다. 이 때문에 사이트나 카페에 따라서는 '님아' 형식의 사용을 금지하는 모습도 쉽게 찾을 수 있다.[9]

(9) 대명사 '친'의 쓰임
    가. 如果这个结局让亲伤心难过不高兴了,鞠躬,真的抱歉。。(이 결말 때문에 친이 슬퍼서 기분이 안 좋다고 하면, 허리를 굽혀 사과드립니다..)
    가-1. 亲 请把你的id用你手机发到18704609520这号 至于这么做 都懂的 (친 당신의 ID를 18704609520으로 보내 줘요 어떻게 하느

---

[9] '님아' 또는 '님들아'를 금지한 카페 공지 사항의 보기를 몇 가지 들면 다음과 같다.
"과도한 인터넷 용어 및 의성어(ㅋㅋㅋ등), 반말(~여체, ~님아 등) 사용은 금지입니다."
"님아 호칭 사용금지 "OO님" (이름을 넣어 님호칭 사용) "OO님아" (이름을 넣어 님아 호칭 사용) 님아라는 표현은 "님" 이라는 존칭에 "아"라는 반말을 섞어 만든 표현입니다."
"님아, 님들아 사용금지~경어체와 올바른 한글 사용"

나를 다 알고 있죠)

나. 亲吖,已经陪我走了一路啦……后面的文,也继续写给你们看吧 (친아, 저와 함께 오래 걸었죠……뒷부분 내용은, 계속 써 보여 드릴 게요)

중국어 '친' 또한 대명사로도 쓰이고 있다. (9가, 가-1)과 같이 다른 누리꾼을 가리키는 대명사 기능의 '친'이 인터넷 공간에서 자연스럽게 쓰이고 있다. 이런 보기들의 '친'은 중국어의 '너'(你, nǐ)와 '당신'(您, nín)으로 바꿔 쓸 수 있기에 문법적으로 2인칭 대명사 자격을 분명히 갖추었다.10) (9나)에서는 '亲吖(친아, qīnā)가 쓰였는데 한국어 통신 언어 '님야'와 완전히 같은 구성이다. 호격 조사를 붙여 적음으로써 인터넷 공간에서 다른 사람을 직접 부르기 위한 부름말임을 드러내고자 하였다. 중국어의 경우 일상어에서도 경어법이 발달하지 않았기 때문에 한국어 누리꾼들이 '님(들)야'에 대해서 갖는 강한 부정적 인식이 중국어 '친야'에서는 찾기 어렵다.

2. '님'과 '친'의 세대별 쓰임

한국어 두루 높임 호칭어 '님'은 세대별 빈도 차이는 있지만 인터넷을 이용하는 거의 모든 세대에서 즐겨 쓴다. 이정복(2000다:210)은 '님'을 "모든 통신 이용자들이 사용하거나 사용할 준비가 되어 있는 형식"이라고 하였다. 다만, '님'의 쓰임에 대한 통계적 분석 결과, 나이가 많을수록 '님' 사용률이 높아지는 것으로 나타나 세대별 차이가 확인되

---

10) 장부리(2013:80)은 '친'이 최근 인터넷 쇼핑몰에서 쓰이면서 다른 분야로 전파되고 있다고 하였다. 그러나 중국의 대표적인 대문형 사이트 '바이두'에서 검색한 결과 '친'이 두루 높임 호칭어로 쓰이기 시작한 것은 2003년 무렵인 것으로 확인된다.

었다. 나이별로 누리꾼들의 '님' 사용 정도를 분석한 표를 가져 오면 다음과 같다.11)

표 1 나이별 '님' 사용의 차이 (이정복 2000다:211)

동호회 구분	게시자 공개 여부	'님'이 쓰인 횟수	게시글 수	게시글당 '님' 비율	글자 수
10대	공개	10/12	61	0.16/0.19	15,363
20대	공개	8/9	41	0.20/0.21	15,144
30대	공개	19/33	41	0.46/0.80	15,318
40대 이상	공개	31/49	24	1.29/2.04	14,887

10대와 20대는 별 차이가 없지만 30대는 20대의 2배 이상, 40대는 6배 이상 '님'을 많이 썼다. 나이 많은 누리꾼들일수록 일상어 사용에서 호칭이나 경어법 사용에 더 주의를 기울이고, 인터넷 공간에서도 예의를 갖추려고 노력하기 때문일 것이다. 30, 40대에 비해 10대와 20대의 젊은 화자들은 높임의 호칭이나 경어법 사용을 번거로워 하는 분위기가 있어서 인터넷 공간에서도 익숙한 상대방과는 대칭적인 반말 쓰기로 빠르게 넘어가는 점 또한 이러한 '님' 사용의 차이를 가져온 요인으로 판단된다.12)

---

11) '님'의 횟수 및 비율에서 / 앞의 수치는 의존명사와 대명사로 쓰인 것이고, 뒤의 수치는 접미사, 의존명사, 대명사로서의 모든 용법을 묶은 것이다.
12) 2000년대 초반에 비해 지금은 인터넷 공간 전반에서 높임의 호칭이나 경어법 사용이 갈수록 줄어드는 경향이 뚜렷하게 관찰된다. 예전에는 뉴스 기사 댓글을 달 때 대다수 누리꾼들이 해요체나 하십시오체를 쓰고, 다른 사람을 'ㅇㅇ 님'으로 가리켰지만 요즘은 해라체, 해체 사용이 많고 호칭에서 '님'이 쉽게 빠진다. 모르는 누리꾼들이 쉽게 '반모'(반말 모드)에 빠지며, 그것에 대해 이의를 제기하는 사람도 없다. 인터넷 공간에서 나타나는 이러한 경어법 사용의 변화에 대해서는 다음 기회에 자세히 다루어 보기로 하겠다.

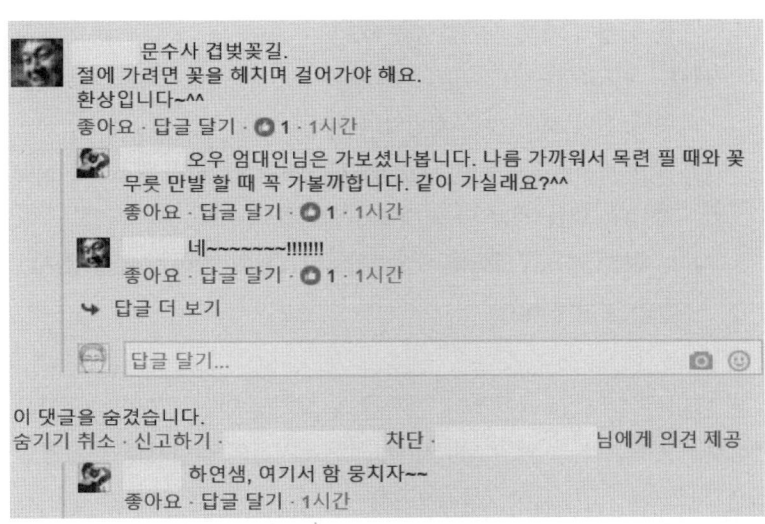

그림 2 **페이스북에서의 '님' 쓰임**

　　중국어 두루 높임 호칭어 '亲'은 10대에서부터 40대 이상까지 사용자 분포가 넓은 점에서 '님'과 비슷하다. 중국 누리꾼들이 '亲'을 어떻게 쓰고 있는지 각 세대별 구체적 보기를 통해서 살펴보기로 한다.13)

(10) 10대 누리꾼들의 '亲' 사용
　　가. 还有一个问题哈,为什么会员老加不成功呀。吧主亲们 (질문이 또 하나 있는데, 왜 회원가입 계속 안 돼요. 바주친들)
　　가1. 致高三学长亲们, 你们马上高考了,要上什么大学? (3학년 선배친들, 곧 시험을 치겠는데, 어느 대학 입학하고 싶어요?)
　　나. 笔亲 注意 我刚看了你们在说拍卖的价钱的问题, (비친 주의 당신

---

13) 한국어와 중국어의 문자 특성 차이 때문에 통계적 방법을 통한 비교 분석은 진행하기 어려움을 지적한다. 이정복(2000다)에서는 각 세대별로 15,000자 크기의 말뭉치를 만들어 '님' 쓰임 빈도를 측정했는데 한자의 경우 한 글자가 한 단어라서 글자별 비교가 불가능하다.

들의 경매 가격 얘기를 봤는데,)

나-1. 龙山高级中学吧欢迎众亲们亲临 ^ ^ (룡산고등학교 게시판은 여러 친이 오신 것을 환영합니다 ^ ^)

다. 亲,你要拿出实际行动哟,吃的喝的拿出来 (친, 당신 행동부터 시작 합시다, 먹을 것과 마실 것 다 가져 와요)

다-1. 嗯嗯,亲来了就好哈,大家都想你呢. (응응, 친이 와서 좋겠군요, 우리 보고 싶어요)

위 (10)은 10대 누리꾼들이 쓴 '친'의 보기들이다. (10가, 가-1)은 접미사, (10나, 나-1)은 의존명사, (10다, 다-1)은 대명사로서의 쓰임을 보여 준다. (10나)의 '笔亲'(비친, bǐqīn)은 중국 가수 저우비창(zhoubichang)의 이름을 줄인 '笔'에 '친'이 결합된 것으로 '笔'는 팬카페를 나타내는 통신 별명의 역할을 한다.

중국의 10대 누리꾼들은 인터넷 이용자 집단의 중요한 구성원으로서 통신 공간에서 새말을 주도적으로 만들어 내고, 적극 사용하는 모습을 보여 준다. 이들은 통신 언어 새말 '친'을 두루 높임 호칭어로 즐겨 쓰고 있다.

(11) 20대 누리꾼들의 '친' 사용

가. 涨点后出现的一大BUG,版主亲速速进来哟 (값이 올라간 후에 큰 BUG가 하나 생겼어요, 반주친 빨리 와 봐요)

가-1. 水15字没经验,灭了还扣经验,水亲们自己看着力啊 (15자만 쓰면 점수를 받을 수 없고, 또 공제할 테니까, 수이친들 알아서 하세요)

나. 哇!好多双根亲~你们都好有爱~~... (와! 수앙건친이 많아요~당신들은 너무 귀엽네요~~...)

나-1. 郑州市区有啥好吃的没? 求地址 求点名**各位**亲,推荐一下呗~~~ (정저우에 뭐가 맛있나요? 주소 알려 줘요. 여러 친, 추천해 주세요~~~)

다. 亲,你们说:分手了,还可以做朋友么?? (친, 헤어진;후에, 계속 친구로 지낼 수 있나요??)

다-1. 全国大学生QQ群,亲还等什么捏,赶快加入吧 (전국대학생QQ카페, 친 기다리지 마세요, 빨리 가입하세요)

　　(11)의 보기는 20대 누리꾼들이 사용한 '친'의 쓰임이다. (11가-1)의 '水亲'(수이친, shuǐqīn)은 '水'(수)에 '친'이 결합된 표현인데, 여기서 '水'는 물이란 뜻이 아니고 '灌水'(관수)를 줄인 것이다. '관수'는 아무 글이나 마구 올리는 행위나 그렇게 하는 누리꾼을 가리키는 말이니 '水亲'이란 댓글 등으로 도배를 하는 누리꾼을 뜻하는 표현이 된다. (11나)의 '双根亲'(수앙건친, shuānggēnqīn)은 한국 연예인 장근석 씨와 문근영 씨의 공동 팬 사이트를 가리키는 집단 통신 별명이다.

　　20대 누리꾼들 또한 10대 누리꾼들과 마찬가지로 '친'을 '접미사', '의존명사', '대명사'의 세 기능을 가진 두루 높임 호칭 형식으로 쓰고 있다. 20대 누리꾼들 가운데는 대학생도 있고 일반 사회 구성원도 있는데 이들은 통신 공간에서의 새말 사용에 아주 적극적이다. 거의 모든 20대 누리꾼들이 '친'을 활발히 쓰고 있다고 할 정도이다.

(12) 30대 누리꾼들의 '친' 사용

가. 天下没有不散的宴席,但是楼主亲,别走哦... (하늘 아래 끝나지 않는 연회는 없다고 하지만, 러우주친 가지 마세요...)

나. 一直提示以前的消息。哪位亲有好的解决办法? (계속 예전 메시지가 나타나네요. 어느 친이 좋은 해결 방법을 갖고 있나요?)

다. 第一次看到这样的服饰,亲 你看到过吗? (이런 의상을 처음 봤는데, 친은 본 적이 있어요?)

다-1. 发一帖睡觉,亲们玩的高兴点 (댓글을 한 줄 쓰고 자려고요. 친들은 즐겁게 지내세요)

30대 누리꾼들의 '친' 사용을 보면, 10대나 20대 누리꾼들과 비슷하면서도 뚜렷한 차이가 있다. 이들 또한 '친'을 '접미사', '의존명사', '대명사'의 세 가지 기능으로 쓰고 있다. 그러나 사용 정도에서 차이점이 보이는데, 접미사로 쓰인 '친'은 (12가)의 '러우주친'밖에 없을 정도로 쓰임이 제한적이다. '친'이 의존명사로 쓰인 것도 20대 이하 누리꾼들의 그것에 비해 적다. 다만 (12다, 다-1)처럼 '친'이 대명사로 쓰인 용법은 비교적 많이 나타난다.

30대 누리꾼들은 대부분 일반 회사원들인데, '친'을 쓰면서도 20대 이하의 학생들만큼 다양하게 쓰지는 않는다. 이들은 20대 이하 누리꾼들에 비해 인터넷 글쓰기가 많지 않고 대화 주제나 상대방의 범위가 좁기 때문에 '친'의 사용도 마찬가지인 것으로 판단된다.

(13) 40대 누리꾼들의 '친' 사용

가. 潜水亲们 俺早奏想跟你们叨咕叨咕,都快浮出来吧。(잠수친들 나와서 얘기 좀 해요, 다들 나오세요.)

나. 谢谢各位亲,温暖,走到哪里都不会忘记有个温暖的地方 (여러 친 감사합니다, 따뜻한, 전 어디에 가도 여기가 따뜻한 곳이란 것을 잊지 않겠습니다)

다. 嗯哪呗,亲...这就是成熟 (응응응, 친...이것은 바로 성숙이네요)

다-1. 所以亲们要是买到的猪肉身上有这样的伤疤不必大惊小怪 (그래서 만약 친들이 이런 상처가 있는 고기를 산다면 너무 크게 놀라지 마세요)

(13)의 보기는 40대 이상 누리꾼들이 사용한 '친'의 쓰임들이다. 이들 누리꾼들은 30대와 비슷한 모습으로 '친'을 쓰는 것으로 나타났다. '접미사', '의존명사', '대명사'의 세 가지 기능으로 '친'을 쓰고 있지만 특히 접미사 기능에서 제한적이다. '친'이 접미사로 쓰인 것은 '잠수친'만 확인되었다.14) 의존명사로 쓰인 것도 많지 않은데 다른 세대에서도 쓰는 '어느 친', '여러 친' 등의 쓰임이 확인되었다. 대명사로 쓰인 용법은 다른 세대 이용자와 별 차이 없다. 40대 이상 누리꾼들의 경우도 30대와 마찬가지로 20대 이하의 젊은 누리꾼에 비해 '친' 사용이 다양하지 못하고 제한적인 것으로 나타났다.

이상과 같이 중국어의 통신 언어 새말 '친'의 쓰임을 세대별로 살펴본 결과, 모든 세대에서 이 형식을 접미사, 의존명사, 대명사 기능으로 쓰고 있음이 확인되었다. 이 가운데 특히 대명사 '친'의 쓰임은 아주 높은 빈도로 나타났다. 통신 공간 안의 직위 또는 역할을 나타내는 '바주', '반주', '러우주'에 접미사 기능의 '친'이 결합된 '바주친', '반주친', '러우주친' 또한 모든 세대에서 쓰는 것으로 확인되었다. 이와 달리 세대별 차이점도 있었다. 10대와 20대 누리꾼들은 30대 이상의 누리꾼들에 비해 좀 더 다양한 통신 언어 새말을 만들고 '친'을 더 적극적으로 쓰는 것으로 나타났다. 20대 이하의 누리꾼들은 인터넷 공간에서 활발하게 글을 쓰고 있기 때문에 통신 이름, 게시글 번호, IP 주소 등에 '친'을 결합한 호칭 형식을 자주 쓰게 된다. 이와 달리 30대 이상 누리꾼들은 인터넷 이용도가 상대적으로 낮고 활동 영역이 넓지 못해 '친'과 같은 새말 사용이 제한적으로 나타나는 것이다.

중국 누리꾼들의 이러한 '친' 사용은 한국 누리꾼들의 '님' 사용과

---

14) '잠수친'의 '潛水'(잠수)는 통신 언어 새말의 하나로 인터넷 공간에서 다른 누리꾼들이 쓴 글을 무시하거나 글을 보더라도 댓글을 붙이지 않고 조용히 있는 것을 가리킨다.

대조적이다. 한국 누리꾼들은 나이가 많을수록 '님' 사용이 많지만 중국 누리꾼들은 나이가 어릴수록 '친' 사용이 많은 차이를 보여 주었다. 이런 차이는 '님'이 일상어에서 쓰이다가 통신 언어에서 확산된 것이기 때문에 예의를 중시하는 나이 많은 화자들이 더 많이 쓰는 점, '친'은 통신 공간에서 용법이 새롭게 생겨난 것이기 때문에 인터넷 이용이 많은 젊은 누리꾼들이 많이 쓰는 점과 관련된다. 또 '님'은 다른 누리꾼을 공손하게 대우하는 경어법 기능을 기본으로 하지만 '친'은 경어법 기능보다는 다른 누리꾼을 친밀하게 대하는 기능이 더 강한 것 때문에 세대별 사용에서 차이가 나온 것으로 보인다.

3. '님'과 '친' 사용의 공통점과 차이점

앞의 두 절에서 두루 높임 호칭어로 쓰이는 한국어 '님'과 중국어 '친'의 쓰임을 '접미사, 의존명사, 대명사'의 세 가지 기능 영역으로 나누어 살펴보고, 세대별 사용 정도 및 차이점을 분석하였다. 여기서는 두 말의 쓰임과 기능에서 보이는 공통점과 차이점을 종합적으로 정리하기로 하겠다.

한국어 '님'은 통신 언어 발생 이전 일상어에서도 쓰이고 있었던 말인데 통신 공간에서 새롭게 두루 높임의 기능을 띠고 활발히 쓰이고 있다. 이제 일상어에서든 통신어에서든 '님'은 대상 인물을 높이려는 의도만 있으면 사람을 가리키는 거의 모든 말에 붙여 쓸 수 있을 정도로 분포가 넓고, 용법이 일반화되었다. 일상어에서는 접미사로 주로 쓰이고, 의존명사로서의 쓰임이 아주 제한적으로 나타났으나 통신 언어에서 본격적으로 쓰이면서 의존명사 용법이 크게 늘고, 대명사로서의 용법이 새롭게 생겨났다.

중국어 '친'은 인터넷 공간에서 아주 최근에 쓰이게 된 것이다. 본래 한자 '친'은 일상어에서 (14)와 같은 의미 기능으로 쓰였을 뿐 '접미사, 의존명사, 대명사' 호칭어로서의 쓰임은 전혀 없었다.15) 일상어 '친'의 의미 가운데 '사이가 좋다', '가깝다', '친하다'와 같은 뜻이 인터넷 통신 공간에서 확대되어 상대방에게 관심, 친밀감, 호의 등의 긍정적 느낌을 전달하고, 나아가 예의를 표현하는 두루 높임 기능의 호칭어로 발달한 것으로 판단된다.

(14) 중국어 사전의 '친'에 대한 기술
① [형용사] 같은 혈통의. 예: 亲姐妹 친자매.
② [형용사] 관계가 밀접하다. 사이가 좋다. 예: 亲疏有别 친소(親疏)의 구별이 있다.
③ [동사] (사람이나 사물에) 입맞추다. 예: 她亲了亲孩子的脸。그녀는 아이의 얼굴에 입을 맞추었다.
④ [동사] 가깝다. 친하다. 예: 亲贤臣, 远小人。어진 신하를 가까이하고 소인배를 멀리하다.
⑤ [부사] 직접. 몸소. 예: 亲临现场 직접 현장에 가다.
⑥ [명사] 부모. 예: 双亲 양친 부모.
⑦ [명사] 친척(親戚). 인척(姻戚). 예: 走亲访友 친인척과 친구를 방문하다.
⑧ [명사] 혼인. 예: 定亲 약혼하다.
⑨ [명사] 신부. 예: 娶亲 장가들다. 신부를 맞이하다.
⑩ [명사] (Qīn) 성(姓). ☞ 亲(qìng)

---

15) 이러한 10개의 뜻풀이는 '네이버' ≪중국어 사전≫에서 가져 온 것이다. 중국에서 발행된 사전의 경우에도 한자 '친'에 대한 뜻풀이가 (14)와 같이 10개로 나눠져 있고, 내용 차이가 없다.

현재 중국어 '친'은 인터넷 공간에서 '접미사', '의존명사', '대명사'로 자연스럽게 쓰이고 있다. 인터넷에서 직위나 통신 별명 등 사람과 관련된 말에 '친'을 붙인 결합형이 갈수록 늘어나고 있으며, 그 사용 영역 또한 넓어지고 있다. '친'이 통신 언어로 활발하게 쓰이면서 아직은 대명사로서의 쓰임에 한정되지만 일상어 입말에서도 종종 그 쓰임이 관찰된다. 한국어 '님'이 일상어에서 통신 언어로 확산된 것과 반대로 중국어 '친'은 통신 언어에서 일상어로 쓰임 영역이 확대되고 있는 것이다.

통신 언어 '님'과 '친'의 쓰임을 좀 더 자세히 비교해 보면, '님'은 '접미사'로 쓰일 때 '과장님', '어른님', '엄마님', '언니님' 등 일상어에서의 쓰임보다 더 다양하게 나타나지만 '친'의 쓰임은 '바주친', '선배친', '언니친' 등 인터넷 사용에서 관리자나 다른 사람을 부르거나 가리키기 위해 꼭 필요한 몇 가지 새말 형식에 한정된다. 회사 안의 직위나 직업 이름에 '친'을 붙여 쓰는 용법은 아직 보이지 않는다. 높임 기능 면에서도 약간의 차이가 있다. 인터넷 공간에서 '님'은 '씨'에 비해 상대방을 더 높여 대우하는 호칭인 점에서 높임 기능이 상당하다. 그러나 중국어의 '선배친', '반주친', '언니친' 등에 쓰인 '친'은 '님'과 마찬가지로 청자를 높이려는 의도가 있는 것은 분명하지만 '가깝다', '친하다'라는 본뜻을 고려하면 '친'의 높임 정도가 '님'에는 이르지 못하는 것으로 판단된다. '친'은 다른 누리꾼을 예의를 갖추어 가리키되 공손함을 강하게 드러내는 형식은 아닌 것이다. 앞서 지적한 것처럼 이 형식은 경어법 기능보다는 친밀감 드러내기 기능이 더 강한 것이다.

'님'과 '친'이 의존명사로 쓰인 경우는 기능이 비슷하게 나타난다. '님'과 '친' 모두 '이', '그', '저' 등의 지시 대명사, '여러', '어느' 등의 관형사와 연결되어 쓰인다. 차이점은 이름이나 통신 별명 등에 '님'을 붙여 쓰는 용법이 일상어에서도 이미 있었던 것이었지만 '친'이 통신 이름, 통신 별명 뒤에 연결되어 쓰이는 것은 통신 공간에서 새롭게 생겨난 용법이라는 사실이다. '님'은 의존명사로서의 쓰임에 제약이 없는 반면 '친'은 통신 이름과 통신 별명, IP 주소, 게시글 번호에 붙어 쓰일 뿐이고 아직 실명에 '친'이 연결되는 용법은 나타나지 않았다. 앞서도 지적했지만 중국어 새말 '친'의 쓰임은 대부분 아직 인터넷 이용 과정에서 필요한 말에 연결되는 정도이다.

대명사로 쓰이는 '님'과 '친'의 용례를 보면 두 형식 모두 아주 비슷한 의미 기능을 갖는 것으로 확인되었다. '님'과 '친' 모두 복수 접미사와 결합되어 '님들', '친들' 형식으로 쓰이며, 호격 조사와 결합되어 '님(들)아', '친아'의 구성도 보여 준다. 다만 중국어 '친'은 통신 언어로서 쓰이기 시작한 지 얼마 되지 않았기 때문에 대명사 '친'의 용법이 높은 빈도로 쓰이는 것은 아니다.

맺음말

이 장에서는 한국어와 중국어의 통신 언어 새말 '님'과 '亲'의 쓰임과 기능을 비교하는 것을 목적으로 하여 두루 높임 호칭어로 쓰이는 두 말의 사용 실태를 분석하고, 공통점과 차이점을 밝히고자 하였다. 이러한 논의를 통해, 인터넷 매체를 통한 소통이라는 같은 환경에서 한국어와 중국어 누리꾼들이 비슷한 의미 기능의 새말을 만들어 쓰는 점, 인터넷 통신 언어가 한국어에만 나타나는 것이 아니라 다른 언어에도 존재하는 보편적 현상임을 확인할 수 있었다.

한국어 호칭어 '님'은 통신 언어 발생 이전 일상어에서도 쓰이던 말인데, 통신 공간에서 새롭게 두루 높임 호칭어의 기능을 띠고 활발히 쓰이고 있다. 10대나 20대보다는 30대나 40대 이상의 나이 많은 누리꾼들의 사용률이 훨씬 높은 편이다. 가리킴말로 주로 쓰이지만 부름말로 쓰일 때는 호격 조사 '아'와 결합되어 '님아'가 된다. 일상어에서는 접미사로 주로 쓰이고, 의존명사로서의 쓰임이 제한적이었지만 통신 언어로 쓰이면서 의존명사 및 대명사로서의 용법이 크게 늘었다. '님'은 대상 인물을 높이려는 의도만 있으면 사람을 가리키는 거의 모든 말에 붙여 쓸 수 있을 정도로 분포가 넓고, 용법이 일반화되었다.

중국어 호칭어 '친'은 인터넷에서 최근에 쓰이게 된 새말이다. '亲'은 일상어에서 '사이가 좋다', '가깝다', '친하다'와 같은 뜻을 가진 말이었지만 통신 언어에서는 '접미사, 의존명사, 대명사'로서의 기능을 가진 호칭어로 쓰인다. 인터넷에서 '친'의 의미가 확대되어 상대방에게 관심, 친밀감, 호의 등의 긍정적 느낌을 전달하고, 나아가 예의를 표현하는 두루 높임 기능의 호칭어로 쓰이게 된 것이다. 아직은 대명사로서의 기능에 한정되지만 일상어 입말에서도 종종 그 쓰임이 관찰된다. '亲'이 호칭어 기능으로 쓰이게 됨으로써 중국어에 새로운 하나의 두루 높임 호칭 형식이 생겨난 것으로 평가되었다.

이러한 분석 과정을 통하여 서로 다른 언어를 바탕으로 하는 한국어 통신 공간과 중국어 통신 공간에서 비슷한 기능의 새말이 생겨나 쓰이는 공통점이 밝혀졌다. 한국어 '님'의 경우 익명성을 바탕으로 한 인터넷 공간에서 나이, 직위 등의 차이와 관계없이 다른 누리꾼들을 높여 가리키기 위해 쓰게 된 것인데, 중국어 '친' 또한 마찬가지 동기에서 나온 것으로 해석된다. '님'은 일상어에서 이미 호칭어로 쓰이던 형식이었지만 '친'은 누리꾼들이 새롭게 호칭어 기능으로 쓰게 된 형식인 점에서 더 눈에 띈다. 아직은 중국 언어학계에서 '친'의 호칭어 기능에 대해 구체적 관심을 보이지 않고 있지만 인터넷 공간에서의 쓰임이 크게 확산되고, 나아가 일상어에까지 널리 퍼지면 그 존재와 새로운 의미 기능을 인정하게 될 것이다.

한국어와 중국어는 표기 문자에서 근본적인 차이를 보인다. 한글은 대표적인 표음문자이자 음소 문자인 반면 한자는 대표적인 표의 문자, 단어 문자이다. 한글은 음소 더하기나 음소 줄이기 등을 통해 글자를 쉽게 변형할 수 있지만 한자의 경우는 그러한 변형이 원칙적으로 어렵다. 기존 표현에서 변형이 많이 일어나는 통신 언어의 특성을 고려할 때, 한국어 누리꾼들과 달리 중국어 누리꾼들은 통신 언어 사용이 많지 않을 것으로 생각하기 쉽다. 그러나 중국어 누리꾼들도 기존 낱말의 의미를 바꾸어 쓰거나 비슷한 발음의 다른 글자로 바꾸어 적는 방식으로 통신 언어를 활발히 쓰고 있다. '친'은 기존 낱말의 의미를 바꾸어 쓴 것으로, 정확히 말하면 의미를 확대해서 쓴 통신 언어 새말이다. 이 장의 연구를 계기로 한국어와 중국어의 통신 언어가 구체적으로 어떤 점에서 공통점과 차이점을 보이는지를 전반적, 심층적으로 검토하는 후속 연구가 이어질 필요함을 지적한다.

참고문헌

강미은(2013) ≪재치코드―당신을 기억하게 만드는 힘≫, 21세기북스.
강옥미(2004) 〈해체주의 관점에서 본 통신언어의 언어유희〉, ≪기호학연구≫ 16, 81-113, 한국기호학회.
강은해(2002) 〈구비문학과 대중매체 문화―고전재담과 현대 전파매체 공간의 재담을 중심으로〉, ≪구비문학과 인접학문≫, 한국구비문학회 엮음, 337-376, 박이정.
강희숙(2012) 〈통신언어에 나타난 역문법화 현상 고찰―접두사 "개-"의 용법을 중심으로〉, ≪한민족어문학≫ 61, 61-87, 한민족어문학회.
고려대 민족문화연구원(2009) ≪고려대 한국어대사전≫, 고려대 민족문화연구원.
고주환·이충우·김지은(2014) 〈인터넷 신문 표제어 제시 유형 연구―경성기사와 연성기사의 구분을 중심으로〉, ≪언어≫ 39-1, 27-42, 한국언어학회.
고창수(2014) 〈웹의 진화, 언어의 진화〉, ≪어문논집≫ 72, 29-44, 민족어문학회.
구나경(2012) 〈비평적 담화분석 관점에서 살펴본 개화기 해외발행 민족지의 안중근 의거 보도〉, ≪텍스트언어학≫ 33, 213-260, 한국텍스트언어학회.
구나경(2013) 〈비평적 담화분석 관점에서 살펴본 일제강점기 의거보도 연구―이봉창 의거를 중심으로〉, ≪텍스트언어학≫ 34, 63-101, 한국텍스트언어학회.
구당평(2012) 〈한국어와 중국어의 인터넷 새말 연구〉, 대구대 석사학위논문.
구본관(2001) 〈컴퓨터 통신 대화명의 조어 방식에 대한 연구〉, ≪텍스트언어학≫ 10, 293-318, 한국텍스트언어학회.
구현정·전영옥(2005) ≪의사소통의 기법≫, 박이정.
국립국어원(1999) ≪표준국어대사전≫, 두산동아.

국립국어원(2010) ≪2010년 국민의 언어 의식 조사≫, 국립국어원.
국민대통합위원회(2015) ≪청소년의 언어 실태 조사≫, 국민대통합위원회.
권선미(2008) 〈통신 언어 성 욕설의 실태 분석—10 대와 20 대 누리꾼을 중심으로〉, 단국대 석사학위논문.
권순희(2002) 〈매체 변화에 따른 유머의 표현 기제〉, ≪국어교육연구≫ 10, 181-209, 서울대 국어교육연구소.
권연진(1998) 〈컴퓨터 통신어의 언어학적 연구〉, ≪언어과학≫ 5-2, 257-271, 동남언어학회.
권연진(2000) 〈컴퓨터 통신언어의 유형별 실태 및 바람직한 방안〉, ≪언어과학≫ 7-2, 5-27, 동남언어학회.
권연희(2007) 〈시각장애학생의 통신언어 사용 실태〉, 대구대 석사학위논문.
권익호·송민수(2011) 〈신문광고 헤드라인에 대한 한·일 대조연구—1990년대와 2000년대의 한국 중앙광고대상과 일본 광고전통(電通)상 수상작 중심으로〉, ≪일본언어문화≫ 18, 79-96, 한국일본언어문화학회.
권창섭(2013) 〈'한다요'체의 출현과 확산에 대한 사회언어학적 연구〉, ≪방언학≫ 17, 169-200, 한국방언학회.
김대호 외 9인(2012), ≪소셜미디어≫, 커뮤니케이션북스.
김대호(2012) 〈소셜미디어 등장의 의미, 영향과 발전의 관계〉, ≪소셜미디어≫, 김대호 외 9인 지음, 1-25, 커뮤니케이션북스.
김대희(2006) 〈한·일 신조어의 비교연구—컴퓨터 통신언어를 통한 한·일 신조어의 비교연구〉, 한남대 교육대학원 석사학위논문.
김덕호(2014) 〈한국인의 방언 태도에 대한 추이 연구〉, ≪어문학≫ 126, 1-36, 한국어문학회.
김명광(2011) 〈통사적 접사 '-요'의 결합 관계에 대하여〉, ≪우리말글≫ 51, 1-27, 우리말글학회.
김병건(2015) 〈메르스 보도에 대한 신문 사설의 비판적 담화 분석〉, ≪한말연구≫ 38, 47-76, 한말연구학회.
김병건(2016) 〈신문의 사설·칼럼에 나타난 '진보'에 대한 비판적 담화 분석〉, ≪사회언어학≫ 24-1, 65-90, 한국사회언어학회.

김병선(2010) 〈사회적 네트워크 서비스(social network service)에서 사용되는 공손전략에 관한 탐색적 연구―트위터를 중심으로〉, ≪사회과학논총≫ 29-1, 57-88, 계명대 사회과학연구소.

김병홍(2012) 〈대중매체 언어 분석 방법론〉, ≪우리말연구≫ 30, 5-39, 우리말학회.

김병홍(2016) 〈신문 헤드라인의 언어형식 분석〉, ≪동남어문논집≫ 42, 113-136, 동남어문학회.

김선철(2016) 〈새로운 언어 사전과의 만남―≪우리말샘≫, ≪한국어기초사전≫, ≪한-외 학습사전≫〉, ≪새국어생활≫ 26-4, 9-25, 국립국어원.

김선화(2013) 〈통신 언어에 나타난 청소년들의 문장 종결방식 연구―트위터 사용자를 중심으로〉, 한국교원대 석사학위논문.

김성도(2003) ≪디지털 언어와 인문학의 변형≫, 경성대 출판부.

김성도(2008) ≪호모 모빌리쿠스―모바일 미디어의 문화생태학≫, 삼성경제연구소.

김성식·배진아(2014) 〈SNS 커뮤니케이터의 유형 분석―페이스북과 트위터의 비교를 중심으로〉, ≪사이버커뮤니케이션학보≫ 31-4, 97-139, 사이버커뮤니케이션학회.

김순임(2009) 〈교육 현장에서의 활용을 위한 한국어와 일본어의 통신언어에 관한 일고찰〉, ≪일본어교육연구≫ 17, 155-165, 한국일본어교육학회.

김순자(2011) 〈통신언어에 나타난 말줄임표의 의미와 기능〉, ≪한국어 의미학≫ 35, 1-21, 한국어의미학회.

김슬옹(2009) ≪담론학과 언어분석―맥락·담론·의미≫, 한국학술정보.

김영희(2015) 〈이야기와 노래에 나타난 언어유희―우리말 가지고 놀기〉, ≪새국어생활≫ 25-3, 139-148, 국립국어원.

김유정(2013) 〈소셜네트워크서비스 이용에 대한 비교 연구―싸이월드, 페이스북, 트위터 간의 이용동기와 만족 비교〉, ≪언론과학연구≫ 13-1, 5-32, 한국지역언론학회.

김은성(2010) 〈문법교육과 매체 언어 문화〉, ≪국어교육학연구≫ 37, 5-39,

국어교육학회.

김은성(2014) 〈신문기사의 청소년 언어문화 재현 양상 연구〉, ≪한국초등국어교육≫ 54, 61-100, 한국초등국어교육학회.

김인택(2011) 〈통신 별명의 사회·문화론적 특성〉, ≪한민족어문학≫ 59, 611-646, 한민족어문학회.

김재욱·정회란(2012) 〈전자 커뮤니케이션 서비스(ECS)에서의 한국어 학습자 통신언어 분석〉, ≪언어와 문화≫ 8-2, 77-102, 한국언어문화교육학회.

김재준·김바우·김재범(2008) 〈통신언어의 일탈도 측정에 대한 탐색적 연구〉, ≪인문사회과학연구≫ 21, 167-198, 호남대 인문사회과학연구소.

김정우(2004) 〈영화에서 사용된 방언의 효과연구―등장인물 성격창조와 관련하여〉, ≪한국학연구≫ 21, 121-154, 고려대 한국학연구소.

김정우(2006) 〈통신 이름에 나타난 정체성 표현의 양상〉, ≪사회언어학≫ 14-1, 1-23, 한국사회언어학회.

김정우(2011) 〈시대변화에 따른 라디오 광고언어의 전략과 표현 양상 비교 연구〉, ≪우리어문연구≫ 40, 195-224, 우리어문학회.

김정우(2012) 〈제품군에 따른 광고 언어의 사용 양상〉, ≪우리어문연구≫ 44, 333-360, 우리어문학회.

김하수(2008) ≪문제로서의 언어 1―사회와 언어≫, 커뮤니케이션북스.

김학진·김성문·김진우·박선주(2007) ≪디지털 펀! 재미가 가치를 창조한다≫, 삼성경제연구소.

김한샘(2011) 〈방송 언어의 공공성 진단 기준〉, ≪반교어문연구≫ 30, 37-59, 반교어문학회.

김한철(2008) 〈한국어와 포어의 통신언어 사용에 대한 소고〉, ≪포르투갈-브라질 연구≫ 5-2, 179-200, 한국포르투갈-브라질학회.

김해연(2010가) 〈언론담화에서의 '준동(蠢動)(하다)'의 인지언어학적 분석〉, ≪담화와 인지≫ 17-3, 89-109, 담화인지언어학회.

김해연(2010나) 〈한국 사회언어학 연구 개관―〈사회언어학〉 게재 논문을 중심으로〉, ≪사회언어학≫ 18-2, 287-347, 한국사회언어학회.

김해연(2011가) 〈비판적 담화분석과 텍스트 분석―'준동하다' 분석을 중심으로〉, 《텍스트언어학》 30, 17-44, 한국텍스트언어학회.
김해연(2011나) 〈국어 담화에서의 '-는 것 같다'의 화용적 의미와 상호작용적 기능〉, 《언어와 언어학》 52, 25-51, 한국외대 언어연구소.
김해연(2013) 〈언론 담화에 나타나는 '사회 지도층 인사'에 대한 비판 담화 분석적 연구〉, 《텍스트언어학》 34, 33-62, 한국텍스트언어학회.
김현강(2015) 〈한국 사회의 이주민 담론에 대한 논증적 이해―이주노동자 관련 신문 사설을 중심으로〉, 《어문론총》 66, 9-36, 한국문학언어학회.
김현아(2007) 〈포털사이트 네이버 '붐'의 통신 언어에 관한 연구〉, 한양대 교육대학원 석사학위논문.
김형주·서은아·김미형(2016) 〈시사 토크 프로그램의 방송언어 청정성 평가―'메르스 사태'를 중심으로〉, 《한민족어문학》 72, 5-23, 한민족어문학회.
김혜영·강범모(2013) 〈신문 사설에 나타나는 어휘 사용의 추이―[물결 21 코퍼스]를 활용하여〉, 《텍스트언어학》 35, 1-22, 한국텍스트언어학회.
김혜영·강범모(2015) 〈신문 사설의 논점을 드러내는 특징적 표현 연구〉, 《언어와 언어학》 69, 1-26, 한국외대 언어연구소.
남궁양석(2002) 〈중국어 채팅언어의 사회언어학적 연구〉, 《중국어문논총》 22, 111-131, 중국어문연구회.
남길임(2016) 〈《우리말샘》의 활용과 발전 방향―신어, 생활 용어의 구축〉, 《새국어생활》 26-4, 87-93, 국립국어원.
남신혜(2015) 〈SNS 텍스트에 나타난 코드스위칭의 담화 기능―페이스북 사례를 중심으로〉, 《사회언어학》 23-1, 31-53, 한국사회언어학회.
남혜현(2014) 〈언어유희와 규범의 변화―러시아 사이버 언어의 사용을 중심으로〉, 《노어노문학》 26-3, 3-28, 한국노어노문학회.
노먼 페어클러프 지음/김지홍 옮김(2011) 《언어와 권력》, 한국문화사.

노먼 페어클러프 지음/이원표 옮김(2004) ≪대중매체 담화 분석≫, 한국문화사.
로제 카이와(R. Caillois) 지음/이상률 옮김(1994) ≪놀이와 인간≫, 문예출판사.
마셜 매클루언 지음/김성기·이한우 옮김(2002) ≪미디어의 이해≫, 민음사.
마이클 린치 지음/이충호 옮김(2016) ≪인간 인터넷≫, 사회평론.
민경훈·이대균(2016) 〈만 5세 유아의 통신언어 사용에 있어서의 사회언어학적 의미─인터넷 신조어 '헐', '대박'을 중심으로〉, ≪열린유아교육연구≫ 21-3, 33-55, 열린유아교육학회.
바양(2012) 〈한·중 의성어 대조 연구─사람과 관련된 의성어를 중심으로〉, 서울시립대 석사학위논문.
박건숙(2010가) 〈인터넷 통신에 나타난 정보 지시 표현의 언어학적 연구─형태 및 구조 분석을 중심으로〉, ≪국어교육≫ 131, 281-309, 한국어교육학회.
박건숙(2010나) 〈인터넷 포털 사이트에 나타난 정보 지시 표현의 의미 연구〉, ≪한국어 의미학≫ 31, 23-49, 한국어의미학회.
박근서(2006) ≪코미디, 웃음과 행복의 텍스트≫, 커뮤니케이션북스.
박금자(2012) ≪폴리티컬 코렉트니스Political Correctness, 정의롭게 말하기≫, 커뮤니케이션북스.
박덕유 외 5인(2014) 〈저품격 언어의 분석적 고찰─방송언어를 중심으로〉, ≪언어학연구≫ 30, 45-73, 한국중원언어학회.
박덕유(2010) 〈지하철 광고 언어의 오용 실태와 개선 방안〉, ≪새국어교육≫ 85, 433-453, 한국국어교육학회.
박동근(2003) 〈통신언어의 생성 방식에 따른 생산성 연구〉, ≪한말연구≫ 12, 41-59, 한말연구학회.
박동근(2008) ≪한국어 흉내말의 이해≫, 역락.
박동근(2011) 〈도구 유입에 따른 어휘 의미 변화─컴퓨터 사용과 관련된 용어의 의미 변이를 중심으로〉, ≪사회언어학≫ 19-1, 59-82, 한국사회언어학회.
박동근(2012) 〈[X-남], [X-녀]류 통신언어의 어휘형성과 사회적 가치 해석〉,

≪사회언어학≫ 20-1, 27-56, 한국사회언어학회.
박동근(2013) 〈매체 변화에 따른 언어 사용 방식의 변화〉, ≪새국어생활≫ 23-1, 18-33, 국립국어원.
박선우·박진아·홍정의(2014) 〈SNS 모바일 텍스트의 언어학적 양상—성별과 연령의 차이를 중심으로〉, ≪현대문법연구≫ 82, 95-120, 현대문법학회.
박선우·유현지·이수미(2016) 〈한국어 SNS 텍스트에 사용된 지역어의 기능에 대하여〉, ≪어문학≫ 133, 1-31, 한국어문학회.
박선우·한재영·이지현(2015) 〈한국어 모바일 텍스트에 대한 인식과 태도〉, ≪어문론집≫ 62, 61-103, 중앙어문학회.
박선자·김문기·정연숙 엮음(2014) ≪한국어 시늉말 사전≫, 세종출판사.
박숙희(2012) 〈방송 언어의 운율 유형〉, ≪한글≫ 296, 41-79, 한글학회.
박영미·김종수(2006) 〈인터넷 언어의 언어학적 연구—국어와 독일어의 문장 구조 비교 분석〉, ≪독일어문학≫ 14-1, 125-143, 한국독일어문학회.
박용성(2008) 〈청소년의 언어사용 실태 연구〉, 호서대 문화복지상담대학원 석사학위논문.
박용성·박진규(2009) 〈청소년의 언어사용 실태 연구〉, ≪청소년학연구≫ 16-11, 207-228, 한국청소년학회.
박은선(2012) 〈한국어 교육에서 트위터(Twitter) 사용의 교육적 효과〉, ≪한국어교육≫ 23-2, 115-141, 국제한국어교육학회.
박은정(2006) 〈대구지역 외국인 유학생들의 언어사용에 나타난 통신언어〉, ≪언어와 문화≫ 2-1, 95-110, 한국언어문화교육학회.
박은하(2013) 〈여성화장품 상품명에 대한 사회언어학적 연구—2008년-2012년 TV 광고를 중심으로〉, ≪사회언어학≫ 21-3, 113-134, 한국사회언어학회.
박은하(2016) 〈텔레비전 화장품 광고에 표현된 언어 사용의 변천—1980년대 이전의 광고와 2013년 이후의 광고를 중심으로〉, ≪사회언어학≫ 24-1, 149-174, 한국사회언어학회.
박장혁(2016) 〈인터넷 매체 언어의 국어 파괴 현상의 고찰을 통한 표준어 자동 번역 기술에 대한 연구〉, 한국산업기술대 박사학위논문.
박재현·김한샘(2015) 〈분석적 계층화 과정을 활용한 방송언어 평가 척도 연구〉, ≪사회언어학≫ 23-3, 87-108, 한국사회언어학회.
박지윤(2011) 〈온라인 뉴스 텍스트의 비판적 이해 과정―하버마스의 '의사소통 행위이론'을 검증틀로〉, ≪텍스트언어학≫ 31, 103-122, 한국텍스트언어학회.
박진영(2013) 〈모바일 기반 학습을 위한 한국어 의성어·의태어 콘텐츠 구성 방안〉, 배재대 석사학위논문.
박진영·심혜령(2012) 〈모바일 기반 의성어·의태어 교육 연구〉, ≪한말연구≫ 31, 75-106, 한말연구학회.
박창원(2015) 〈공공 언어의 공공성―신문사설을 중심으로〉, ≪이화어문논집≫ 36, 139-178, 이화여대 한국어문학연구소.
박철주(2010) ≪대중매체 언어 연구≫, 역락.
박형기(2011) ≪트위터 만인보≫, 알렙.
방언연구회(2001) ≪방언학 사전≫, 태학사.
백승익(2014) 〈매스미디어가 텍스트와 신조어에 미치는 영향―매개적 분기를 중심으로〉, ≪언어≫ 39-1, 67-108, 한국언어학회.
변영수(2015) 〈신문 표제의 공정성 고찰―『조선일보』와 『한겨레』 기사를 중심으로〉, ≪겨레어문학≫ 55, 43-80, 겨레어문학회.
변혜원(2011) 〈청소년들의 언어사용-중학생 언어행동의 주요 특성과 변이〉, 서울대 석사학위논문.
사례(2016) 〈TV방송과 신문보도의 문체적 특성에 대하여〉, ≪텍스트언어학≫ 40, 59-85, 한국텍스트언어학회.
서울대 언론정보연구소 엮음(2012) ≪트위터란 무엇인가―다학제적 접근≫, 커뮤니케이션북스.
서은아(2007) ≪네티즌 언어―글쓰기로써 말하기 또는 네티즌의 펌글, 댓글, 베플, 악플, 아이디 그리고 이모티콘의 언어학적 분석≫, 커뮤니케이션북스.
서은아(2011) 〈방송 언어의 공공성 기준에 관한 연구〉, ≪겨레어문학≫ 47, 91-116, 겨레어문학회.

서형요·이정복(2015) 〈한중 인터넷 통신 별명의 비교 분석〉, ≪사회언어학≫ 23, 205-238, 한국사회언어학회.
서형요·이정복(2016) 〈중국 누리꾼들의 한국어 통칭 호칭어 사용 분석〉, ≪2016년 한국사회언어학회 가을 학술대회≫, 171-194, 한국사회언어학회.
설진아(2009) 〈소셜 미디어(social media)의 진화양상과 사회적 영향〉, ≪한국언론정보학회 학술대회≫ 35-57, 한국언론정보학회.
설진아(2011) ≪소셜 미디어와 사회 변동≫, 커뮤니케이션북스.
성호주(1992) 〈한국어의 언어유희—동음이의어의 말놀이(pun)를 중심으로〉, ≪한국학논집≫ 10, 59-75, 계명대 한국학연구소.
손달임(2012) 〈현대국어 의성의태어의 형태와 음운 연구〉, 이화여대 박사학위논문.
손세모돌(1999) 〈유머 형성의 원리와 방법〉, ≪한국언어문화≫ 18, 5-34, 한국언어문화학회.
손세모돌(2006) 〈네 칸 시사만화에서의 언어유희〉, ≪국제어문≫ 38, 125-164, 국제어문학회.
손세모돌(2015) 〈줄인말의 형성과 형태 결정의 영향 요인〉, ≪한말연구≫ 38, 105-135, 한말연구학회.
손예희·김지연(2010) 〈소셜 미디어의 소통 구조에 대한 국어교육적 고찰—트위터, 미투데이 등의 마이크로 블로그를 중심으로〉, ≪국어교육≫ 133, 207-231, 한국어교육학회.
손흔위(2016) 〈한중 인터넷 금칙어의 비교 연구〉, 대구대 석사학위논문.
송경숙(2003) 〈한국어와 영어 사이버 커뮤니케이션에서 남성과 여성 간의 성(gender) 역학〉, ≪사회언어학≫ 11-2, 161-186, 한국사회언어학회.
송경숙(2014) 〈사이버 커뮤니케이션에서 한국어와 영어 간의 코드-스위칭 담화 전략—페이스북을 중심으로〉, ≪언어연구≫ 29-4, 725-748, 한국현대언어학회.
송다핑(2009) 〈한·중 인터넷 통신언어 문화의 비교 연구〉, 부경대 석사학위논문.

송성경(2009) 〈중국 인터넷 통신 언어 연구〉, 부산대 석사학위논문.
송종현(2011) 〈지역방송의 사투리 사용 내용규제에 대한 연구〉, ≪언론과학연구≫ 11-3, 120-146, 한국지역언론학회.
신서인(2015) 〈코퍼스를 이용한 신문기사 담화 분석─'성장'을 중심으로〉, ≪텍스트언어학≫ 39, 111-156, 한국텍스트언어학회.
신중진(1998) 〈현대국어 의성의태어 연구〉, 서울대 석사학위논문.
신호철(2014) 〈매체, 언어, 매체언어 개념의 국어교육학적 분석〉, ≪어문론집≫ 60, 367-388, 중앙어문학회.
심우장(2000) 〈통신문학의 구술성에 관하여─통신유머를 중심으로〉, ≪우리말글과 문학의 새로운 지평≫, 리의도 외 9인 지음, 119-164, 역락.
심우장(2002) 〈현대 유머의 존재양상과 미적 특성〉, ≪한국인의 삶과 구비문학≫, 서대석 외 17인, 309-333, 집문당.
아라이 야스히로(2011) 〈휴대전화에 있어서의 행위선택의 한일 대조 연구〉, ≪사회언어학≫ 19-2, 237-259, 한국사회언어학회.
안태형(2010) 〈인터넷 토론 게시판 댓글의 유형 연구〉, ≪우리말연구≫ 26, 311-333, 우리말학회.
안태형(2011) 〈인터넷 토론 댓글의 방어 전략과 전략 선택 요인〉, ≪배달말≫ 49, 71-94, 배달말학회.
안태형(2012) 〈악성 댓글의 범위와 유형〉, ≪우리말연구≫ 32, 109-131, 우리말학회.
야스다 고이치 지음/김현욱 옮김(2013) ≪거리로 나온 넷우익─그들은 어떻게 행동하는 보수가 되었는가≫, 후마니타스
양명희(2011) 〈토론 댓글의 텍스트언어학적 연구─다음 아고라의 토론 댓글을 중심으로〉, ≪텍스트언어학≫ 30, 161-186, 한국텍스트언어학회.
양영하(2011) 〈신문 언어의 공공성 척도와 사례 분석〉, ≪한말연구≫ 28, 115-140, 한말연구학회.
양호연(2012) 〈한·중 인터넷 통신 언어에 대한 음운론적 대조 분석〉, 한양대 석사학위논문.

에릭 퀄먼 지음/INMD 옮김(2009) ≪소셜노믹스—세계를 강타한 인터넷 문
　　　　화혁명, 트위터와 소셜미디어≫, 에이콘출판.
엽영임·양명희(2016) 〈'완전'의 사용에 대한 고찰—구어와 통신언어를 중심
　　　　으로〉, ≪한국어 의미학≫ 52, 251-269, 한국어의미학회.
예설교(2014) 〈한국어와 중국어의 인터넷 의성의태어 연구〉, 대구대 석사학
　　　　위논문.
오새내(2011) 〈사회언어학적 맥락으로 본 방송언어〉, ≪한국어학≫ 51,
　　　　31-55, 한국어학회.
오새내(2015) 〈방송 매체와 방언—한국 방송 매체의 방언 사용에 대한 언어
　　　　태도를 중심으로〉, ≪방언학≫ 22, 61-82, 한국방언학회.
옥현진(2016) 〈새로운 글쓰기 방식의 등장과 쓰기 교육〉, ≪새국어생활≫
　　　　26-3, 67-80, 국립국어원.
왕원원(2010) 〈한중 의성어와 의태어 대조 연구〉, 경희대 석사학위논문.
왕한석 엮음(2008) ≪한국어와 한국사회≫, 교문사.
왕한석 외 6인(2005) ≪한국 사회와 호칭어≫, 역락.
요한 호이징가(J. Huizinga) 지음/김윤수 옮김(1993) ≪호모 루덴스≫, 까치.
우한용 외 7인(2003) ≪신문의 언어문화와 미디어 교육≫, 서울대 출판부.
월터 옹 지음/이기우·임명진 옮김(1995) ≪구술문화와 문자문화≫, 문예출
　　　　판사.
유승호·김형일·장예빛(2000) 〈인터넷미디어, 욕망의 투영망—라깡의 논의를
　　　　중심으로〉, ≪한국사회학회 2010 후기 사회학대회 논문집≫,
　　　　625-637, 한국사회학회.
유희재·유성희·김진웅(2016) 〈말뭉치언어학 관점에서 신문기사 범죄사건 명
　　　　명 방식 분석〉, ≪담화와 인지≫ 23-2, 21-51, 담화인지언어
　　　　학회.
육영주(2003) 〈언어 유희에 관한 연구—개그콘서트를 중심으로〉, 한양대 석
　　　　사학위논문.
윤경선(2013) 〈소셜미디어 트위터(Twitter)로 살펴본 신어 형성〉, ≪한국어
　　　　의미학≫ 42, 537-555, 한국어의미학회.
윤민철(2011) 〈SNS의 의사소통 특징에 관한 연구—관계의 형태를 중심으

로〉, ≪2011년도 여름 우리말학회 전국학술대회 논문집≫, 59-74, 우리말학회.

윤여탁·손예희·송여주·정지민(2009) 〈학교 현장에서의 인터넷 언어 사용 실태 연구〉, ≪국어교육학연구≫ 36, 425-463, 서울대 국어교육연구소.

윤여탁·송여주·정지민·김진진(2010) 〈인터넷 언어의 국어교육 내용 연구—전문가 델파이 조사를 중심으로〉, ≪한국어교육학회지≫ 133, 233-258, 한국어교육학회.

윤재연(2013) 〈서사 텍스트로서의 스토리 광고, 그 개념과 유형〉, ≪사회언어학≫ 21-1, 153-183, 한국사회언어학회.

윤진서(2013) 〈유머의 실현 방식 연구—코미디와 토크쇼의 비교를 중심으로〉, ≪텍스트언어학≫ 35, 175-206, 한국텍스트언어학회.

윤호숙(2009) 〈일한 양국어의 문장부호에 관한 대조 고찰—신문을 중심으로〉, ≪일본언어문화≫ 14, 171-195, 한국일본언어문화학회.

이기황(2016) 〈언어 자료의 보고, 빅데이터〉, ≪새국어생활≫ 26-2, 9-30, 국립국어원.

이도영(1999) 〈유머 텍스트의 웃음 유발 장치〉, ≪텍스트언어학≫ 7, 421-445, 한국텍스트언어학회.

이석규·한성일(2008) ≪웃으면서 성공하기—유머·위트의 모든 것≫, 글누림.

이선웅(2005) 〈TV 코미디 프로그램의 유머 분석〉, ≪어문학≫ 89, 1-26, 한국어문학회.

이선웅(2009) 〈대중매체 언어 연구의 현황과 과제—신문, 방송, 인터넷 통신 언어에 대한 최근 연구를 중심으로〉, ≪어문학≫ 103, 117-142, 한국어문학회.

이선웅(2011) 〈국어과 교육과정에서의 방송언어 활용사—거시적 관점의 서술을 중심으로〉, ≪한국언어문화학≫ 8-1, 100-129, 국제한국언어문화학회.

이성만(2013) 〈텔레비전 뉴스방송의 텍스트유형학적 연구〉, ≪텍스트언어학≫ 35, 207-228, 한국텍스트언어학회.

이성범(2011) 〈의사소통 행위로서 TV 방송 자막의 언어학적 고찰〉, ≪언어와 정보 사회≫ 15, 53-86, 서강대 언어정보연구소.
이성범(2012) 〈광고 언어의 비진실성에 대한 화용적 접근〉, ≪언어와 정보 사회≫ 18, 167-198, 서강대 언어정보연구소.
이영아(2006) 〈중국 인터넷 통신 언어의 사회언어학적 고찰〉, 이화여대 석사학위논문.
이영제·강범모(2012) 〈정치 관련 신문 언어의 변화 양상—키워드와 명사 관련어를 통해 본 2000-2009년의 변화 양상〉, ≪언어과학≫ 19-1, 203-234, 한국언어과학회.
이영희(2013) 〈한국과 미국 신문의 인용보도 방식 비교〉, ≪사회언어학≫ 21-1, 185-214, 한국사회언어학회.
이은주(2011) 〈컴퓨터 매개 커뮤니케이션으로서의 트위터—향후 연구의 방향과 과제〉, ≪언론정보연구≫ 48-1, 29-58, 서울대학교 언론정보연구소.
이재승·김태호(2016) 〈신문기사에 사용된 건강관련 어휘 '웰빙'과 '힐링'에 대한 경험론적 연구〉, ≪언어과학연구≫ 78, 327-346, 언어과학회.
이재신(2012) 〈소셜미디어와 사회 연결망〉, ≪소셜미디어≫, 김대호 외 9인 지음, 57-84, 커뮤니케이션북스.
이정권·최영(2015) 〈소셜미디어 이용 동기 연구—개방형 SNS와 폐쇄형 SNS 비교를 중심으로〉, ≪한국언론학보≫ 59-1, 115-148, 한국언론학회.
이정복(1997가) 〈컴퓨터 통신 분야의 외래어 및 약어 사용 실태와 순화 방안〉, ≪외래어 사용 실태와 국민 언어 순화 방안≫, 121-154, 국어학회.
이정복(1997나) 〈방송언어의 가리킴말에 나타난 '힘'과 '거리'〉, ≪사회언어학≫ 5-2, 87-124, 한국사회언어학회.
이정복(1998가) 〈컴퓨터 통신 분야의 외래어 사용〉, ≪새국어생활≫ 8-2, 61-79, 국립국어원.
이정복(1998나) 〈국어 경어법 사용의 전략적 특성〉, 서울대 박사학위논문.
이정복(2000가) 〈컴퓨터 통신 속의 지역 방언〉, ≪우리 말글과 문학의 새로운 지평≫, 리의도 외 9인 지음, 87-118, 역락.
이정복(2000나) 〈머리말 텍스트 속의 감사 표현과 객체 경어법〉, ≪국어학≫ 36, 349-378, 국어학회.
이정복(2000다) 〈통신 언어로서의 호칭어 '님'에 대한 분석〉, ≪사회언어학≫ 8-2, 193-221, 한국사회언어학회.
이정복(2001가) ≪국어 경어법 사용의 전략적 특성≫, 태학사.
이정복(2001나) 〈통신 언어 문장종결법의 특성〉, ≪우리말글≫ 22, 123-151, 우리말글학회.
이정복(2002가) ≪국어 경어법과 사회언어학≫, 월인.
이정복(2002나) 〈전자편지 텍스트의 구조와 기능〉, ≪텍스트언어학≫ 12, 93-118, 한국텍스트언어학회.
이정복(2002다) 〈통신 언어 문장종결법의 사회언어학〉, ≪사회언어학≫ 10-2, 109-135, 한국사회언어학회.
이정복(2003가) ≪인터넷 통신 언어의 이해≫, 월인.
이정복(2003나) 〈통신 언어의 표준 화법〉, ≪새국어생활≫ 13-1, 69-87, 국립국어연구원.
이정복(2003다) 〈인터넷 게시판의 특성과 이용자 별명의 관련성〉, ≪텍스트언어학≫ 14, 139-165, 한국텍스트언어학회.
이정복(2003라) 〈대구 지역 대학생들의 게시글에 나타난 통신 언어 분석〉, ≪한국어학≫ 21, 239-267, 한국어학회.
이정복(2003마) 〈대통령 연설문의 경어법 분석〉, ≪배달말≫ 33, 213-237, 배달말학회.
이정복(2003바) 〈방언·사회언어학—국어학의 연구 동향〉, ≪국어학 연감 2003≫, 238-264, 국립국어원.
이정복(2004가) 〈인터넷 통신 언어 경어법의 특성과 사용 전략〉, ≪언어과학연구≫ 30, 221-254, 언어과학회.
이정복(2004나) 〈공동체의 관점에서 본 말과 구비문학〉, ≪구비문학연구≫ 19, 19-56, 한국구비문학회.
이정복(2004다) 〈하동 방언 '오시다, 오이소, 오시요'체의 쓰임과 변화〉, ≪배달말≫ 35, 59-104, 배달말학회.

이정복(2005가) 〈힘과 거리의 원리에 따른 국어 경어법 분석〉, ≪우리말 연구 서른아홉 마당≫, 919-979, 태학사.
이정복(2005나) 〈사회언어학으로 인터넷 통신 언어 분석하기―최근의 연구 현황과 과제〉, ≪한국어학≫ 27, 37-79, 한국어학회.
이정복(2005다) 〈영남 지역 탈춤 대사의 사회언어학적 분석〉, ≪어문학≫ 88, 77-105, 한국어문학회.
이정복(2006가) 〈청소년들의 경어법 사용 실태 분석―대구 지역 고등학생을 대상으로〉, ≪한국어학≫ 30, 207-242, 한국어학회.
이정복(2006나) 〈'힘'과 '거리' 요인에 따른 탈춤 대사의 경어법 연구〉, ≪우리말연구≫ 18, 87-121, 우리말학회.
이정복(2006다) 〈국어 경어법에 대한 사회언어학적 접근〉, ≪국어학≫ 47, 407-448, 국어학회.
이정복(2006라) 〈인터넷 통신 언어 자료에 나타난 대구 지역 고등학생들의 방언 사용 실태〉, ≪우리말글≫ 38, 135-168, 우리말글학회.
이정복(2007가) 〈인터넷 통신 언어에 대한 사회적 인식과 평가〉, ≪방언학≫ 5, 199-236, 한국방언학회.
이정복(2007나) 〈인터넷 통신 언어에서 보이는 방언 사용의 성별 차이〉, ≪어문학≫ 97, 63-96, 한국어문학회.
이정복(2007다) 〈경북 방언 '친족 호칭어+야'의 재구조화와 기능〉, ≪경북 방언 연구≫ 2, 95-120, 대구대 지역어연구소.
이정복(2008가) 〈21세기의 금기어, 인터넷 금칙어〉, ≪꿈과 열정이 있는 풍경―101인의 학자들이 엮어낸 진솔한 이야기≫, 328-333, 한국문화사.
이정복(2008나) ≪한국어 경어법, 힘과 거리의 미학≫, 소통.
이정복(2008다) 〈사회언어학-국어 분야별 동향〉, ≪국어연감 2008≫, 513-548, 국립국어원.
이정복(2008라) 〈인터넷 금칙어와 통신 화자들의 대응 전략〉, ≪사회언어학≫ 16-2, 273-300, 한국사회언어학회.
이정복(2009가) 〈한국 사회의 인종차별적 언어문화에 대한 비판적 분석〉, ≪언어과학연구≫ 48, 125-158, 언어과학회.

이정복(2009나) ≪인터넷 통신 언어의 확산과 한국어 연구의 확대≫, 소통.
이정복(2009다) 〈한국 속담에 나타난 장애인 차별 표현〉, ≪텍스트언어학≫ 27, 215-244, 한국텍스트언어학학회.
이정복(2010가) 〈인터넷 사이트 방문자에 대한 호칭 실태 분석〉, ≪사회언어학≫ 18-1, 1-29, 한국사회언어학회.
이정복(2010나) 〈경상 방언과 전라 방언에 대한 누리꾼들의 언어 태도〉, ≪최명옥 선생 정년 퇴임 기념 국어학논총≫, 320-351, 태학사.
이정복(2010다) 〈인터넷 통신 공간의 여성 비하적 지시 표현〉, ≪사회언어학≫ 18-2, 215-247, 한국사회언어학회.
이정복(2011가) ≪한국어 경어법, 힘과 거리의 미학≫, 개정증보판, 소통.
이정복(2011나) 〈트위터의 소통 구조와 통신 언어 영역〉, ≪인문과학연구≫ 37, 235-270, 대구대 인문과학연구소.
이정복(2011다) 〈인터넷 통신 언어와 사회언어학―'한다요체'를 중심으로〉, ≪우리말연구≫ 29, 7-40, 우리말학회.
이정복(2011라) 〈트위터 누리꾼들의 호칭어 사용에 대한 사회언어학적 접근〉, ≪어문학≫ 114, 143-174, 한국어문학회.
이정복(2011마) 〈인터넷 통신 언어 실태와 세대 간 의사소통의 문제〉, ≪배달말≫ 49, 29-69, 배달말학회.
이정복(2012가) 〈스마트폰 시대의 통신 언어 특징과 연구 과제〉, ≪사회언어학≫ 20-1, 177-211, 한국사회언어학회.
이정복(2012나) ≪한국어 경어법의 기능과 사용 원리≫, 소통.
이정복(2013가) 〈누리소통망과 새말의 형성〉, ≪새국어생활≫ 23-1, 34-52, 국립국어원.
이정복(2013나) 〈사회적 소통망(SNS)의 지역 차별 표현〉, ≪어문학≫ 120, 55-83, 한국어문학회.
이정복(2013다) 〈사회 방언과 국어교육〉, ≪국어교육≫ 142, 47-78, 한국어교육학회.
이정복(2014가) ≪한국 사회의 차별 언어≫, 소통.
이정복(2014나) 〈대중 매체 언어 연구의 목적과 방향〉, ≪어문학≫ 124, 67-101, 한국어문학회.

이정복(2014다) 〈통신 언어 의성의태어 사용과 성별 차이〉, 《우리말글》 62, 45-74, 우리말글학회.
이정복(2015가) 〈사회적 소통망(SNS) 말놀이의 유형과 기능〉, 《어문학》 130, 27-61, 한국어문학회.
이정복(2015나) 〈인터넷 매체와 지역 방언〉, 《방언학》 22, 83-134, 한국방언학회.
이정복(2016) 〈누리꾼들의 비의도적 차별 언어 사용 연구〉, 《사회언어학》 24-3, 345-377, 한국사회언어학회.
이정복·김봉국·이은경·하귀녀(2000) 《바람직한 통신 언어 확립을 위한 기초 연구》, 연구 보고서, 문화관광부.
이정복·박호관·양명희(2005) 《청소년 언어 사용 실태 연구—고등학교 2학년 서울, 대구 지역 학생을 대상으로》, 연구 보고서, 국립국어원.
이정복·양명희·박호관(2006) 《인터넷 통신 언어와 청소년 언어문화》, 한국문화사.
이정복·판영(2013) 〈한국과 중국의 통신 언어 호칭어 '님'과 '亲(친)'의 쓰임〉, 《우리말글》 58, 127-150, 우리말글학회.
이정복·판영(2015) 〈한국어와 중국어의 인터넷 의성의태어 비교〉, 《사회언어학》 23, 145-175, 한국사회언어학회.
이정은(2015) 〈고등학생 통신언어 인식 양상과 지도 방안〉, 연세대 교육대학원 석사학위논문.
이종철(2009) 〈TV 광고 언어의 논증적 의미 관계 양상〉, 《한국어교육학회지》 129, 209-238, 한국어교육학회.
이종철(2012) 〈라디오 광고 언어의 문체 연구〉, 《한국어교육학회지》 139, 303-333, 한국어교육학회.
이주경(2006) 〈인터넷 통신 대화자명 연구〉, 홍익대 교육대학원 석사학위논문.
이주영(2013) 〈소셜 미디어 서비스 현황 및 활용—소셜 네트워크 서비스(SNS)를 중심으로〉, 《방송통신정책》 25-9, 45-65, 정보통신정책연구원.
이주희(2012) 〈마이크로블로그 커뮤니케이션의 언어문화 연구—트위터를 중심으로〉, 《인문과학연구》 30, 135-169, 성신여대 인문과학연구소.

이지영(2010) 〈인쇄 광고 매체언어의 사용 양상 연구―학원 광고를 중심으로〉, ≪한국어 의미학≫ 33, 203-228, 한국어의미학회.

이진성(2003) 〈한국어와 영어에 나타난 통신언어의 특징적 양상 비교〉, ≪사회언어학≫ 11-2, 215-237, 한국사회언어학회.

이진성(2011) 〈TV 화장품 광고에 반영된 여성과 남성에 대한 언어 태도의 차이〉, ≪사회언어학≫ 19-2, 287-318, 한국사회언어학회.

이진성(2013가) 〈영어 통신어는 우리말 통신어와 어떻게 다를까?〉, ≪새국어생활≫ 23-1, 70-88, 국립국어원.

이진성(2013나) 〈영어 통신언어의 표기 특성과 한국어 통신언어와의 의사소통 전략의 차이〉, ≪사회언어학≫ 21-3, 221-247, 한국사회언어학회.

이철우(2012) 〈텔레비전 매체에서의 자동차 광고 언어에 나타난 표현 전략〉, ≪우리말연구≫ 30, 63-87, 우리말학회.

임규홍(2000) 〈컴퓨터 통신언어에 대하여〉, ≪배달말≫ 27, 23-59, 배달말학회.

임선애(2013) 〈지역 방언 교육 방안 연구―언어 태도를 중심으로〉, 숙명여대 교육대학원 석사학위논문.

임영호(2013) 〈누리소통망 서비스 확산과 소통 문화의 변화〉, ≪새국어생활≫ 23-1, 3-17, 국립국어원.

장경현(2013) 〈인터넷 언어의 종결어미 회피 현상 연구〉, ≪언어정보와 사전편찬≫ 31, 171-195, 연세대 언어정보연구원.

장경현(2016) 〈신문 텍스트에 나타나는 외모 이데올로기―연예기사를 중심으로〉, ≪인문학연구≫ 51, 733-760, 조선대 인문학연구원.

장민기(2016) 〈통신 화자의 금칙어 사용에 대한 유형 분석―'아프리카TV' 대화방을 중심으로〉, 한양대 석사학위논문.

장민정(2011) 〈토크쇼 대화에 나타난 질문-응대의 전략 분석〉, ≪텍스트언어학≫ 30, 211-236, 한국텍스트언어학회.

장병희(2012) 〈소셜미디어 저항〉, ≪소셜미디어≫, 김대호 외 9인 지음, 174-197, 커뮤니케이션북스

장부리(2013) 〈한중 통신 언어의 문법화와 역문법화 비교 연구〉, 조선대 석사학위논문.
장언청(2009) 〈한국어 교육을 위한 한·중 의태어 대비 연구〉, 건국대 석사학위논문.
장언청(2014) 〈한·중 의성어 대조 연구〉, 건국대 박사학위논문.
장익진(2000) 〈21세기 매스 커뮤니케이션 효과론 연구의 변화에 대한 전망〉, ≪21세기 미디어 연구의 패러다임≫, 조항제 외 4인 지음, 58-92, 한나래.
전병용(2003) 〈통신 언어의 방언 양상에 대한 연구─대화방 언어를 중심으로〉, ≪개신어문연구≫ 20, 221-246, 개신어문학회.
전병용(2006) 〈조선시대 언어유희와 통신언어 언어유희의 비교 분석〉, ≪동양고전연구≫ 24, 185-221, 동양고전학회.
전병용(2012) 〈인터넷 댓글에 나타난 '성기' 관련 욕설의 변이형 고찰〉, ≪어문연구≫ 74, 105-130, 어문연구학회.
전은진(2012) 〈스마트폰 응용 프로그램 '청소년 은어 사전'에 오른 은어에 대한 언어학적 분석〉, ≪사회언어학≫ 20-1, 267-293, 한국사회언어학회.
전정미(2012) 〈광고 텍스트에 나타난 공손 전략 연구〉, ≪사회언어학≫ 20-2, 401-423, 한국사회언어학회.
정민철(2012) 〈제천 지역 중학생의 통신언어 사용 실태와 지도방안 연구─소셜 네트워크 서비스(Social Network Service)를 중심으로〉, 세명대 교육대학원 석사학위논문.
정보통신정책연구원(2016) 〈SNS(소셜네트워크서비스) 이용추이 및 이용행태 분석〉, ≪KISDI STAT REPORT≫ 16-7, 정보통신정책연구원.
정유진·강범모(2012) 〈신문 기사 속의 직업명사와 관련어〉, ≪언어학≫ 20-2, 145-170, 대한언어학회.
정지훈(2011) ≪IT의 역사≫, 메디치미디어.
정택윤(2009) 〈통신 언어의 사용 실태 분석〉, 고려대 교육대학원 석사학위논문.

정한데로(2010) 〈'형식명사+-요' 구성에 관한 소고(小考)—인터넷 통신 언어를 중심으로〉, 《언어와 정보 사회》 13, 37-65, 서강대 언어정보연구소.
정현선(2004) 〈인터넷 유머 이해의 문화교육적 고찰—다중문식성과 하이퍼텍스트적 소통 원리를 중심으로〉, 《한국어의미학》 14, 297-325, 한국어의미학회.
정현선(2013) 〈SNS의 언어 현상과 소통 공간에 관한 국어교육적 고찰〉, 《국어교육》 142, 79-114, 한국어교육학회.
제민경(2013) 〈텍스트의 장르성과 시간 표현 교육—신문 텍스트에서 '-었었-'과 '-ㄴ 바 있-'의 선택을 중심으로〉, 《텍스트언어학》 34, 179-206, 한국텍스트언어학회.
조경하(2012) 〈온라인 게임 금칙어의 조어 방식에 관한 연구〉, 《우리어문연구》 42, 149-190, 우리어문학회.
조국현(2011) 〈정치인 팬 커뮤니티 분석—'박사모'를 중심으로〉, 《텍스트언어학》 31, 279-309, 한국텍스트언어학회.
조국현(2012) 〈신문 사설의 '안철수 담화' 분석〉, 《텍스트언어학》 32, 201-240, 한국텍스트언어학회.
조남현·정진자(2015) 〈장애고등학생의 SNS와 일상언어에서의 비속어·은어 사용실태〉, 《장애아동인권연구》 6-2, 15-33, 한국장애아동인권학회.
조민하(2013) 〈방송 언어의 비표준어 사용 실태 조사를 통한 정책적 제안〉, 《사회언어학》 21-1, 271-299, 한국사회언어학회.
조민하·홍종선(2015) 〈방송 언어의 외래어·외국어 사용 실태와 개선 방안—주말 드라마를 중심으로〉, 《한어문교육》 34, 29-52, 한국언어문학교육학회.
조성은(2016) 〈중학교 3학년의 카카오톡 단체 대화방 대화 구조 연구〉, 전남대 석사학위논문.
조수선(2013) 〈방송의 문자정보 유형과 표현사례 연구〉, 《동서언론》 16, 35-57, 동서언론연구소.
조엘 컴·켄 버지 지음/신기라 옮김(2009) 《트위터—140자로 소통하는 신

인터넷 혁명》, 예문.
조오현·김용경·박동근(2002) 《컴퓨터 통신언어 사전》, 역락.
조용준·박찬규(2014) 〈한국어 신문언어에 나타난 인용구문의 특성〉, 《언어학연구》 33, 475-500, 한국중원언어학회.
조원형(2011) 〈인터넷 백과사전 〈위키백과〉 문서의 텍스트성〉, 《텍스트언어학》 30, 237-262, 한국텍스트언어학회.
조지 레이코프·로크리지연구소 지음/나익주 옮김(2007) 《프레임 전쟁—보수에 맞서는 진보의 성공전략》, 창비.
조태린(2014) 〈제주어와 제주방언, 이름의 정치언어학〉, 《어문학》 126, 117-135, 한국어문학회.
조항제 외 4인(2000) 《21세기 미디어 연구의 패러다임》, 한나래.
주경희(2007) 〈언어 유희적 기능의 개념 정립의 필요성—효율적인 교육과정 실행을 위하여〉, 《텍스트언어학》 23, 129-153, 한국텍스트언어학회.
지윤주·김일규(2015) 〈통신언어의 모음변이와 음성학적 유사성〉, 《말소리와 음성과학》 7-1, 133-138, 한국음성학회.
차윤정(2011) 〈언어권리와 로컬의 주체형성—제주로컬어 부흥운동을 중심으로〉, 《한국민족문화》 40, 3-30, 부산대 한국민족문화연구소.
채완(2003) 《한국어의 의성어와 의태어》, 서울대 출판부.
채완(2011가) 〈광고의 전략과 언어 표현 기법〉, 《언어와 정보 사회》 15, 87-119, 서강대 언어정보연구소.
채완(2011나) 〈TV 광고 언어의 통합적 해석〉, 《한국어 의미학》 36, 419-448, 한국어의미학회.
천선영(2013) 〈'쓰여진 말', 새로운 구어를 통해 살펴본 소통과 상호작용 성격과 특성 변화—'문자메시지'의 언어·사회이론적 함의〉, 《사회이론》 44, 173-209, 한국사회이론학회.
최명원·김선영·김지혜·이애경(2012) 〈SNS 메신저 '카카오톡' 언어현상 연구〉, 《텍스트언어학》 33, 467-493, 한국텍스트언어학회.
최신인·최은정(2015) 〈신문기사의 신조어 재현 양상 연구〉, 《새국어교육》 102, 215-243, 한국국어교육학회.

최유리(2010) 〈커뮤니케이션 공간으로서 트위터(Twitter)의 특성―가시성과 사회자본 개념 중심으로〉, 서강대 석사학위논문.

최유숙(2016) 〈신문기사에 나타난 북한이탈주민 지칭어 분석〉, ≪어문론집≫ 67, 33-66, 중앙어문학회.

최재수(2007) 〈중국어와 한국어의 인터넷 언어 비교연구〉, ≪중국학연구≫ 41, 157-176, 중국학연구회.

최지영(2011) 〈중학생과 대학생의 통신언어 사용양상 비교―전자 게시판 언어를 중심으로〉, 고려대 교육대학원 석사학위논문.

최화니(2012) 〈'막이래'의 담화 기능 연구―트위터(Twitter)의 언어를 중심으로〉, ≪텍스트언어학≫ 32, 241-264, 한국텍스트언어학회.

최화영(2007) 〈중국어 인터넷 통신 언어 연구〉, 인하대 교육대학원 석사학위논문.

칸다 토시아키 지음/김정환 옮김(2010) ≪트위터 혁명―사람들은 왜 트위터에 열광하는가?≫, 스펙트럼북스.

판디(2010) 〈중·한 인터넷 통신 언어의 비교 연구〉, 전남대 석사학위논문.

판영·이정복(2016) 〈누리꾼들이 사용하는 한국어 종결어미 '思密達(습니다)'의 쓰임과 기능〉, ≪언어와 정보 사회≫ 29, 353-382, 서강대 언어정보연구소.

한국방송학회 방송과수용자연구회 엮음(2012) ≪소셜 미디어 연구≫, 커뮤니케이션북스.

한국사회언어학회(2012) ≪사회언어학 사전≫, 소통.

한국언론학회 엮음(2012) ≪정치적 소통과 SNS≫, 나남.

한국인터넷진흥원(2010가) ≪인터넷 & 시큐리티≫, 한국인터넷진흥원.

한국인터넷진흥원(2010나) ≪2010년 인터넷이용실태조사≫, 한국인터넷진흥원.

한국인터넷진흥원(2011) ≪2010년 인터넷이용실태조사≫, 한국인터넷진흥원.

한국인터넷진흥원(2015가) ≪2015년 인터넷이용실태조사≫, 한국인터넷진흥원.

한국인터넷진흥원(2015나) ≪2015년 모바일인터넷이용 실태조사≫, 한국인터넷진흥원.

한국정보산업연합회 조사연구팀(2006) 〈소셜 미디어(social media)란 무엇인가?〉, ≪정보산업≫ 242, 52-55, 한국정보산업연합회.
한성일(2002) 〈유머 텍스트의 사회 언어학적 연구〉, ≪사회언어학≫ 10-1, 339-362, 한국사회언어학회.
한성일(2003) 〈설문 조사를 통해서 본 통신 언어 사용에 대한 연구〉, ≪사회언어학≫ 11-2, 301-322, 한국사회언어학회.
한성일(2005) 〈인터넷 언어유희에 대한 사회언어학적 연구〉, ≪경원 어문논집≫ 9·10, 109-132, 가천대.
한성일(2009) 〈인터넷 댓글의 비방성에 대한 연구〉, ≪한말연구≫ 24, 287-314, 한말연구학회.
한송화(2013) 〈'-다는' 인용과 인용명사의 사용 양상과 기능—신문 텍스트에 나타난 인용을 중심으로〉, ≪외국어로서의 한국어교육≫ 39, 447-472, 연세대 언어연구교육원 한국어학당.
허상희(2011) 〈의사소통 도구로서의 트위터(Twitter)의 특징과 소통 구조에 관한 고찰〉, ≪우리말연구≫ 28, 259-283, 우리말학회.
허상희(2012) 〈대학생들의 전자편지 제목 분석—교수와 학생 간의 전자편지를 중심으로〉, ≪우리말연구≫ 30, 241-268, 우리말학회.
허상희(2013가) 〈누리소통망의 의사소통 방식과 구조—트위터와 페이스북을 중심으로〉, ≪새국어생활≫ 23-1, 53-69, 국립국어원.
허상희(2013나) 〈대학생들의 전자편지에 대한 화용론적 분석〉, ≪한민족어문학≫ 64, 155-189, 한민족어문학회.
허상희(2016) 〈대학생의 카카오톡 언어 사용 분석〉, ≪한글≫ 314, 103-143, 한글학회.
허상희·최규수(2012) 〈트위터에서 트윗(tweet)의 특징과 유형 연구〉, ≪한민족어문학≫ 61, 455-494, 한민족어문학회.
허재영(2009) 〈신문 매체 언어 연구와 국어과 교육〉, ≪사회언어학≫ 17-2, 177-197, 한국사회언어학회.
홍달오(2014) 〈접두사의 준부사화 경향에 대한 고찰—접두사 '개-'를 중심으로〉, ≪언어≫ 39-1, 231-249, 한국언어학회.
홍삼열·오재철(2012) 〈SNS 활용이 사회자본 형성에 미치는 영향 비교분석

—트위터, 페이스북, 카카오스토리를 중심으로〉, ≪스마트미디어저널≫ 1-4, 72-78, 한국스마트미디어학회.
홍정효(2008) 〈네트워크 기반 게임의 통신언어에 나타나는 유아 언어파괴, 은어 및 비속어 사용에 관한 연구〉, ≪유아교육논총≫ 17-1, 63-79, 부산유아교육학회.
황경수(2011) 〈신문 언어의 오류 양상에 대한 고찰〉, ≪새국어교육≫ 87, 353-373, 한국국어교육학회.
황성근(2014) 〈소셜네트워크서비스(SNS)가 글쓰기에 끼친 영향성 연구〉, ≪사고와 표현≫ 7-1, 133-159, 한국사고와표현학회.
황적륜(2010) 〈사회언어학의 기원과 성립〉, ≪사회언어학≫ 18-2, 1-27, 한국사회언어학회.
中國社会科学院语言硏究所词典编辑室(1983) ≪现代汉语词典≫ (第五版), 北京商务印书馆.
中國社会科学院语言硏究所词典编辑室(2005) ≪现代汉语词典≫ (第五版), 北京商务印书馆.
Bakhtin, M.(1986) ≪Speech Genres and Other Late Essays≫, Austin, Texas: Univ. of Texas Press.
Bryant, J.(1993) 〈Will traditional media research paradigms be obsolete in the era of intelligent communication networks?〉, in P. Gaunt (ed.) ≪Beyond Agendas— New Directions in communication research≫, Westport: Greenwood Press.
Crystal, D.(2004) ≪The Language Revolution≫, Cambridge: Polity. 크리스털 지음/김기영 옮김(2009) ≪언어 혁명≫, 울력.
Crystal, D.(2006) ≪Language and the Internet≫ (2nd edn), Cambridge: Cambridge University Press.
Crystal, D.(2008) ≪Txtng: The Gr8 Db8≫, Cambridge: Cambridge Univ. Press. 크리스털 지음/이주희·박선우 옮김(2011) ≪문자메시지는 언어의 재앙일까? 진화일까?≫, 알마.
Hymes, D.(1974) ≪Foundations in Sociolinguistics—An Ethnographic

Approaches》, Philadelphia: Univ. of Pennsylvania Press.

Jeong-Yeon Kim(2009) 〈Gossip talk and participation during L2 on-line chat〉, 《사회언어학》 17-1, 237-262, 한국사회언어학회.

Jiyoung Danial(2010) 〈A study of net-lingo in Korean and English〉, 《한어문교육》 22, 321-391, 한국언어문학교육학회.

Labov, W.(1972) 《Sociolinguistic Patterns》, Philadelphia: Univ. of Pennsylvania Press.

Minhee Bang & Seoin Shin(2010) 〈Using corpus linguistics in the study of media language〉, 《사회언어학》 18-1, 77-103, 한국사회언어학회.

Ross, A.(1998) 《The Language of Humour》, London & New York: Routledge.

찾아보기

(S)

SNS	16, 128, 144
SNS 우울증	31
Social Network Service	16
Social Network Site	16

(㐬)

㐬	443

(ㄱ)

가리킴말	232
간편하게 쓰기	50
강원 방언	308
개방형 SNS	22
검색하기	35
게시글 크기	45
경상 방언	297
경어법 사용 기능	219
경제성	49
경제적 동기	50, 388
공유하기	34
구독자	39
구비문학	163, 198
규범에 맞는 언어	84
규범적 접근	132, 149
그림 글자	66, 112
그림말	112
글 단독형	44

글-이미지 혼합형	44
글말	78
기술적/기능적 접근	132, 150
끝말잇기	182

(ㄴ)

네이버	18, 445
네이버 밴드	20, 115
높임말	87
누리꾼	19
누리소통망	18
뉴스 댓글	88
뉴스피드	33
님	232, 443

(ㄷ)

다음	88, 445
다중 매체	121, 127
다중문식성	164
담벼락	38
담화 단위 말놀이	180
답글 달기	39
답글 쓰기	39
대중 매체	121
대중 매체 언어	122
대화	81
대화명	365
댓글 달기	39
독백	81

찾아보기 | **495**

동영상	43
두루 높임	444
디지털 편	162

(ㄹ)

라디오	125
리트윗	34, 39

(ㅁ)

마이크로 블로그	45
만능 소통 매체	127
말 공동체	6, 122
말 놀이터	6, 122
말놀이	62, 64, 161, 162, 198
매스 미디어	121
매체 언어	123
메시지 보내기	46
모바일 인터넷	129
문자 메시지	113

(ㅂ)

바이두	406
반복 표현	55
방송 매체	132
방송 언어	136
방언	261, 295
방언 불평등	317
방언 사용 동기	49, 266
방언 사용의 성별 차이	267, 281
방언 사용의 의식성	269
방언에 대한 전반적 태도	310
부름말	232
붙여 적기	50, 108
블로그	18
비규범적 언어	84
비대면적	235
비속어	70
비판적 접근	132, 151
빅데이터	118

(ㅅ)

사투리	295
사회 비판하기	185, 192
사회관계망	16
사회언어학	156
사회연결망	17
사회적 관계망	235
사회적 소통망	15, 19, 144, 330
삼행시	183
상태사	409
새말	58
생생하게 쓰기	50, 53
생생한 입말로 표현하기	49, 273
서울, 경기 방언	309
세대 간 의사소통 문제	331, 339
소리나는 대로 적기	50
소셜 네트워크 사이트	17
소셜 네트워크 서비스	17
소셜 미디어	17, 128
속담/한자성어	182
수수께끼	181
순수 언어학	156
스마일리	112
스마트폰	15, 108, 330
시각 이미지	116
신문	124
신문 언어	133
실시간	16
실시간 소통	27
실시간 트렌드	37
심리적 긴장 풀기	185, 188
심리적 해방 기능	185
심리적 해방 동기	70, 398
심리적 해방성	49
싸이월드	20

(ㅇ)

아이러브스쿨	20
아프리카TV	129

안높임말	87
어휘·의미 초점 말놀이	177
언어 경제성	52
언어 단독형 말놀이	64, 168
언어 매체	123
언어 태도	295
언어-이미지 복합형 말놀이	64, 169
언어유희	161
오락성	49
오락적 기능	185
오락적 동기	62, 393
오타 이야기	183
완성형 그림 글자	61, 112
욕설	70
우리말샘	104
우상 정보	380
웨이보	364
웹 2.0	18
위키피디아	18, 128
유대 강화 동기	65, 396
유대성	49
유머	163
유튜브	45
음슴체	59, 91
음절 늘이기	53, 54
의성사	409
의성어	410, 428
의성의태어	53, 405
의태어	420, 433
이모지	112
이모티콘	112
이미지	43
이미지 요소	60
이야기	183
이야기 문화	163
인쇄 매체	124, 132
인스타그램	20
인터넷 공간	6, 122
인터넷 말놀이	116, 163, 166
인터넷 매체	126, 132, 141
인터넷 유머	164
인터넷 통신 공간	485
인터넷 통신 공동체	6, 122
인터넷 통신 시대	163, 198
인터넷 통신 언어	15, 330
일간베스트저장소	130
일베	130, 286
일베 용어	286
입말	78

(ㅈ)

자기 검열 금칙어	57
자기 정보	374
자유롭게 쓰기	50, 70
자음 글자로 적기	50, 52, 55, 108
자족적 다기능 매체	127
재미	162
재미 나누기	185, 186
재미있게 쓰기	50, 62
재미있게 표현하기	49, 273
전라 방언	301
정보 나누기	185
정보 전하기	190
제3의 언어	89
제주 방언	303
조합형 그림 글자	61, 112
종결어미 바꾸기	91
종결어미 변이형	93
좋아요	34
줄임말	51
중국 누리꾼	370, 444
지역 방언	261, 263
지향 정보	382
집단 지성	26

(ㅊ)

채팅	46
충청 방언	306
친밀하게 쓰기	50, 65

| 친밀하게 표현하기 | 50, 273 | 트윗하기 | 38 |

(ㅋ)

카카오그룹	20
카카오스토리	20
카카오톡	16, 114

(ㅌ)

타임라인	15
태블릿 컴퓨터	108
텔레비전	125
통사 초점 말놀이	175
통신 별명	23, 164, 363, 365
통신 별명의 구조	369
통신 언어	108, 330
통신 언어 사용 동기	49
통신 언어 새말	95, 337
통신 언어 표현 기능	219
통신 이름	365
트위터	16, 29, 33, 161, 201, 295, 331, 338, 364, 445
트위터 누리꾼	41, 212, 231
트위터의 소통 목적	76

(ㅍ)

팔로우	47
팔로워	39
팟캐스트	18
페이스북	16, 29, 33, 262, 331, 445
폐쇄형 SNS	22
표기법 바꾸기	55
표준국어대사전	108
표준말	99
표준어	108
표현성	49
표현적 동기	53, 390

(ㅎ)

한다요체	59, 92, 201
한다요체의 기능	215, 219
한다요체의 쓰임 분포	224
해방감을 느끼면서 표현하기	50, 273
호칭어	231